Excelで学ぶ
原価計算

Cost Accounting

長坂 悦敬 著

本書に掲載されている会社名・製品名は、一般に各社の登録商標または商標です。

本書を発行するにあたって、内容に誤りのないようできる限りの注意を払いましたが、本書の内容を適用した結果生じたこと、また、適用できなかった結果について、著者、出版社とも一切の責任を負いませんのでご了承ください。

本書は、「著作権法」によって、著作権等の権利が保護されている著作物です。本書の複製権・翻訳権・上映権・譲渡権・公衆送信権（送信可能化権を含む）は著作権者が保有しています。本書の全部または一部につき、無断で転載、複写複製、電子的装置への入力等をされると、著作権等の権利侵害となる場合があります。また、代行業者等の第三者によるスキャンやデジタル化は、たとえ個人や家庭内での利用であっても著作権法上認められておりませんので、ご注意ください。

本書の無断複写は、著作権法上の制限事項を除き、禁じられています。本書の複写複製を希望される場合は、そのつど事前に下記へ連絡して許諾を得てください。

出版者著作権管理機構
（電話 03-5244-5088, FAX 03-5244-5089, e-mail: info@jcopy.or.jp）

JCOPY ＜出版者著作権管理機構 委託出版物＞

はじめに

　原価（コスト）は、ビジネスにおいては必ず考えなければならない重要な要素です。「100万円でも安い」と感じ、「50円でも高い」と感じることがあります。私たちはいつも、ものやサービスの価値とそれに対する価格を比較し、「高い」か「安い」かを判断しているわけです。価格＝原価＋利益です。適正な価格であれば、消費者は納得して購入できます。そのものやサービスの魅力と比較して、利益を多くとりすぎているか、原価が高ければ価格が高くなり、消費者は購入しません。原価が高いか低いか判断するためには、正確な原価を知る必要があります。原価を知ることはビジネスの基本です。しかし、実は、ものやサービス個々の原価を正確に求めることは簡単ではありません。

　一方、会計、経理という言葉が代表する、お金の出入りを扱い、管理する専門的な仕事があります。これら専門職としての登用門として簿記検定の資格がありますが、これはこれでたいへん重要です。

　原価を計算したい、会計・経理業務をきちんとしたいということになれば、昔は、「そろばん」のスキルが必要でした。その後、電卓が現れ、電卓が使えればこの種の業務ができると思われた時代がありました。しかし、今は、パソコンを使いこなすことが必須になりました。パソコンで使える「表計算ソフトウェア」は、そろばんや電卓では到底できなかった複雑な計算が扱え、途中データや結果データを簡単に保存してくれます。それらデータを他の場所にあるパソコンに送ることもインターネットによって容易になりました。

　原価計算をパソコンの表計算ソフトウェアで実現してみたい。そんな思いで、本書は出来上がりました。10年近い大学での「原価計算」の講義で蓄積した内容とそこでは伝えきれなかった内容を盛り込んでいます。原価計算の方法だけでなく、原価計算が企業経営に不可欠であることをわかりやすく説明したいという思いで執筆しました。

　身近な事例で原価の意義をとらえた上で、簿記検定試験問題にでてくる内容を一通り理解できるようにしました。さらに、実務で原価計算したいときにも使える表計算ソフトウェアの使い方サンプルを提示しました。ただ読むだけでなく、パソコンで実際に表計算ソフトウェアを使いながら、本書での例題を試してください。表計算ソフトウェアに組み込まれた数式の意味を理解しつつ、入力値を変えると結果の数字が変化する結果を見ているうちに、原価計算の方法論が自然と理解できていくはずです。そして、最終的に、原価計算の意義、方法論がマスターできます。

　本書は、オーム社開発部の皆様の暖かい励ましによって完成しました。ここに深く感謝いたします。

2009年11月

長坂　悦敬

目 次

はじめに iii

第 1 章　原価と価格の実際 1
1.1　原価とは 1
1.2　原価の事例 4
 1.2.1　コーヒー 1 杯の原価 4
 ◆例題 1.1　コーヒー 1 杯の原価 5
 1.2.2　ビールと発泡酒の原価 8
 1.2.3　ペットボトル飲料の原価 10
 1.2.4　タクシーの原価 13
 ◆例題 1.2　タクシーの原価 14
 1.2.5　ハンバーガーの原価 21
 ◆例題 1.3　ハンバーガーのセット販売 23
 1.2.6　在庫のコスト 26
 ◆例題 1.4　最適発注量 28
 1.2.7　その他商品の原価 33

第 2 章　原価計算と企業経営 41
2.1　期末決算に必要な原価計算──財務諸表作成のため 42
2.2　経営の基本計画を立てるための原価計算 46
 ◆例題 2.1　設備投資の検討 52
2.3　価格決定のための原価計算 56
 ◆例題 2.2　損益分岐点 58
2.4　原価管理・コストダウンのための原価計算 61
2.5　予算を立てるための原価計算 63
 ◆例題 2.3　販売予算書と月別開発予算報告書 66

第3章　工業簿記と原価計算 69
3.1　工業経営と工業簿記 70
3.1.1　仕　訳 70
◆例題 3.1　複式簿記 71
3.1.2　帳　簿 72
3.1.3　帳簿記入 74
◆例題 3.2　営業利益の計算 76
3.2　決算と財務諸表 80
◆例題 3.3　損益計算書の作成 82

第4章　原価の概念 87
4.1　原価計算制度における原価の本質 87
4.2　非原価項目 88
4.3　原価の分類 89
◆例題 4.1　総原価の構成 94
4.4　特殊原価調査上での原価概念 98
◆例題 4.2　埋没原価 99
◆例題 4.3　差額原価 101

第5章　原価計算の流れと 1st step：費目別原価計算 ... 109
5.1　原価計算の流れ 110
5.2　1st step：費目別原価計算 112
5.2.1　材料費 112
◆例題 5.1　材料元帳 116
5.2.2　労務費 123
◆例題 5.2　直接工の消費賃金 128
5.2.3　経費の計算 131
◆例題 5.3　経費の消費高 133
5.2.4　製造間接費の計算 135
◆例題 5.4　製造間接費の製品への配賦 138

第6章 2nd step：部門別原価計算 ... 143
- 6.1 部門費計算の目的 ... 143
- 6.2 原価部門の設定 ... 144
- 6.3 部門個別費と部門共通費 ... 146
  - ◆例題 6.1 部門別原価計算の勘定連絡図 ... 146
- 6.4 部門費の第 1 次集計 ... 148
  - ◆例題 6.2 部門費集計表の作成 ... 149
- 6.5 部門費の第 2 次集計 ... 150
  - ◆例題 6.3 部門費の第 2 次集計 ... 153

第7章 3rd step：製品別原価計算 ... 161
- 7.1 個別原価計算 ... 162
  - 7.1.1 製造指図書と原価計算表 ... 162
  - 7.1.2 個別原価計算の分類 ... 163
  - ◆例題 7.1 単純個別原価計算 ... 165
  - 7.1.3 仕損費の計算と処理 ... 167
  - 7.1.4 作業屑の計算と処理 ... 168
- 7.2 総合原価計算 ... 169
  - 7.2.1 単純総合原価計算 ... 171
  - ◆例題 7.2 単純総合原価計算 ... 174
  - 7.2.2 等級別総合原価計算 ... 179
  - ◆例題 7.3 等級別総合原価計算 ... 180
  - 7.2.3 組別総合原価計算 ... 181
  - ◆例題 7.4 組別総合原価計算 ... 182
  - 7.2.4 工程別総合原価計算 ... 185
  - ◆例題 7.5 累加法による工程別総合原価計算 ... 186
  - ◆例題 7.6 非累加法による工程別総合原価計算 ... 188
  - 7.2.5 減損・仕損の処理 ... 191
  - 7.2.6 副産物及び連産品 ... 194

第8章 4th step：原価管理と標準原価計算 ... 197
- 8.1 原価管理 ... 198
- 8.2 標準原価計算 ... 202

- ◆例題 8.1　標準原価の計算 208
- ◆例題 8.2　製造間接費差異の分析 210

8.3　標準原価計算における原価差異の勘定記入 212
- ◆例題 8.3　標準原価の勘定記入 214

8.4　減損・仕損が発生するときの標準原価計算 216

第 9 章　4th step：CVP 分析と直接原価計算 219

9.1　コスト・ビヘイビアのビジュアル化と固変分解 220
- ◆例題 9.1　線形原価関数 $y = ax + b$ の推定 222

9.2　CVP 分析 230
- ◆例題 9.2　CVP 分析（過去 3 年間の実績をもとにした次年度の利益計画）.... 232

9.3　直接原価計算 239
- ◆例題 9.3　全部原価計算と直接原価計算による製品原価 239
- ◆例題 9.4　全部原価計算と直接原価計算の損益計算書 241

9.4　プロダクト・ミックス問題 247
- ◆例題 9.5　プロダクト・ミックス問題 248

第 10 章　Excel による製品原価計算システム 255

10.1　基準単価を用いた製品原価計算システム 256
- ◆例題 10.1　製品原価計算システム 257
- ◆例題 10.2　製品原価計算の実例 278

10.2　CVP 関係分析について 283

第 11 章　コストマネジメントの展開 287

11.1　バランスト・スコアカード（BSC） 288
11.2　原価企画 291
11.3　ライフサイクル・コスティング 295
11.4　ベンチマーキング 298
11.5　ABC/ABM 301
- ◆例題 11.1　ABC と伝統的原価計算の比較 305

11.6　品質コストマネジメント 308
- ◆例題 11.2　品質コストの感度解析 311

viii　目　次

11.7　環境コストマネジメント **314**
11.8　ビジネス・プロセス・マネジメント（BPM）................ **315**

索　引 **325**

◘ **サンプルファイルについて**
　サンプルファイルの著作権は、長坂悦敬に帰属します。著作権は放棄していませんが、本書を使った学習の中で、ファイルは自由に変更してお使いください。

オーム社ホームページ：http:/www.ohmsha.co.jp/
　「書籍連動／ダウンロードサービス」の『Excel で学ぶ原価計算』ページからダウンロードしてください。
　※ダウンロードサービスは、止むを得ない事情により、予告なく中断・中止する場合があります。

◘ **Excel ファイルの使い方**
　Excel ファイルは各章ごとに用意され、項目ごとのメニューが用意されています。メニューにはワークシートへのリンクが貼られていますので、その項目をクリックするとそのワークシートを開くことができます。

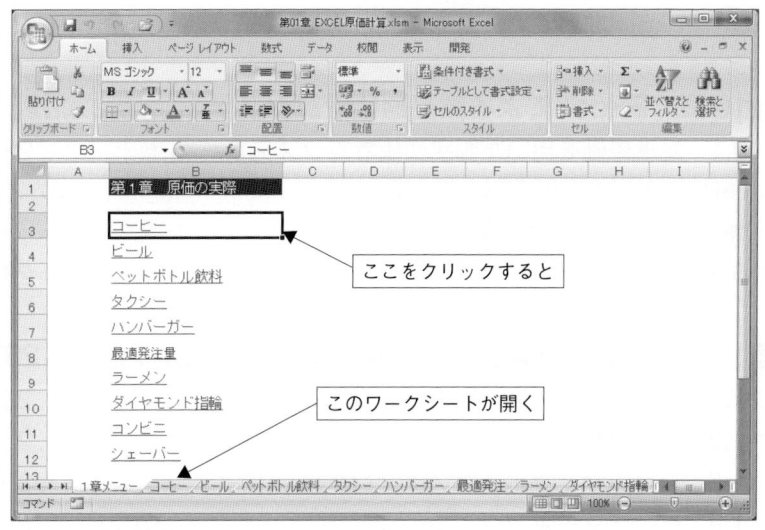

◘ **マクロについて**
　各章の Excel ファイルにはマクロが設定されています。デフォルトではマクロが有効に設定されていません。マクロを有効にするためには「マクロのセキュリティ」を設定する必要があります。マクロを有効にするためには 17 ページ以降を参照してください。本書では、マクロ（VBA プログラム）を単にプログラムと表記します。

第1章

原価と価格の実際

　原価を知ることは企業経営のためにとても大切です。利益を増やすためには、売上高を上げる、または、原価を下げるという方策があります。どのようにして原価を下げるか検討するためには、どこにどれだけなぜ、費用がかかっているのか、原価の詳細をきっちり正確に把握する必要があります。原価計算は原価を下げるための活動、つまり、コストマネジメントのために不可欠です。

　一方、原価の数字を見えるようにすること、どのような動きをしているか把握するためには、手計算や電卓では不十分です。Excelは、数字、数式、グラフを自由自在に扱うことができるために、ビジネスツールとして重宝されています。このExcelを用いて、原価計算の方法と結果をビジュアル化することは、原価を理解し、コストマネジメントを実行するためにとても有効です。

　本章では、まず、原価の意味と、価格と原価の実際について説明します。

1.1　原価とは

　原価とは、何でしょうか？　広辞苑によると「①商品・製品・用役の製造・販売のために費消された財貨・用役の価値」と説明されています。また、「生産費」「コスト」が同義語としてあげられています。さらに、「②仕入値段。もとね。卸値段。」を意味することもあるとしています。ここで、費消とは、「金銭・物品をつかい果たすこと、費やしなくすこと」を意味し、消費という馴染

みのある単語に言い換えてよいでしょう。

　この原価の意味を企業経営とのかかわりにおいて考えてみましょう。典型的な企業経営形態として、まず、商品を仕入れて販売する「商業経営」と、材料を仕入れて、加工し、製品を製造して販売する「工業経営」を取り上げます。

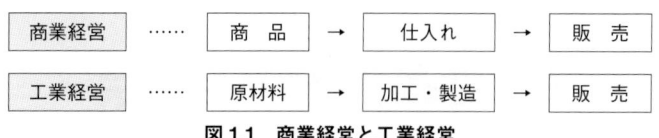

図1.1　商業経営と工業経営

　商業経営では、原価の意味として広辞苑でいう「②仕入値段。もとね。卸値段。」をあてはめることができるように思えます。しかし、商品を売るためには、店舗の費用や働く人の給料、広告のための費用、電力料や通信費などがかかります。それらの費用と仕入値段を足した合計金額より売上高が多かった場合に、やっと利益が出ることになります。つまり、「仕入値段＝原価」ではなくて、「①商品の販売のために費消された財貨・用役の価値」も原価に含めて考えないと駄目だということがわかります。仕入値段は原価要素の1つです。会計原則では言葉の使い方が厳密ですが、日常で使われている原価という言葉は原価要素それぞれを指す場合もありますし、原価要素をすべて足し合わせた総原価を指す場合もあり、やや曖昧に使われています。

　商品の仕入れにかかった費用を「仕入原価」といいます。また、実際に売れた商品の仕入原価を「売上原価」と呼びます。そして、それ以外にかかった費用を「販売費及び一般管理費」（販管費や営業費と呼ばれることもあります）といいます。これは、商品を売るためにかかった費用（販売費）と企業全般の管理のためにかかった費用（一般管理費）を合わせたものです。商品1個ずつの原価は「仕入原価」＋「販売及び一般管理費」で求められますので、

　　販売価格＞「仕入原価」＋「販売及び一般管理費」

として販売できれば利益が出ます。

　実際には、仕入れた商品が倉庫に眠ったまま賞味期限切れなどになり廃棄されるようなことも起こりますし、仕入れにかかった通信費や電力料などが個々の商品を売るためにかかった費用と明確に区別できないことも多いでしょう。商業経営も、厳密な原価を知ることは簡単ではない場合があることに注意して

おきましょう。

　一方、工業経営では、原材料を仕入れて、工場で機械・設備を使い、加工・組立を繰り返して製品をつくりあげます。ここでは、原価の意味として「②仕入値段。もとね。卸値段。」をそのままあてはめることができません。その代わりに、製品をつくるためにかかった費用を考えることができます。これが「製造原価」と呼ばれるものです。製造原価には、原材料の費用だけでなく、機械・設備の費用、製造にかかわる人たちの賃金、製造のために必要な電力料、ガス代、水道代などが含まれます。この製造原価は各企業で自ら計算しなければわかりません。この製造原価を正確に計算するための手続きを一般に「原価計算」といいます。

　広辞苑で原価の同義語として生産費があげられていますが、これは製造原価を意味しています。工業経営でも、製造した製品を販売しなければなりませんので、製品を売るための費用、「販売費及び一般管理費」が発生します。つまり、工業経営での原価は、「①製品の製造・販売のために費消された財貨・用役の価値」ということができます。ここで、工業経営の「用役」とは、製品の製造や販売にかかわる労働を指します。製造された製品が実際に売れるとその製品の製造原価は売上原価として集計されます。工業経営では、

　　販売価格＞「製造原価」＋「販売及び一般管理費」

であれば利益がでます。

　ここまでをまとめると図1.2のようになります。

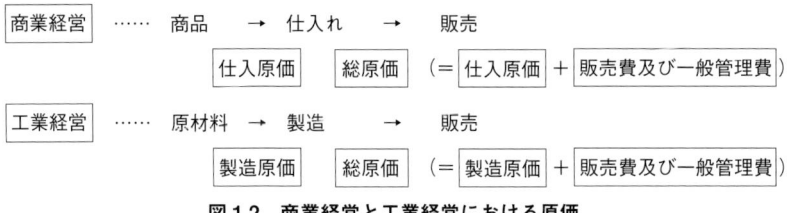

図1.2　商業経営と工業経営における原価

　企業経営形態として、一般にサービス業といわれる業種があります。例えば、宿泊設備貸与業、広告業、修理業、興行業、医療保健業、宗教、教育、法務関係などで、非物質的生産物（サービス）を生産する企業がこれに該当します。これらの企業経営では、先に述べた商業経営や工業経営とは原価のとらえ

方が異なってきます。広辞苑での「①用役の製造・販売のために費消された財貨・用役の価値」がこれにあたり、原価の同義語として「コスト」が一番ぴったり当てはまるでしょう。サービス業で最終的に顧客に提供される「用役」は、「社会のために役立つはたらき。物質的生産過程以外で機能する労働（サービス）」（広辞苑）ということができます。

例えば、サービス業に位置付けられるコンピュータ・ソフトウェア開発企業を考えてみましょう。ソフトウェアが製品で、工業経営における原材料にあたるものはありません。コンピュータ、開発に必要なソフトウェア環境、部屋と働く人が必要で、それにかかわる費用、さらに、通信費などが原価として考えられます。このほとんどが働く人の費用（人件費）であることが容易に想像できます。実際、IPA（情報処理推進機構）の2007年調査では、情報サービス業の平均的な原価構成は、人件費（24%）、外注費（24%）、仕入費（14%）、減価償却費（1%）、その他（27%）となっていることが公表されています。外注費というのは、他社にソフトウェア開発などを委託した費用で、やはりほとんど人件費ですから、約60％が人件費ということになります。また、何を原価に繰り入れ、何を販売費及び一般管理費に入れるかの区分が明確ではないという特徴があります。

このように、多様な経営形態があります。それぞれの企業の決算時に作成される損益計算書（第2章参照）には、売上原価と販売費及び一般管理費が記載されますが、売上原価の内容は様々です。

1.2 原価の事例

身近な商品の原価はどのようになっているのか、公表されている資料をもとに概観してみましょう。いくつか事例をひも解くと、原価についてより理解が深まります。

1.2.1 コーヒー1杯の原価

コーヒーは世界中の人々に愛されている飲み物です。原料はコーヒー豆で、ブラジル、コロンビアなど国名、キリマンジャロ（タンザニア）、ブルーマウ

ンテン（ジャマイカ）、モカ（イエメン、エチオピア）など山域名が名前の由来となっています。私たちはコーヒーを、家庭や自販機、喫茶店などで楽しんでいますが、一体コーヒー1杯の原価はどのくらいなのでしょうか？

　コーヒー1杯の原価を、いくつかに区分して考えてみましょう。まず、コーヒー豆の費用を知る必要があります。一般的なブレンドコーヒーの豆で1kg当たり2,500円程度、キリマンジャロなどの高級な豆になると4,000円程度のようです。

　コーヒー豆1kgで80杯くらいは飲めるので、1杯当たりのコーヒー豆の費用は30〜50円くらいということになります。あとは、シュガーやフレッシュ、水の費用がかかります。シュガー、フレッシュは1個5円くらい、水1杯当たりは、やはり5円くらいだとするとコーヒー1杯の原価は45〜55円ということになります。これはいわゆる材料費と呼ばれるものです。

　喫茶店で飲むコーヒーの原価は、これだけでいいでしょうか？　材料費以外に、コーヒー豆を挽く器具、カップ・ソーサー、テーブル・椅子、レジスターなどの費用、水道代、光熱費や喫茶店で働く人の費用などがかかります。15坪くらいの喫茶店（25席）で、年間300日（月当たり25日）営業するとして、コーヒー1杯の原価を計算してみましょう。これくらいの店舗ですと、諸々の設備・備品を購入し、600万円くらいかかるようです。

◆例題1.1　コーヒー1杯の原価

　コーヒー1杯の原価計算をもとに、喫茶店の利益見積が可能なExcelワークシートを作成してください。

◇解答例

　Excelでは、図1.4のようにセルに計算式を設定すれば、いろいろな条件の数値を入れてすぐに原価を試算できるので、どんな状態でどのくらいの利益が出るのかを検討するにはとても便利です。数値を変えて、いろいろな条件で計算してみましょう。ワークシートの設計では、見やすく、色を付ける工夫も大切です。

　図1.4に図1.3の各セルの数式を示しています。セルD9に入っている数値とセルE9に入っている数値を掛け算したいとき、「=D9*E9」というように、Excelでは＝から始まる数式を入力します。割り算は、「=D9/E9」というように入力します。

第 1 章　原価と価格の実際

	A	B	C	D	E	F
1	コーヒー1杯の原価					
2	カフェ	15坪、25席、年間300日開店(月当たり25日)				
3						
4			1日当たり営業時間	8時間		
5			席数	25席		
6			コーヒー販売量(1席・1時間当たり)	0.50杯	100杯 (1日当たり販売量)	
7						
8			人件費算出根拠	単価	人数	月当たり人件費
9			正社員	月当たり	¥300,000	1	¥300,000
10			アルバイト	時間当たり	¥800	1	¥160,000
11						
12				金額	量	1杯当たり原価
13		材料費	珈琲豆 1kg	¥2,400	80杯	¥30
14			紙おしぼり	¥3,600	1200本	¥3
15			シュガー(業務用3g)	¥900	300個	¥3
16			フレッシュ	¥500	100個	¥5
17					計	¥41
18		月当たり費用	人件費	¥460,000	2500杯	¥184
19			賃借料	¥85,000	2500杯	¥34
20			設備減価償却費	¥50,000	2500杯	¥20
21			光熱費	¥80,000	2500杯	¥32
22			販促費	¥30,000	2500杯	¥12
23					計	¥282
25			1杯当たり	原価合計	¥323	
26				販売価格	¥350	
28				月当たり利益	¥67,500	

図 1.3　コーヒー 1 杯の原価計算例

	A	B	C	D	E	F
1	コーヒー1杯の原価					
2	カフェ	15坪、25席、年間300日開店(月当たり25日)				
3						
4			1日当たり営業時間	8時間		
5			席数	25席		
6			コーヒー販売量(1席・1時間当たり)	0.50杯	=D6*D5*D4	(1日当たり販売量)
7						
8			人件費算出根拠	単価	人数	月当たり人件費
9			正社員	月当たり	¥300,000	1	=D9*E9
10			アルバイト	時間当たり	¥800	1	=D10*E10*D4*25
11						
12				金額	量	1杯当たり原価
13		材料費	珈琲豆 1kg	¥2,400	80杯	=C13/D13
14			紙おしぼり	¥3,600	1200本	=C14/D14
15			シュガー(業務用3g)	¥900	300個	=C15/D15
16			フレッシュ	¥500	100個	=C16/D16
17					計	=SUM(E13:E16)
18		月当たり費用	人件費	=F9+F10	=$D$6*$D$5*$D$4*25	=C18/D18
19			賃借料	¥85,000	=$D$6*$D$5*$D$4*25	=C19/D19
20			設備減価償却費	¥50,000	=$D$6*$D$5*$D$4*25	=C20/D20
21			光熱費	¥80,000	=$D$6*$D$5*$D$4*25	=C21/D21
22			販促費	¥30,000	=$D$6*$D$5*$D$4*25	=C22/D22
23					計	=SUM(E18:E22)
25			1杯当たり	原価合計	=E17+E23	
26				販売価格	¥350	
28				月当たり利益	=(E26-E25)*D6*D5*D4*25	

図 1.4　コーヒー 1 杯の原価計算のための計算式

図 1.3 は、Excel によるコーヒー 1 杯の原価計算例です。白色のセルの数値はいろいろ変更して、計算できるようになっています。材料費については、購入価格と量を入力すればコーヒー 1 杯ごとの原価が簡単に計算できます。一方、人件費や賃借料などは毎月決まって発生する費用で、立地条件や雇用条件によって異なってきます。このワークシートでは、人件費について、正社員とアルバイトについて個別に月当たり人件費を計算し、合算しています。設備や備品については毎月の費用を減価償却費という費目で計算します。光熱費や販促費もかかります。これら月当たり費用を、その月のコーヒー総販売量で割り算すれば、コーヒー 1 杯ごとの原価がわかります。第 5 章で計算方法を詳しく述べますが、月当たり費用は、人件費（労務費）とその他費用（経費）に分けて考えることができます。これらについて計算することは、材料費に比べると簡単ではありません。

賃借料が 85,000 円/月のこの喫茶店で、1 席 1 時間当たり何杯のコーヒーが売れるでしょうか？ いつも満席で、1 時間に各席で 1 杯のコーヒーが売れるという状態を実現するというのは難しいかもしれません。図 1.3 では、0.5 杯、つまり、半分の席で 1 時間に 1 杯ずつのコーヒーが売れる（1 日に 100 杯売れる、つまり、25 席が 4 回転する）として原価を計算した例を示しています。この例では、コーヒー 1 杯の人件費が 184 円になり、販売価格を 350 円とすると、その 52% を人件費が占めています（図 1.5）。それでも何とか 1 杯当たり 27 円の利益が出ます。

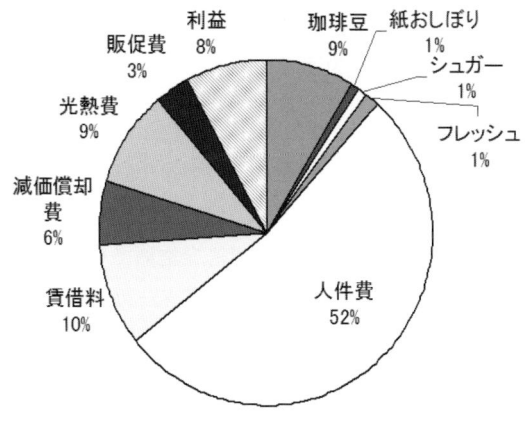

図 1.5　コーヒー 1 杯の原価構成例

アルバイトを2人に増やしてみたらどうでしょう。コーヒー1杯当たりの人件費が248円にもなり、販売価格を350円とすると37円の赤字になります。しかし、もし1日の販売量が120杯に増えたらどうでしょう？　コーヒー1杯当たりの人件費は207円で、販売価格を350円とすると21円の利益がでます。いろいろ試してみると1日の販売量が112杯で原価合計が350円となり、損益0となります。これを損益分岐点と呼び、どれだけ販売すれば利益が出るかを表す重要な指標となります。

正社員1人、アルバイト1人でも、賃借料が30万円／月なら、コーヒー1杯当たりの原価は409円です（1日の販売量100杯）。アルバイトを2人にすると、473円となります。実際の多くの喫茶店で、コーヒー1杯の価格が500円程度である理由はこのあたりにあります。

このように、Excelを使えば様々な条件での原価計算を即座に行い、利益が出るかどうか検討することができます。

ちなみに、コーヒー豆の材料費だけを比較すると、エスプレッソコーヒー1杯：約14円（コーヒー豆1kgで2,100円程度、1人前7g（約20cc抽出）の使用量の設定で約140杯取れます）、カフェ・ラテ1杯：約54円（エスプレッソコーヒーの原価にミルク（スチーム）の原価を加えたもの）、ダージリンティー1杯：約62円（ダージリン茶葉225gで2,800円程度、ティーポットサービスで提供した場合1人前5g必要です）という試算があります[1]。また、現実に、コーヒー1杯当たりの人件費に100円以上、家賃に50円以上かかる喫茶店が多いといわれています。

1.2.2　ビールと発泡酒の原価

ビールは、麦芽、ホップ及び水を原料として発酵させたもので、その原料中、麦芽の使用量が2/3以上であるものをいいます。一方、発泡酒は、麦芽または麦を原料の一部とした酒類で発泡性を有するもの（アルコール分が20度未満のもの）をいいます。また、ビールでも発泡酒でもない「第3のビール」と呼ばれる「ビール風味アルコール飲料」が各メーカーから販売されており、発泡酒よりもさらに安くなっています。これはなぜでしょうか？

これは酒税の違いによるものです。欧米では、ビールの税率は主にアルコール度数に応じて変わり、度数が上がるほど税率も高くなるという単純なもので

すが、日本では、ビール類への課税を、原材料の中の麦芽の比率などによって細かく分けています。表1.1にビール、発泡酒、第3のビールの小売価格、酒税などを比較しました。税負担率（酒税＋消費税）は、ワイン720mlで約10％、清酒1.8lで約18％、ウィスキー720mlで約23％ですから、日本ではビール類の税負担率がダントツに高いことがわかります。

表1.1 ビール、発泡酒、第3のビールの酒税比較

350ml 缶当たり	麦芽比率	小売価格	酒税	差引	税負担率
ビール	67％以上	218 円	77 円	141 円	38.4％
発泡酒	25％未満	145 円	47 円	98 円	35.6％
第3のビール	なし	125 円	28 円	97 円	26.1％

※ 2006年5月、税負担率は酒税＋消費税で計算

　ビールと発泡酒の値段の違いは主に酒税によるものだということがわかりますが、その差額は30円程度です。小売価格の差額は73円程度ありますから、他の原価も異なるということが想像されます。

　公表されている資料をもとにビール、発泡酒の原価を推計しグラフ表示したものが図1.6、図1.7です。図1.7を見ると原価構成比はビール、発泡酒もさほど差がないことがわかります。このようにExcelでは多彩なグラフ表示が可能で、わかりやすく視覚的に原価を分析することに役立ちます。

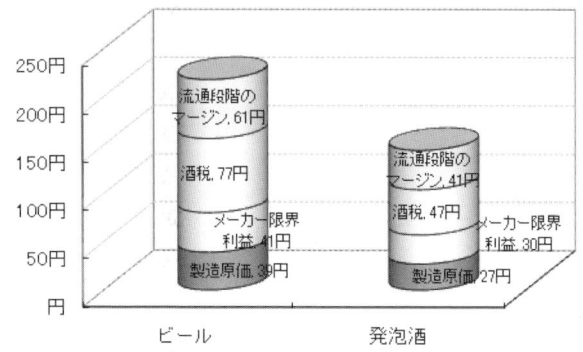

※参考：「日本経済新聞」2002.8.16、酒税については2006年5月改訂を反映
図1.6　ビール、発泡酒の原価

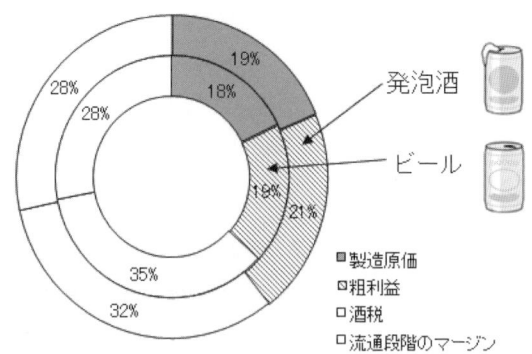

図 1.7　ビール、発泡酒の原価構成（図 1.6 より）

　図 1.6、図 1.7 でのメーカーの利益は、いわゆる粗利益（＝売上高－製造原価）を指していますので、この中には販売費及び一般管理が含まれています。発泡酒ではビールに比べ、麦芽量が少ないですが、その代わりに大麦や糖類を加えているとのことで、その材料費は麦芽に比べて安いといわれています。製造原価の中にアルミ缶の原価が含まれていますが、これはどのくらいでしょうか？　いろいろな資料から 10 円～ 20 円程度と推計することができます。缶ラベルの印刷や包装などのコストも徹底的に切りつめているとのことですが、実際に私たちの口に入る飲料そのものの原価よりも他の原価がいかに高いかが実感できます。

　さらに、ビールの流通段階のマージンでは、販売店の利益が 40 円程度、卸問屋の利益が 20 円程度といわれていますが、発泡酒ではこのマージンを安く設定しているようです。このような低価格の販売競争においては、一定の販売量を達成することを条件にメーカーからリベートが出ることもあります。1 ケースに 100 円（1 本当たり 4 円）になることもあるとのことです。目に見えない原価です。これらを総合して最終的に企業として利益が出るかどうかを判断しなければなりません。

1.2.3　ペットボトル飲料の原価

　現代生活においてペットボトル飲料はなくてはならないものになりました。炭酸飲料やジュース、スポーツ飲料などのほか、日本ではお茶の販売量が多くなっています。最近では水も様々な種類のものが販売されています。

このペットボトルの名前は、原料の「ポリエチレン・テレフタラート（polyethylene terephthalate）」から、英語表記頭文字を取ってPET（ペット）と付けられたそうです。市場で、ポリエチレンテレフタレート（PET）の価格は350〜550円/kg、PETボトル（20〜30g）に加工された場合の価格は、ボトルの加工、形状、製造本数などの影響で異なりますが、1本当たり10〜20円くらいであるといわれています。

表1.2　ペットボトル飲料メーカー原価の構成（推計）

費目	金額（円）
ペットボトル代	17.0
茶葉・砂糖などの原材料代	23.0
人件費・物流費など	41.0
リサイクル委託料	0.8
メーカー利益	3.2
合計	85.0

※参考：「日経新聞」2003.7.4

　500mlペットボトル飲料メーカー原価の構成（推計）を表1.2に、そのグラフを図1.8に示します（「日経新聞」2003.7.4）。捨ててしまうペットボトルの原価が意外に高いことや原材料費よりも人件費や物流費などの経費が高いことに気づきます。この推計では、メーカー出荷価格として約85円で、約3.2円の営業利益（＝売上－売上原価－販売費及び一般管理費）になります。営業利益率（＝営業利益／売上）は、3.8％程度ということになります。キリンビバ

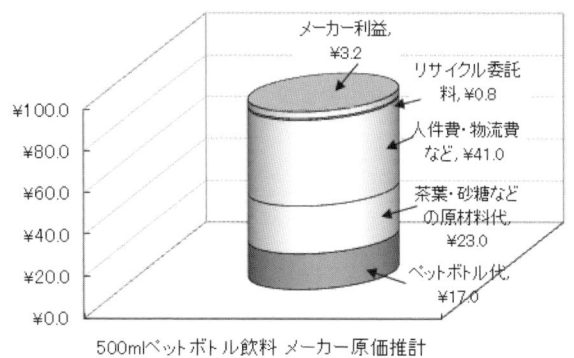

図1.8　ペットボトル飲料メーカー原価の構成グラフ（表1.2より）

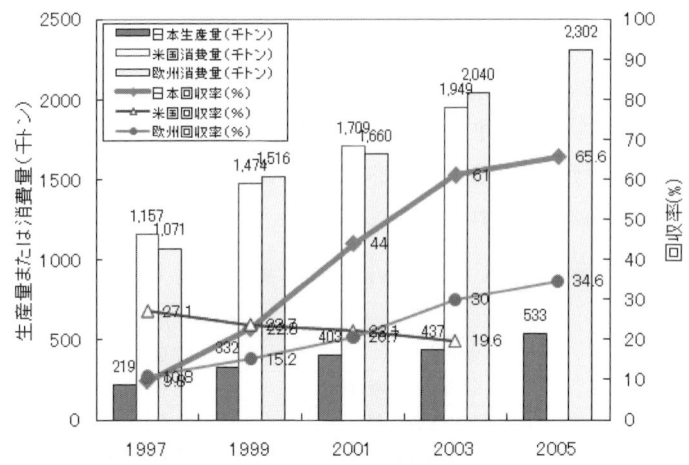

※PETボトルリサイクル推進協議会で公開されているデータより筆者が作成
図1.9　ペットボトル生産量と回収率の推移

レッジ株式会社での2000年から2006年度までの決算状況を見ると営業利益率（＝営業利益／売上）は4.2〜5.4％で推移しています。

図1.9（Excelで作成した2軸グラフ）にあるように、ペットボトルのリサイクル率は、容器包装リサイクル法が1997年に適用されて以来、年々増加し、2005年度、事業系回収量97千トンを加えた全回収量は349千トンで、全回収率は65.6％となりました。これは、世界最高水準の値です。

　自治体が一般家庭から出るゴミからペットボトルを分別回収し、専門業者に引き渡す方法でリサイクルが行われていますが、その業者の処理費用は飲料メーカーとボトルメーカーが委託料として負担することになっています。負担割合は、飲料メーカーが80％、ボトルメーカーが20％とのことです。委託料単価は自治体の回収量と飲料各社の出荷量に応じて年々変わりますが、ペットボトルの重量に比例しています。したがって、ペットボトルを軽量化すれば負担額は減ります。2003年度の飲料メーカーの委託料はペットボトル1kg当たり約29.5円だったといわれていますので、これをもとに委託料を試算すると軽量化された500mlペットボトル27gで約0.8円ということになります。これは、メーカー出荷価格の約1％を占めています。

　取扱量の多い大手飲料メーカーでは、この費用の総額は大きな負担となっていて、ペットボトルの減量によりコストダウンを進めています。ある飲料メー

カーでは、年間の委託料が12億円以上にのぼっています。

企業にとって、社会的責任（CSR：Corporate Social Responsiblity）をきっちり果たさなければならないことが認識されている状況で、環境問題への対応は避けて通れない課題です。環境対策への取り組み費用も原価としてきっちりとらえなければなりません。また、製品をつくり放しではなく、回収したり、リサイクル、廃棄したりという製品ライフサイクル全体にかかわるコストを含めて、製品の原価を考えていく必要があります。

1.2.4 タクシーの原価

1996年ごろから始まった規制緩和は、タクシー業界に大きな影響を与えています。ちなみに、東京地区の法人タクシーの台数は2005年度で、規制緩和前の1995年度に比べ12.9％増ですが、乗客の数はほぼ横ばいでした。このため、運転手1人当たりの収入は減少を続けています。東京地区の運転手の平均年収は2005年度で406万円。1995年度比で122万円（23.1％）ダウンしたとのことです[2]。

多くのタクシー会社で、車両の減価償却代を減らすために中古車を導入したり、カーナビを用いた配車の効率化で事務経費を減らしたりという原価低減への努力が行われる一方で、5,000円以上の運賃を4割引にするといった長距離割引制度を導入して顧客の確保を狙うという試みが行われています。

タクシー事業では、総原価のうち、運転手の人件費が約60％、福利厚生費が約10％を占めます。この他に、車両の減価償却代が約5％、燃料代・車庫代などが約15％、事務経費が約10％という構成比になっています[3]。

運転手の給与は売り上げに連動した歩合制をとっているため、この歩合をどのように設定すれば、企業として利益を得、かつ、運転手の収入を確保できるかという問題はたいへん重要です。歩合が低ければ、人件費が下がり、企業として利益は出るかもしれませんが、運転手の収入が下がり離職者が増えて経営が成り立たなくなります。

一般的なタクシー運転手の勤務状況は、5日働いて1日休み、1日の拘束時間は約13時間とのことで、1人当たりの月間の売上高は20万〜100万円とかなり差があるようです。ある調査では、給与はすべて歩合で売上の45％、賞与は6ヶ月の売上合計の5％くらい、というのが平均的なところのようです

が、一般に、個々の運転手の売上高によって歩合率が異なり、売上が高い運転手では60%を超える場合もあるとのことです。

東京都区内の法人タクシーの実働1日1車当たり営業収入は平均で4万949円、香川県では2万325円（2004年度、香川県中小企業団体中央会）という報告があります。

◆例題 1.2　タクシーの原価

タクシーの原価計算をもとに、利益を得るために、売上にスライドしてタクシー運転手の歩合率をいくらに設定すればよいでしょうか？　これを計算できるExcelワークシートを作成してください。

◇解答例

図1.10に、公表されている資料をもとにExcelワークシートを作成してみました。計算式の例を図1.11に示します。タクシー1日当たりの売上をセルC4に、走行距離をセルC5に、一般管理費比率（売上高に占める割合）をセルC8に入力し、歩合を入力すると、月当たりの原価が計算されて、利益を知ることができます。1日当たりの走行距離は実績値を入力するか、売上高から見積もれる数式をセットしておくといいでしょう。

1日当たりの走行距離と燃費との掛け算で、セルF9の燃料油脂費が求めら

	B	C	D	E	F
1	タクシーの原価				
2				損益分岐点の歩合	
3					
4	タクシー 1日当たりの売上	¥30,000		費目	金額（月当たり）
5	1日当たりの走行距離(km)	167km		売上	¥750,000
6	歩合	56.6%		乗務員人件費	¥466,667
7	一般管理費比率	8.5%		技工人件費	¥60,000
8	燃費(円/km)	9.5		一般管理費	¥63,750
9				燃料油脂費	¥39,583
10				車両修繕費	¥20,000
11				車両償却費	¥20,000
12				その他経費	¥70,000
13				営業外費用	¥10,000
14				利益	¥0
15					
16					
17				運転手の年収	¥5,090,909
18				年間利益	¥0
19					
20	数値は仮定に基づくものです。実情に合わせた値に適宜変更ください。				

図1.10　タクシーの原価計算例

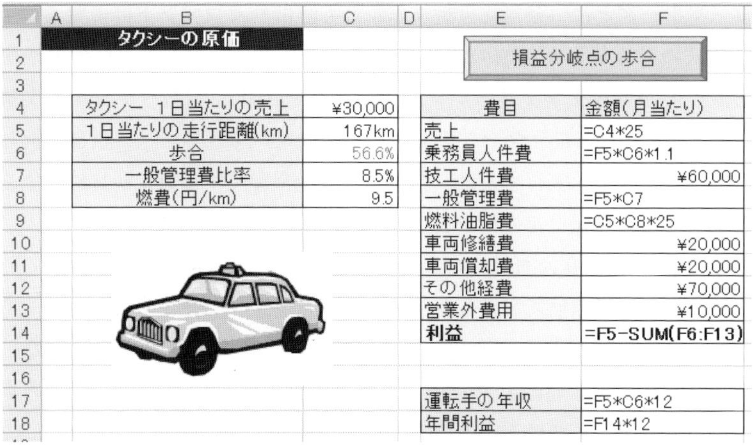

図1.11 タクシーの原価計算例の計算式

れます。一定の比率と売上高を掛け算し、一般管理費を計算しています。人件費は、売上と歩合率を掛け算し、さらに福利厚生費として10%を加えた金額としています。車両保守にかかる技工人件費や車両修繕費、車両償却費、その他経費（事務経費など）、営業外費用は、平均的な値を入れていますが、これらについては各事業所の実状にあわせて、適切な値を設定する必要があります。

この表において、歩合率をいろいろ変化させて、利益がゼロになるときの値を探すことができるはずです。あるいは、月当たり20,000円の利益を確保するためには歩合率はいくらに設定すればよいかというような問題を考える必要が出てきます。このような逆算を行いたいとき、Excelのゴールシーク機能（図1.12）を使うと便利です。

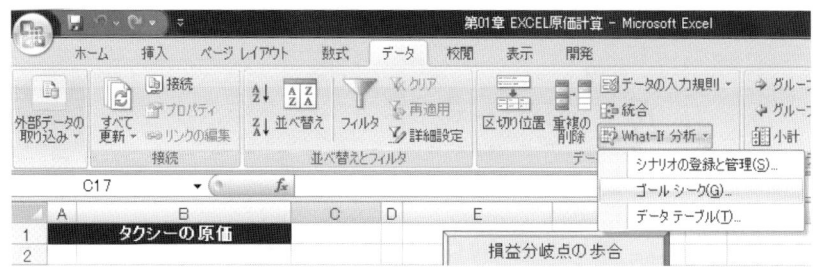

図1.12 ゴールシークの呼び出し

ゴールシークとは、最適化分析ツールとも呼ばれるコマンド群の要素の１つで、数式の計算結果が目的の値となるように、数式に代入する値の最適値を求めることができます。ゴールシーク機能を使用するには、「データ」タブ→「データツール」グループ→「What-If 分析」→「ゴールシーク」を選択します。ゴールシークを実行すると、指定したセルを参照する数式が目標の値を返すまで、その参照元セルの値が変化し、解が求められます。

図 1.13 は、図 1.10 におけるゴールシークの実行途中の画面例を示しています。利益＝０を目標値に設定し、「OK」ボタンをクリックすると、自動的に目標値に合致するまで歩合が変化します。図 1.14 に計算結果を示しました。歩合 56.6％で利益＝０（損益分岐点）となることがわかります。これ以下の歩合にしないと企業としては赤字ということになります。

１日の売上高をいろいろ変えて、年間利益＝０となる（損益分岐点）歩合を求めてみます。そのためには、ゴールシークの操作を繰り返せばよいのですが、面倒です。そこで、一連の操作を「マクロ」に記録させて、その後、ワンタッチでそれを呼び出して簡単に損益分岐点の計算ができるようにしましょう。

マクロとは、Visual Basic モジュールに保存される一連のコマンド及び関数で、作業中にいつでも実行できます。マクロを記録すると、一連のコマンドの

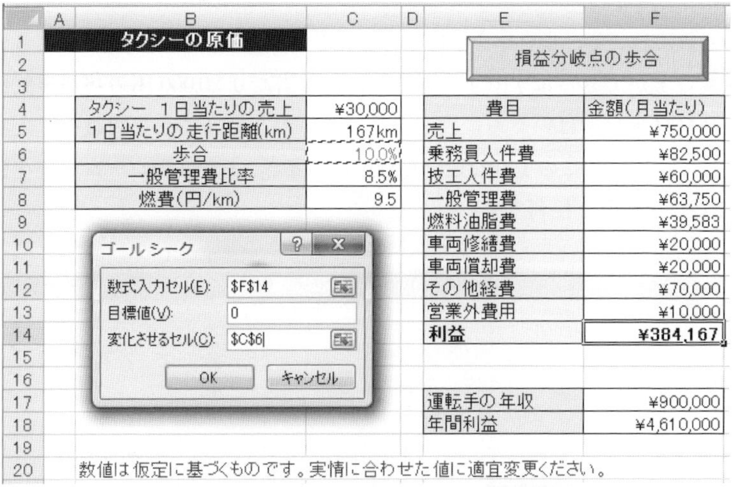

図 1.13　図 1.10 におけるゴールシークの実行
（利益＝０を目標値に設定し、歩合を変化させる）

1.2 原価の事例 17

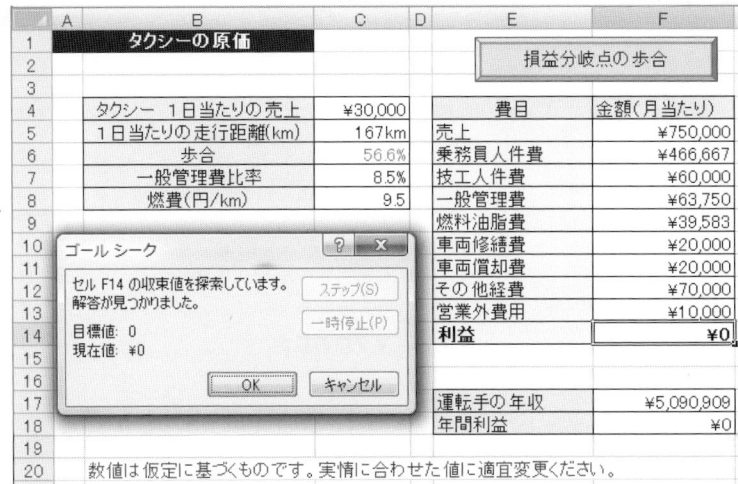

図 1.14　図 1.13 の実行・計算結果

実行手順が保存されます。マクロを実行すると、記録したコマンドを「再生」するように繰り返すことができます。Visual Basic やマクロを利用するためには、「開発」タブが必要です。「開発」タブが表示されていない場合は、次の操作を行って表示します。

「Microsoft Office ボタン」 → 「Excel のオプション」を選択します。「基本設定」カテゴリの「Excel の使用に関する基本オプション」で、「［開発］タブをリボンに表示する」チェックボックスをオンにし、「OK」ボタンをクリックします。すると、「開発」タブが表示され、「開発」タブを選択すると図 1.15 のようなメニューが表示されます。

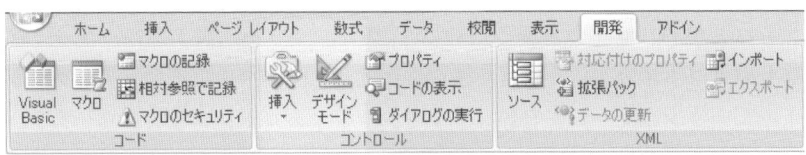

図 1.15　「開発」タブ

また、セキュリティレベルを一時的に変更してすべてのマクロを有効にするには、次の操作を行います。「開発」タブ→「コード」グループ→「マクロのセキュリティ」を選択します。

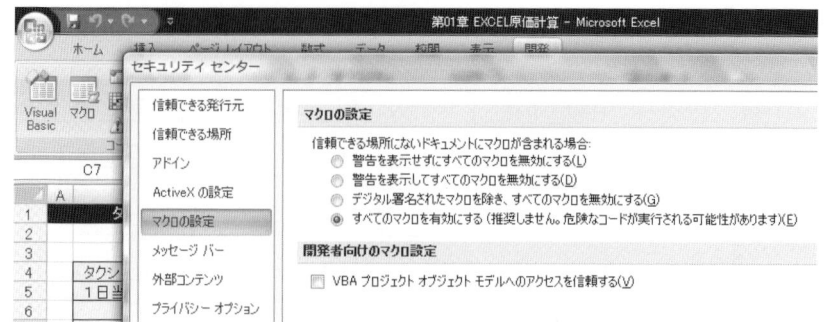

図 1.16　マクロの設定

「マクロの設定」で、「すべてのマクロを有効にする（推奨しません。危険なコードが実行される可能性があります）」をチェックし、「OK」ボタンをクリックします（自分が作成した以外の危険なコードが実行されないようにするために、マクロの使用が完了したら、すべてのマクロを無効にする、いずれかの設定に戻すことをお勧めします）。

図1.17 は、新しいマクロを記録するときの操作例を示しています（「開発」タブ→「コード」グループ→「マクロの記録」）。この操作後、新しいマクロに名前を付けると、その後のExcelのすべての操作がマクロとして記録されます。記録を終了したいときは、「開発」タブ→「コード」グループ→「記録終了」と選択します。

「開発」タブ→「コード」グループ→「マクロ」を選択すると、今、記録されたマクロを見つけることができるはずです。ここで、そのマクロ名をクリックして、「実行」ボタンをクリックするとマクロで記録された一連の操作が自動的に実行されます。

もっと便利にマクロを使うために、「挿入」タブ→「図」グループ→「図形」でグラフィカルボタン（額縁）を作成し、図1.18 のように、そのグラフィカルボタンにマクロを登録します（グラフィカルボタンを右クリックし、「マクロの登録」を選択します）。あとは、そのグラフィカルボタンを押すだけで、マクロを何度でも実行できます。

※マクロ名を Macro1 のまま記録するか、変更することができます。

図 1.17　新しいマクロの記録

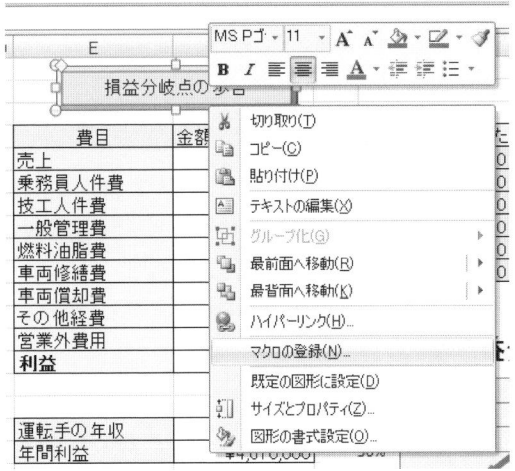

図 1.18　グラフィカルボタンへのマクロの登録

タクシーの1日当たりの売上をいろいろ設定し、ゴールシークを実行して、損益分岐点の歩合を求めてみたのが、図1.19です。グラフからわかるように、売上が少ないと歩合も少なくしなければ利益が出ません。

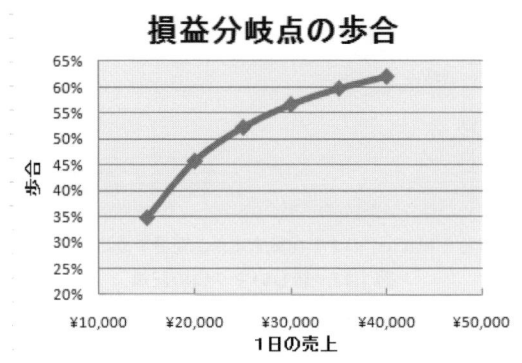

図1.19　タクシー1日当たりの売上と損益分岐点における歩合

また、月当たり利益を目標値に設定し、その利益を確保するためには売上と歩合をいくらにすればよいかを求めることもできます。図1.20では、図1.10において、1日の売上が30,000円の場合の月当たり利益＝100,000円を目標値に設定したときの歩合を求めた例を示しています。この結果では、歩合は44.4％となります。

タクシー事業で利益が出る体質を強化するためには、運転手のモチベーションが出るような歩合率の設定が重要です。経営者も運転手も正確な原価を知れば、納得して仕事ができるのではないでしょうか。

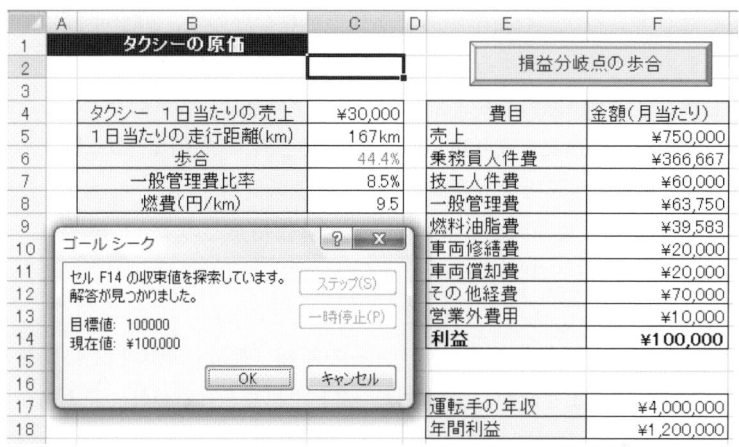

※月当たり利益＝100,000円を目標値に設定
図1.20　図1.10におけるゴールシークの実行結果

1.2.5　ハンバーガーの原価

　ハンバーガーは日本でもとてもポピュラーな食べ物になりました。ファーストフードと呼ばれるように、注文してからほとんど待たされることなく、すぐに食べられる便利さ、値段が手頃であるところが受けています。ハンバーガーショップで、ハンバーガーだけを注文する人は少なく、ポテトやドリンクを合わせて購入する人が多いのが現状です。ポテトの原価率（＝1－粗利益率）は20％程度と低く、稼ぎ頭になっているといわれています。

　ハンバーガー単体では利益が少なくても、いわゆるセットメニューを売ることで客単価を上げ、収益を確保できるようにしているわけです。ハンバーガーの原価を考えるときは、ハンバーガー単体の原価だけでなく、サイドメニューの原価も知り、セット販売での収益性を議論する必要があります。これは、利益率が異なる複数の製品を製造・販売する際、その構成比（これをプロダクト・ミックスといいます）を検討しなければなりません。制約条件の中で全体利益が最大となるように、最適なプロダクト・ミックスを決定するために、原価を知ることは重要です。

　大手の日本マクドナルドでは、低価格戦略をとり、2000年には半額バーガーを売り出しました。これにつれて、客数は3倍以上に増え、大きな売上をあ

げました。ところが、収益率があまり改善されないので、2002年には半額セールをやめ、一部値上げすることにしました。その結果、客数が減り、赤字が出てしまうという事態に陥りました。そこで、今度は、客単価を上げるためにいくつかの新しい商品を売り出し、今では、同時に、安価な「100円マック」のメニューも拡充するという高価格メニューと低価格メニューを両立した戦略で、2006年から回復基調を堅持しています。価格をどのように設定し、客数をどのくらい確保し、利益を上げていくか、常に変化する顧客の動向に合わせた対応が必要です。

公表されている資料からハンバーガーの原価（推計）を図1.21に試算しました。すでに述べましたが、粗利益は、売上総利益ともいわれ、売上高から売

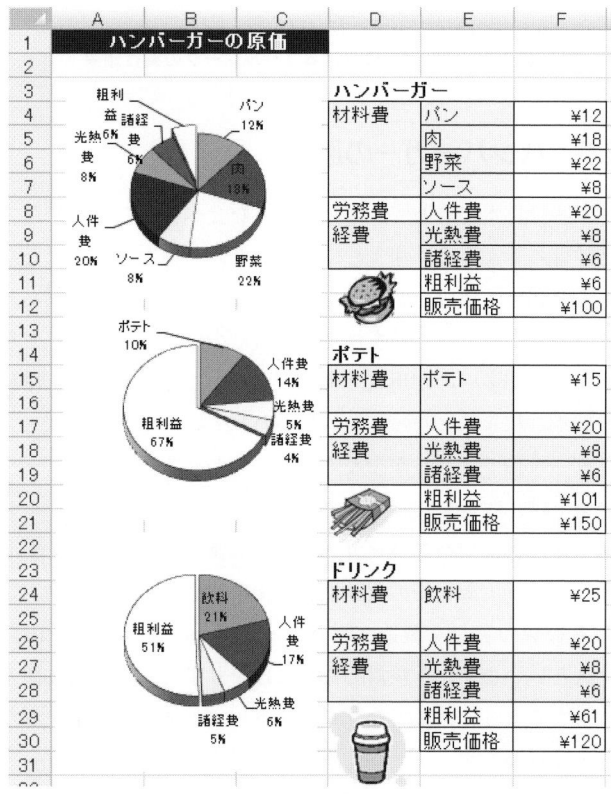

※参考：インタービジョン21編『「儲け」のカラクリ』三笠書房、2002、「日経ビジネス」2001/7

図1.21　ハンバーガーの原価（推計）

上原価を差し引いたものです。一方、営業利益は、売上総利益からさらに販売費及び一般管理費を差し引いたものです。この例では、月当たりの人件費、諸経費をハンバーガー、ポテト、ドリンクそれぞれ 1 個当たり均等になるように割り付けています。光熱費は、ハンバーガーやポテトに比べ、ドリンクではさほどかからないかもしれません。このように全体にかかった経費を製品 1 個ごとに割り付けて計算することを「配賦(はいふ)」といいますが、製品 1 個当たりの原価を知るためには配賦計算を正確に行う必要があります。

来店した顧客が何を注文するか、ハンバーガーとドリンク、ハンバーガーとポテトとドリンク、ドリンクだけというようにいくつかの組み合わせが考えられます。何が何個売れるかわからなければ、全体の経費を商品 1 個当たりに配賦することができません。実績がわかれば、その数値をもとに原価を計算することができます。これが「実績原価」です。一方、来客数などを予想してあらかじめ原価を計算することも必要です。これが「予定原価」と呼ばれるもので、この予定原価には、「見積原価」と「標準原価」があります。

◆例題 1.3 ハンバーガーのセット販売

ハンバーガーショップで、ハンバーガー、ドリンク、ポテトを販売します。それぞれの原価計算をもとに、利益を確保するためにセット販売の割引率をいくらに設定すればよいでしょうか？ Excel で検討してください。

◇解答例

図 1.22 のような Excel ワークシートを作成し、原価を見積もります。

この例では、正社員 1 人＋アルバイト店員 2 人の店舗で人件費、諸経費を見積もり、平均客数が 1 分間に 1 人（10 人/10 分）として、1 日当たり営業時間を 10 時間、月当たり営業日数を 25 日とし、販売率（訪れた客が購入する率）をハンバーガー 95％、ポテト 30％、ドリンク 90％としました。100 円でハンバーガーを販売しようとするとハンバーガー単体での粗利益は 5 円程度ということになります。もし、ほかは同じ条件でも、平均客数が 2 分間に 1 人（5 人/10 分）となった場合はどうでしょうか？ ハンバーガー単体の粗利益は −28 円となり、販売費及び一般管理費が売上の 10％かかるとすると店全体で月当たり営業利益は −56,000 円と赤字になってしまいます。

そこで、セットメニュー（ハンバーガー、ポテト、ドリンク）を設け、3 つ

	H	I	J	K
3	(固定費の見積)	月当たり金額		
4	人件費	¥650,000		
5	賃借料	¥100,000		
6	設備減価償却費	¥100,000		
7	光熱費	¥250,000		
8				
9	(顧客数の見積)			
10	平均客数(人/10分)	10人		
11	1日当たり営業時間	10時間		
12	月当たり営業日数	25日		
13	(販売率の見積)	単品	セット	
14	ハンバーガー販売率	95%		訪れた客が
15	ポテト販売率	30%	0%	購入する率
16	ドリンク販売率	90%		
17	(月当たり販売個数)			
18	ハンバーガー	14,250		
19	ポテト	4,500		
20	ドリンク	13,500		
21	(ハンバーガー・ポテト・ドリンクセット販売の割引率)			
22	割引率	10%		
23	セット価格	¥333		
24				
25	(売上、粗利益)	月当たり売上	月当たり粗利益	
26	ハンバーガー	¥1,425,000	¥83,953	
27	ポテト	¥675,000	¥454,012	
28	ドリンク	¥1,620,000	¥822,035	
29	合計	¥3,720,000	¥1,360,000	
30	(営業利益)	対売上比率	月当たり金額	
31	販売費及び一般管理費	10%	¥372,000	
32	営業利益	27%	¥988,000	

図 1.22 ハンバーガーの原価 (推計) の元データ (見積) (客数 1 人/1 分間)

単体での価格合計より安い価格で、このセットメニューの販売を増やすことを考えます。つまり、多少割引をしても、ポテトの収益力がそれを上回り、店全体で利益が増えるという作戦です。図 1.23 にあるように、セットメニューの割引率を 10%、販売率を 50% とし、それにつれて単品の販売率はハンバーガー 45%、ポテト 10%、ドリンク 40% になると考えて計算すると、ハンバーガー単体では粗利益は出ませんが、店全体の月当たり営業利益は 89,125 円確保されます。1.2.4 で説明したゴールシーク (数式入力セル = J32 (営業利益)、目標値 = 0、変化させるセル = I22 (割引率)) を使って計算してみると割引率 17.137% 以下であれば営業利益がプラスになることがわかります。計算式の例を図 1.24 に示しました。セル I4 〜 I7 の固定費の月当たり見積額をセル I18 〜 I20 の月当たり販売個数で割り算したものと材料費を加えて、ハンバーガー、ポテト、ドリンクそれぞれの原価を算出しています。販売費及び一般管理費は、売上高 (セル I29) に比例して発生するとし、その配賦率をセル I31 で設定して、算出します。

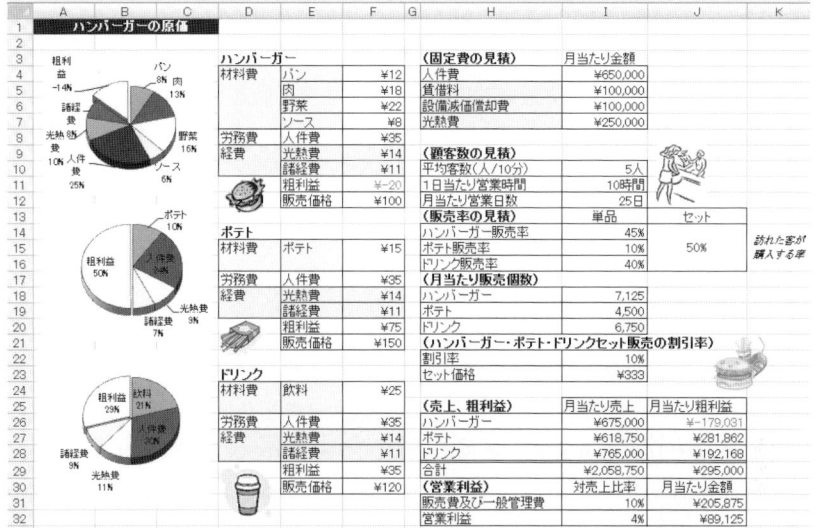

図 1.23　セットメニュー投入での原価と計算（客数 1 人 /2 分間）

図 1.24　セットメニュー投入での計算式

　2000 年に日本マクドナルド社では半額バーガーを売っていましたが、売上高 4,311 億円のうち、純粋な半額バーガーが占める割合は 10% 未満といわれていました。セットメニューで収益を上げていたということになります。

　マクドナルドでは、出店にあたりどこにどれだけの人が住み、働き、学び、買い物をしているかというエリアマーケティングを徹底して行い、販売予測の的中率

が80％と高い地理情報システム（McGIS）を開発したり、新工法（モジュラー工法）で店舗の建築日数を半分にしたり、サテライト店舗を開設することで出店費用を抑えたりしながら、世界最適調達などで協力企業と徹底したコスト低減をはかり、一方で、顧客満足度調査は四半期ごとに行うという企業努力も続けています。

1.2.6 在庫のコスト

在庫（inventory）とは、生産や販売などのために複数個保有されている物品（商品、中間製品、材料など）のことをいいます。今、コンビニの商品棚に数種類のケーキが並んでいて、チーズケーキは2個、モンブランは5個あるとします。ここに、ある客がやってきてチーズケーキを2個とも買ってしまったら、在庫はゼロになります。その直後に、チーズケーキを買いたい客が来たら、商品がありません。立ち去ってしまうか、不満を持ちながらモンブランか別の商品を購入することになります。このように品切れになっていれば、コンビニにとっては売上が立たないだけでなく、その客がもう来店してくれない原因をつくることになってしまいます。

したがって、品切れを起こさないようにある程度の在庫を持たなければなりません。一方、在庫が多すぎると広い保管スペースが必要となるばかりか、売れ残りが発生し、賞味期限切れで廃却しなければならないか、新商品が出たために処分する……というような損失が発生することにもつながります。

もし、いつも実際の需要量に等しい数量の商品が店頭にあれば、売れ残りも品切れも発生せず、最大の利益を上げることができます。これは理想的な状態です。この理想状態の利益から実際の利益を引いた差額を機会損失額といいます。この機会損失額ができるだけ少なくなるように在庫管理を行わなければなりません。

また、製造工場では、通常、いくつかの工程を経て1つの製品を完成させます。各工程では、何種類もの原材料や部品を使用することになりますが、それらが1つでも欠けるとその工程はストップし、他の工程に進むことができません。必要な原材料や部品が不足したために生産が滞ることがあってはならないので、ある程度多めに準備しておかなければなりません。この準備のための原材料や部品も在庫であり、在庫を減らすことは製品原価の低減のためにたいへん重要です。

在庫は、仕入れと販売、原材料調達と製造など2つの活動の間を調整するために必要な資源であり、多すぎても少なすぎてもいけないわけです。在庫が多

すぎると調達費用や在庫維持費用が大きくなり、過剰在庫費用も発生します。調達費用とは、1回の調達ごとにかかる費用で、購買の場合の商品の発注費用や、生産の場合の工場での製造準備（段取り）費用などが該当します。在庫維持費用には、在庫を保管するためにかかる費用や損耗や価値低下などによって生じる損失、借入金を在庫に投下している場合の金利、在庫にかける火災保険や盗難保険の損害保険料などが含まれます。過剰在庫費用とは、商品に対する需要がなくなってしまったとき、依然として在庫があるときに生じる損失あるいは費用をいいます。調達費用、在庫維持費用、過剰在庫費用をすべて足し合わせた費用を在庫費用といい、在庫が多くなるほど在庫費用は大きくなります。

一方、在庫が少なすぎれば在庫切れ費用が発生します。必要な原材料が不足したために生産が滞った場合や、客が買い求めてきたにもかかわらず商品がなかったために売ることができなかった場合、損失（これを機会原価といいます）が発生したことになります。急いで調達し、何とか需要に間に合った場合でも、通常は特別な費用がかかります。また、顧客の信用低下も損失であると考えなければなりません。これらの在庫切れ費用は、在庫が少ないほど大きくなります。

在庫費用と在庫切れ費用の和としての総費用が最小になる在庫量が最適在庫量です。これは図 1.25 のように表すことができます。この最適在庫量を決定することが在庫管理では重要な問題となります。

毎月決まった量を生産するために、原材料について毎回決まった量を発注する場合を考えます。例えば、原材料の年間使用量は 1,200 であり、600 ずつ 2 回に分けて発注する場合や 400 ずつ 3 回に分けて発注する場合、さらには毎

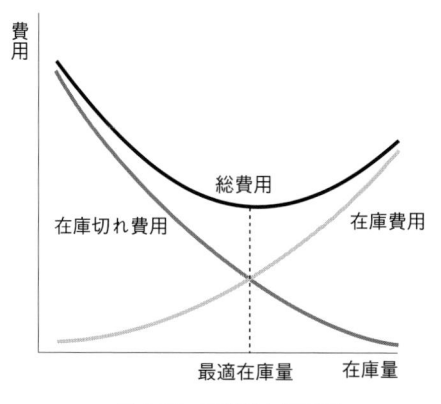

図 1.25　在庫量と総費用

月100ずつ発注する場合を仮定します。この場合、横軸に時間をとり縦軸に在庫量をとったグラフを描くと、図1.26のように刃の揃ったノコギリのような形になります。ここで、毎回の発注量を Q とすれば、年間を通して平均的に $Q/2$ の在庫が存在することになります。また、左図と右図を比較すると、発注量 Q を小さくするとそれに比例して平均在庫量は小さくなり、発注回数は逆比例して多くなることがわかります。

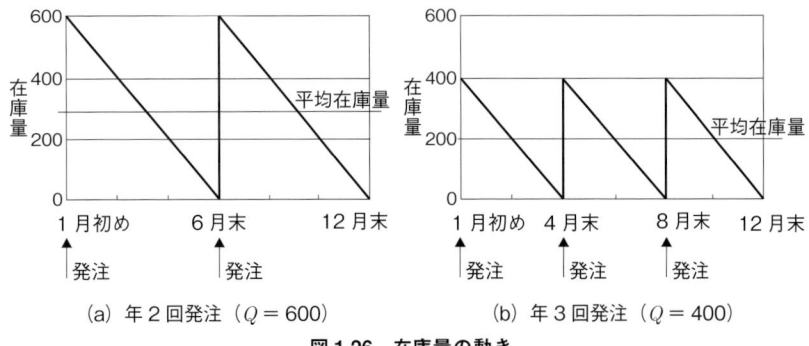

(a) 年2回発注（$Q=600$）　　(b) 年3回発注（$Q=400$）

図1.26　在庫量の動き

◆例題 1.4　最適発注量

毎月、同じ量の製品をつくっている工場があります。その生産のための原材料について、次の条件で、様々な発注回数における年間総費用を計算し、最も費用が少なくなるような発注回数と発注量を求めてください。

```
年間必要量    1,200個
発注費用      200円/回
在庫費用      13円/（個・年）
```

◇解答例

（1）在庫計算表から最適発注量を求める

Excelを用いれば、図1.27に示すような在庫費用計算表を作成することができます。この表では、発注回数を入力すれば1回当たりの発注費用、年間在庫費用、両者を足し合わせた総費用が計算されます。これをグラフに表すと図1.28のようになります。この表とグラフから、発注回数が6回のとき（発注量が200のとき）、総費用が最も少なくなることがわかります。

1.2 原価の事例

	A	B	C	D	E	F
1	最適発注量		年間必要量		1,200	
2			1回当たりの発注費用		¥200	
3			1個当たりの年間在庫費用		¥13	
4						
5	発注回数	1回の発注量	発注費用	在庫費用	総費用	
6	1	1,200	¥200	¥7,800	¥8,000	
7	2	600	¥400	¥3,900	¥4,300	
8	3	400	¥600	¥2,600	¥3,200	
9	4	300	¥800	¥1,950	¥2,750	
10	5	240	¥1,000	¥1,560	¥2,560	
11	6	200	¥1,200	¥1,300	¥2,500	最小値
12	7	171	¥1,400	¥1,114	¥2,514	
13	8	150	¥1,600	¥975	¥2,575	
14	9	133	¥1,800	¥867	¥2,667	
15	10	120	¥2,000	¥780	¥2,780	
16	11	109	¥2,200	¥709	¥2,909	
17	12	100	¥2,400	¥650	¥3,050	
18	13	92	¥2,600	¥600	¥3,200	
19	14	86	¥2,800	¥557	¥3,357	
20	15	80	¥3,000	¥520	¥3,520	
21	16	75	¥3,200	¥488	¥3,688	
22	17	71	¥3,400	¥459	¥3,859	

図 1.27　最適発注量の計算表

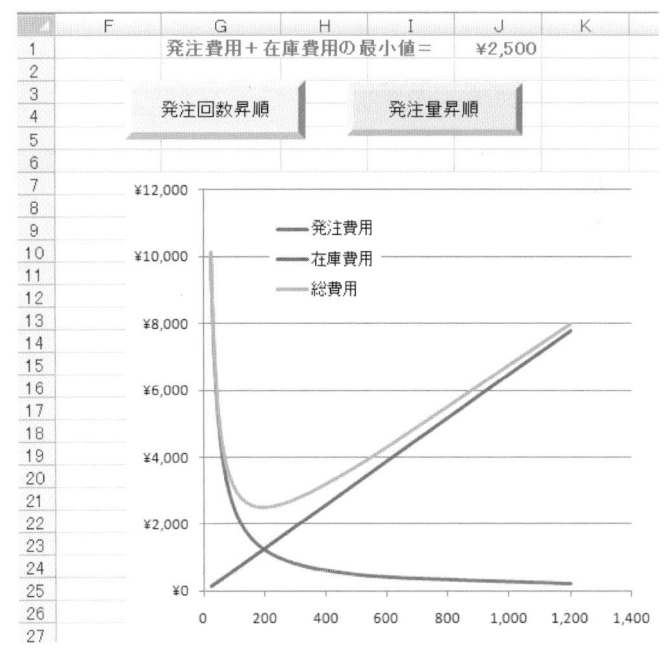

図 1.28　最適発注量のグラフ

計算式は、図1.29のとおりです。列Bに年1回の発注量＝年間必要量÷発注回数（=$E$1/A6など）、列Cに発注費用＝1回の発注費用×発注回数（=$E$2*A6など）、列Dに在庫費用＝平均在庫量×1個当たりの年間在庫費用（=(B6/2)*$E$3など）、列Eに総費用＝発注費用＋在庫費用（=C6+D6など）をセットしています。セルJ1に総費用の最小値を求めるMIN関数をセットし、列Fでは、IF関数を用いて、列Eのセルの各総費用がセルJ1と一致する場合にだけ、「最小値」と表示できるようにしています。

図1.29　最適発注量の計算式

この表を発注回数の昇順に並べ替えたり、1回当たりの発注量の昇順に並べ替えたりして、総費用がどのようになっているか調べることができます。このためには、図1.30のように、「データ」タブ→「並べ替えとフィルタ」グループ→「並べ替え」を選択し、「最優先されるキー」を設定します。

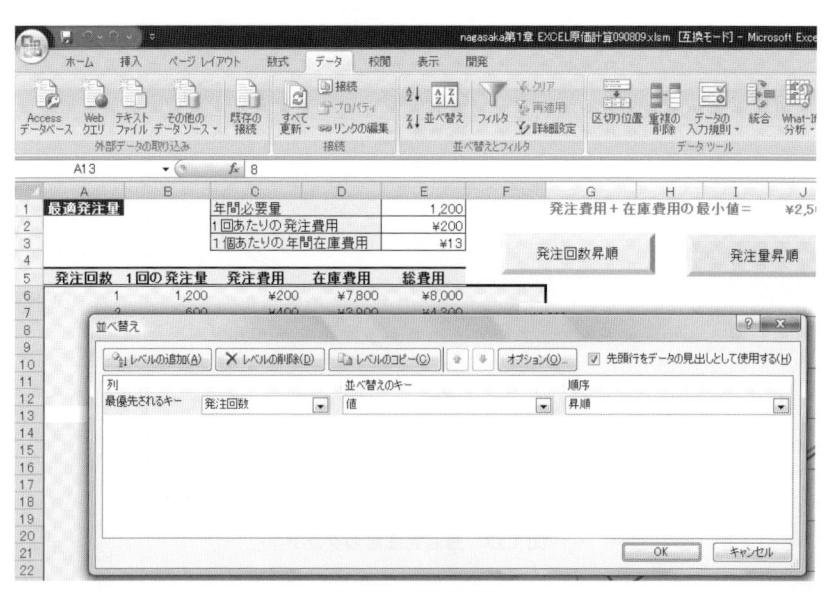

図1.30　並べ替え

並べ替え作業を何度も繰り返したいときは、Excel のマクロを使い、作業を自動化します。図 1.31 は、並べ替え作業をマクロに記録し、グラフィカルボタンに登録した例です。

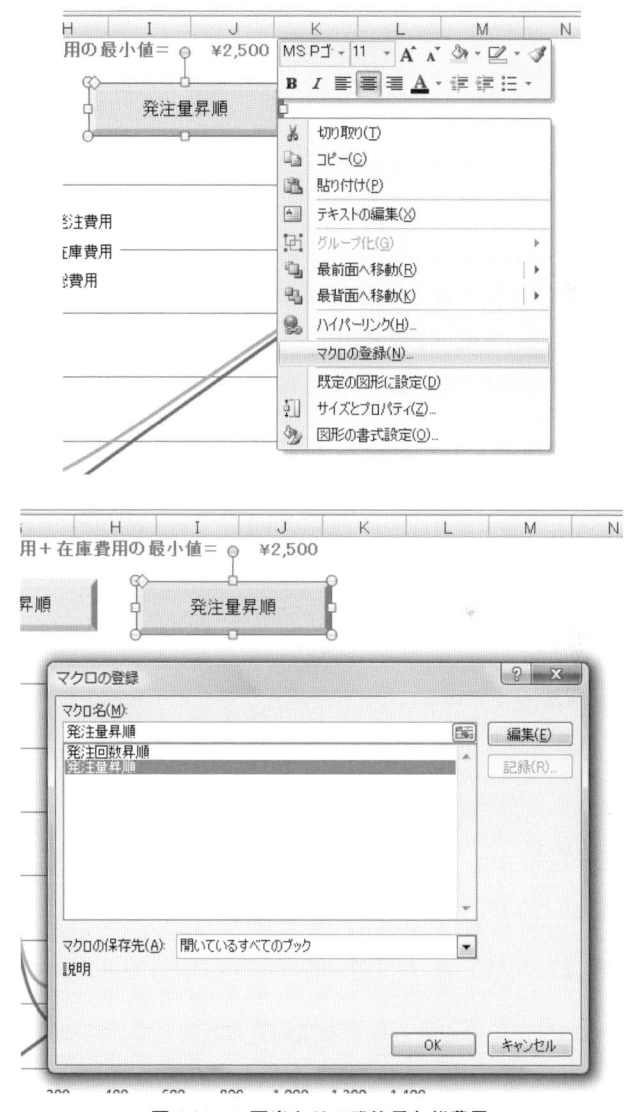

図 1.31　1 回当たりの発注量と総費用

(2) EOQ 公式から最適発注量を求める

在庫に関する総費用を最小にする発注量を経済的発注量（EOQ：Economic Order Quantity）といいます。この経済的発注量は、次の EOQ 公式によって求めることができます。

$$経済的発注量 = \sqrt{\frac{2 \times 1年間の需要量 \times 1回当たりの発注費用}{1個当たりの年間在庫維持費用}}$$

経済的発注量モデル EOQ 公式は以下のように証明することができます。次のように記号を付けて考えましょう。

Q：1回当たりの発注量（個）
D：1年間の需要量（個／年）
C：1個当たりの年間在庫費用（円／（個・年））
H：1回の発注費用（円／回）

1回当たりの発注量を Q とすれば、平均在庫量は $Q/2$ であるので、1年間の在庫費用は $CQ/2$ となります。また、1年間の需要量は D なので、発注回数は D/Q になり、発注費用は HD/Q となります。したがって、年間総費用 Z は、次式で表されます。

総費用の式： $Z = (CQ/2) + (HD/Q)$

Z を最小にする Q を求めるには、Z を微分して 0 とする方法もありますが、図 1.28 のグラフからも「発注費用＝在庫費用」のときであることがわかります。すなわち、

$CQ/2 = HD/Q$

のとき Z が最小となり、求める経済的発注量は次式になります。

経済的発注量の式： $Q = \sqrt{2HD/C}$

なお、経済的発注量の Q を在庫総費用の式に代入して、経済的発注量のときの総費用を次式で求めることができます。

$Z = \sqrt{2HDC}$

この平準生産の例題では、$D = 1200$（個）、$H = 200$（円／回）、$C = 13$（円／（個・年））ですので、経済的発注量 $Q = \sqrt{2 \times 1200 \times 200 \,/\, 13} = 192.1538$ となり、発注回数 $= 1200/Q = 6.244\cdots \fallingdotseq 6$（回）と求めることができます。Excel での計算結果と比較してみると意味がよく理解できます。

1.2.7 その他商品の原価

世の中には、いろいろな商品があり、いろいろなサービスがあります。それらの原価はどうなっているのでしょうか？ 携帯電話が1円で売られていたり、冷凍たこ焼きが店舗で買うたこ焼きよりかなり安かったり、理容店では1,000円という激安店があったり、不思議に思うことが多いですね。しかし、正確な原価は一般には企業秘密で公開されていません。すでに、コーヒー、発泡酒・ビール、ペットボトル飲料、タクシー、ハンバーガーの原価を推計しましたが、ここでは、ほかにラーメン、ダイヤモンド指輪、コンビニ、シェーバーについて概観しておきたいと思います。

(1) ラーメン

ラーメンが好きな人は意外に多く、行列のできるラーメン店もあります。ラーメンづくりには、手間ひまがかかっているように思いますが、意外に原価は安いのが現実です。

開業費用として、15坪で客席11席のラーメン店を約600万円で開業したケースもあるとのことですが、10坪くらいのカウンター主体の店舗で約900万円程度かかるという見積例があります（内外装工事費380万円、厨房設備費260万円、備品95万円、その他165万円）[6]。

表1.3、図1.32に、売価が600円程度の最も基本的な醤油ラーメンの原価を推定してみました。原材料費としては、麺（30〜60円）、スープ（10〜100円）、チャーシュー（10〜30円）、その他の具（10〜30円）くらいが考えられます。ラーメンがおいしければ、客が口コミでうわさを広めてくれますし、雑誌やテレビの取材を受ければ一気に顧客数が増えます。広告宣伝費をあまりかけずに経営すれば営業利益が安定するでしょう。

表 1.3　醤油ラーメン（売価 600 円）の原価例（原材料費約 100 円の例）

費目	金額（円）
原材料費	100
人件費	220
光熱費・店舗代	40
粗利	240
合計	600

※参考：『図解決定版　モノの原価がわかる！』青春出版社、2002 年

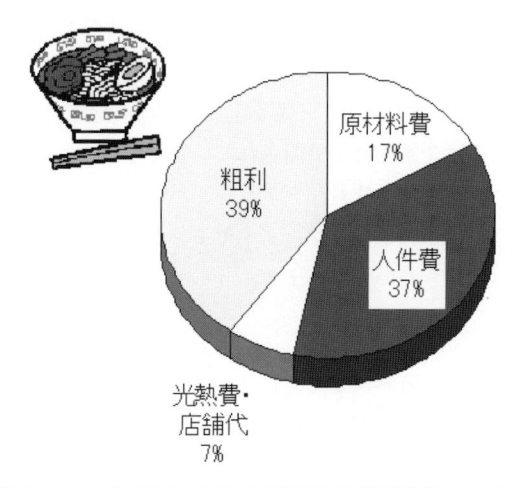

図 1.32　醤油ラーメン（売価 600 円）の原価例（原材料費約 100 円の例）のグラフ

(2) ダイヤモンド

　ダイヤモンドの名は、ギリシャ語の「アダマス」（征服されないもの）に由来するとのことです。一般にダイヤモンドは、4つの「C」、Cut（研磨）、Color（色）、Clarity（透明度）、Carat（重量）の組み合わせで評価されます。1カラットは 0.2 グラムです。ダイヤモンドの価格はこのカラットで大きく変わりますが、同じカラット数でも値段が違うのは、他の 3C が評価の対象として入ってくるからです。

　表 1.4、図 1.33 は、売価 100 万円のダイヤモンド指輪の原価の一例です。売価の半分以上は問屋や小売店のマージンになります。10 万円以下で売られているような安いアクセサリーでは原価の割合はさらに低く、数千円ということもあるとのことです。宝石の販売では、人件費を削ることはできないし、店内

の内装費、防犯設備にもお金がかかるという事情があります。

表1.4 売価100万円のダイヤモンド指輪の原価例（推計）

費目	金額（万円）
中石（中央にあるメインの石）	25
脇石（中石のまわりにちりばめられている石）	2
プラチナ・ゴールド	3
デザイン料	3
加工費	12
製造業者・問屋・小売店のマージン	55
合計	100

※参考：『儲けのカラクリ』三笠書房、2002年

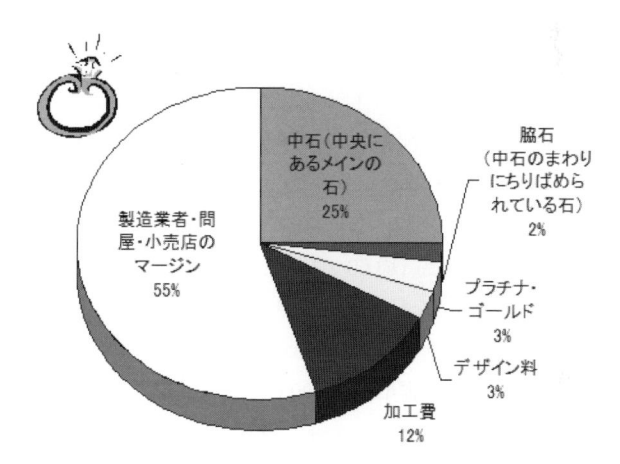

図1.33 売価100万円のダイヤモンド指輪の原価例（推計）のグラフ

(3) コンビニエンス・ストア

今やコンビニはなくてはならない存在になりました。多くの店舗はフランチャイズ契約で経営していますが、2009年8月末での店舗数は、セブンイレブン：12,467店舗、ローソン：9,585店舗、ファミリーマート：7,604店舗となっています。

店により売上は大きく異なりますが、1店舗当たりの1日の売上は約50万円といわれています。業界最大手であるセブンイレブンの平均売上は63.9万円／日（2004年度実績）で、平均よりも10万円以上も多く、サークルKサン

クスの平均売上は 48.2 万円／日（2005 年度実績）で、大手チェーンの中では標準的な売上となっています。大手コンビニチェーンで利益を確保するための 1 日当たりの売上の目安は約 40 万円といわれ、この数字が達成できない店舗の経営は厳しくなります。これは、2 分間に 1 人顧客がやってきて、500 円程度の買い物をしてくれるという状態が 24 時間続かなければなりませんので、簡単に達成できる数字ではないことがわかります。

フランチャイズ契約で、店舗経営者から本部に支払われるロイヤリティーの計算方式はいろいろあるようです。例えば、①定額方式：売上や利益にかかわらず毎月定額を支払う、②売上歩合方式：売上高のうち何％かを支払う（3 〜 5％程度）、③粗利分配方式：粗利の 30 〜 43％程度を支払う、などです。

各チェーンの本部は、全国の店舗の売上、在庫などを POS（Point Of Sale system、販売時点管理システム）で把握し、多回小口配送によって売れ残りや品切れが起きないように工夫を行っています。

表 1.5、図 1.34 は、粗利分配方式で粗利の 35％がロイヤリティーという場合の原価計算例です。この例では粗利＝売上－仕入費用で計算しています。もし、2 分間に 1 人顧客がやってきて、800 円の買い物をしてくれるという状態が 24 時間毎日続くとすると（約 60 万円／日）、1 ヶ月で約 1,800 万円の売上になります。その場合は健全な経営が実現されることがわかります。仕入費用を売上の 70％とすると、客単価が 500 円となった場合（約 37.5 万円／日）の営業利益は 39 万円、さらに、客単価が 400 円となった場合（約 30 万円／日）の営業利益は －5 万円と赤字になってしまいます。

表 1.5　コンビニの原価例（推計）

費目	金額（万円）
仕入費用	1,260
ロイヤリティー（粗利の 35％）	189
人件費	120
諸経費（光熱費など）	60
営業利益	171
合計	1,800

※参考：『儲けのカラクリ』三笠書房、2002 年など

コンビニの経営はすべてうまくいくのでしょうか？　公共料金の支払いや ATM の利用などの幅広いサービスで地域顧客のリピーターを増やすことや独

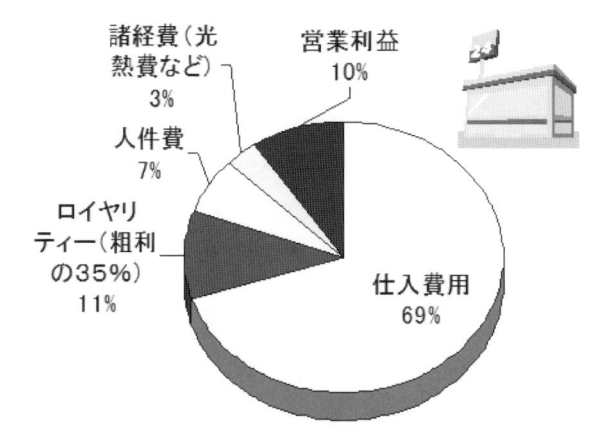

図1.34 コンビニの原価例(推計)のグラフ

自ブランドで売れる物を開拓することも積極的に進められていますが、立地が大きなポイントとなります。また、原価について十分に理解しておくことも大切です。

一般に、コンビニでは、賞味期限切れの商品はすべて廃棄することや、売れる商品より多くの商品を仕入れて棚を商品で満たすことが義務付けられています。したがって、売れ残りの弁当・おにぎりなどの廃棄ロスは、必然的に発生することになります。1日原価で1万円、月30万円程度のロスが出ることもあるようです。これは加盟店が全面的に負担する経費とされ、廃棄物処理費用が大きいことを考えておかなければなりません。これが理由で、賞味期限切れ直前の商品を値引き販売したい店主側と、あくまで定価販売にこだわる本部側の対立が起こっているケースもあります。

売上から仕入原価を引いた差額に一定比率を掛けてロイヤリティーを計算することになると、廃棄ロスや万引きなどによって生じる棚卸ロス(棚卸差異原価)が多い場合には経営がたいへん苦しくなります。フランチャイズ契約で、本部のいう「粗利分配方式」は、通常の「粗利」と同じであるかどうかを確かめておく必要があります。通常、粗利とは、会計用語での「売上総利益」のことです。つまり、

　　売上総利益＝売上高－総売上原価
　　　　　　　＝売上高－(期首商品棚卸高＋当期商品仕入高－期末商品棚卸高)

が通常の概念です。ところが、コンビニ本部では、粗利を特殊な用語で用いている場合があります。

粗利＝「売上総利益」＝売上高－純売上原価
　　　　　　　　　　＝売上高－｛総売上原価－（廃棄ロス原価＋棚卸差異原価）｝
　　　　　　　　　　＝売上高－総売上原価＋廃棄ロス原価＋棚卸差異原価

　この計算では、売り上げていない廃棄ロスなどの原価分が売上利益に加算されていくことになってしまいます。

　また、赤字経営であってもすぐに事業から撤退することができません。高額な違約金が課せられるからです。赤字になったとき、例えば、10年契約の場合は、5年経過していなければ平均ロイヤリティー6ヶ月分、5年経過していれば3ヶ月分を支払わなければ自分からやめられないという例もあります。ロイヤリティー6ヶ月といえば、1日当たり売上が50万円の店舗であれば、約800万円の違約金になるとのことです。

(4) シェーバーのコスト

　ヒゲ剃りは男性には毎日欠かせない作業ですが、電気シェーバー派とカミソリ派に分かれます。ここでは、それぞれのコストを比較してみましょう。カミソリは使い捨てのものと替え刃式のものがあります。

　ユーザのコストは、購入時の価格だけでなく、何年間か使った総コストで考えなければなりません。表1.6、図1.35に計算例を示します。この例では、電気シェーバーでは1年に1度替え刃を替えることを想定しています。結果的に使い捨てタイプが一番安く、替え刃タイプが一番高くなります。

　これは、本体価格を安く提供し、替え刃で儲けるというビジネスで、「カミソリ本体と替え刃」ビジネスモデルとも呼ばれます。このように、本体を販売した後の消耗品やメンテナンスでビジネスを行うビジネスモデルはいくつも存在します。例えば、ジェット機エンジン市場では、従来、ロールスロイスやゼ

表1.6　シェーバーのコスト（5年間使用）

種類	本体価格（円）	替え刃価格（円）	使用可能日数（日）	1日平均コスト（円）
電気シェーバー	10,000	1,500	365	9　＋電力料
替え刃タイプ	1,000	150	15	11
使い捨てタイプ	25	0	5	5

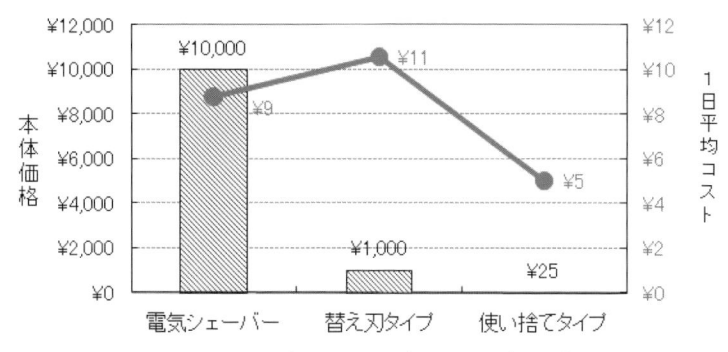

図1.35　シェーバーのコスト（5年間使用）のグラフ

ネラル・エレクトリック（GE）をはじめとした企業がエンジンを低価格で販売し、その後のサービス業務と高額なスペアパーツの販売で儲けていました。また、インクジェットプリンター市場でも、プリンター本体は安いが専用のインクカートリッジを高価な価格で購入しなければなりません。最近、プリンター本体の値段は通常より高めでも、詰め替え用インクカートリッジが安いというプリンターも登場しました。

　消費者は、初期コストだけでなく、メンテナンスコストも考えて、製品が開発され、販売され、使用され、廃棄されるまでのすべてのコスト（ライフサイクル・コストといいます）を頭に入れて、賢い選択をしなければなりません。また、経営者は、どこに原価をかけて、どこで儲けるのか、ライフサイクル・コストを意識することが重要です。

参考文献

[1]「カフェオープンマニュアル17　ドリンクの原価編」
　　http://www.originalcoffee.net/cafeopenManual-17.htm
[2]「東京新聞」2007.8.7
[3]「日本経済新聞」2002.9.26
[4] インタービジョン21 編『「儲け」のカラクリ』三笠書房、2002
[5]「日経ビジネス」2001.7
[6] マル秘情報取材班 編『図解決定版　モノの原価がわかる！』青春出版社、2002
[7]『広辞苑　第7版』

第2章 原価計算と企業経営

　企業は営利、非営利を問わず、合理的かつ効率的に運営されなければなりません。そのためには、正確な原価を知る（原価を計算する）必要があります。

　一方、金融庁企業会計審議会が日本の「会計基準」をまとめていて、その一環として「原価計算基準」を設定しています。会計基準とは、企業会計における財務諸表の作成に関する取り決めのことです。会計基準そのものは法律ではありませんが、会社法や証券取引法により、事実上、法体系の中に組み込まれていますので、企業はこの会計基準に沿って、活動しなければなりません。企業会計審議会「原価計算基準」でいわれている原価計算の目的は、以下のようにまとめられます（図2.1）。

① 企業の出資者、債権者、経営者などのために提供する財務諸表に表示する必要な真実の原価を集計する。
② 経営の基本計画を設定するのに必要な原価情報を得る。
③ 販売価格の計算に必要な原価情報を得る。
④ 原価管理及びコストダウンのために必要な原価情報を提供する。
⑤ 予算編成ならびに予算統制に必要な原価情報を提供する。

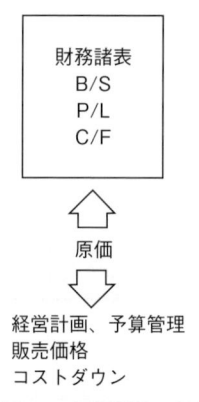

```
         ┌─────────┐
         │ 財務諸表 │
         │  B/S    │
         │  P/L    │
         │  C/F    │
         └─────────┘
              ⇧
             原価
              ⇩
       経営計画、予算管理
       販売価格
       コストダウン
```

図 2.1　原価計算の目的

　また、原価計算の目的を、(1)「制度としての原価計算」、(2)「特殊原価調査」と大きく2つに分類することがあります。

(1)「制度としての原価計算」：狭義の原価計算
　　原価計算を企業の財務会計機構と有機的に結合して継続的に実施されるもの。

(2)「特殊原価調査」：「制度としての原価計算」と合わせて広義の原価計算
　　企業内部の経営意思決定のために必要に応じて随時実施されるもの。

　本章では、原価計算の目的①〜⑤について説明します。

2.1　期末決算に必要な原価計算——財務諸表作成のため

　企業の決算時に作成しなければならない財務諸表として、貸借対照表（B/S：Balance Sheet）、損益計算書（P/L：Profit and Loss Statement）、キャッシュ・フロー計算書（C/F：Cash Flow）などがあります。これは、企業が利害関係者に対して経営成績や財務状態などを示すために作成される書類で、一般的には決算書と呼ばれます。

(1) 製造原価報告書と損益計算書

　図 2.2 は、損益計算書の一例を示しています。損益計算書の売上原価につい

て、小売業の場合は販売する商品の購入に要した費用から知ることができますが、製造業の場合はまず当期製品製造原価を計算しなければわかりません。つまり、図2.3にあるような製造原価報告書を作成することになります。これらの真実の原価を集計することが原価計算制度でいう原価計算の最も重要な目的といえます。

損益計算書	（百万円）
科　　目	金額
売上高	73,118
売上原価	60,973
製品期首棚卸高	2,013
当期製品製造原価	**16,959**
当期買入製品受入高等	44,366
他勘定振替高等	152
製品期末棚卸高	2,213
売上総利益	12,145
販売費及び一般管理費	11,028
営業利益	1,117
営業外収益	449

図 2.2　損益計算書（P/L）の例

製造原価報告書	（百万円）
科　　目	金額
1　材料費	8,731
2　労務費	2,686
3　経費	2,016
当期総製造費用	13,433
期首仕掛品棚卸高	1,831
合　　計	15,264
期末仕掛品棚卸高	1,695
当期製品製造原価	**16,959**

図 2.3　製造原価報告書の例

　決算書の作成は通常1年ごとに行われるために、例えば2010年4月1日〜2011年3月31日までの1年間の費用を計算するといったように、期間を区切ってお金の出入りを計算する必要があります。今年度の1年間を当期あるいは今期といい、前の1年間を前期、来年度の1年間を来期または次期というように呼ぶことがあり、今年度（当期）の最初の日を期首、最後の日を期末と呼びます（図2.4）。

　原価の区分で、一定単位の製品に集計された原価を製品原価と呼び、一定期間の発生額を当期の収益に対応させて把握した原価を期間原価と呼びます。

```
        前期                          来期(次期)
2009/4/1      2010/3/31    2011/4/1      2012/3/31
  |—————————|—————————|—————————|
              2010/4/1    2011/3/31
              期首     当期(今期)   期末
            (期首棚卸高)         (期末棚卸高)
```

図 2.4　期首と期末

(2) 売上原価

　商業経営の場合、仕入れた商品がすぐにすべて売れるわけではありません。一部は在庫になって残るものがあります。前期に仕入れたものが売れ残り、当期に売らなければならない場合があります。同様に、当期に仕入れたものが売れ残り、来期に売らなければならない場合もあります。当期から見た場合、前期の売れ残り商品の仕入額は、当期の期首棚卸高（前期繰越）として表し、当期の売れ残り商品の仕入額は期末棚卸高（次期繰越）として表します。

　これらを加味して売上原価（「当期に販売した商品」を仕入れるためにかかった費用）を求めると次のようになります。図 2.5 も参照ください。

　　売上原価＝期首棚卸高（前期繰越）＋当期仕入高－期末棚卸高（次期繰越）

期首棚卸高	¥50,000
当期仕入高	¥2,000,000
期末棚卸高	¥300,000

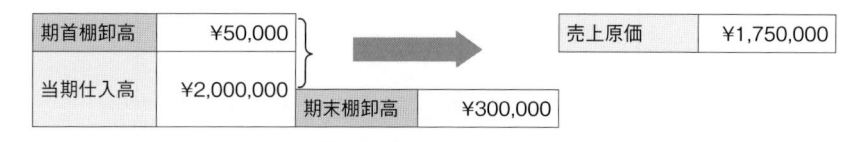

売上原価	¥1,750,000

図 2.5　商業経営での売上原価の計算

　このうち、当期仕入高は、仕入時に記録した金額の合計（帳簿における仕入勘定の残高そのもの）です。期首棚卸高（前期繰越）は、前期の決算書に記載されていますので、すぐにわかります。残りの期末棚卸高（次期繰越）がわかれば売上原価が計算できます。期末棚卸高は、棚卸して調べる方法と帳簿（商品有高帳）上の棚卸高を使う場合があります。

　一方、工業経営の場合はどうでしょう。図 2.2 の損益計算書の例では、

　　売上原価＝製品期首棚卸高＋当期製造原価＋当期買入製品受入高
　　　　　　－他勘定振替高－製品期末棚卸高

で、売上原価が求められます。

当期買入製品受入高は、製造業であっても製品を仕入れて販売することがあり、その費用のことを指しています。他勘定振替高とは、自家消費、火災、盗難、見本品の提供などの販売以外の理由で製品が減少することがありますが、その金額を指します。

当期製品製造原価は、商業経営における当期仕入高のように簡単には求まりません。別途、原価計算を行い、図2.3のような製造原価報告書を作成しなければなりません。

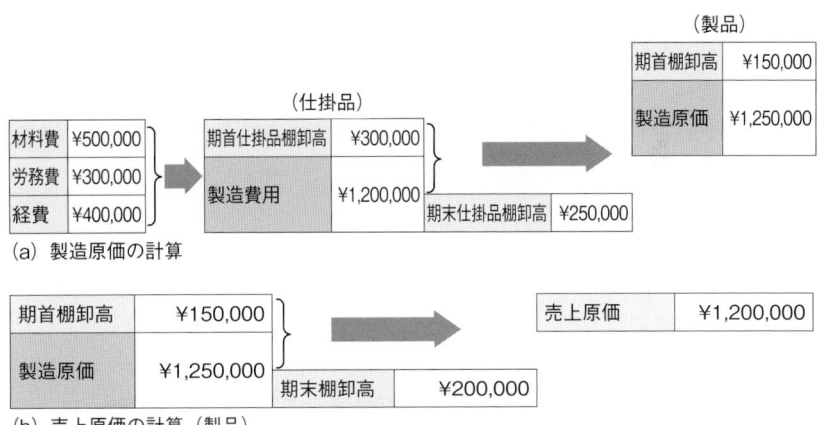

(a) 製造原価の計算

材料費	¥500,000
労務費	¥300,000
経費	¥400,000

(仕掛品)

期首仕掛品棚卸高	¥300,000
製造費用	¥1,200,000

期末仕掛品棚卸高 ¥250,000

(製品)

期首棚卸高	¥150,000
製造原価	¥1,250,000

(b) 売上原価の計算 (製品)

期首棚卸高	¥150,000
製造原価	¥1,250,000

期末棚卸高 ¥200,000

売上原価 ¥1,200,000

図2.6 工業経営での売上原価の計算

原材料を仕入れて、加工し、製品を製造していて期末がやってくると、その時点でまだ完成していない製造途中のモノが存在することがあります。これを仕掛品と呼びます。来期には、まずそれを完成させることになります。当期から見て、前期末でまだ製造途中だったモノの金額は期首仕掛品棚卸高（前期繰越、期首有高）として表され、当期末でまだ製造途中のモノは期末仕掛品棚卸高（次期繰越、期末有高）として表されます。したがって、当期製品製造原価は次の式で計算できます。

　　当期製品製造原価＝期首仕掛品棚卸高＋当期総製造費用－期末仕掛品棚卸高

ここで、当期の材料費、労務費、経費がそれぞれ計算されていれば、それらを足し合わせたものが当期総製造費用になります。図2.6も参照ください。

当期総製造費用＝当期材料費＋当期労務費＋当期経費

　それでは、材料費、労務費、経費はどのように求めるのでしょうか。これについての詳細は第5章で説明します。

2.2　経営の基本計画を立てるための原価計算

　新しく事業を興すために、また、すでにある企業として持続的に発展していくために、経営の基本計画を策定しなければなりません。企業は、「人、モノ、金、情報」で成り立っているといわれています。資金を調達する場合、新しく工場を建設する場合、物流センターを統廃合する場合、人員採用計画を立てる場合など、意思決定根拠として原価情報は欠かせません。

(1) 資金調達コスト

　企業には、資金が必要です。設備投資に必要な資金にかかるコスト（出費）を資本コストといいます。資本コスト、ならびに、設備投資のための資金、商品仕入や賃金を支払うための運転資金を、株式発行で調達するのか、銀行からの借り入れで賄うのか、いずれにしても資金調達コストを計算しなければなりません。

　株式の発行には、登記関係や事務関係の費用がかかります。また、株主への配当金が必要になります。利益を生み出し、税金を支払ってから、その後に配当を行うことになります。株式会社では、株主の利益を確保するために、利益を生み出して、一定の配当を確保しなければならないことを念頭に経営しなけ

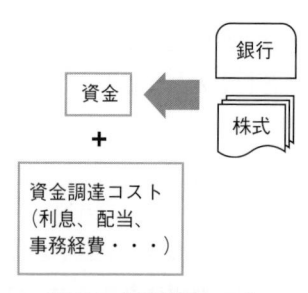

図 2.7　資金調達コスト

ればなりません。仮に、株式発行で10億円の資金を調達し、1.5％の配当を行うとすると1,500万円必要になります。

　銀行から資金を借り入れると利息がかかります。10億円を借り入れて、利息が2％であれば、2,000万円／年の資金調達コストがかかることになります。ただし、この利息分は損金扱いとなり、利益から控除されるので、法人税が軽減されます。一方、利益が出ていなくても利息は返済しなければならないわけですから、どのような資金調達がいいか、経済状態と資金調達コストを考慮して決定しなければなりません。

(2) 人件費

　企業は人なりといわれるように、人材（「人財」と書く企業もあります）はとても重要です。現在では、正社員、派遣社員、契約社員、請負、パートタイムなど様々な雇用形態が採用され、労務費の管理も複雑になってきています。

　原価には、固定費と変動費という区分があります。固定費は、売上にかかわらず発生する一定の費用を指し、変動費は、売上がなければ発生せず、また、売上に比例して発生する費用を指します。人件費は、固定費に該当するでしょうか？　変動費に該当するでしょうか？

```
　　　給料、賃金
　　　　　＋
　　　採用コスト
　　　教育コスト
　　　福利厚生
```

図 2.8　人件費

　正社員を採用した場合、その人件費は固定費となります。固定費がかかるということは資産を抱えていることの裏返しであるという見方もできます。つまり、人も大事な資産の1つであり、自ずと維持管理、投資が必要なことに気づきます。人材育成にはコストがかかります。長期的に教育・研修を実施すれば、技能やスキル、問題解決力が上がり、その投資は企業に還元されると同時に社員の企業へのロイヤルティーも向上します。いい人を採用するために、会社説明会を行ったり、パンフレットを配ったり、インターネットサイトへ広告を出したりと費用がかかりますし、教育・研修施設を充実したり、保養所など

福利厚生にも力を入れるとコストがかかります。企業内が活性化していると事業に良い結果が出る確率は高くなります。この活性化している状態とはまさに人がモチベーションを持って活き活き働いているということだと思います。

企業経営では、派遣社員やパートタイムの人たちの仕事の範囲、責任、時給の考え方もしっかり持っていなければなりません。生産量、販売量に合わせて派遣社員やパートタイムの人数を調整することで、一部の人件費が変動費として扱われるケースがあります。都合よく、需要変動に合わせて人件費を調整できたと数値上見えたとしても、企業や商品に対するロイヤルティーは欠如し、品質問題を起こしたり、固有技術の流出が止められなかったりと問題が出る可能性があります。プロダクト・ミックスによって生産変動を吸収したり、派遣社員やパートタイムの人たちの正社員登用の道を開いたり、しっかりしたマネジメントが望まれます。

利益配分として人件費をどこまで考えるか、がんばった人に報いるための業績連動報酬が公平な制度として定着しているかなど、人件費については経営理念をもとにした基本的は考え方を確立する必要があります。

(3) 投資と採算性

一般に、投資した金額よりも将来得られる金額の方が多い場合に、「採算がとれる」といいます。図2.9のように投資について意思決定するためには原価及び採算性について詳細に検討する必要があります。しかしながら、投資金額と将来得られる金額を正確に知るのは簡単なことではありません。

投資決定とは、巨額の設備投資や研究開発投資など、経営の基本構造の変革をもたらす長期的な問題に関する意思決定を指します。したがって、投資決定の分析では、短期的な意思決定と違い、プロジェクトの全期間にわたり、投資による現金流出（キャッシュ・アウトフロー）とそれらが生み出す将来の現金流入（キャッシュ・インフロー）、あるいは収益と費用を見積もり、それらに

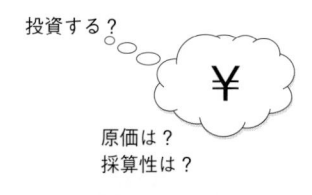

図2.9 投資についての意思決定

基づき採算計算を行う必要があると考えられます[1]。

経営の基本構造を変える投資は長期にわたって効果が現れます。時間の経過がお金の価値を変えますから、投資のための現金流出額と投資により回収される現金流入額については、時間の経過にともなう貨幣の価値を評価して、比較しなければなりません。したがって、各年度の現金流出入額は、期間の割引率（資本コスト率）の複利を考慮して計算され、それぞれの現在価値が求められます[1]。

投資案の評価法については以下のようなものがあります。

① **正味現在価値法（Net Present Value Method）**

正味現在価値法とは、投資案の耐用年数における現金流入額を一定の割引率（資本コスト率または最低必要利益率と呼びます）で割り引いて現金流入額の現在価値を計算し、そこから投資案の支出総額を差し引いて正味現在価値（NPV）を求め、それを投資の判断基準とする方法です。正味現在価値がプラスならば投資案は採用することになり、それがマイナスならば採用は見送ることになります。

　　正味現在価値＝現金流入額の現在価値合計－投資額
　　正味現在価値＞0　　……　　投資案の採択
　　正味現在価値＜0　　……　　投資案の棄却

② **内部利益率法（Internal Rate of Return Method）**

内部利益率法では、投資案の耐用年数にわたって発生する現金流入額の現在価値合計と投資額を等しくする割引率を内部利益率（IRR）とし、それが必要利益率もしくは資本コスト率よりも大きければ投資案を採用します。なお、次の関係を満たす割引率が内部利益率です。

　　投資額＝現金流入額の現在価値合計

③ **回収期間法（Payback Method）**

回収期間法では、各期間の現金流入額を累計しながら、投資額の全額を回収する期間を検討します。回収期間とは次式を満たす最初の年度のことで、何年経てば投資が回収できるかを示しています。

初期投資額 − 毎期の現金流入額の累計 ≦ 0

複数の投資案件がある場合、最短の回収期間を持つ投資案を採択することになります。一方、企業によっては、3年間あるいは5年間というように、目標とする回収期間を設け、それ以内に収まるように投資の基本計画を練っていくということが行われています。

④ 会計的利益率法（Accounting Rate of Return Method）

会計的利益率（＝投資案の平均見積純利益額／平均投資額）と必要とする利益率を比較することによって、投資決定を行う方法です。

第1章ですでに店舗経営での採算性の計算例を見ました。しかし、初期投資の回収はこれには含まれていませんでした。事業の基本計画では、先行投資から販売、撤退までの費用を含めた採算を計算する必要があり、単純に製造原価と販売価格との差額で採算を計算するだけでは不十分であるといえます。

投下した資本がどれだけの利益を生んでいるのかを測るために使われる基本的な指標として、ROI（Return On Investment）があります。これは、投資利益率、投資回収率ともいわれるもので、基本的な計算式は次のとおりです。ROIが大きいほど収益性に優れた投資案件ということになります。

$$ROI = （利益 / 投資額） \times 100$$

ROIの基本形は単純であるため種々のバリエーションがあり、キャッシュ・フローをベースにして事業部門や個別のプロジェクト、個別の商品における投資対効果の評価にも利用されます。

一方、総資産に対してどれだけ利益を生んでいるかをはかるために使われる基本的な指標としてROA（Return On Assets）があります。これは、総資産利益率、資産収益率などともいわれ、投資家（株主）の視点から投資先である企業の採算性を判断するために用いられます。ROAは、決算書の数値から、次のように計算できます。

$$ROA = （利益 / 総資本（総資産）） \times 100$$

類似の指標に、ROE（Return On Equity）があります。これは、企業が

株主から調達した資金（資本）をどれだけ効率的に使っているかを示す財務指標で、株主・投資家にとって投資対象である企業の収益力、投資資金の運用効率を示す尺度として評価されています。公表されている財務諸表をもとにしてROAを計算した例を表2.1に示します。総資産の多い順に並べ替えていますが、総資産とROA（%）を2軸グラフにしたのが図2.10です。これら優良企業においても、ROAにバラツキが見られます。業界ごとの事情もあり一概に比較はできませんが、自らの企業が他の企業に比べてどの程度の実力であるかを数値で知ることはたいへん重要です。

表2.1　ROAの計算例（2012年度連結決算期）

企業名	連結決算期	連結総資産 （百万円）	連結当期利益 （百万円）	ROA（%）
トヨタ自動車	2012/03	30,650,965	283,559	0.9%
本田技研工業	2012/03	11,780,759	211,482	1.8%
キヤノン	2012/12	3,955,503	224,564	5.7%
イオン	2012/02	4,048,937	66,750	1.6%
積水ハウス	2013/01	1,539,272	46,458	3.0%
三越伊勢丹 ホールディングス	2012/03	1,227,947	58,891	4.8%
ハウス食品	2012/03	240,092	7,928	3.3%

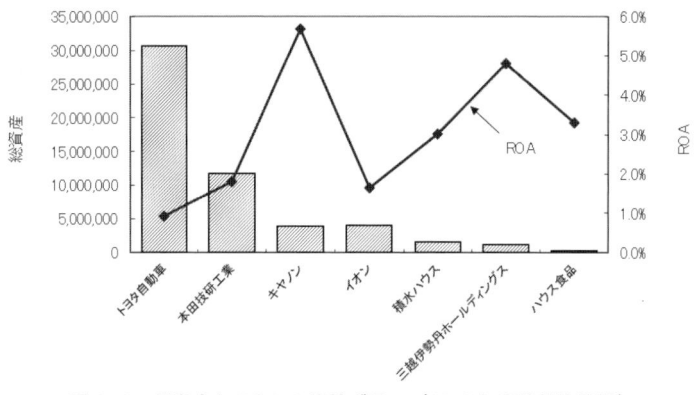

図2.10　総資産とROAの比較グラフ（2012年度連結決算期）

◆例題 2.1　設備投資の検討

製造設備の投資を検討できる Excel ワークシートを作成しましょう。例として、設備の購入費 3,200（千円）、売上 2,000（千円）、営業費用 1,350（千円）と仮定して、設備耐用年数 8 年、資本コスト率 6.00%、実効税率 40%とした場合に、この案件の採算性を検討してください。同じ条件で、設備耐用年数が 6 年となった場合の採算性はどうでしょうか？

◇解答例

採算性の検討には以下の指標を用いることにします。

① ROI ＝利益 / 投資額　……（大きい程よい！）

② 会計的利益率＝平均純利益 / 平均投資額　……（大きい程よい！）

③ 回収期間＝初期投資額 / 平均正味営業現金流入額　……（短い程よい！）

④ 正味現在価値（千円）＝正味営業現金流入額の現在価値合計－投資額
……（＞0 であれば投資してもよい！）

⑤ 内部利益率＝正味営業現金流入額の現在価値合計が投資額に等しくなるような割引率　……（＞資本コスト率であれば、投資してもよい！）

Excel ワークシートの例を図 2.11 に示します。上記①～⑤を比較検討できるようにしています。

投資決定

製造設備購入費(千円)	¥3,200
売上(千円/年)	¥2,000
営業費用(千円/年)	¥1,350
設備耐用年数	8年
資本コスト率	6.00%
実効税率	40%

年	売上(千円)	営業費用(千円)	減価償却費(千円)	税引き前利益(千円)	税引き後利益(千円)	正味営業現金流入額(千円)	投資残高(千円)	平均投資額(千円)	現価係数＝1／(1＋割引率)^年数	正味営業現金流入額の現在価値(千円)	年金現価係数(＝現価係数の累積)
0	－	－	－	－	－	－	¥3,200	－	1.0000	－	－
1	¥2,000	¥1,350	¥400	¥250	¥150	¥550	¥2,800	¥3,000	0.9434	¥519	0.9434
2	¥2,000	¥1,350	¥400	¥250	¥150	¥550	¥2,400	¥2,600	0.8900	¥489	1.8334
3	¥2,000	¥1,350	¥400	¥250	¥150	¥550	¥2,000	¥2,200	0.8396	¥462	2.6730
4	¥2,000	¥1,350	¥400	¥250	¥150	¥550	¥1,600	¥1,800	0.7921	¥436	3.4651
5	¥2,000	¥1,350	¥400	¥250	¥150	¥550	¥1,200	¥1,400	0.7473	¥411	4.2124
6	¥2,000	¥1,350	¥400	¥250	¥150	¥550	¥800	¥1,000	0.7050	¥388	4.9173
7	¥2,000	¥1,350	¥400	¥250	¥150	¥550	¥400	¥600	0.6651	¥366	5.5824
8	¥2,000	¥1,350	¥400	¥250	¥150	¥550	¥0	¥200	0.6274	¥345	6.2098
平均	¥2,000	¥1,350	¥400	¥250	¥150	¥550	¥1,400	¥1,600	合計	¥3,415	

ROI（=利益/投資額）	37.5%	← 大きい程よい！
会計的利益率（＝平均純利益/平均投資額）	9.4%	← 大きい程よい！
回収期間（=初期投資額/平均正味営業現金流入額）	5.82年	← 短い程よい！
正味現在価値(千円)（＝正味営業現金流入額の現在価値合計－投資額）	¥215	← >0 であれば 投資してもよい！
内部利益率(=正味営業現金流入額の現在価値合計が投資額に等しくなるような割引率)	7.68%	← ＞資本コスト率 であれば 投資してもよい！

図 2.11　採算性の計算

2.2 経営の基本計画を立てるための原価計算

数式は図 2.12 のようになっています。

	E	F	G	H
1				
2	年	売上(千円)	営業費用(千円)	減価償却費(千円)
3	0	—	—	—
4	1	=$C$4	=$C$5	=$L$3/$C$7
5	2	=IF(E5<=$C$7,$C$4,"")	=IF(E5<=$C$7,$C$5,"")	=IF(E5<=$C$7,$L$3/$C$7,"")
6	3	=IF(E6<=$C$7,$C$4,"")	=IF(E6<=$C$7,$C$5,"")	=IF(E6<=$C$7,$L$3/$C$7,"")

	I	J	K	L
1				
2	税引き前利益(千円)	税引き後利益(千円)	正味営業現金流入額(千円)	投資残高(千円)
3	—	—	—	=C3
4	=F4-G4-H4	=I4*(1-$C$9)	=H4+J4	=L3-H4
5	=IF(E5<=$C$7,F5-G5-H5,"")	=IF(E5<=$C$7,I5*(1-$C$9),"")	=IF(E5<=$C$7,H5+J5,"")	=IF(E5<=$C$7,L4-H5,"")
6	=IF(E6<=$C$7,F6-G6-H6,"")	=IF(E6<=$C$7,I6*(1-$C$9),"")	=IF(E6<=$C$7,H6+J6,"")	=IF(E6<=$C$7,L5-H6,"")

	M	N	O	P
1				
2	平均投資額(千円)	現価係数=1/(1+割引率)^年数	正味営業現金流入額の現在価値(千円)	年金現価係数(=現価係数の累積)
3	—	1.0000		
4	=(L3+L4)/2	=1/(1+$C$8)^E4	=IF(E4<=$C$7,K4*N4,"")	=N4
5	=IF(E5<=$C$7,(L4+L5)/2,"")	=1/(1+$C$8)^E5	=IF(E5<=$C$7,K5*N5,"")	=P4+N5
6	=IF(E6<=$C$7,(L5+L6)/2,"")	=1/(1+$C$8)^E6	=IF(E6<=$C$7,K6*N6,"")	=P5+N6

図 2.12 採算性の計算式

内部利益率は、Excel の「ゴールシーク」機能を使って求めます。

	A	B	C	D	E	F	G	H	I
13									
14		ROI (=利益/投資額)	=J12*8/L3		←	大きい程よい！			
15		会計的利益率 (=平均純利益/平均投資額)	=J12/M12		←	大きい程よい！			
16		回収期間 (=初期投資額/平均正味営業現金流入額)	=C3/K12		←	短い程よい！			
17		正味現在価値(千円) (=正味営業現金流入額の現在価値合計－投資額)	=O12-L3		←	>0 であれば 投資してもよい！			
18		内部利益率(=正味営業現金流入額の現在価値合計が投資額に等しくなるような割引率)			←	>資本コスト率 であれば 投資してもよい！			

図 2.13 内部利益率の計算

計算結果の例を以下に示します。

図 2.14 が投資の計算条件です。

	A	B	C
2			
3	製造設備購入費(千円)		¥3,200
4	売上(千円/年)		¥2,000
5	営業費用(千円/年)		¥1,350
6			
7	設備耐用年数		8年
8	資本コスト率		6.00%
9	実効税率		40%

図 2.14　投資の計算条件（その 1）

図 2.14 の条件で、毎年の正味営業現金流入額（税引後利益＋減価償却）、投資残高、平均投資額、正味営業現金流入額の現在価値を求める表を作成します（図 2.15）。

	E 年	F 売上(千円)	G 営業費用(千円)	H 減価償却費(千円)	I 税引き前利益(千円)	J 税引き後利益(千円)	K 正味営業現金流入額(千円)	L 投資残高(千円)	M 平均投資額(千円)	N 現価係数=1/(1+割引率)^年数	O 正味営業現金流入額の現在価値(千円)	P 年金現価係数(=現価係数の累積)
3	0	-	-	-	-	-	-	¥3,200	-	1.0000	-	-
4	1	¥2,000	¥1,350	¥400	¥250	¥150	¥550	¥2,800	¥3,000	0.9434	¥519	0.9434
5	2	¥2,000	¥1,350	¥400	¥250	¥150	¥550	¥2,400	¥2,600	0.8900	¥489	1.8334
6	3	¥2,000	¥1,350	¥400	¥250	¥150	¥550	¥2,000	¥2,200	0.8396	¥462	2.6730
7	4	¥2,000	¥1,350	¥400	¥250	¥150	¥550	¥1,600	¥1,800	0.7921	¥436	3.4651
8	5	¥2,000	¥1,350	¥400	¥250	¥150	¥550	¥1,200	¥1,400	0.7473	¥411	4.2124
9	6	¥2,000	¥1,350	¥400	¥250	¥150	¥550	¥800	¥1,000	0.7050	¥388	4.9173
10	7	¥2,000	¥1,350	¥400	¥250	¥150	¥550	¥400	¥600	0.6651	¥366	5.5824
11	8	¥2,000	¥1,350	¥400	¥250	¥150	¥550	¥0	¥200	0.6274	¥345	6.2098
12	平均	¥2,000	¥1,350	¥400	¥250	¥150	¥550	¥1,400	¥1,600	合計	¥3,415	

図 2.15　利益と投資残高（その 1）

次に採算性についての検討指標を計算します。

	A	B	C
14	ROI (=利益/投資額)		37.5%
15	会計的利益率 (=平均純利益/平均投資額)		9.4%
16	回収期間 (=初期投資額/平均正味営業現金流入額)		5.82年
17	正味現在価値(千円) (=正味営業現金流入額の現在価値合計－投資額)		¥215
18	内部利益率(=正味営業現金流入額の現在価値合計が投資額に等しくなるような割引率)		7.68%

図 2.16　採算性についての検討指標（その 1）

2.2 経営の基本計画を立てるための原価計算　55

内部利益率は、正味営業現金流入額の現在価値合計が投資額に等しくなるような割引率ですが、これは「ゴールシーク」を用いて、正味現在価値＝0となるときの資本コスト率として求めることができます（数式入力セル＝C17、目標値＝0、変化させるセル＝C8）。これは、耐用年数終了時に、「年金現価係数＝回収期間」となる割引率と等しくなります。この計算手順をマクロに組み込んでボタンを押すと計算できるように設定すれば便利です。

図 2.16 の計算結果では、回収期間が 5.82 年と少し長いですが、正味現在価値は +215,000 円、内部利益率は 7.68％で資本コスト率 6％を上回っていますので、採算性があり、投資すべきであると判断されます。

次に耐用年数を 6 年とした場合の計算結果を図 2.17 ～図 2.19 に示しました。この場合は、正味現在価値は −233,000 円、内部利益率は 3.64％で資本コスト率 6％を下回っていますので、投資すべきではないと判断されます。

	A	B	C
2			
3	製造設備購入費(千円)		¥3,200
4	売上(千円/年)		¥2,000
5	営業費用(千円/年)		¥1,350
6			
7	設備耐用年数		6年
8	資本コスト率		6.00%
9	実効税率		40%

図 2.17　投資の計算条件（その 2）

	E	F	G	H	I	J	K	L	M	N	O	P
2	年	売上(千円)	営業費用(千円)	減価償却費(千円)	税引き前利益(千円)	税引き後利益(千円)	正味営業現金流入額(千円)	投資残高(千円)	平均投資額(千円)	現価係数＝1/(1+割引率)^年数	正味営業現金流入額の現在価値(千円)	年金現価係数(＝現価係数の累積)
3	0	−	−	−	−	−	−	¥3,200	−	1.0000	−	−
4	1	¥2,000	¥1,350	¥533	¥117	¥70	¥603	¥2,667	¥2,933	0.9434	¥569	0.9434
5	2	¥2,000	¥1,350	¥533	¥117	¥70	¥603	¥2,133	¥2,400	0.8900	¥537	1.8334
6	3	¥2,000	¥1,350	¥533	¥117	¥70	¥603	¥1,600	¥1,867	0.8396	¥507	2.6730
7	4	¥2,000	¥1,350	¥533	¥117	¥70	¥603	¥1,067	¥1,333	0.7921	¥478	3.4651
8	5	¥2,000	¥1,350	¥533	¥117	¥70	¥603	¥533	¥800	0.7473	¥451	4.2124
9	6	¥2,000	¥1,350	¥533	¥117	¥70	¥603	¥-0	¥267	0.7050	¥425	4.9173
10	7									0.6651		5.5824
11	8									0.6274		6.2098
12	平均	¥2,000	¥1,350	¥533	¥117	¥70	¥603	¥1,333	¥1,600	合計	¥2,967	

図 2.18　利益と投資残高（その 2）

	A	B	C
13			
14		ROI（=利益/投資額）	17.5%
15		会計的利益率（=平均純利益/平均投資額）	4.4%
16		回収期間（=初期投資額/平均正味営業現金流入額）	5.30年
17		正味現在価値（千円）（=正味営業現金流入額の現在価値合計－投資額）	¥-233
18		内部利益率（=正味営業現金流入額の現在価値合計が投資額に等しくなるような割引率）	3.64%

図 2.19　採算性についての検討指標（その 2）

2.3　価格決定のための原価計算

　製造業では、「製造原価＋販売費及び一般管理費」が総原価です。販売価格より総原価が大きければ損が出ます。また、もし、総原価よりも大幅に高い販売価格を設定した場合に、消費者からその製品価値を評価されず売れ行きがにぶることが考えられます。薄利多売でいくのか、販売量は多くは見込めないが製品 1 個当たり高収益を期待するのか。原価を知らずに適正な価格設定はできません。

　　販売価格≪原価　　→損
　　販売価格≫原価　　→売れ行きがにぶる

　第 1 章の事例でも学びましたが、売上高が「固定費＋変動費」の合計を超えるにはどのくらいの量を販売しなければならないか、その分岐点を損益分岐点といいます。ある営業量（販売量あるいは生産量）で、総原価がいくらになり、営業損益がどうなるかを示す図表（図 2.20）を損益分岐図表（break-even chart）と呼びます。図 2.20 で、損益分岐点を超えるまでは赤字となり、それ以上で利益が出ることになります。現時点の販売量（生産量）でどのくらいの利益を確保できるかについてもわかります。操業度線は製造業で現在の生産量を示すもので、損益分岐図表の横軸の最大値は基準操業度（本来、工場の能力から考えて生産できる量）を表しています。

　図 2.21 にあるように、価格決定にあたって考慮すべき要因は、基本的には

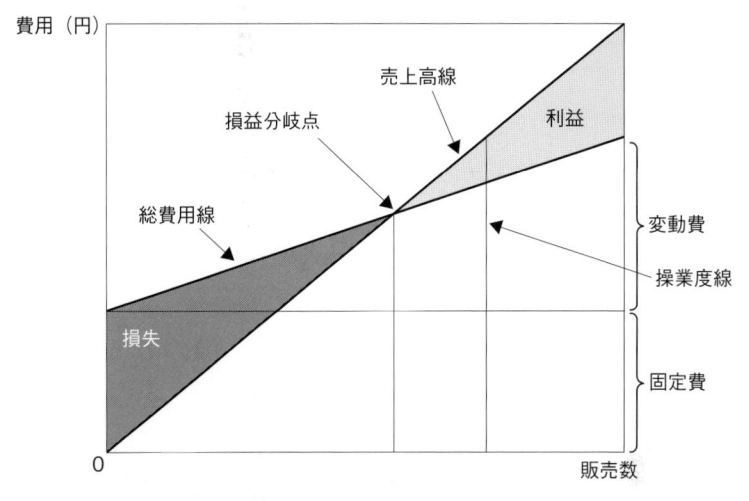

図 2.20　損益分岐図表（break-even chart）

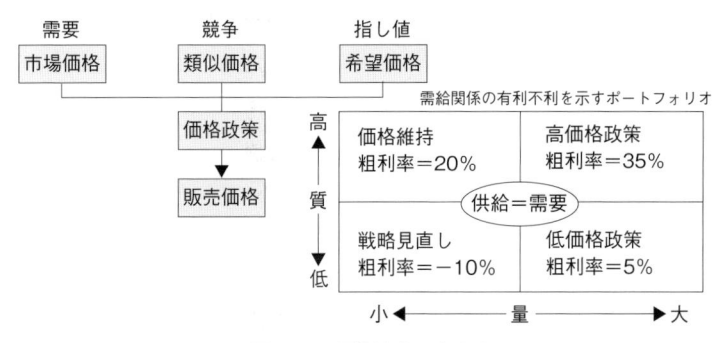

図 2.21　価格決定の考え方

コスト、需要、及び競争です。

　コスト志向の価格決定にはコストプラス法（原価加算法）があり、これは、単位費用にある一定の利益を加えたものを価格とする方法で、

　　価格＝原価＋利益

となります。ほかに、目標利益法があります。これは、損益分岐点分析を応用した、コスト志向型の価格決定で、目標販売量のもとで総費用に対するある目標利益率を与えるような価格を決定するものです。

$$価格 = \frac{総費用 \times (1 + 目標利益率)}{目標販売量}$$

となります。

競争志向型の価格決定では、価格は競争者の提示する価格に基づいて決定されます。競争志向型アプローチの特徴は、価格がコストや需要と直接の関係を持たないこと、及び競争情報の入手がコスト計算や需要予測に比べて、はるかに迅速かつ容易であることなどです。

競争志向型の価格決定法の代表的なものに、現行市場価格による価格決定があり、これは、同質または似かよった製品を販売している市場においては、売り手は現行市場価格に価格を一致させる傾向があります。

◆例題 2.2　損益分岐点

固定費、製品1個当たりの変動費と価格を入力し、損益分岐点を計算するとともに損益分岐図表を表示できる Excel ワークシートを作成しましょう。

◇解答例

Excel ワークシートの例を図 2.22 に示します。セル C3、C4 に変動費（円

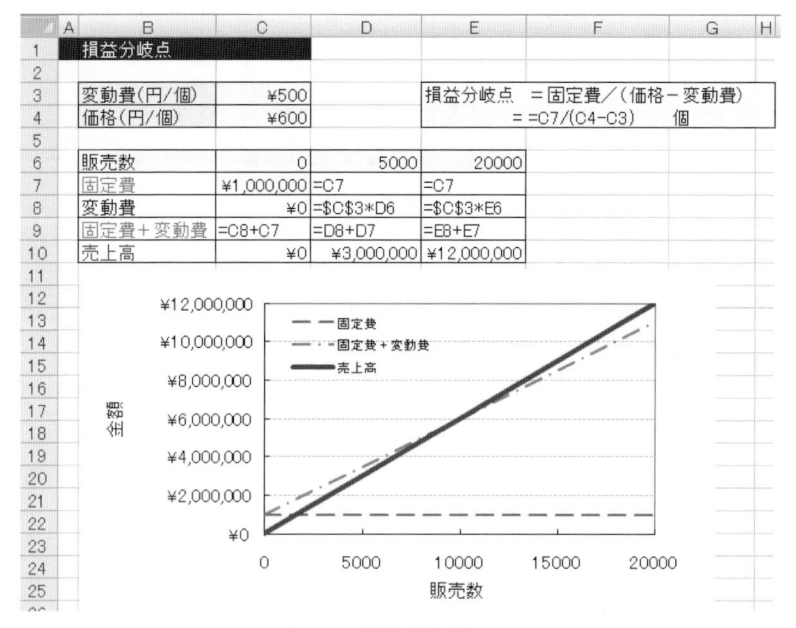

	A	B	C	D	E	F	G	H
1		損益分岐点						
2								
3		変動費(円/個)	¥500		損益分岐点	＝固定費/(価格−変動費)		
4		価格(円/個)	¥600			＝=C7/(C4-C3)	個	
5								
6		販売数	0	5000	20000			
7		固定費	¥1,000,000	=C7	=C7			
8		変動費	¥0	=$C$3*D6	=$C$3*E6			
9		固定費＋変動費	=C8+C7	=D8+D7	=E8+E7			
10		売上高	¥0	¥3,000,000	¥12,000,000			

図 2.22　損益分岐点の計算

/ 個)、価格(円 / 個)を入力し、販売数をセル C6 〜 E6 へ、固定費をセル C7 へ入力すれば、変動費、固定費＋変動費、売上高が計算され、グラフが作成されます。縦軸、横軸の目盛は金額によって調整する必要があります。

図 2.23 と図 2.24 に計算例を示しています。固定費 = 2,000,000 円で、変動費 = 300(円 / 個)、価格 = 500(円 / 個)とした場合の損益分岐点は 10,000 個ですが、価格 = 450(円 / 個)とした場合の損益分岐点は 13,333 個となり、30 ％以上も多く販売しなければ利益が出ないことになります。

同じ条件で、いろいろ価格を変化させたときの損益分岐点を表に整理し、グラフ化したものが図 2.25 です。価格が 400 円以下くらいになると損益分岐点は急激に大きな値となります。高価格で販売できれば少ない販売量、少ない売上高でも利益が出ることがわかります。

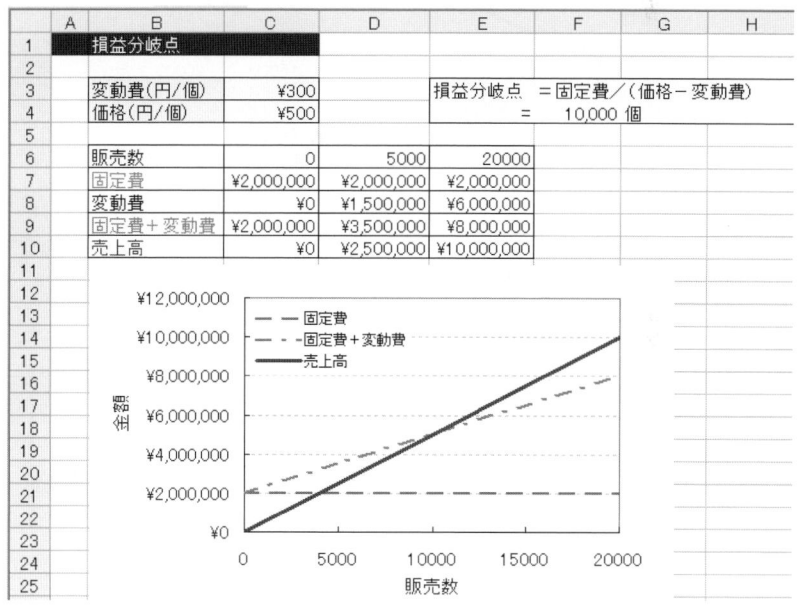

図 2.23 損益分岐点の計算例(その 1)

損益分岐点

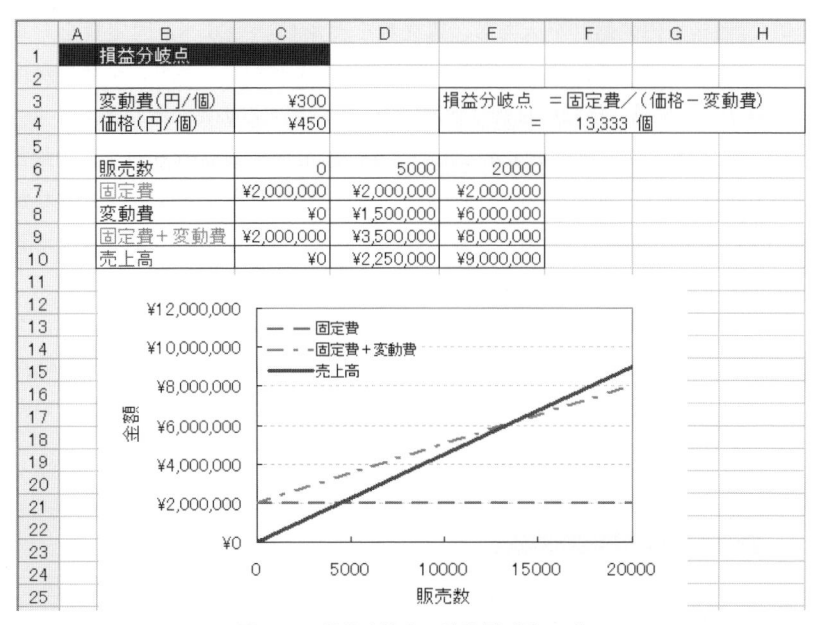

	A	B	C	D	E	F	G	H
1		損益分岐点						
2								
3		変動費（円/個）	¥300			損益分岐点	＝固定費／（価格－変動費）	
4		価格（円/個）	¥450			＝	13,333 個	
5								
6		販売数	0	5000	20000			
7		固定費	¥2,000,000	¥2,000,000	¥2,000,000			
8		変動費	¥0	¥1,500,000	¥6,000,000			
9		固定費＋変動費	¥2,000,000	¥3,500,000	¥8,000,000			
10		売上高	¥0	¥2,250,000	¥9,000,000			

図 2.24　損益分岐点の計算例（その 2）

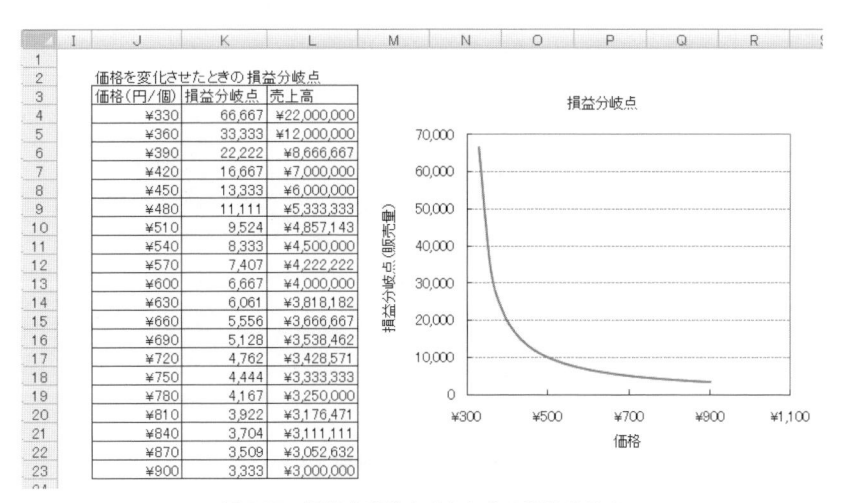

	I	J	K	L
1				
2		価格を変化させたときの損益分岐点		
3		価格（円/個）	損益分岐点	売上高
4		¥330	66,667	¥22,000,000
5		¥360	33,333	¥12,000,000
6		¥390	22,222	¥8,666,667
7		¥420	16,667	¥7,000,000
8		¥450	13,333	¥6,000,000
9		¥480	11,111	¥5,333,333
10		¥510	9,524	¥4,857,143
11		¥540	8,333	¥4,500,000
12		¥570	7,407	¥4,222,222
13		¥600	6,667	¥4,000,000
14		¥630	6,061	¥3,818,182
15		¥660	5,556	¥3,666,667
16		¥690	5,128	¥3,538,462
17		¥720	4,762	¥3,428,571
18		¥750	4,444	¥3,333,333
19		¥780	4,167	¥3,250,000
20		¥810	3,922	¥3,176,471
21		¥840	3,704	¥3,111,111
22		¥870	3,509	¥3,052,632
23		¥900	3,333	¥3,000,000

図 2.25　価格を変化させたときの損益分岐点

2.4 原価管理・コストダウンのための原価計算

　価格を維持し、利益を増やすためには、原価を下げる必要があります。本来、この原価で製造できるはずであるという標準原価をあらかじめ知っていれば、実際に発生した原価と比較して、どこに問題があるのか分析することができます。どの部門で原価をどの程度下げればどのくらいもうかるかを判断するためには、細かく原価を知ることが重要です。表2.2のように、ある製品について各部門での標準原価と実際原価がわかったら、加工部門に問題があり、目標とする原価を達成するための努力が必要であることが明確になります。コストダウンのため、常に正確な原価を知り、目標とのズレを認識して、効率的な生産に至るように行動を起こすこと、これが原価管理です。

表 2.2　標準原価と実際原価の差異分析例

部門	標準原価	実際原価	差異
加工部門	3,000 円	3,200 円	− 200 円
組立部門	2,000 円	1,950 円	50 円
検査部門	500 円	500 円	0 円

　原価管理より広い概念としてコストマネジメントがあります。これは、図2.26に示すように、①「戦略的」または「管理的」、②「プランニング志向」または「コントロール志向」、という2つの次元、すなわち2×2＝4つの分類で整理されています[2]。開発、設計段階において製品の原価をつくり込むという視点では、品質コストマネジメントで代表される戦略的プランニング志向と、原価企画やライフサイクル・コストマネジメントで代表される戦略的コントロール志向のコストマネジメントの2つが重要です。一方、開発、設計部門の予算管理の点で管理的プランニング志向、とくに間接費の管理という点では管理的コントロール志向が大切になります。

　1993年日本会計研究学会では、インテグレーテッド・コストマネジメントとして、環境変化に対して、新技術の研究・開発から新製品ないしモデルチェンジ品の企画、設計、製造、販売促進、物流、ユーザの運用、保守、処分に至るまでの全プロセスにおいて国際的な視野のもとで、製品、ソフト及びサービスの原価管理を企業目的の達成に向けて統合的に遂行することと定義しました。コストマ

```
            戦略的 ⇔ 管理的
        プランニング ⇔ コントロール
```

- 戦略的……売上を増やす
- 管理的……費用を減らす
- プランニング……計画を立てる
- コントロール……統制する

利益↑＝売上↑－費用↓

図 2.26　戦略的、管理的コストマネジメント

ネジメントの展開については、第 11 章で詳しく説明します。

材料費、変動加工費、開発費などを対象とした、目標原価の設定には、以下のような方法が用いられます。

- **積上げ法**
  自社の技術レベルに立脚した設定方法。現状の実力値をもとに推定する見積原価（成行原価）がベースとなります。経験見積法、類似見積法、相関分析法などがあります。

- **還元法**
  マーケットに立脚した採算性重視の設定法で、目標売価から適正利益を確保できる目標原価を設定します。「目標原価＝目標売価×（1－目標利益率）」が一般的です。

- **理想原価法**
  究極の原価である理想目標原価を追求する方法です。相対比較（他社製品のベンチマーキング）を行い、ユニット、部品の基本機能を追求します。

一般的な原価のつくり込み活動（原価企画）は、図 2.27 のように、設計部門が、目標原価をつくり込み、試作図を作成します。試作図によって実際に試作品がつくられ、機能、性能評価が行われます。同時に、生産技術部門（生産準備や計画、管理を行います）では、工程設計を行い、加工費の原価見積を行うとともに、購買部門では、素材や購入品の原価見積を実施します。正式な量産用図面が出図されると、生産技術部門では量産準備業務に入ります。生産設備の準備状態のチェックとともに最終の原価見積を行います。さらに、生産技

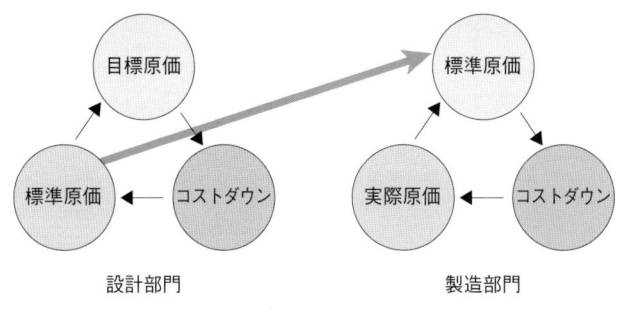

図 2.27 コストマネジメント

術部門では、歩留り、工数などの諸標準値を設定し、工場に指示します。すなわち、標準原価が設定されます。製造部門で量産が開始され、一定期間経過後、新製品の実際原価を測定し、実績評価を行うことになります。この標準原価計算については第 8 章で詳しく説明します。

「標準原価 = 原価標準 × 当期の生産実績」で計算され、実際原価と比較しながらコストダウンをはかることになります。なお、原価標準は製品 1 単位当たりの目標となる原価のことです。原価標準は様々な目的に使用されるので、実態に即した標準となるよう適宜改訂する必要があります。

2.5　予算を立てるための原価計算

予算（budgets）とは、一定期間における企業の各業務分野の具体的な計画を貨幣的に表し、これを総合的に編成したものをいいます。具体的には、1 年とか 1 ヶ月とかいった予算期間を設定し、部門別・プロジェクト別・活動別や費目別にその期間に予定される費用を予算書に表します。予算管理は、予算をもとにした目標管理のことで、予算の編成、予算の執行、及び予算による統制という 3 つのフェーズで進められます、例えば、製品組み合わせの決定、部品を自製するか外注するかの決定なども予算編成の重要な要素となります。ここで、原価を知らなければ予算編成が精度良くできないということになってしまいます。

図 2.28 に典型的な企業予算の体系を示します。販売予算は、目標利益を得るための売上高、売上原価、販売費などを予算化し、構成されます。また、製造予算は、製造高、製造原価、在庫費用などを予算化し、構成されます。これ

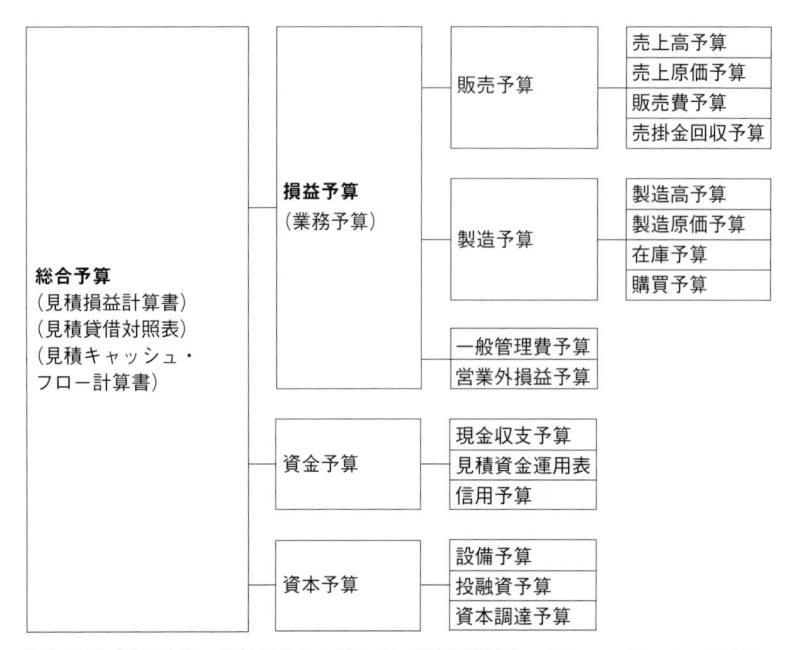

```
                              ┌─ 売上高予算
                    ┌─ 販売予算 ─┤─ 売上原価予算
                    │           ├─ 販売費予算
                    │           └─ 売掛金回収予算
                    │
          損益予算    │           ┌─ 製造高予算
          (業務予算) ─┤─ 製造予算 ─┤─ 製造原価予算
                    │           ├─ 在庫予算
                    │           └─ 購買予算
                    │
                    │           ┌─ 一般管理費予算
                    └──────────┤─ 営業外損益予算
総合予算 ─┤
(見積損益計算書)
(見積貸借対照表)              ┌─ 現金収支予算
(見積キャッシュ・  資金予算 ────┤─ 見積資金運用表
 フロー計算書)                 └─ 信用予算

                              ┌─ 設備予算
                    資本予算 ──┤─ 投融資予算
                              └─ 資本調達予算
```

※上埜 進著『管理会計―価値創出をめざして』税務経理協会、2001、p.234 を一部改訂

図 2.28 総合予算の体系

らの売上原価予算、製造原価予算は、過去の実績及び販売予測、生産計画から推計され、予算編成での重要なポイントとなっています。

図 2.29 に販売予算書の例を示します。全社戦略、新製品の投入状況、市場の動向、販売促進効果の把握などから過去の実績や競合他社の動向などをもとに販売予測を立て、毎月の売上高を計画すると同時に、売上原価を推計します。これをもとに目標管理を実施することになります。

部門別、活動別に予算が編成され、予算管理が実施されることがあります。その場合は、予算により業績責任の割り当てを行い、予算と実績の差異を計算

当期計画（予算）

年/月	2008/04	2008/05	2008/06	2008/07	2008/08	2008/09	2008/10	2008/11	2008/12	2009/01	2009/02	2009/03	年計
売上高	3,000	3,200	3,400	3,400	3,500	3,500	3,600	3,600	3,600	3,600	3,600	3,600	41,600
売上原価	1,200	1,200	1,150	1,150	1,100	1,100	1,050	1,050	1,000	1,000	950	950	12,900
粗利	1,800	2,000	2,250	2,250	2,400	2,400	2,550	2,550	2,600	2,600	2,650	2,650	28,700
粗利率	60.0%	62.5%	66.2%	66.2%	68.6%	68.6%	70.8%	70.8%	72.2%	72.2%	73.6%	73.6%	69.0%
販管費	1,500	1,500	1,500	1,500	1,500	1,500	1,500	1,500	1,500	1,500	1,500	1,500	18,000
営業利益	300	500	750	750	900	900	1,050	1,050	1,100	1,100	1,150	1,150	10,700

図 2.29 販売予算書の例

し、予算達成率を報告しながら業務を進めていくことになります。予算実績差異において、許容範囲を超えた場合は、原因究明と対策を施します。月別開発予算報告書と費目別開発予算報告書の例を図 2.30、図 2.31 に示しました。

No.A005		2008年度	開発予算報告書			
月	各月（千円）			累計（千円）		
	予算	実績	差異	累積予算	累積実績	差異
4月	300	200	100	300	100	200
5月	400	350	50	700	450	250
6月	500	550	−50	1200	1000	200
7月	600	650	−50	1800	1650	150
8月	700	750	−50	2500	2400	100
9月	700	650	50	3200	3050	150
10月	800	750	50	4000	3800	200
11月	800	700	100	4800	4500	300
12月	800	850	−50	5600	5350	250
1月	700	800	−100	6300	6150	150
2月	700	800	−100	7000	6950	50
3月	500	550	−50	7500	7500	0

図 2.30　開発予算報告書の例（月別）

2008年度　開発予算報告書			
No.A005			
項　　目	予算（千円）	実績（千円）	差異（千円）
設計費	3,000	3,500	−500
部品用材料費	500	450	50
部品用加工費	300	280	20
購入品費	600	610	−10
電装品費	800	760	40
雑部品費	200	150	50
特殊購入品費	100	50	50
配線・配管工賃	800	700	100
組立費	600	610	−10
調整費	300	280	20
（小計）	7,200	7,390	−190
その他	300	110	190
（合計）	7,500	7,500	0

図 2.31　開発予算報告書の例（費目別）

◆例題 2.3　販売予算書と月別開発予算報告書

販売予算書（図 2.29）を折れ線グラフに表してみましょう。

◇解答例

折れ線グラフの例を図 2.32 に示します。販売予算書の折れ線グラフでは、1 年間の予算の推移が一目でわかります。

また、月別開発予算報告書を 2 軸折れ線グラフに表すと予算と実績の差異に随分違いがあることが一目でわかります。予算と実績の差を見て、管理者の責任を問うことのできるものと環境や状況の変化によるものとがあります。これらを明確に区別することは一般には簡単なことではありませんので、業績評価と予算管理を連動させる場合には、注意が必要です。ともかくも、まず、差異が発生していることを"見える化"することが大事で、その後に原因究明を行うというステップに入ります。様々な状況が起こる中で、当初の計画とのズレを一義的に数値で見ることができる点で、予算管理はとても有効な方法であるといえます。

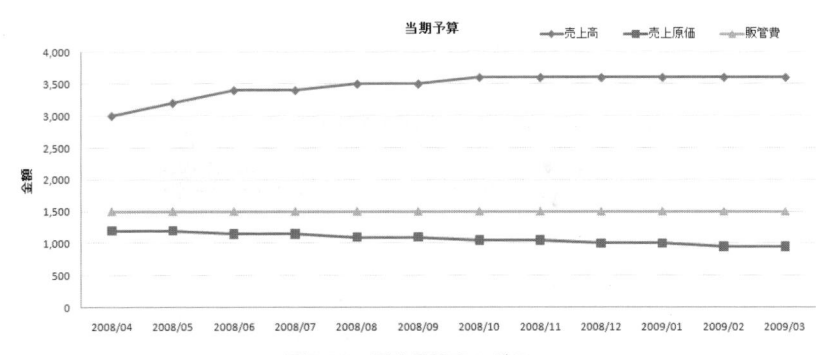

図 2.32　販売予算書のグラフ

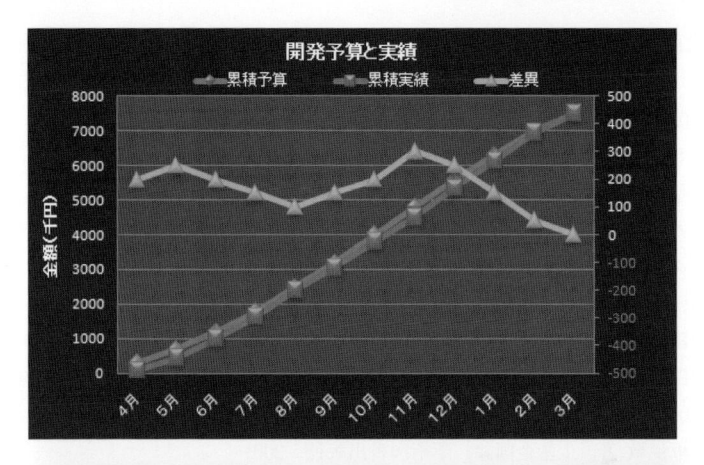

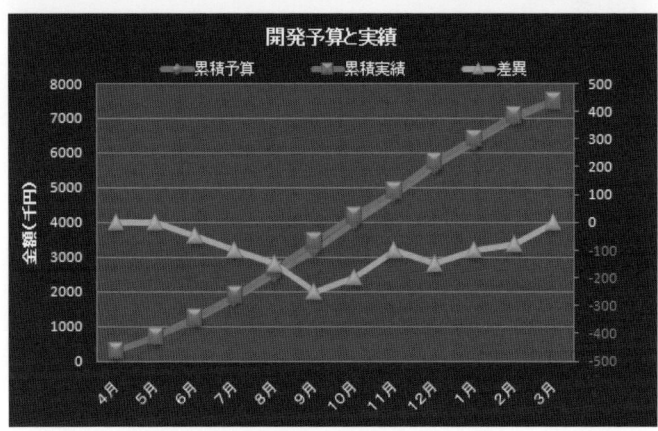

図 2.33　開発予算報告書のグラフ（月別）

参考文献

[1] 上埜進、長坂悦敬、杉山善治 著『原価計算の基礎―理論と計算』税務経理協会、2003

[2] 加登豊、李健 著『ケースブックコストマネジメント』新世社、2001

[3] 上埜進 著『管理会計―価値創出をめざして』税務経理協会、2001

[4] 橋本賢一、小川正樹 著『技術者のための原価企画』日本能率協会マネジメントセンター、1995

[5] 門田安弘 編著『管理会計学テキスト』税務経理協会、1995、pp.237-253

[6] 門田安弘 著『価格競争力をつける原価企画と原価改善の技法』東経、1994

[7] 門田安弘、浜田和樹、李健泳 編『組織構造のデザインと業績管理』中央経済社、2001

[8] 長坂悦敬 著『生産企画論』学術図書出版社、2001

[9] 谷武幸 編著『製品開発のコスト・マネジメント』中央経済社、1997

第3章 工業簿記と原価計算

　企業経営では、お金の出入りをしっかり管理し、得られた利益に対して法人税を支払う義務があります。税金を免れるために、赤字を装い、税務署に虚偽の申告をすることは違法です。意図せずにでも利益計算を間違って申告すれば、後で多額の追徴課税が課せられ倒産に追い込まれることもあります。また、架空のお金の出入りをつくり、利益を大きく見せることも違法です。株を購入しようとする投資家にとって間違った情報を与えることになり、株価が下がり大損させてしまうことにもなります。これらは、粉飾決算と呼ばれ、著名な企業でも粉飾決算により倒産に追い込まれた例がいくつも報告されています。

　これらのお金に関するごまかしが起きないように、また、経営の状態を正確につかむためにも、いつ、何を買ったか、何を売ったか、何にお金をいくら使ったかをきっちり記録し、集計していく仕組みが必要です。この仕組みが簿記と呼ばれるもので、企業経営には不可欠です。商業経営には商業簿記、工業経営には工業簿記があります。

　一般に、経理部門の仕事は、予算のもとで、簿記システムを使って、お金の出入りをきっちり把握して、集計結果を経営管理部門に提供するとともに、最終的に決算書を作成することです。つまり、簿記の第一目的は、外部取引を記録・計算することです。外部取引とは、他の会社から原材料や部品を購入したり、製品を顧客に販売したりする活動などを指します。さらに、工業簿記の記録・計算対象には、こうした外部取引はもちろん、企業内の製造活動にともなう内部取引も加わります。したがって、工業簿記を適切に行うには原価計算が不可欠になります。

3.1　工業経営と工業簿記

3.1.1　仕　訳

　工業簿記は、製品の製造活動を複式簿記により記録・計算するものです。また、この取引を記録しておくものを帳簿といいます。複式簿記とは、借方（左側）と貸方（右側）という2つの分類に対して、「何が」「いくら」というように記録していきます。この手法は「仕訳」と呼ばれ、「何が」に当たるものを「勘定科目」といいます。表 3.1 は、商業簿記で使われる勘定科目の例を示しています。

表 3.1　勘定科目の例

コード	勘定科目	コード	勘定科目
1101	現金	1301	売買目的有価証券
1102	小口現金	1401	繰越商品
1103	預金	1501	前払金
1104	普通預金	1502	貸付金
1105	定期預金	1503	未収金
1106	当座預金	1504	立替金
1107	当座	1505	従業員立替金
1108	現金過不足	1506	仮払金
1201	売掛金	1507	前払手数料
1202	受取手形	1508	前払利息
1299	貸倒引当金	1509	前払家賃
		1510	前払地代

　取引を、借方（左側）と貸方（右側）に振り分けて記録していくのが仕訳ですが、ここで、借方と貸方の金額は常に一致します。このことを貸借対照の原則と呼びます。借方と貸方という用語からは、お金の貸し借りに関係することを想像してしまいますが、簿記での借方（左側）と貸方（右側）はお金の貸し借りに関する取引だけを扱うのではありません。資産、負債、資本、収益、費用の関係で図 3.1 のように記録していきます。

3.1 工業経営と工業簿記

借方		貸方
資産 の増加	現金10万円を銀行に預金した	資産 の減少
資産 の増加	銀行からお金を借りた	負債 の増加
資産 の増加	個人のお金を事業に出資した	資本 の増加
資産 の増加	商品を売り上げた	収益 の発生
負債 の減少	借りていたお金を銀行に返した	資産 の減少
負債 の減少	銀行からお金を借りて買掛金を支払った	負債 の増加
資本 の減少	事業のためのお金を個人の家計に一部回した	資産 の減少
費用 の発生	商品を仕入れて、現金で支払った	資産 の減少
費用 の発生	掛けで商品を仕入れた	負債 の増加

図 3.1　取引要素の結合関係

工業簿記においては、例えば、材料を 25,000 円で現金で購入した場合は、「材料」「現金」が勘定科目となり、次のように記帳します。

　　　（借方）　　　　　（貸方）
　　材料　250,000　　　現金　250,000

◆例題 3.1　複式簿記

次の取引を複式簿記で記帳してみましょう。

① 材料を 300,000 円で掛けで購入した。
② ①の部品のうち 20,000 円分に当たるものが不良であることがわかり、返品し、掛け購入費から相殺した。
③ 材料を 200,000 円で現金で購入した。
④ 450,000 円分の材料を消費した。
⑤ 売上 600,000 円が現金であった。

◇解答例

図 3.2 は Excel ワークシートに入力した例です。借方と貸方の金額は常に一致します。

	A	B	C	D
1	仕訳			
2				(単位:円)
3	借方科目	金額	貸方科目	金額
4	材料	300,000	買掛金	300,000
5	買掛金	20,000	材料	20,000
6	材料	200,000	現金	200,000
7	仕掛品*1	450,000	材料	450,000
8	現金	600,000	売上	600,000

＊1　製造途上にある未完成品を仕掛品（work in process）と呼びます。

図 3.2　借方と貸方

3.1.2　帳　簿

　例題 3.1 のように、各取引について仕訳を繰り返すことで、何にいくらお金が使われたか、あるいは、いくらお金が入ってきたかを集計することができます。例えば、貸方の勘定科目が「材料」である取引だけを集計すると材料の購入費が集計され、借方の勘定科目が「材料」である取引だけを集計すると材料の消費高が集計されるという具合です。仕訳を行い記録する帳簿を「仕訳帳」と呼び、勘定科目ごとに取引をまとめた帳簿を「総勘定元帳」と呼びます。図 3.3 に仕訳帳と総勘定元帳の例を示します。これらは、例えば、『Excel で学ぶ簿記・会計と税務』『Excel 2007 で学ぶ会計と税務』（オーム社）などで作成することができます。

　総勘定元帳から、ある勘定科目だけ（例えば「材料」という勘定科目だけ）を取り上げ、貸方と借方で集計すると簡略化して表すことができます。この表示形式（簡略にした元帳）を T フォーム（T 字形、T 字勘定）と呼びます。図 3.4 に例を示しました。

　帳簿組織とは、「どんな帳簿をつけるのか」に関する仕組みをいいます。帳簿組織は「主要簿」と「補助簿」から構成されており、必ずなければならない帳簿を主要簿といい、必要に応じて使う帳簿を補助簿といいます。一般に、帳簿組織は、すでに説明した「仕訳帳（general journal）」と「特殊仕訳帳（special journal）」、仕訳帳から転記して科目別に記録・集計する「総勘定元帳（general ledger）」、及び主要科目の内訳記録である「補助元帳（subsidiary ledger）」からなります。特殊仕訳帳の記録は普通仕訳帳に合計仕訳され、その上で総勘定元帳に転記されます。また、補助元帳には特殊仕訳帳から個別転

仕訳帳

日付	伝番	項数	借項数	貸項数	決項番	借方 勘定コード	借方 勘定科目	借方 補助科目	借方 金額	貸方 勘定コード	貸方 勘定科目	貸方 補助科目	貸方 金額	摘要
2007/8/1	8001	1	1	1	1	1606	機械装置		5,000,000	2201	借入金		5,000,000	
2007/9/20	9001	1	1	1	1	5212	消耗品費		65,000	2101	買掛金		65,000	
2007/10/9	10001	1	1	1	1	1101	現金		100,000	4101	売上		100,000	
2007/10/10	10002	1	1	1	1	1101	現金		500,000	2201	借入金		500,000	
2007/10/10	10003	1	1	1	1	5101	仕入		60,000	1101	現金		60,000	
2007/10/11	10009	1	1	1	1	1604	工具器具備品		50,000	2101	買掛金		50,000	
2007/10/11	10010	1	1	1	1	1605	車両運搬具		60,000	2101	買掛金		60,000	
2007/10/12	10005	1	1	1	1	1604	工具器具備品		30,000	2101	買掛金		30,000	
2007/10/12	10006	1	1	1	1	1101	現金		600,000	4101	売上		600,000	
2007/10/13	10007	1	1	1	1	5201	給料		500,000	1101	現金		500,000	
2007/10/14	10011	1	1	1	1	5212	消耗品費		80,000	2101	買掛金		80,000	
2007/10/14	10014	1	1	1	1	1101	現金		950,000	4101	売上		950,000	
2007/12/31	12005	1	1	1	1	5220	減価償却費		347,917	1606	機械装置		347,917	

総勘定元帳

買掛金（コード:2101）

日付	伝番	相手勘定科目	相手補助科目	自分補助科目	摘要	借方	貸方	残高
					前期繰越		0	0
2007/9/20	09001	消耗品費					65,000	65,000
2007/10/11	10009	工具器具備品					50,000	115,000
2007/10/11	10010	車両運搬具					60,000	175,000
2007/10/12	10005	工具器具備品					30,000	205,000
2007/10/14	10011	消耗品費					80,000	285,000

消耗品費（コード:5212）

日付	伝番	相手勘定科目	相手補助科目	自分補助科目	摘要	借方	貸方	残高
2007/9/20	09001	買掛金				65000		65000
2007/10/14	10011	買掛金				80000		145000

図 3.3　仕訳帳と総勘定元帳

	材　料		
前月繰越	0	当月消費高	450,000
当月購入高	500,000	月末残高	50,000
	500,000		500,000

図 3.4　Ｔフォーム

記されることになります。

　総勘定元帳と補助元帳の関係は、補助元帳に内訳ないし明細が記入され、総勘定元帳の統制勘定はその合計額を示すといったものです。なお、原価計算の計算結果である原価記録は補助元帳である原価元帳に記入されることになります。図 3.5 は帳簿組織の一例を示しています。

仕訳帳	総勘定元帳	補助元帳
普通仕訳帳	材料 製造間接費 仕掛品 製品 売上原価 買掛金 売掛金 ……	材料元帳 製造間接費元帳 原価元帳 製品元帳 売上原価元帳 仕入先元帳 得意先元帳 ……
（特殊仕訳帳）		
材料仕入帳 出庫材料仕訳帳 給与支給帳 消費賃金仕訳帳 ……		

図 3.5　帳簿組織の例

3.1.3　帳簿記入

工業簿記の帳簿記入について、原価要素勘定、原価集計勘定、その他の勘定に分けて、以下に説明します。

(1) 原価要素勘定

原価要素の購入高ないし支払高（または発生高）は原価要素勘定の借方に記入します。つまり、材料の購入高は材料勘定の借方に、賃金や給料などの支払高は労務費勘定の借方に、電力料支払高や減価償却費発生高は経費勘定の借方に記入します。

製品製造のために原価要素を投入することを消費と呼び、投入量を金額で表したものを消費高（消費額）と呼びます。この消費高は、各原価要素勘定の借方に記入された購入高や支払高と同じではないので注意してください。消費高は各原価要素勘定の貸方に記入します。

(2) 原価集計勘定

製造する製品が1種類だけの場合は、当該製品が各原価要素の消費高すべてを消費するので、原価要素勘定の貸方から仕掛品勘定の借方に振り替えることで各原価要素の消費高が仕掛品勘定に集計されます。一方、複数種類の製品を製造している場合は、図 3.6 のように各原価要素の消費高を製品別に負担させることになります。各原価要素を特定の製品に跡づけ可能かどうかの観点から製造直接費と製造間接費に分類しますが、この分類により集計が容易になります。

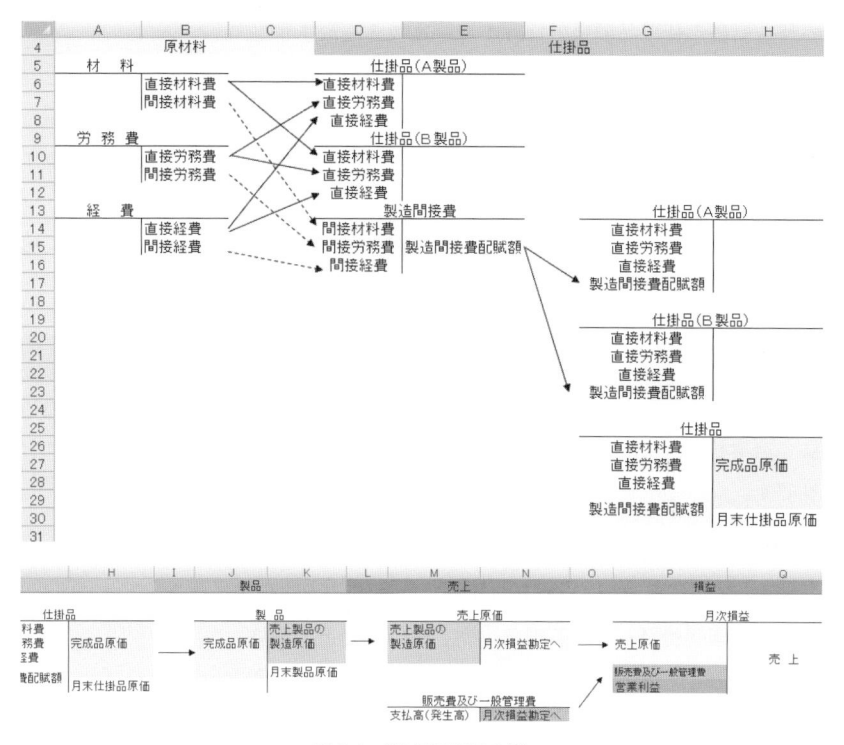

図 3.6 勘定連絡図の例

　製造直接費は仕掛品勘定に直接振り替えます。製造間接費とされる各原価要素の消費高は、いったん製造間接費勘定に集計し、その上で配賦という手続きにより仕掛品勘定の借方に振り替えます。したがって、原価要素消費高の全額が仕掛品勘定借方に集計されます。

　仕掛品勘定の借方に集計された金額の中、完成品の製造に要した製造原価は仕掛品勘定の貸方から製品勘定の借方に振り替えます。製品勘定に振り替えた後の仕掛品勘定残高（月末残高）は、製造中の未完成品（仕掛品）の原価（月末仕掛品棚卸高）を示します。

　この月末仕掛品棚卸高は次月に繰り越され、翌月の月初仕掛品棚卸高となり、仕掛品勘定の借方に「前月繰越」として表示されます。

(3) その他の勘定

　製品勘定は製品の増減を記録する資産勘定です。製品勘定の借方には完成品

の製造原価が仕掛品勘定の貸方から振り替えられます。

製品が販売されると、売上高を売上勘定の貸方に記入し、かつ、製品勘定の貸方から製品原価を売上原価勘定の借方に振り替えます。製品勘定の月末残高は製品の月末棚卸高を示します。この月末残高は翌月の月初製品棚卸高となります。

勘定と勘定の関連を表示したものを「勘定連絡図」といいます。図3.6の勘定連絡図は製造企業における例を示しています。

◆例題 3.2　営業利益の計算

次の資料に基づいて、Excelワークシートに勘定連絡図を作成し、当期純利益（営業利益）を計算してみましょう。ただし、使用する勘定科目は次のとおりです。

【使用する勘定科目】
主要材料、補助材料、仕掛品（または製造）、製品、直接工賃金、間接工賃金、経費、販売費及び一般管理費、売上原価、売上、損益

（資料）
1. 棚卸資産期首有高

	主要材料	¥800,000	補助材料	¥100,000
	仕掛品	¥2,400,000	製品	¥3,000,000

2. 材料仕入高

	主要材料	¥7,200,000	補助材料	¥500,000

3. 当期賃金支払高（＝当期賃金消費高）

	直接工	¥4,400,000	間接工	¥1,760,000

4. 経費　　　　　　　　　　　　　　　　　　¥4,200,000
5. 販売費及び一般管理費　　　　　　　　　　¥4,400,000
6. 棚卸資産期末有高

	主要材料	¥1,200,000	補助材料	¥160,000
	仕掛品	¥2,800,000	製品	¥3,600,000

7. 当期売上高　　　　　　　　　　　　　　　¥25,000,000

◇解答例

まず、Excel ワークシートのセル A5 ～ E21 に資料の数値をセットします。

	A	B	C	D	E
5	(資料)				
6	1.棚卸資産期首有高				
7		主要材料	¥800,000	補助材料	¥100,000
8		仕掛品	¥2,400,000	製品	¥3,000,000
9	2.材料仕入高				
10		主要材料	¥7,200,000	補助材料	¥500,000
11	3.当期賃金支払高(=当期賃金消費高)				
12		直接工	¥4,400,000	間接工	¥1,760,000
13					
14	4.経費				¥4,200,000
15					
16	5.販売費及び一般管理費				¥4,400,000
17	6.棚卸資産期末有高				
18		主要材料	¥1,200,000	補助材料	¥160,000
19		仕掛品	¥2,800,000	製品	¥3,600,000
20					
21	7.当期売上高				¥25,000,000

図 3.7　資料の数値

次に、主要材料、補助材料、直接工賃金、間接工賃金、経費、販売費及び一般管理費の T フォームを完成させます。色塗りしたセルの数値（資料の数値）が勘定連絡図の中に入ります。

	B	C	D	E
24		主要材料		
25	期首有高	800,000	仕掛品	6,800,000
26	現金	7,200,000	期末有高	1,200,000
27		8,000,000		8,000,000
28				
29		補助材料		
30	期首有高	100,000	仕掛品	440,000
31	現金	500,000	期末有高	160,000
32		600,000		600,000
33				
34		直接工賃金		
35	現金	4,400,000	仕掛品	4,400,000
36				
37		間接工賃金		
38	現金	1,760,000	仕掛品	1,760,000
39				
40		経費		
41	現金	4,200,000	仕掛品	4,200,000
42				
43		販売費及び一般管理費		
44	現金	4,400,000	損益	4,400,000

図 3.8　T フォームの作成

投入された主要材料費、補助材料費、直接工賃金、間接工賃金、経費は、仕掛品勘定（製品をつくっている途中）に連絡されます。次に、完成した製品の原価が製品勘定に連絡されます。さらに、完成した製品（期首有高＋仕掛品勘定からの連絡）のうち、販売された製品の金額（完成した製品の原価から期末有高を引いた金額）が売上原価勘定に連絡されます。

	G	H	I	J
24		仕掛品		
25	期首有高	2,400,000	製品	17,200,000
26	主要材料	6,800,000	期末有高	2,800,000
27	補助材料	440,000		
28	直接工賃金	4,400,000		
29	間接工賃金	1,760,000		
30	経費	4,200,000		
31		20,000,000		20,000,000
32				
33		製品		
34	期首有高	3,000,000	売上原価	16,600,000
35	仕掛品	17,200,000	期末有高	3,600,000
36		20,200,000		20200000
37				
38		売上原価		
39	製品	16600000	損益	16600000

図 3.9　勘定項目の作成

最後に、売上原価と販売費及び一般管理費が損益勘定に連絡され、わかっている売上を記帳して、差額の営業利益を求めることができます。売上高など数値をいろいろ入れ替えてみて、損益がどうなるのか確かめてみましょう。

	G	H	I	J
42		損益		
43	売上原価	16,600,000	売上	¥25,000,000
44	販売費及び一般管理費	4,400,000		
45				
46	営業利益	4,000,000		
47		25,000,000		25,000,000
48				
49		売上		
50	損益	25,000,000	現金	25,000,000

図 3.10　損益と売上の作成

図 3.11 〜図 3.13 にそれぞれのセルの数式を例示します。

	B	C	D	E
24			主要材料	
25	期首有高	=C7	仕掛品	=E27-E26
26	現金	=C10	期末有高	=C18
27		=SUM(C25:C26)		=C27
28				
29			補助材料	
30	期首有高	=E7	仕掛品	=E32-E31
31	現金	=E10	期末有高	=E18
32		=SUM(C30:C31)		=C32
33				
34			直接工賃金	
35	現金	=C12	仕掛品	=C35
36				
37			間接工賃金	
38	現金	=E12	仕掛品	=C38
39				
40			経費	
41	現金	=E14	仕掛品	=C41
42				
43			販売費及び一般管理費	
44	現金	=E16	損益	=C44

図 3.11　T フォームの計算式

	G	H	I	J
24			仕掛品	
25	期首有高	=C8	製品	=J31-J26
26	主要材料	=E25	期末有高	=C19
27	補助材料	=E30		
28	直接工賃金	=E35		
29	間接工賃金	=E38		
30	経費	=E41		
31		=SUM(H25:H30)		=H31
32				
33			製品	
34	期首有高	=E8	売上原価	=H36-J35
35	仕掛品	=J25	期末有高	=E19
36		=SUM(H34:H35)		=SUM(J34:J35)
37				
38			売上原価	
39	製品	=J34	損益	=H39

図 3.12　勘定項目の計算式

	G	H	I	J
42			損益	
43	売上原価	=J39	売上	=E21
44	販売費及び一般管理費	=E44		
45				
46	営業利益	=J47-H43-H44		
47		=SUM(H43:H46)		=J43
48				
49			売上	
50	損益	=J43	現金	=H50

図 3.13　損益と売上の計算式

3.2 決算と財務諸表

決算は、

① 試算表の作成
② 決算整理
③ 帳簿決算
④ 製造原価報告書、損益計算書ならびに貸借対照表の作成

という一連の手続きからなります。工業簿記では、月次決算を行うのが一般的です。月次決算の場合、必ずしもすべての勘定を締め切るわけではありません。また、貸借対照表が必ずしも作成されるわけではありません。

一般に、会計の仕事は、図3.14のように、

① 日々の取引について、分類、集計する（仕訳、帳簿の記帳）
② その分類、集計をもとに報告書を作成する（決算整理、計算書類作成など）

という、2つの作業からなるといえます。

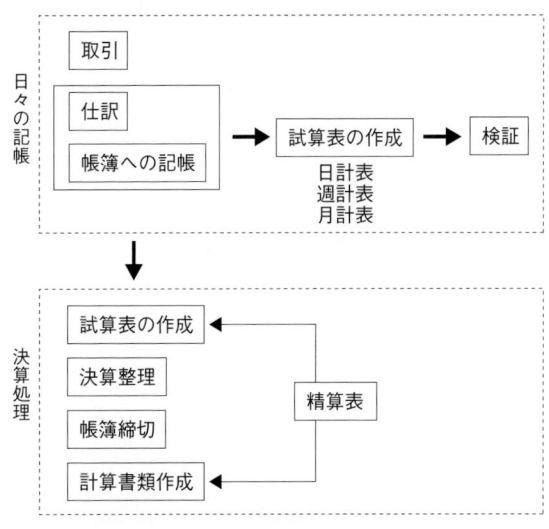

図 3.14　会計の仕事（概要）

まず、取引の分類について説明します。簿記において、「取引」とは、資産・負債・正味財産を増減させる活動やできごとのすべてを指します。現金の収入・支出やそれにともなう備品の増減などは、当然取引に含まれますが、そのほかに、備品の破損など一般には「取引」とは呼ばないものも、資産・負債・正味財産が変化するのであれば、簿記では、「取引」に含まれます。

取引が発生すると、そのつど、その内容を分類して、仕訳帳（または伝票）に記載（「仕訳」といいます）します。その際、領収書などの証憑書類は分類の上、必ず保存しておく必要があります。監査のときなど、後で照合できるようにするためです。

また、仕訳の結果を、元帳に転記します。これらの記帳が正しく行われたかどうかを確認するために、現金については、金庫などにある実際在高と帳簿の残高を照合するという作業が必要です。それは、出納の仕事の基本です。また、預金についても、通帳などの預金残高と帳簿の残高を照合します。帳簿に書かれた残高は、原則として、通帳などの残高と一致しますので、これと照合することによって、記帳の妥当性を検証することができるのです。

次に、まず勘定科目別に発生額や残高を集計して表にまとめます。この表を「試算表」といいます。金額などに間違いがないかチェックするのに役立ちます。

そして、取引を分類、集計した総勘定元帳に、決算整理をした後で、帳簿を締め切って、報告書を作成します。この一連の作業を進めるため、精算表をつくります。出来上がった報告書が、監事の監査を受け、決算が承認されれば、その計算期間における経理担当者の責任が果たせたことになります。

「残高試算表」とは、すべての勘定科目について、その残高を求めて、一覧表にまとめたものです。試算表の借方残高合計と貸方残高合計は一致します。もし、一致しなければ、仕訳や帳簿への転記などが間違っているということです。このように、試算表で、間違いをチェックすることができます。

勘定の中には、日々の記帳をしたままでは、一定期間内の収入支出や正味財産の増減を正しく表していないものがあります。それらを修正する作業を「決算整理」といい、その際に行う仕訳を「整理仕訳」といいます。

「精算表」とは、「残高試算表」「整理記入（決算整理）」「収支計算書」「貸借対照表」を、1つの表にまとめたものです（図3.15）。精算表は、決算手続きの流れを把握するのに役立ち、また、収支計算書、貸借対照表を作成するとき

の資料となります。収支計算書、貸借対照表などの「計算書類」は、精算表から、誘導的に作成します。

科目	残高試算表 借方	残高試算表 貸方	整理記入 借方	整理記入 貸方	収支計算書 借方	収支計算書 貸方	貸借対照表 借方	貸借対照表 貸方
現金	20,000						20,000	
当座預金	50,000						50,000	
未収金			20,000				20,000	
建物	800,000			30,000			770,000	
什器備品	30,000						30,000	
未払金				150,000				150,000
長期借入金		500,000						500,000
前期繰越正味財産額		200,000						200,000
事業収入		250,000		20,000		230,000		
雑収入		400,000				400,000		
印刷製本費	70,000		150,000		220,000			
給与手当	380,000				380,000			
什器備品購入支払	30,000				30,000			
長期借入金返済支出	80,000				80,000			
什器備品購入額		30,000				30,000		
長期借入金返済額		80,000				80,000		
	1,460,000	1,460,000						
建物減価償却額			30,000		30,000			
当期正味財産増加額					40,000			40,000
			200,000	200,000	780,000	740,000	890,000	890,000

図 3.15 精算表の例

◆例題 3.3 損益計算書の作成

次の資料に基づき、Excel ワークシートに勘定連絡図を描いて、図 3.16 の損益計算書を完成しましょう。なお、製造間接費は予定配賦しているとします。原価差異は売上原価に賦課します。

(資料)　　　　　　　　　　　　（単位：万円）
直接工賃金当期支払高　　　　　　640
直接工賃金期首未払高　　　　　　110
直接工賃金期末未払高　　　　　　120
直接材料当期仕入高　　　　　1,500
製造間接費当期実際発生額　　　　750
製造間接費当期予定配賦額　　　　720

販売費及び一般管理費　　　　　　750
営業外費用　　　　　　　　　　　 80
売上高　　　　　　　　　　　4,660
営業外収益　　　　　　　　　　　100
直接材料期首有高　　　　　　　　150
直接材料期末有高　　　　　　　　180
仕掛品期首有高　　　　　　　　　230
仕掛品期末有高　　　　　　　　　200
製品期首有高　　　　　　　　　　100
製品期末有高　　　　　　　　　　 70

（単位:万円）

```
損益計算書

売上高
売上原価
    期首製品有高
    当期製品製造原価    _____
      合計
    期末製品有高        _____
      差引
    原価差異           _____  _____
      売上総利益
販売費・一般管理費              _____
      営業利益
営業外収益
営業外費用                      _____
      経常利益
```

図 3.16　損益計算書

◇解答例

① まず、Excel ワークシートに資料の数値を入力します。

	A	B	C	D
4	(資料)			(単位:万円)
5		直接工賃金当期支払高		640
6		直接工賃金期首未払高		110
7		直接工賃金期末未払高		120
8		直接材料当期仕入高		1,500
9		製造間接費当期実際発生額		750
10		製造間接費当期予定配賦額		720
11		販売費及び一般管理費		750
12		営業外費用		80
13		売上高		4,660
14		営業外収益		100
15		直接材料期首有高		150
16		直接材料期末有高		180
17		仕掛品期首有高		230
18		仕掛品期末有高		200
19		製品期首有高		100
20		製品期末有高		70

図 3.17 資料の数値（セル D5 ～ D20）

② 勘定連絡図を描いて、直接材料費、直接工賃金、製造間接費予定配賦額が仕掛品勘定へ、製造間接費の実際発生額と予定配賦額の配賦差異が原価差異勘定へ連絡することを確認します。次に、仕掛品勘定から製品勘定へ当期完成品の原価が連絡され、製品勘定から売上原価勘定に販売された製品の原価が連絡されます。

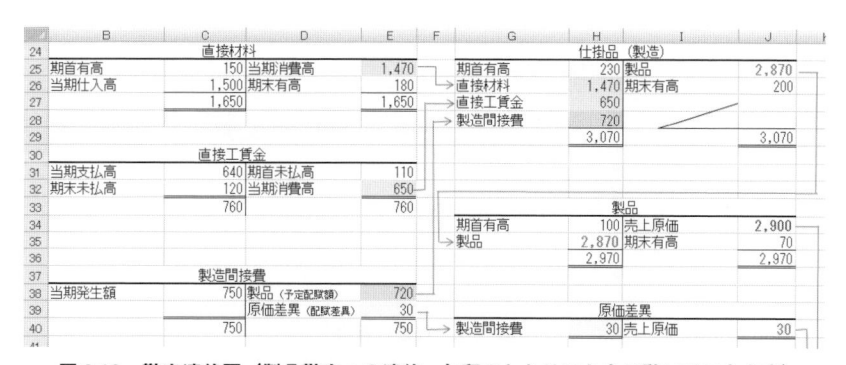

	B	C	D	E	F	G	H	I	J
24			直接材料				仕掛品（製造）		
25		期首有高	150	当期消費高	1,470		期首有高	230 製品	2,870
26		当期仕入高	1,500	期末有高	180		直接材料	1,470 期末有高	200
27			1,650		1,650		直接工賃金	650	
28							製造間接費	720	
29								3,070	3,070
30			直接工賃金						
31		当期支払高	640	期首未払高	110				
32		期末未払高	120	当期消費高	650			製品	
33			760		760		期首有高	100 売上原価	2,900
34							製品	2,870 期末有高	70
35								2,970	2,970
36									
37			製造間接費						
38		当期発生額	750	製品（予定配賦額）	720			原価差異	
39				原価差異（配賦差異）	30		製造間接費	30 売上原価	30
40			750		750				

図 3.18 勘定連絡図（製品勘定への連絡、矢印のとおりにお金が動いていきます）

③ 最終的に、損益勘定で売上原価、販売費及び一般管理費、営業外費用、営業外収益を集計し、売上高から差し引きして、経常利益を求めます。

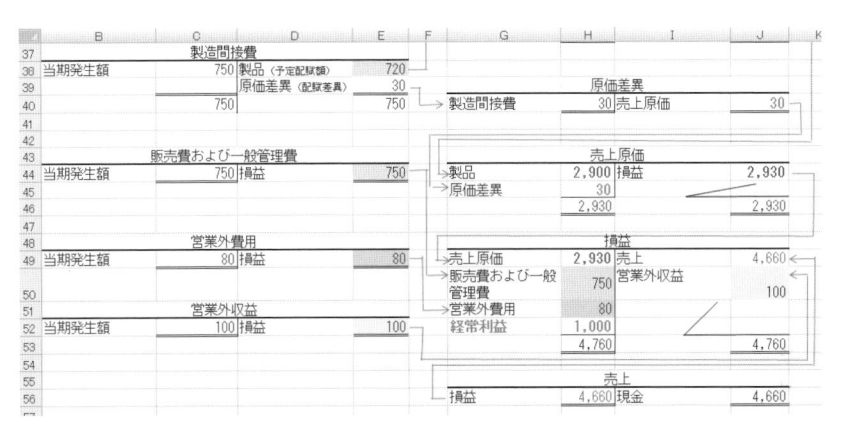

図 3.19 勘定連絡図（損益勘定への連絡、矢印のとおりにお金が動いていきます）

④ これらを転記することで損益計算書を完成させます。

	L	M	N	O	P	Q	R	S
25	損益計算書							
26			（単位：万円）					
27	売上高			4,660				
28	売上原価							
29	期首製品有高	100						
30	当期製品製造原価	2,870						
31	合計	2,970		＝期首製品有高＋当期製品製造原価 ＝2870+100				
32	期末製品有高	70						
33	差引	2,900		＝合計－期末製品有高 ＝2970-70				
34	原価差異	30		2,930				
35	売上総利益			1,730	＝売上高－（差引＋原価差異） ＝4660-2930			
36	販売費・一般管理費			750				
37	営業利益			980	＝売上総利益－販管費 ＝1730-750			
38	営業外収益			100				
39	営業外費用			80				
40	経常利益			1,000	＝営業利益＋営業外収益－営業外費用 ＝980+100-80			
41								

図 3.20 損益計算書の作成

セルの中の数式は以下のとおりです。

	L	M	N	O	P	Q	R	S
25	損益計算書							
26		(単位:万円)						
27	売上高		=J49					
28	売上原価							
29	期首製品有高	=H34						
30	当期製品製造原価	=H35						
31	合計	=SUM(M29:M30)	=期首製品有高＋当期製品製造原価	=2870+100				
32	期末製品有高	=J35						
33	差引	=M31-M32	=合計－期末製品有高	=2970-70				
34	原価差異	=M33+M34						
35	売上総利益		=O27-O34	=売上高－(差引＋原価差異)	=4660-2930			
36	販売費・一般管理費		=H50					
37	営業利益		=O35-O36	=売上総利益－販管費	=1730-750			
38	営業外収益		=J50					
39	営業外費用		=H51					
40	経常利益		=O37+O38-O39	=営業利益＋営業外収益-営業外費用	=980+100-80			
41								

図 3.21　損益計算書の計算式

参考文献

[1] 西島岳史、藤本壱 著『Excelで学ぶ簿記・会計と税務』オーム社、2005
[2] 上埜進、長坂悦敬、杉山善治 著『原価計算の基礎―理論と計算』税務経理協会、2003

第4章

原価の概念

　第1章では、原価の意味を広辞苑の説明からひも解き、原価に関する身近な例を見ました。第2章では、金融庁企業会計審議会が日本の「会計基準」と、その一環として「原価計算基準」を設定していることを説明しました。これらを踏まえ、本章では、原価の概念を整理します。費用のうち何が原価に含まれるか、また、様々な視点から原価の分類について理解しましょう。

4.1　原価計算制度における原価の本質

　「原価計算基準」では、「原価計算制度における原価とは、経営における一定の給付にかかわらせて、把握された財貨または用役の消費を、貨幣価値的に表したものである」と定義しています。

　この定義を3つの重要な言葉で言い換えると、

- **給付**：製品やサービス（用役）
- **財貨**：経費、材料費
- **用役**：製造にかかった労務費

となります。

　また、「原価計算基準」では原価の本質として、

① 原価は経済価値の消費である。

② 原価は経営においてつくり出された一定の給付に転嫁される価値である。
③ 原価は経営目的に適している。
④ 原価は正常なものである。

という4つを掲げています。

③、④の本質から、原価は正常な状態で発生した製造原価（製品を生産するのにかかった費用）と販売費及び一般管理費からなることがわかります。生産に関係なければ、経費であろうとも製造原価には入りません。例えば、Tシャツを仕入れて、利益を上乗せして販売する場合、それにかかった経費や人件費は製造原価とは呼びません。企業の生産活動あるいは販売活動以外の例えば、財務活動から発生した費用（支払利息など）は、営業外費用として扱います（非原価項目、4.2節参照）。

4.2 非原価項目

制度としての原価計算は、計算上様々な制約を受けます。その1つが非原価項目です。原価計算制度で用いられる原価概念は、損益計算の費用概念と比べると非原価項目の分だけ狭いといえます。つまり、

損益計算上の費用＝原価計算制度上の原価＋非原価項目

となります。

非原価項目とは、具体的には以下のようなものを指します。

① **経営目的に関連しない価値の減少**
投資資産（不動産、有価証券など）、未稼働の固定資産、長期にわたる遊休設備などの減価償却費、管理費、租税などの費用、政治献金・寄付金など経営目的に関連しない支出、支払利息、割引料、社債・株式発行費償却などの財務費用、有価証券評価損及び売却損

② **異常な状態を原因とする価値の減少**
異常な仕損、減損、棚卸減耗、自然災害やストライキなどの偶発事故による損失、臨時の償却費、延滞償金、違約金、訴訟費、固定資産の売却損、貸倒損失など

③ 税法上とくに認められている損金算入項目
　価格変動準備金繰入額、特別償却費など
④ その他の利益剰余金に課する項目
　法人税、所得税、都道府県民税、市町村税、配当金、役員賞与金など

4.3　原価の分類

　会社でたった1種類の製品しか製造販売していないのなら、材料費、労務費、経費というような区分はまったく必要なく、すべての費用を足し合わせて、製品の数で割れば原価を求めることができます。しかし、通常は、製品が複数あり、それぞれの製品ごとに材料費、労務費、経費の額が異なります。個々の製品1個の原価がわからなければ、どの製品が高くて、どの製品が安いのかということもわかりません。原価をより詳しく分析するための分類法として図4.1のようにいくつかの方法があります。

分類の根拠		分類された原価
製造前または製造後に求めることの違い	⇒	分類1　実際原価、予定原価
集計範囲が異なる	⇒	分類2　総原価、製造原価
	⇒	分類3　全部原価、部分原価
収益との関係	⇒	分類4　製品原価、期間原価
発生形態、機能	⇒	分類5　形態別分類、機能別分類
製品と関連付け	⇒	分類6　直接費、間接費
操業度と関連付け	⇒	分類7　変動費、固定費
原価の管理可能性	⇒	分類8　管理可能費、管理不能費
部門への帰属可能性	⇒	分類9　部門個別費、部門共通費

図 4.1　原価の分類

(1) 分類1　実際原価、予定原価（製造前または製造後に求めることの違いによる分類）

　図4.2にあるように、製造が完了した後に求めるのが実際原価（actual costs）であり、実際の消費量をもとに計算されます。

実際原価＝実際消費量×実際消費価格

　一方、製造を行う前に求めるのが予定原価（predetermined costs）です。未来原価ともいわれ、事前に見積もられた、あるいは計画された予定消費量を基礎に計算されます。

　　　予定原価＝予定消費量×予定消費価格

　予定原価には、見積原価（estimated costs）と標準原価（standard costs）があります。標準原価は、科学的、統計的な方法を使ってあらかじめ設定された標準消費量と標準消費価格を掛け合わせて計算されるものです。また、見積原価は、過去の実績値から消費量を見積もり、見積消費価格に掛け合わせて計算されます。

　　　標準原価＝標準消費量×標準消費価格
　　　見積原価＝見積消費量×見積消費価格

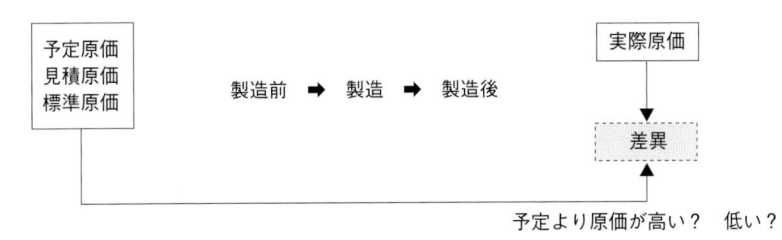

図 4.2　製造前または製造後に求めることの違いによる分類

(2) 分類 2　総原価、製造原価（集計範囲が異なることによる分類）

　製造原価（manufacturing cost）は製品を製造するためにかかった費用を指します。製品を製造しただけで売ることができなければ企業は存続できません。製品を売るためにも費用がかかります。この費用のことを「営業費」と呼びます。「営業費」とは原価計算上の呼び名であり、損益計算書では「販売費及び一般管理費」と記載されています。製造原価と営業費（販売費及び一般管理費）を足し合わせたものが総原価（total cost）です。

　　　総原価＝製造原価＋販売費及び一般管理費（営業費）

　つまり、総原価と製造原価は原価の集計範囲が異なります。図 4.3 に総原価

の構成を示します。

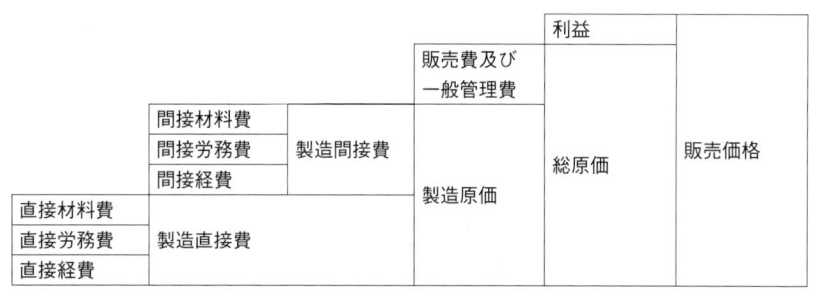

図 4.3　総原価の構成

直接材料費	製造直接費	製造原価	総原価	販売価格
直接労務費				
直接経費				
間接材料費	製造間接費			
間接労務費				
間接経費				
		販売費及び一般管理費		
			利益	

(3) 分類3　全部原価、部分原価（集計範囲が異なることによる分類）

- 全部原価（full cost）
  製造原価のすべてを製品原価として集計し、それに販売費及び一般管理費を加えた総原価を全部原価と呼ぶことがあります。
- 部分原価（partial cost）
  製品原価の一部のみを集計したものを部分原価と呼びます。部分原価には、目的に合わせて種々のものがありますが、例えば、後述する変動原価はその典型的なものです。変動原価とは、製品の量に合わせて変動して発生する費用のみに注目するもので直接原価計算（第9章で詳しく説明します）という方法で計算されます。

(4) 分類4　製品原価、期間原価（収益との関係による分類）

原価が収益とどのような関係にあるかという観点から原価を見たとき、財務会計の観点から原価は製品原価と期間原価に分類されます。

- 製品原価（product cost）：一定単位の製品に集計された原価
- 期間原価（period cost）：一定期間における発生額を、当期の収益に直接対応させて把握した原価

財務会計において（全部原価計算による損益計算書の場合）、製造原価のすべては製品原価に該当し、販売費及び一般管理費は期間原価に該当します。また、企業の内部管理において（部分原価計算（直接原価計算）の場合）には、製造原価の変動費部分が製品原価となり、製造原価の「固定費部分＋販売費及

び一般管理費」は期間原価となります。

(5) 分類5　形態別分類、機能別分類（発生形態、機能による分類）

形態別分類は、財務会計における費用の発生を基礎とする考え方で、原価の発生形態による分類です（図4.4）。製造原価は、材料費、労務費、経費に分類されます。材料費は、さらに、素材費、買入部品費、燃料費、工場消耗品及び消耗工具機器備品費などに細分されます。財務会計からこの形態別分類による基礎資料を受け取り、これに基づいて原価計算を行うことになります。この意味で、この分類は原価に関する基礎的分類であり、原価計算と財務会計とを関連付けるものとして重要です。

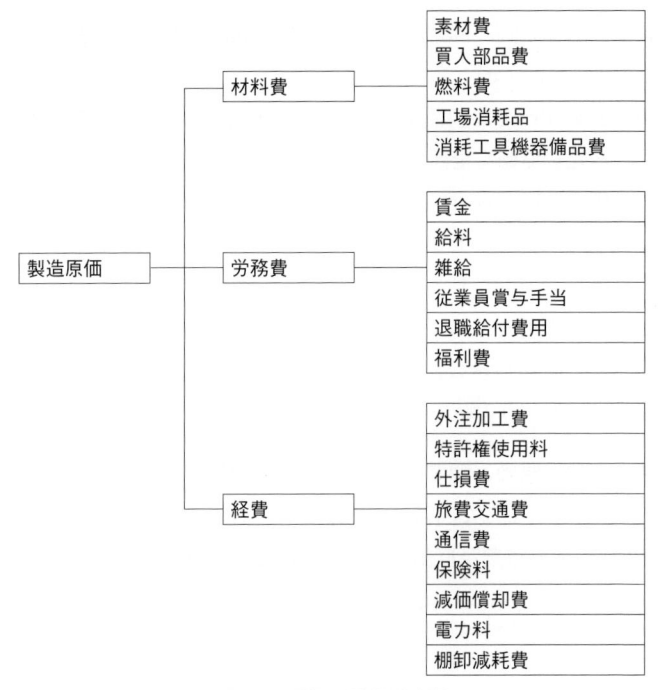

```
                    ┌─ 材料費 ─┬─ 素材費
                    │          ├─ 買入部品費
                    │          ├─ 燃料費
                    │          ├─ 工場消耗品
                    │          └─ 消耗工具機器備品費
                    │
                    │          ┌─ 賃金
                    │          ├─ 給料
        製造原価 ───┼─ 労務費 ─┼─ 雑給
                    │          ├─ 従業員賞与手当
                    │          ├─ 退職給付費用
                    │          └─ 福利費
                    │
                    │          ┌─ 外注加工費
                    │          ├─ 特許権使用料
                    │          ├─ 仕損費
                    │          ├─ 旅費交通費
                    └─ 経費 ───┼─ 通信費
                               ├─ 保険料
                               ├─ 減価償却費
                               ├─ 電力料
                               └─ 棚卸減耗費
```

図4.4　原価の形態別分類

一方、機能別分類は、原価が経営上のいかなる機能のために発生したかによる分類であって、また目的別分類ともいわれます。機能別分類は、とくに原価管理の観点から重視されますが、主に形態別分類と組み合わせて用いられます。この分類基準によれば、例えば、材料費は主要材料費、修繕材料費、試験研究材料費の補助材料費、工場消耗品費などに、賃金は作業種類別直接賃金、間接作業賃金、手待賃金などに、経費は各部門の機能別経費に分類することになります。

(6) 分類6　直接費、間接費（製品と関連付けた分類）

　製品との関連において、直接費（direct cost）と間接費（indirect cost）に分類されます。直接費は、原価の発生が一定単位の製品の生成に関して直接的に認識されるものを指します。また、間接費は個々の製品に直接跡づけることが容易でない原価を指します。直接費は、これを直接材料費、直接労務費、直接経費に分類し、さらに適当に細分することがあります。同様に、間接費は、これを間接材料費、間接労務費、間接経費に分類し、さらに適当に細分することがあります。

　つまり、材料費、労務費、経費の3つそれぞれが直接費と間接費に分けられますが、原価計算上では、間接材料費、間接労務費、間接経費をまとめて「製造間接費」と呼びます。

　　製品全体にかかった費用　＝製造間接費
　　個々の製品にかかった費用＝製造直接費

ということもできます。また、一般に、

　　材料費＝ほとんどが直接費で、残りが間接費
　　労務費＝ほとんどが直接費で、残りが間接費
　　経費　＝ほとんどが間接費

となります。図4.5では、ケーキ工場でイチゴケーキをつくった場合の例を示しています。

第4章　原価の概念

```
                  ┌─ 直接費　（このイチゴケーキだけのためにかかった費用）
                  │       直接材料費：イチゴ、小麦粉、生クリーム……
イチゴケーキ ─┤       直接労務費：イチゴケーキをつくるための人件費
                  │
                  └─ 間接費　（ケーキ工場全体でかかった費用）
                          製造間接費：電力料、水道代、ガス代……
                          （この一部がこのイチゴケーキにかかった）
```

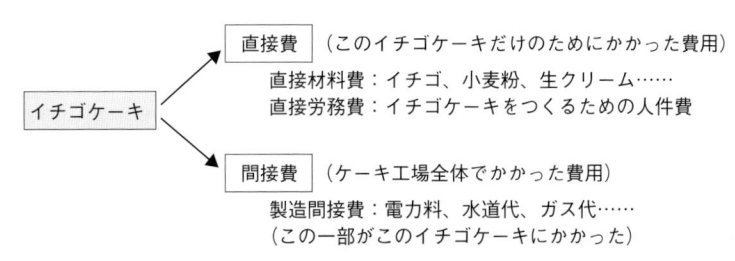

図 4.5　直接費と間接費の分類例

◆例題 4.1　総原価の構成

Excel ワークシートで、次の？にあたる原価を求めてみましょう。

```
                                              利益
                                              ¥80,000
                              販売費及び
                              一般管理費
                              ¥40,000
         間接材料費    製造間接費
         ¥50,000     ¥250,000
         間接労務費                                          (5)販売価格？
         ¥60,000
         (2)間接経費？              (3)製造原価？   (4)総原価？
(1)直接材料費？
直接労務費    製造直接費
¥210,000    ¥530,000
直接経費
¥80,000
```

図 4.6　総原価の構成

◇解答例

(1) 直接材料費？　　240,000 円
(2) 間接経費？　　　140,000 円
(3) 製造原価？　　　780,000 円
(4) 総原価？　　　　820,000 円
(5) 販売価格？　　　900,000 円

　Excel ワークシートのセルに数式を入れます。数式以外のセルには数値を入れます。いろいろな数値を入れて、結果が変化することを確認しましょう。

	A	B	C	D	E	F
42					利益	
43					¥80,000	
44				販売費及び		
45				一般管理費		
46				¥40,000		
47		間接材料費	製造間接費			
48		¥50,000	¥250,000			
49		間接労務費				販売価格
50		¥60,000				=E52+E43
51		間接経費		製造原価	総原価	
52		=C48-B48-B50		=C48+B56	=D46+D52	
53	直接材料費					
54	=B56-A56-A58					
55	直接労務費	製造直接費				
56	¥210,000	¥530,000				
57	直接経費					
58	¥80,000					

図4.7　総原価のための計算式

(7) 分類7　変動費、固定費（操業度と関連付けた分類）

　原価を操業度との関連において、操業度の増減にともなって原価発生が変化することに注目し、固定費（fixed cost）と変動費（variable cost）とに分類します。操業度とは、生産設備を一定とした場合におけるその利用度を指します。固定費とは、操業度の増減にかかわらず変化しない原価要素です。また、変動費とは、操業度の増減に応じて比例的に増減する原価要素をいいます。

　ある範囲内の操業度の変化では固定的であり、これを超えると急増し、再び固定化する原価要素、例えば監督者給料など、または操業度がゼロの場合にも一定額が発生し、同時に操業度の増加に応じて比例的に増加する原価要素、例えば電力料などは、これを準固定費または準変動費と呼びます。

　通常の状態では、企業の操業度は一定の範囲内で動くものと考えられ、準固定費または準変動費は、①固定費または変動費とみなして、これをそのいずれかに帰属させるか、もしくは、②固定費と変動費が合成されたものであるとして、これを固定費の部分と変動費の部分とに分解することになります。

　　操業度（生産量）で変化する費用＝変動費
　　操業度（生産量）にかかわらず一定である費用＝固定費
　　中間タイプ＝準変動費（あるいは準固定費）

　材料費や外注費は操業度（生産量）が増えるほど増えますが、地代、家賃、設備、減価償却費、固定資産税、保険料などは操業度（生産量）に関係なく一

定です。現場責任者の給料は、毎月に同額が支払われるので固定費になりそうですが、仕事が非常に忙しくなって超過勤務手当が多くなれば給料が増えますので、準変動費にあたります（図4.8）。

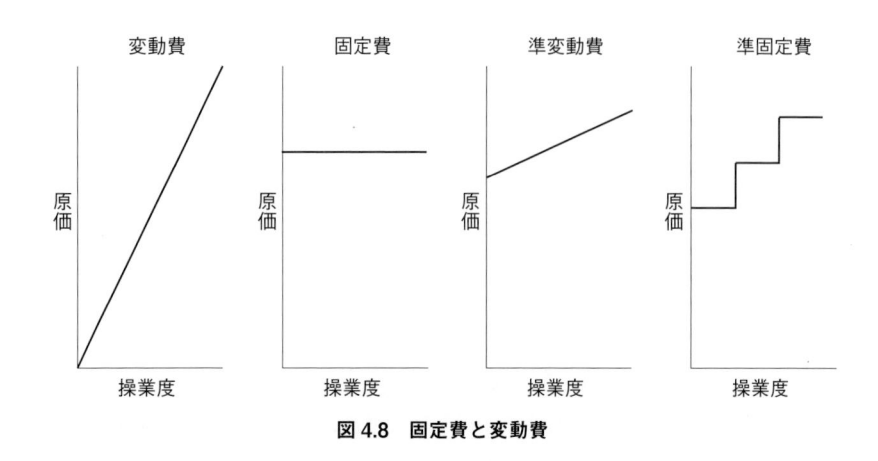

図4.8 固定費と変動費

費用が、固定費、変動費、準変動費、準固定費のどれであるかを決める方法として、「勘定科目法」「2期間比較法」「スキャターグラフ法」「最小二乗法」などがあります。その方法のどれを用いるかは業種や会社によって変わります。費用をこのように分類する目的は、損益分岐点作成や直接原価計算で必要とされるからです。固定費と変動費を分解する方法（固変分解）については第9章で詳しく説明します。

近年では、固定費部分の原価全般に占める割合が飛躍的に大きくなり、企業にとってはこれを適切に管理することが重要な課題となっています。固定費は、キャパシティ・コスト（経営能力費用あるいは経営準備費用、capacity cost）とも解釈されます。また、

固定費＝コミッテド・コスト（既定固定費、committed capacity cost）
　　　　＋マネジド・コスト（管理可能固定費、managed capacity cost）

と分類して考えることがあります。

コミッテド・コスト（既定固定費）は、過去の意思決定に基づいて資本が投入され、短期的には原価の発生を阻止することが不可能な固定費です。工場の建物、設備の減価償却費や維持費を指します。また、マネジド・コスト（管理

可能固定費）は、経営環境などの変化による変更から期間ごとにあるいは期間中にもその発生額を決定、変更しうる工程費、広告宣伝費や研究開発費を指します。

(8) 分類8　管理可能費、管理不能費（原価の管理可能性から見た分類）

原価の管理可能性に基づく分類とは、原価の発生が一定の管理者によって管理できるかどうかによって、管理可能費と管理不能費とに分類するものです。下級管理者層にとって管理不能費であるものも、上級管理者層にとっては管理可能費となることがあります。

- 管理可能費（controllable cost）：当該管理者にとって管理できる原価
  例えば、材料費、外注加工費など現場管理者にとって管理できる原価です。
- 管理不能費（uncontrollable cost）：当該管理者にとって管理できない原価
  例えば、設備の減価償却費、固定資産税など現場管理者にとってはその発生に影響を与えられないものです。

(9) 分類9　部門個別費、部門共通費（部門への帰属可能性による分類）

企業内組織において、各活動単位であり責任単位である各部門、例えば、製造諸部門、販売部門や販売地域、事業部などに原価を直接帰属させられるかによって、部門個別費と部門共通費に分類します。

- 部門個別費（帰属可能費）：いずれかの部門に帰属可能なもの
- 部門共通費（帰属不能費）：特定の部門に帰属不可能でどの部門にも共通的に発生するもの

伝統的な全部原価計算では、部門共通費は、一般に適当な配賦基準を設けて各部門に配賦されることになります（第6章の部門別原価計算方法を参照ください）。

4.4 特殊原価調査上での原価概念

　原価制度から離れて、経営計画に対して使用する原価の諸概念を特殊原価概念といいます。特殊原価調査は、計算目的に特殊性を持ち、臨時的に行われ、経営計画と関連性を持っています。

(1) 機会原価（opportunity cost）

　機会原価とは、資源の他の代替的用途を放棄することによって断念される利益を測定したものをいいます。

　例えば、経営計画においてA案（電子機器分野への投資案）とB案（流通産業への投資案）があり、資金繰りの関係からどちらか1つしか選択できないとしましょう。

- A案：2,000万円の利益が得られる
- B案：1,500万円の利益が得られる

　この場合は、A案を採択すればB案は棄却され、B案の1,500万円の利益は放棄されることになります。これが機会原価です。機会原価は受注の可否、投資の是非を判断するもとになります。

(2) 付加原価（imputed cost）

　現金の支出はないが、採算性の計算には勘案しなければならないのが付加原価です。例えば、自己資本利子、自己所有資産の賃借料、所有経営者の労働提供などがあります。

(3) 埋没原価（sunk cost）

　現在使っている設備を新しいものに取り替えるとき、その設備の未償却部分があればそれが埋没原価となります。つまり、埋没原価とは、すでに意思決定されており、いまさら変更できない、①償却費のようにすでに支出してしまったコストや、②人件費のように支出することをすでに約束してしまったコストなどを指します。

　したがって、追加受注といった新たな状況に直面した場合でも、判断材料にはならないし、また、してはいけません。回収できない歴史的原価であり、現

◆例題 4.2　埋没原価

ある印刷会社では、7月の印刷枚数が12万枚で実際原価が図4.9のようになりました。1ヶ月間の印刷能力は人員・設備ともに20万枚で、8万枚の余裕がありました。8月も同様の需要予測を立てています。

（標準価格製品）

印刷枚数	120,000	枚
材料単価	¥20	円/枚
材料費	¥2,400,000	
人件費	¥4,200,000	
償却費	¥3,000,000	
小計	¥9,600,000	
製造原価	¥80	円/枚

図 4.9　原価構成（標準品）

今、ある顧客から、「安くしてくれるなら印刷を8万枚発注したい」という引き合いがありました。この印刷会社はいくら以上の価格ならこの引き合いを受注すべきでしょうか？　これをExcelワークシートで計算してみましょう。

◇解答例

Excelワークシートの例を図4.10に示します。材料費は、「材料単価×印刷

	A	B	C	D	E	F	G	H
3			(標準価格製品)			(追加格安製品)		
4		印刷枚数	120,000	枚	印刷枚数	80,000	枚	
5		材料単価	¥20	円/枚	材料単価	¥20	円/枚	
6								
7		材料費	=C4*C5		材料費	=F4*F5		
8		人件費	¥4,200,000		人件費	¥0	埋没原価	=C8
9		償却費	¥3,000,000		償却費	¥0		=C9
10								
11		小計	=SUM(C7:C10)		小計	=SUM(F7:F10)		
12		製造原価	=C11/C4	円/枚	製造原価	=F11/F4	円/枚	
13								
14			(すべての製品合計)					
15		印刷枚数	=C4+F4	枚				
16		材料単価	=(C5*C4+F5*F4)/(C4+F4)	円/枚				
17								
18		材料費	=C7+F7					
19		人件費	=C8					
20		償却費	=C9					
22		合計	=SUM(C18:C20)					
23		製造原価	=C22/C15	円/枚				

図 4.10　埋没原価の計算式

（すべての製品合計）	
印刷枚数	200,000 枚
材料単価	¥20 円/枚
材料費	¥4,000,000
人件費	¥4,200,000
償却費	¥3,000,000
合計	¥11,200,000
製造原価	¥56 円/枚

図4.11　原価構成（8万枚追加受注して、20万枚の印刷を行った場合）

枚数」で計算されますので、人件費、償却費と合わせて総製造原価を求めます。その総製造原価を印刷枚数で割り算すれば、1枚当たりの原価が求められます。

　8万枚追加受注して20万枚の印刷を行った場合、営業費及び一般管理費は先の8万枚の売上で回収するために追加8万枚に対しては考えないとすると、56円/枚より高い価格であれば利益が出ると考えてしまいそうです。しかし、実は、人件費と償却費は印刷枚数が20万枚でも12万枚でも同じです。印刷能力の範囲内に収まっている固定費だからです。仮に受注がない場合でも、人件費と償却費で720万円がかかります。このコストはどのように意思決定（受注をしてもしなくても）をしようが、それとは関係なく発生してしまいます。このように、意思決定に影響を与えないコストが「埋没原価（サンク・コスト）」です。

　したがって、20円/枚より高い価格であれば利益が出るので受注すべきであるという結論になります。

（追加格安製品）			
印刷枚数	80,000 枚		
材料単価	¥20 円/枚		
材料費	¥1,600,000		
人件費	¥0	埋没原価	¥4,200,000
償却費	¥0		¥3,000,000
小計	¥1,600,000		
製造原価	¥20 円/枚		

図4.12　原価構成（8万枚の印刷を行った場合）

(4) 回避可能原価 (discretionary cost)

業務を停止したり、縮小したりすることで発生を回避できる原価を回避可能原価と呼びます。例えば、ある生産ラインを継続するか、中止するかの意思決定を迫られたとき、当該生産ラインを継続すれば発生してしまい、中止すれば発生しない原価が回避可能原価です。

(5) 延期可能原価 (postponable cost)

今投入しなければ企業経営に大きな影響を与えるという原価ではなく、将来に延期することのできる原価を延期可能原価と呼びます。工場の緑化施設の原価、工程改善費や機械保全費の一部などがこれにあたります。

(6) 現金支出原価 (out-of-pocket cost)

当面の意思決定に基づいて、ただちにまたは近い将来に、現金支出が必要となる原価を現金支出原価と呼びます。設備を新しく入れ替えるとき、新しい設備の価格から古い設備の処分価格を控除した正味投資額（つまり正味現金支出額）は現金支出原価にあたります。

(7) 差額原価 (differential cost)

経営活動の変化や代替案の適用にともなって生じる原価総額、あるいは特定原価要素の増減分を指します。例えば、生産量や販売量など操業度の変化によって生じる原価の差額が差額原価です。

◆例題 4.3　差額原価

見積年間販売量、販売価格、生産能力について現状を認識し、原価と売上高、営業利益を図 4.13 のように見積もりました。これに対し、広告費を 100 万円つぎ込み販売量を 800 個増やす案と価格を 600 円下げて販売量を 800 個増やす案を考えました。差額原価を計算し、これらの案を採用すべきかどうか Excel を用いて検討してください [1]。

第 4 章 原価の概念

	(現状)	
販売価格	¥5,000	円/個
販売予測	4000	個
生産能力	5,000	個
変動費	¥2,000	円/個
固定費	¥6,000,000	円
広告費	¥0	円
総原価	¥14,000,000	円
売上高	¥20,000,000	
営業利益	¥6,000,000	

図 4.13　原価構成（現状）

◇解答例

　図 4.14 のような Excel ワークシートを作成します。現状に対して、広告費を増やすか、価格を下げるか、それらの案について、現状と比較して、差額原価、差額収益、差額営業利益を求めます。

	A	B	C	D	E	F	G
8			(現状)			(案)	
9		販売価格	¥5,000	円/個	販売価格	¥5,000	円/個
10		販売予測	4000	個	販売予測	4800	個
11		生産能力	5,000	個	生産能力	5,000	個
12							
13		変動費	¥2,000	円/個	変動費	¥2,000	円/個
14		固定費	¥6,000,000	円	固定費	¥6,000,000	円
15		広告費	¥0	円	広告費	¥1,000,000	円
16		総原価	=C13*C10+C14+C15	円	総原価	=F13*F10+F14+F15	円
17							
18		売上高	¥20,000,000		売上高	=F9*F10	
19		営業利益	=C18-C16		営業利益	=F18-F16	
20							
21					差額収益	=F18-$C$18	
22					差額原価	=F16-$C$16	
23					差額営業利益	=F19-$C$19	

図 4.14　差額原価の計算式

　この Excel ワークシートで計算した結果、図 4.15 のように差額原価が計算され、営業利益の差額で 1,400,000 円増える可能性がある「広告して販売量を増やす案」を採択するべきであるという結論を得ることができます。

4.4 特殊原価調査上での原価概念

広告費をつぎこみ現状価格で販売量を増やす (販売促進案)			価格を下げて、販売量を増やす。広告費は使わない。 (低価格案)		
販売価格	¥5,000	円/個	販売価格	¥4,400	円/個
販売予測	4800	個	販売予測	4800	個
生産能力	5,000	個	生産能力	5,000	個
変動費	¥2,000	円/個	変動費	¥2,000	円/個
固定費	¥6,000,000	円	固定費	¥6,000,000	円
広告費	¥1,000,000	円	広告費	¥0	円
総原価	¥16,600,000	円	総原価	¥15,600,000	円
売上高	¥24,000,000		売上高	¥21,120,000	
営業利益	¥7,400,000		営業利益	¥5,520,000	
差額収益	¥4,000,000		差額収益	¥1,120,000	
差額原価	¥2,600,000		差額原価	¥1,600,000	
差額営業利益	¥1,400,000		差額営業利益	¥-480,000	
	採用			棄却	

図 4.15 差額原価の計算

(8) 取引コスト

取引コスト理論は、ロナルド・コース[2]に始まり、オリバー・ウィリアムソン[3]などによって精緻化された取引コスト経済学（Transaction Cost Economics）による理論です。取引コストには、財の交換の機会に関する「調査費用」、交換の条件に関する「交渉費用」、契約を実施するための「実施費用」が含まれると定義されています。つまり、取引コストは、モノを購入するための情報収集にかかるコストや、モノを購入してから危険が発生した場合にその負担に起因するコストなど、取引参加者が負担しなければならない費用を指します。取引コストについて、いくつかの事例を以下に紹介します。

- 事例1：カップラーメンの購入

    カップラーメンを購入する場合に、「どこのスーパーが安いか？」一番安く買える店を、チラシを念入りに比較して探そうとすると時間と手間がかかります。迷わずコンビニに行けばカップラーメンは買えますが、一般にスーパーで買うよりも高くつきます。最も安く買えたカップラーメンが100円で、コンビニでは同じものが160円だとすると、この場合の取引コストは60円ということになります。

- 事例2：ペットボトル飲料の購入

    大手スーパーに買い物に行って、喉が渇いたとき、トイレ前か休憩コー

ナーの自販機で150円のペットボトルドリンクを買うか、食料品売り場でレジに並んででも100円の同じペットボトルドリンクを買うか、どちらでしょう？　さすがに、「同じ店の中で同じ商品が1.5倍の価格で売られているので、食料品売り場で買いますよ」という人は多いかもしれません。次の日の外出のためにスーパーで100円のペットボトルドリンクを買って、冷蔵庫で冷やしておいて、次の日に鞄に入れていくか、それとも、外出先で自販機で冷えたペットボトルドリンクを150円で買うかと聞かれると、自販機と答える人は多いはずです。「150円 － 100円 ＝ 50円」の取引コストを価値あるとみれば（というより無意識のうちに認めて）自販機で購入するということになります。

● 事例3：自動車メーカーの部品購入
自動車完成品メーカーと部品メーカーの系列取引は自動車メーカーと部品メーカー間で信頼関係が築かれ、取引コストを大幅に削減できる状況を構築していると考えることができます。「あうんの呼吸でのものづくり」「短時間での摺り合わせ」などは長年の取引で培った取引コストを下げる仕組みです。系列は、市場での取引コストだけではなく組織内での取引コストをも大幅に削減する状況を実現しているといえます。

● 事例4：50インチ薄型テレビの購入
50インチ薄型テレビを量販店で買いますか？　近くにある町の電器屋さんで買いますか？　消費者にとって、電器製品の購入は、今や量販店が主流です。各メーカーも量販店で商品をどのように扱ってもらえるかに注目し、需要予測にも量販店の販売数が大きく影響を与えます。しかしながら、一方で、町の電器屋さんが見直されているという話も聞きます。町の電器屋さんは地域に密着し、電球が切れたら1本でも交換に来てくれるし、故障したらすぐに見に来てくれて修理の手続きも全部してくれるという点で重宝されているというのです。
今、50インチ薄型テレビの購入を考えています。同じものが量販店では47万円で、町の電器屋さんでは51万円です。どちらを選択すればよいでしょうか？　設置、取扱説明、保障、故障修理の対応、買い替え相談などでの対応がまったく同じであれば、量販店で購入するといいと思います。しかし、一般には量販店で購入した場合には決められた作業以外

は有料になりますし、故障対応も持ち込みできるもの以外はメーカーのお客様相談室と直接交渉することになります。設置のときに家具を動かさなければならない、古いテレビを２階の部屋に運んで、セットしてほしい、故障したときにすぐに対応してほしい、購入後に使い方がわからないときにすぐに教えてほしいなどとなるとどうでしょう。量販店と交渉し、一部は有料で対応してもらうことになりますが、この手間、費用が問題です。町の電器屋さんはこれを無料サービスで提供してくれると考えると、差額４万円が取引コストです。消費者は、この取引コストの価値が妥当だと思えば、購入時の価格差を納得できるでしょう。町の電器屋さんが量販店とは異なる戦略で生き残りを図るとすれば、１つはこの取引コストの価値を消費者に理解してもらう努力が必要であると思います。

● 事例５：パソコンの購入

パソコンを店で買いますか？　それとも、インターネットを利用して注文しますか？　パソコンを購入するとき、店で現物を見て買うか、インターネットで注文するか、これも意見が分かれるところでしょう。

デルコンピュータ（株）は、いわゆるデルモデルというビジネスモデルを構築し、世界有数のパソコン販売会社になりました。このビジネスモデルは直接販売・直接サポートというものです。店舗販売、卸業者のリセーラーマージンをなくし、伝票記入の手間をなくして消費者がインターネットで入力したデータをもとに一斉に部品調達を行い、仕掛在庫を極力少なくすることでパソコンの販売価格を下げることに成功しました。しかも、サポートも直接行うというポリシーで、不具合のあったパソコンは宅配便で引き取り修理するというサービスや出張修理サービスを行うことで消費者の信頼を得ようとしました。従来のメーカー→卸→小売という商流で発生していた取引コストを徹底的に削減、これが市場シェアを大きく伸ばす原動力になったのです。しかも、BTO（Build To Order）という、注文するときに消費者が自分の希望に合うように部品を選択し注文を行う仕組みを導入し、メーカーや販売店ではその仕様に沿ってコンピュータを組み立て、あるいはオプションを追加して顧客に送り届けることで顧客満足度を高めることにも成功しています。

当初、日本でデルコンピュータ（株）のパソコンを購入する場合には、インターネットで購入するしか手段がありませんでした。デルコンピュータ（株）は、日本国内では店舗による販売チャネルがないという弱みを、インターネットによる直接販売を実現し取引コストを下げることでパソコン販売価格を下げて消費者の支持を得るという強みに変えてしまいました。

店舗での購入では、顧客と対面し、口頭で希望を聞いて、パソコンの仕様を決めていく手間、伝票作成作業の工数、記入ミスなどがありますが、インターネット販売では、顧客の責任で仕様を決定しますので、取引コストは下がります。

- **その他の事例**

宅配便の伝票を送り主自身が記入するということも取引コストを下げる取り組みの1つです。郵便番号も記入しなければなりません。自分が記入したということで記入ミスによる問題は送り主自身の問題として処理されますので、企業側のクレーム処理にかかわる費用も下げることができます。

取引コストを考えると、意思決定根拠として役立つことがあります。以下のような例を考えてみてください。

- ミネラルウォーター2リットルボトルの購入：スーパーで買う？　インターネットで買う？
- 携帯電話のコース選択：標準コースにする？　よく吟味する？
- 瓶ビール1ケース：酒屋さんで購入し配達してもらう？　ディスカウントストアで買う？
- 新車の購入：近場の販売店で買う（少し高い）？　遠くても安い販売店で買う？
- 本の購入：書店で買う？　インターネットで買う？

企業間取引でも取引コストの概念は非常に重要です。

参考文献

[1] 上埜進、長坂悦敬、杉山善治 著『原価計算の基礎—理論と計算』税務経理協会、2003、p.250 を一部変更
[2] ロナルド・コース 著、宮沢賢一、後藤晃、藤垣芳文 訳『企業・市場・法』有斐閣、1992
[3] オリバー・ウィリアムソン 著、浅沼萬里、岩崎晃 訳『市場と企業組織』日本評論社、1980

第5章
原価計算の流れと
1st step：費目別原価計算

　日本では、1934年に商工省財務管理委員会が「財務諸表準則」を公表し、さらに、1937年に「製造原価計算準則」を公表しました。これが日本での原価計算制度の始まりということができます。さらに、第二次世界大戦後の経済再生のために企業会計審議会が企業会計制度の改善を検討し、1949年に「企業会計原則」が制定されました。その一環をなす「原価計算基準」の制定は1962年に公表されています。

　原価計算の目的は、複式簿記との結合という観点から「特殊原価調査」と「原価計算制度」に分けられますが、同基準は制度を支える基準となっています。それは慣習としての性格を持ち、企業会計に関する法令を補充する実践規範であるとともに、企業会計に関する法令の制定改廃にあたっては尊重されなければならない指導原理でもあります。「企業会計原則」自体は法律ではありませんが、制度会計の中に取り込まれることによって法律的な裏付けが付与されています。これは、原価計算するときの唯一のルールであり、企業が原価計算を行う場合は、必ずこのルールに則って実施しなければなりません。なお、日本企業の原価計算制度の発展に著しく貢献した原価計算基準ですが、制定以来一度も改訂されていないため、今日では陳腐化している箇所もありますので注意が必要です。

　一方、国際会計基準審議会（IASB）によって設定される「国際財務報告基準」（IFRS、通称、国際会計基準）があります。企業はますます国際化していきますが、会計制度は各国ごとに異なっているという問題があります。企業が海外で資金を調達したり、活動するためには、投資家が企業の業績を適切に理

解・比較できるようにしなければなりません。

2002年9月に、米国財務会計基準審議会（FASB）と国際会計基準審議会（IASB）との共同会議で、「国際会計基準」（IAS：International Accounting Standards）と米国基準との収斂を目指すノーフォーク合意が取り交わされ、これにより、国際的な会計基準が米国で採用される土台が出来上がりました。「国際財務報告基準」（IFRS：International Financial Reporting Standards）は2005年以降、EU諸国上場企業の財務報告基準として正式採用されることも決定されました。日本では、2007年8月8日の国際会計基準審議会（IASB）と企業会計基準委員会（ASBJ）とのいわゆる「東京合意」により、日本の会計基準と国際会計基準（IAS）のコンバージェンス（収斂）を2011年までに達成することで合意されました。これを受けて日本企業においても、グローバルに活動するために決算書をIFRSで作成することが必要です。

以上を踏まえつつ、第5章〜第7章では現在の原価計算基準に基づいた基本的な原価計算方法について説明します。

5.1 原価計算の流れ

原価計算は、図5.1のように、費目別原価計算、部門別原価計算、製品別原価計算という3つのステップで進みます。

(1) 1st step：費目別原価計算

まず、工場で発生した原価を把握しなければなりません。何かを購入した場合には伝票のやり取り（見積書、請求書、納品書、領収書）と出金があります。例えば、電気代や賃金・給与などを支払った場合にも出金が記録されます。このとき、毎月の出金「総額」だけがわかっても、その詳細がわからなければ原価計算はできません。

そこで、「何にいくら」という形で把握するために、「勘定科目」別に管理します。勘定科目とは、様々な取引のうち、同じ種類のものを同じ区分に分類するためのものだといえます。つまり、たくさんある会社の取引を一定の基準に従って、同じ言葉（勘定科目）でまとめるためのものです。例えば、原材料費や賃金、水道光熱費などの勘定科目ごとに取引を集計すれば、何にいくらかか

5.1 原価計算の流れ

```
1st step：費目別原価計算      ┤ 原価の発生
(発生した原価を把握する)        │ 勘定科目別把握(伝票計上)
                            └ 何にどれだけ使ったか把握
            ↓
2nd step：部門別原価計算     ┤ 部門の生産実績を把握する
(原価を部門に割り付ける)        └ 製造部門の製造間接費を計算
            ↓
3rd step：製品別原価計算     ┤ 仕掛品原価を計算
(製品1個当たりの原価を計算する) └ 完成品原価を計算
            ↓
4th step：採算性分析
(売価と原価の比較、予定原価と
実績原価の差異分析などを行う)
```

図 5.1　原価計算の流れ

ったかがすぐに把握できるというわけです。勘定科目は、大きくは「材料費」「労務費」「経費」の大区分に分けることができます。これら費目別に原価を把握することが原価計算の最初のステップとして必要です。

(2) 2nd step：部門別原価計算

　次に、工場内の工程や生産ライン別、部門別に、1st step で把握した原価を割り付けます。製品によって、どの工程、どのライン、どの部門で生産するかが異なるため、正確な製品原価を把握するために必要なステップが部門別原価計算です。通常は、どの製品のために要したのかが明確にわからない「製造間接費」がこの部門別原価計算の対象になります。なお、例えば原材料費などのように、どの製品のために要したのかが明確にわかるものは工程別やライン別、部門別という割り付けの必要はなく、3rd step に進むことになります。
　ここで、工程、ラインや部門での生産実績工程やライン(稼働時間、作業時間、製品の生産量など)を把握し、収集する必要があります。これは、次の 3rd step で工程、ライン、部門に割り付けた原価を、その工程、ライン、部門の生産実績に則して製品に割り付けるための準備ということになります。

(3) 3rd step：製品別原価計算

　完成品の1個当たりの原価は今月の完成品のすべての原価を完成品数量で割った値として求めることができます。今月の完成品のすべての原価は、完成品総合

原価と呼ばれますが、これは月初仕掛品原価に当月の製造費用を足した金額から月末の仕掛品原価を差し引いた金額になります。月初仕掛品原価は前月の集計で金額がわかっていて、当月の製造費用はかかったお金の集計でわかりますから、月末仕掛品原価がわかれば当月の完成品総合原価が計算できることになります。

同一ラインで単一製品を生産している場合は、把握されている当月ライン別費用を当月の完成品数量で割れば単価が計算できます。同じラインで多品種の製品を生産する場合には、それぞれの工程やラインで1時間当たりいくらの金額がかかっているのか（チャージレートと呼ぶ）を明らかにし、それに実際に製品を生産するのに要した時間を掛け合わせることにより、製品に原価を割り付けることができます。

(4) 4th step：採算性分析

製品1個当たりの原価と売価とを比較することで製品別の採算性を把握することができます。採算性が問題となる場合には、コストダウンのために、目標としている原価と実際原価の差異分析から工程や生産ラインの効率を評価したり、改善策を立案したりするために、原価計算の結果が利用されます。

5.2　1st step：費目別原価計算

原価計算の1st stepである費目別原価計算は、形態的分類によって原価を材料費、労務費、経費に分類し、消費額を計算する手続きです。実際製品原価の算定プロセスで最初に位置する費目別原価計算は、原価計算を財務会計と有機的に結び付ける手続きとして重要なことはもちろん、これに続く部門別原価計算、製品別原価計算の正確性や信頼性に影響する重要なステップになります。

5.2.1　材料費

材料費は、製造原価のうち「物品の消費によって発生する原価」であり、材料消費量に消費単価を掛け合わせて求めます。

(1) 材料費の形態的分類

材料とは、製品の素材となるもの、ならびに製品を製造するために買い入れ

た物品(部品や工具など)であり、材料の消費によって生ずる原価を材料費と呼び、形態別分類によると材料費は次のように細分されます。

表 5.1　材料費の形態的分類

① 素材費（原料費、主要材料費）	製品製造のために消費され、製品の主たる実体を構成する物品（例：鋼材、綿花、小麦粉など）
② 買入部品費	外部から購入し、そのまま製品に組み込まれる物品（例：エンジン、タイヤなど）
③ 燃料費（補助材料費）	加工上の熱源、動力源になる物品（例：重油、液化ガス、石炭など）
④ 工場消耗品費	製造過程で補助的に使用される物品（例：グリス油、ボルトなど）
⑤ 消耗工具器具備品費	耐用年数が1年未満、あるいは取得価格が一定額未満の工具、器具及び備品（例；スパナ、ペンチなど）

(2) 材料費の製品との関連による分類

　材料費は、製品との関連において、その発生が直接的に認識できる直接材料費と、直接には認識できない間接材料費に分類できます。素材費と買入部品費は直接材料費であり、燃料費、工場消耗品費、及び消耗工具器具備品費は一般に間接材料費となります。

```
              ┌ 直接材料費 （素材費、買入部品費など）
  材料費 ─┤
              └ 間接材料費 （燃料費、工場消耗品費、消耗工具器具備品費など）
```

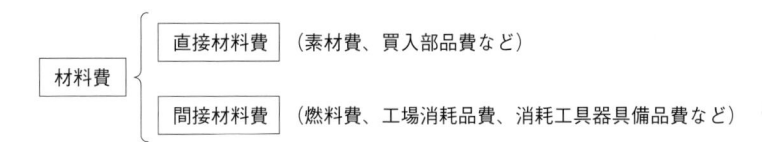

図 5.2　材料費と製品との関連

(3) 材料購入時の記帳と計算

　材料の消費額（材料費）の計算を行うためには、材料購入時の支払額、つまり、購入価額を確定することが大切です。材料を購入したとき、その受入額は材料元帳（material ledger）という補助簿に記録されます。材料元帳には、商業簿記でいう商品有高帳と同様の形式で記帳し、購入原価を材料勘定の借方に記入します。

借方科目	金額	貸方科目	金額
材料	300,000	買掛金	300,000

(4) 材料消費時の記帳と材料消費高の計算

材料を消費した場合、その消費高は特定の製品に跡づけできる直接材料費と特定の製品に跡づけできない間接材料費に分類します。したがって、材料勘定から直接材料費を仕掛品勘定に、また、間接材料費を製造間接費勘定に振り替えることになります。

借方科目	金額	貸方科目	金額
仕掛品	300,000	材料	400,000
製造間接費	100,000		

材料の消費高は次式によって計算します。

　　材料の消費高＝消費単価×消費数量

なお、消費数量には実際消費数量を用います。その計算方法は次の（5）で説明するとおり、いくつかの方法から適切なものを選択します。

また、消費単価として、実際消費単価を用いる方法を原価法（実際価格法）と呼び、予定消費単価を用いる方法を予定価格法と呼びます。実際消費単価の計算方法については（6）で、予定価格を用いる方法については（7）で説明します。

① **原価法（実際価格法）**
　　材料の消費高＝実際消費単価×実際消費数量
② **予定価格法**
　　材料の消費高＝予定消費単価×実際消費数量

(5) 材料の実際消費数量の計算

材料の実際消費数量の計算法は、材料の入出庫記録をそのつど行うかどうかで継続記録法（perpetual inventory method）、棚卸計算法（periodic inventory method）、及び逆計算法（retrograde inventory method）の3つに分かれます。原則として継続記録法で計算すべきですが、消費量を継続記録法によって計算することが困難なもの、またはその必要のないものは棚卸計算法を適用することになります。逆計算法は、棚卸計算法と併用して、あるいは簡便法として用いられます。

① 継続記録法

入出庫のつど記録を行い、記録された払出数量をもって消費数量とする方法です。材料種類別に入出庫を的確に示す伝票が必要です。

　　材料の消費数量＝材料元帳で記録された払出数量

② 棚卸計算法（実地棚卸法）

月末（原価計算期末）に実施棚卸を行い、月初棚卸数量と当月購入数量の合計から月末実地棚卸数量を差し引いた数量が払い出されたものとみなし、消費数量とする方法です。

　　材料の消費数量＝月初棚卸数量＋当月購入数量－月末実地棚卸数量

この方法は計算の手間がかからないという長所はありますが、製品別にどれだけの数量を消費したかがわからないという欠点があります。特定製品に跡づけしなければならない材料（直接材料費となるもの）や金額的に重要性が高い材料は継続記録法で消費数量を算定し、それ以外の重要性の低い材料に棚卸計算法を適用します。

③ 逆計算法

製品1個当たりの材料消費量が事前に決定されているとき、完成した製品数量から材料消費量を逆算推定する便宜的な方法です。

　　材料の消費数量＝当期製品生産量×単位当たり予定材料消費量

(6) 材料の実際消費単価の決定

材料の実際消費単価は、購入原価から導く次式で求めます。

　　実際消費単価＝原則として実際の購入単価
　　　　　　　　＝購入原価÷購入数量

しかし、同じ材料でも購入先や購入時期の違いがあり、購入単価が同額とは限らないので、材料購入時に継続的に記録して消費価格を決定します。この継続記録法には以下のようなものがあります。

① 先入先出法（first-in first-out（FIFO）method）

最も先に購入した材料から順次払い出されたと仮定して消費単価を求め

る方法です。

② **移動平均法**（moving average method）
材料を購入するつど、それまでの残高と合算して平均単価を計算し直し、払い出し時の平均単価を消費単価に用いる方法です。

③ **総平均法**（average method）
一定期間をとって期首有高と当期購入高の合計額をその材料の合計数量で割り算して平均単価とし、これを期間中に払い出したすべての材料の消費単価とする方法です。

④ **後入先出法**（last-in first-out（LIFO）method）
最も新しく購入した材料から先に払い出したと仮定して消費単価を求める方法です。

◆例題 5.1　材料元帳

Excel ワークシートで、①先入先出法、②移動平均法、③総平均法のそれぞれを用いて材料単価を計算できる材料元帳を作成しましょう。

◇解答例

Excel の関数機能だけでは足りないので、Visual Basic プログラムを追加し、材料元帳を作成します。

Visual Basic での開発には、「Microsoft Office ボタン」→「Excel のオプション」を選択します。「基本設定」カテゴリの「Excel の使用に関する基本オプション」で、「［開発］タブをリボンに表示する」チェックボックスをオンにし、「OK」ボタンをクリックします。

「開発」タブ→「コントロール」グループ→「挿入」を選択すると、「フォームコントロール」と「ActiveX コントロール」の一覧が表示されます。

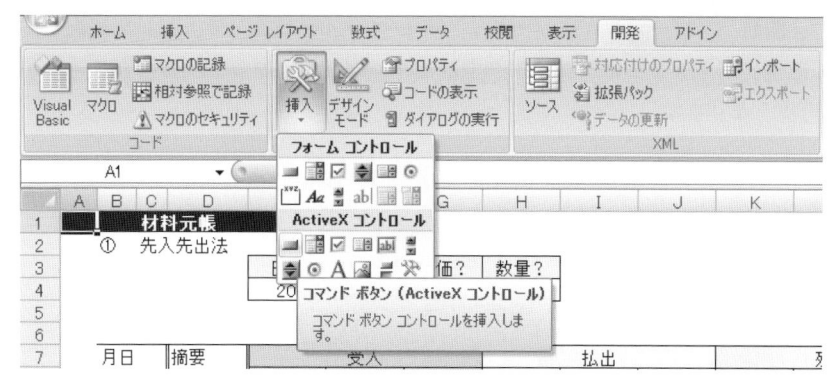

5.2 1st step：費目別原価計算

図 5.3 「フォームコントロール」と「ActiveX コントロール」

ここで、「コマンドボタン（ActiveX コントロール）」を選択して、ワークシート上でマウスの左ボタンを押しながらドラッグすると「CommandButton1」が現れます。そこで、ボタン上で右クリックし、メニューから「プロパティ」を選択して、「Caption」の表示が"CommandButton1"となっているところを"記帳"と入力します。これで、Visual Basic のプログラムを貼り付けるオブジェクトが作成できました。

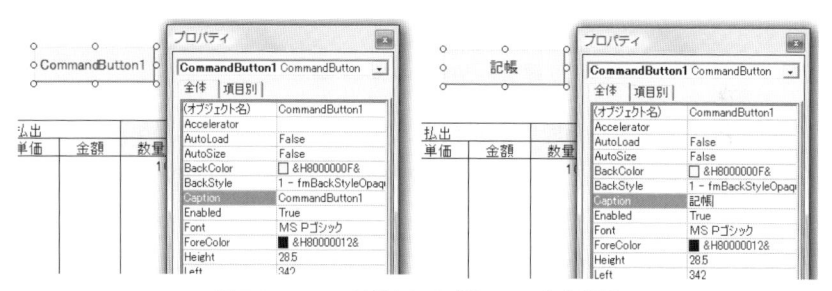

図 5.4 コマンドボタンの「Caption」を修正

「開発」タブ→「コントロール」グループ→「デザインモード」を選択し、「記帳」ボタンをダブルクリックすると Visual Basic プログラムの書き込みが可能となります。

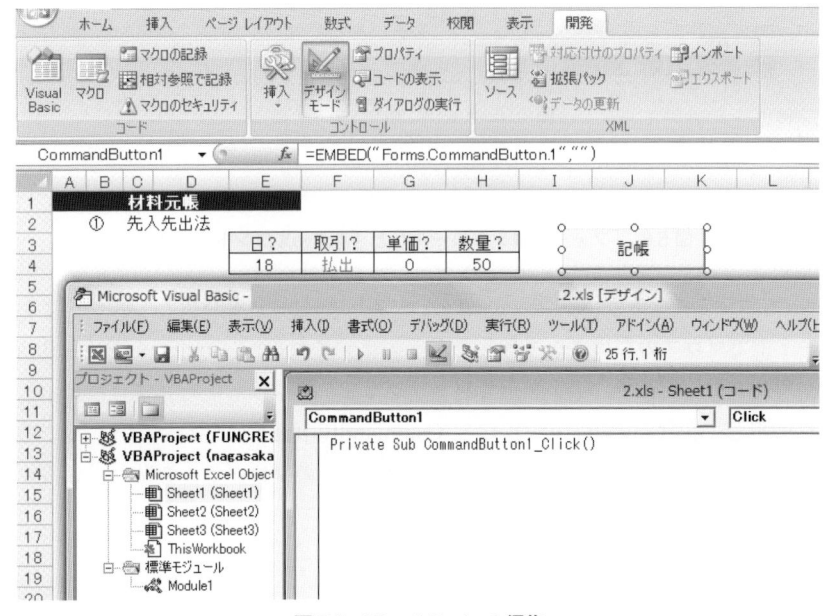

図 5.5　Visual Basic の編集

　実際に、材料購入時の継続記録法について、Visual Basic プログラムを作成した例が図 5.6 です。データ入力の準備をして、さらに、「--- 受入欄への書き込み ---」「--- 受入時残高欄の書き込み ---」「--- 払出数量と単価の決定 ---」「--- 払出数量と単価の書き込み ---」「--- 払出時残高欄の書き込み ---」とアルゴリズムを決め、プログラムを書き下します。

5.2 1st step：費目別原価計算

```
CommandButton1                    ▼  Click

Private Sub CommandButton1_Click()
Dim d(100), a(100, 9)
Dim tanka(20), su(20), gokei(20), susum(20), tanka2(20), su2(20)
ID = 0
tanka1 = 0
su1 = 0
d1 = 0
Cells(5, 5) = ""
'---書き込みの回数を記録し、奇数と偶数で色分け---
ii = Cells(1, 13)
If Int(ii / 2) * 2 = ii Then
iii = 0
Else
iii = 1
End If
'---セルの値を読み込み---
For i = 9 To 40
d(i) = Cells(i, 3)
If d(i) > 0 Then iend1 = i
For j = 1 To 9
a(i, j) = Cells(i, 4 + j)
If a(i, j) > 1 Then iend2 = i
If a(i, 8) > 1 Then iend3 = i
Next j
Next i
'---残高の格納---
susum(0) = 0
jend = iend3 - iend1 + 1
For j = 1 To jend
i = iend1 - 1 + j
su(j) = a(i, 7)
tanka(j) = a(i, 8)
gokei(j) = a(i, 9)
susum(j) = susum(j - 1) + su(j)
Next j
```

図 5.6　プログラムの書き込み

出来上がったら、「デザインモード」を再度選択して、実行モードにします。「日？」「取引？」（リスト選択）「単価？」「数量？」に入力してから、「記帳」ボタンを押すと自動的に結果が計算されて表示されていきます。

	A	B	C	D	E	F	G	H	I	J	K	L	M
1		材料元帳											
2		①	先入先出法										
3					日？	取引？	単価？	数量？		記帳			
4					5	払出	0	60					
5													
6													
7		月日		摘要	受入			払出			残高		
8					数量	単価	金額	数量	単価	金額	数量	単価	金額
9		8	1	前月繰越	100	100	10,000				100	100	10,000
10			5	払出				60	100	6,000	40	100	4,000
11													
12													

図 5.7　材料元帳の入力

「取引？」では、リストボックスの「受入」か「払出」を選択することになります。

図5.8 リストボックスの選択

あらかじめ、セルN1、N2に「受入」「払出」と入力しておき、文字の色を白色に設定して、見えないようにします。セルF4をアクティブセルにして、「データ」タブ→「データツール」グループ→「データの入力規則」を選択します。「データの入力規則」ダイアログボックスの「設定」タブの「入力値の種類(A)」で「リスト」を選択し、「元の値(S)」でセル範囲「N1：N2」を指定します。「OK」ボタンをクリックすれば設定終了です。セルF4をアクティブセルにすれば、リストボックスが表示されます。

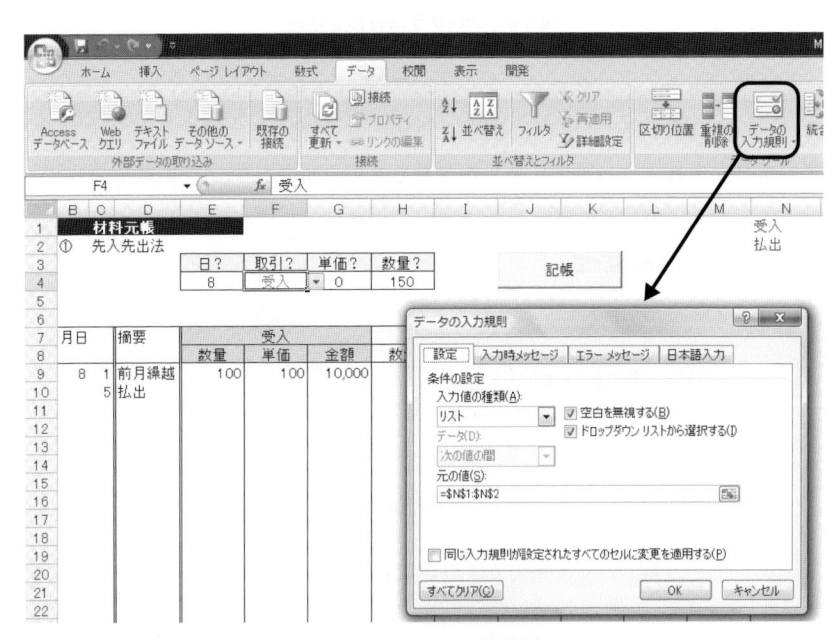

図5.9 データの入力規則

先入先出法では、図5.10のように先に購入した材料から順次払い出され消費単価を求めていきます。

	A	B	C	D	E	F	G	H	I	J	K	L	M
1		材料元帳											
2		①	先入先出法										
3					日?	取引?	単価?	数量?			記帳		
4					8	受入	110	150					
5													
6													
7		月日		摘要	受入			払出			残高		
8					数量	単価	金額	数量	単価	金額	数量	単価	金額
9		8	1	前月繰越	100	100	10,000				100	100	10,000
10			5	払出				60	100	6,000	40	100	4,000
11			8	受入	150	110	16,500				40	100	4,000
12											150	110	16,500

	A	B	C	D	E	F	G	H	I	J	K	L	M
1		材料元帳											
2		①	先入先出法										
3					日?	取引?	単価?	数量?			記帳		
4					15	払出	0	80					
5													
6													
7		月日		摘要	受入			払出			残高		
8					数量	単価	金額	数量	単価	金額	数量	単価	金額
9		8	1	前月繰越	100	100	10,000				100	100	10,000
10			5	払出				60	100	6,000	40	100	4,000
11			8	受入	150	110	16,500				40	100	4,000
12											150	110	16,500
13			15	払出				40	100	4,000	110	110	12,100
14								40	110	4,400			

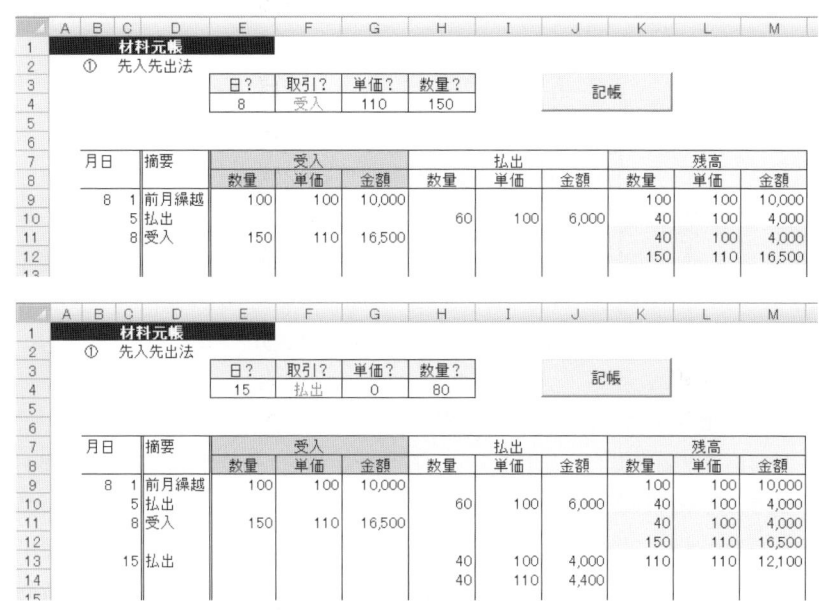

図5.10 先入先出法でのデータ入力

また、移動平均法では、図5.11のように、取引のたびに、それまでの残高と合算して平均単価を計算し直します。

	A	B	C	D	E	F	G	H	I	J	K	L	M
1		材料元帳											
2		②	移動平均法										
3					日?	取引?	単価?	数量?			記帳		
4					15	払出	0	80					
5													
6													
7		月日		摘要	受入			払出			残高		
8					数量	単価	金額	数量	単価	金額	数量	単価	金額
9		8	1	前月繰越	100	100	10,000				100	100	10,000
10			5	払出				60	100	6,000	40	100	4,000
11			8	受入	150	110	16,500				190	108	20,500
12			15	払出				80	108	8,632	110	108	11,868

図5.11 移動平均法でのデータ入力

後入先出法では、最も新しく購入した材料から先に払い出したと仮定して消費単価を求めるので図5.12のようになります。これらの手順について理解し、

アルゴリズムを作成して、プログラムを組み込むことで、自動的に消費単価、残高を計算することができます。

	A	B	C	D	E	F	G	H	I	J	K	L	M
1	材料元帳												
2		③	後入先出法										
3					日?	取引?	単価?	数量?		記帳			
4					15	払出	0	80					
5													
6													
7		月日		摘要	受入			払出			残高		
8					数量	単価	金額	数量	単価	金額	数量	単価	金額
9		8	1	前月繰越	100	100	10,000				100	100	10,000
10			5	払出				60	100	6,000	40	100	0
11			8	受入	150	110	16,500				40	100	4,000
12											150	110	16,500
13			15	払出							40	100	0
14								80	110	8,800	70	110	0
15													

図 5.12　後入先出法でのデータ入力

(7) 予定価格法と材料消費価格差異

　材料消費単価は実際消費単価を用いるべきですが、その計算に手間と時間がかかることや材料購入価格の季節変動が激しい場合には製造時期によって製品の材料費が大幅に異なるという問題があります。そこで、1年間の材料消費単価を「予定価格」で固定し、その予定消費単価を用いて、毎月の材料の消費高を計算することがあります。これが予定価格法です。

　予定価格法を用いて材料の消費高（＝予定消費単価×実際消費数量）を計算した場合は、別途、実際価格による材料の消費高（＝実際消費単価×実際消費数量）を計算し、その差異（材料消費価格差異という）を算定します。材料消費価格差異は、会計期末において原則として売上原価に加減算することになります。

　予定価格法を用いる場合の計算手順は以下のとおりです。

① 期首

　　材料の予定消費単価を決定

② 毎月

　　材料の予定消費高の計算（＝材料の実際消費数量×予定消費単価）

　　材料の実際消費高を計算（＝材料の実際消費数量×
　　　　　　　　　　　　　　　継続記録法によって求められた実際消費単価）

　　材料消費価格差異の計上（＝予定消費高－実際消費高

$$= (予定消費単価 - 実際消費単価) \times 実際消費数量)$$

③ 会計期末

　材料消費価格差異を売上原価に賦課

　材料消費価格差異は実際消費単価が予定消費単価よりも大きい場合、マイナスの値となります。この場合、当該差額が材料消費価格差異勘定の借方に振り替えられることから借方差異と呼ばれます。また、予定消費高よりも実際にはもっと材料費がかかっているということから不利差異とも呼ばれます。会計期末に不利差異は売上原価に加算します。

　一方、材料消費価格差異は、実際消費単価が予定消費単価よりも小さい場合、プラスの値となり、当該差額が材料消費価格差異勘定の貸方に振り替えられることから貸方差異と呼ばれます。また、予定消費高よりも実際には材料費が少なくなっていることから有利差異とも呼ばれます。会計期末に有利差異は売上原価から減算することになります。

5.2.2　労務費

　企業の営みには必ず人が関与しています。人は働きに見合った対価を得ますが、その対価は製品の原価に含まれることになります。製造原価のうち「労働力の消費によって生じる原価」のことを労務費（labor costs）と呼びます。

(1) 労務費の種類

　労務費は、特定の製品の原価として直接認識できる「直接労務費」と、直接は認識できない「間接労務費」に分類することができます。

　また、労務費の支払い形態（どのような人に何を支払うか）によって次のように分類することができます。

① **賃金**：工場で製造活動に従事する工員に支払われる給与
② **給料**：工場の事務担当者、技術者などに支払われる給与
③ **雑給**：臨時工やパートタイマーに支払われる給与
④ **従業員賞与手当**：従業員に支給される賞与、手当
⑤ **退職給付費用**：従業員の退職一時金や退職年金といった退職給付の将来支給に備えた基金への掛金など、当期に負担する金額（退職給付は従業

員の全勤務期間にわたる労働に関して発生するものであり、支給に先立ち費用を認識する会計処理を行う）
⑥ **福利費**：健康保険法、厚生年金保険法、労働者災害補償保険法、雇用保険法に基づく社会保険料の会社負担額

上記の労務費の中、賃金、給料、雑給、及び従業員賞与手当を労務主費、退職給付費用及び福利費を労務副費といいます。

なお、直接労務費は直接工賃金の中で特定の製品にかかわった直接作業時間に対して支払われた対価であり、それ以外の対価はすべて間接労務費に区分することになります。

(2) 賃金の計算と記帳

賃金（wage）の計算には、

① 賃金支払額（支払賃金）の計算
② 賃金消費額（消費賃金、労務費）の計算

があります。その支払と消費を記録するために様々な証票と帳簿が用いられることになります。証票には、出勤簿、作業時間報告書、手待時間票、出来高報告書などがあり、帳簿も一般仕訳帳や総勘定元帳のほかに消費賃金仕訳帳などが用いられています。

賃金支給額は、次のように賃金支払額に諸手当を加え、所得税や社会保険料を差し引いて計算されます。

支給額＝賃金支払高＋諸手当（製造作業と直接関係ない手当）
　　　　－源泉所得税－社会保険料（健康保険料、雇用保険料など）

賃金を支払ったとき、賃金勘定の借方に支払高を記入します。当月の賃金支払高（総額）は300,000円であり、所得税30,000円と健康保険料10,000円を差し引いた残高を現金で支払ったとしたら、その仕訳は次のようになります。

借方科目	金額	貸方科目	金額
賃金	300,000	現金	260,000
		所得税預り金	30,000
		健康保険料預り金	10,000

(3) 支払賃金の計算

賃金は工員ごとに支払われるので、支払高の計算も工員ごとに行うことになります。一般に、賃金支払高は基本給（基本賃金）に加給金（製造作業に関連する手当で時間外手当など）を加算した金額になります。

　　賃金支払高＝基本給＋加給金

なお、基本給の仕組みに時間給制と出来高給制があり、次のように計算されます。

① 時間給制：工員の作業時間に応じて支払額を決定する方法

　　基本給＝支払賃率×実際就業時間

② 出来高給制：製品の出来高数量に応じて支払額を決定する方法

　　基本給＝支払賃率×実際出来高

賃金の支払額を計算するための期間を給与計算期間といいます。

(4) 消費賃金の計算

賃金の支払額をもとにして、賃金の消費額（労務費）が計算されます。直接工と間接工では消費賃金の計算方法が異なります。

(a) 給与計算期間と原価計算期間の違い

一般に賃金の支払期間と原価計算期間が異なるため、賃金の消費高と支払高は一致しません。支払賃金と消費賃金の関係は、図5.13のように表現できます。

5月21日		6月1日		6月30日
← 前月未払高 →		←	当月賃金消費高	→

5月21日		6月20日		6月30日
←	当月賃金支払高	→	← 当月未払高 →	

図5.13　支払賃金と消費賃金

賃金の支払期間と原価計算期間が異なる場合、未払賃金が発生します。この未払賃金を会計処理する方法に、直接法と間接法があります。

直接法は、賃金勘定において次月に繰り越す方法です。また、間接法は、未払賃金を処理するために未払賃金勘定を別に設け、月末に当月未払高を賃金勘定と未払賃金勘定に記入し、翌月初めに当該未払高を未払賃金勘定から賃金勘定に振り戻す再振替仕訳を行う方法です。

(b) 直接工の消費賃金

直接工の消費賃金は消費賃率に作業時間を掛け合わせて求めることができます。なお、消費賃率は、個別賃率（＝直接工一人ひとり個別に計算する）とするか、平均賃率（＝平均をとる）とするか、いずれにしても以下の式で計算されます。

$$消費賃率 = \frac{一定期間の直接工の賃金（基本給＋加給金）}{同期間の直接工の総就業時間}$$

なお、平均賃率は、職種別平均賃率（職種ごとの平均をとる）と総平均賃率（工場全体での平均をとる）に分かれます。また、消費賃率には、実際賃率と予定賃率があります。実際賃率は、原価計算期間（月初から月末まで）の実際の賃金支払高に基づき算出します。一方、予定賃率は、期首に当該会計期間の賃金支払高合計と同期間における予定就業時間合計を見積もり、予定賃金支払高合計を予定就業時間合計で割ることであらかじめ求めることができます。

$$予定賃率 = \frac{予定賃金支払高合計}{予定就業時間合計}$$

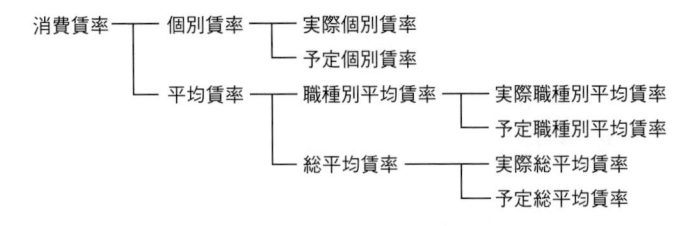

```
消費賃率 ─┬─ 個別賃率 ─┬─ 実際個別賃率
          │            └─ 予定個別賃率
          └─ 平均賃率 ─┬─ 職種別平均賃率 ─┬─ 実際職種別平均賃率
                       │                   └─ 予定職種別平均賃率
                       └─ 総平均賃率 ─┬─ 実際総平均賃率
                                       └─ 予定総平均賃率
```

図 5.14　消費賃率の分類

なお、実際個別賃率では工員ごとに異なる賃率が用いられるので、同じ製品に同じ作業時間を投入した場合でも製品原価が異なるという問題が発生します。また、直接労務費の計算を簡略化するために予定平均賃率を用いることが

よく行われますが、この場合、予定と実績の差異である賃率差異が生ずることになります。

賃率差異＝予定消費賃金－実際消費賃金
　　　　＝（予定消費賃率－実際消費賃率）×実際作業時間

直接工の勤務時間と実働時間の関係を示すと図5.15のようになります。

段取時間（setup time）＝加工作業を行うための準備に要する時間
手待時間（idle time）＝機械の故障、材料の手配ミスなどの工員の責任外の原因による遊休時間

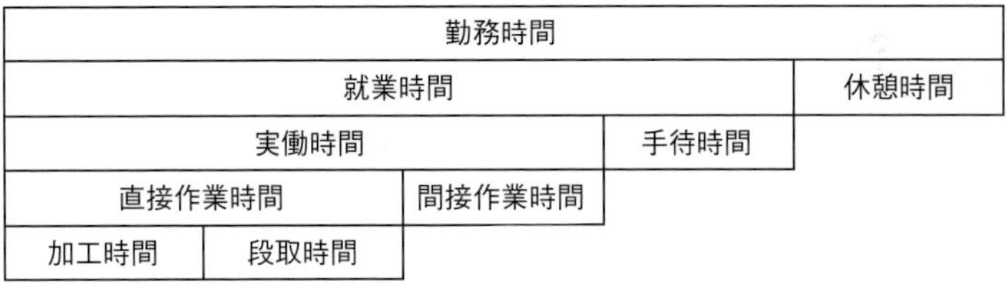

勤務時間					
就業時間					休憩時間
実働時間				手待時間	
直接作業時間			間接作業時間		
加工時間	段取時間				

図 5.15　直接工の勤務時間と実働時間

　賃金消費額は特定の製品に跡づけできる直接労務費と特定の製品に跡づけできない間接労務費に分類します。つまり、直接工が製品に対して加工を行った直接作業時間に対する賃金の消費高だけが直接労務費になり、間接作業時間に対する賃金の消費高は間接労務費となります。

　賃金を消費した場合の記帳では、賃金勘定から直接労務費（直接賃金）を仕掛品勘定（製造勘定）に、間接労務費（間接賃金）を製造間接費勘定に振り替えます。また、仕訳は次のように行います。勘定連絡図を図5.16に示します。

借方科目	金額	貸方科目	金額
仕掛品	400,000	賃金	500,000
製造間接費	100,000		

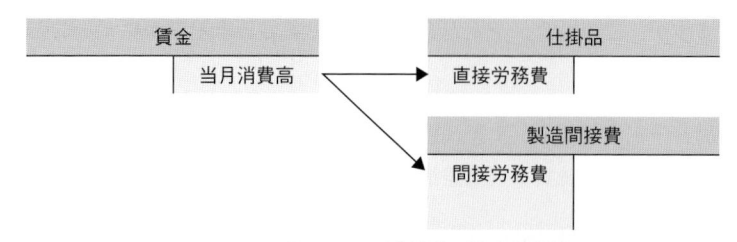

図 5.16　賃金消費の勘定連絡図

◆例題 5.2　直接工の消費賃金

賃金消費高の算定に際して、予定賃率を採用し、Excel で、直接工の消費賃金計算ワークシートを作成しましょう。

◇解答例

消費賃金計算ワークシートの例を図 5.17 に示します。

	A	B	C	D	E	F	G	H	I	J
1	消費賃金の計算									
2	職員番号	10083		予定賃金支払高合計		¥5,040,000				
3	氏名	田中正治		予定就業時間合計		2400h				
4				予定平均賃率		¥2,100				
5										
6		直接作業時間	その他の就業時間	合計	予定賃金消費額	賃金支払高	実際総平均賃率	仕掛品	製造間接費	賃率差異
7	4月	156h	48h	204h	¥428,400	¥420,000	¥2,058.8	¥327,600	¥100,800	¥8,400
8	5月	178h	30h	208h	¥436,800	¥420,000	¥2,019.2	¥373,800	¥63,000	¥16,800
9	6月	152h	51h	203h	¥426,300	¥420,000	¥2,069.0	¥319,200	¥107,100	¥6,300
10	7月	148h	59h	207h	¥434,700	¥420,000	¥2,029.0	¥310,800	¥123,900	¥14,700
11	8月	135h	78h	213h	¥447,300	¥450,000	¥2,112.7	¥283,500	¥163,800	¥-2,700
12	9月	144h	63h	207h	¥434,700	¥440,000	¥2,125.6	¥302,400	¥132,300	¥-5,300
13	10月	152h	56h	208h	¥436,800	¥440,000	¥2,115.4	¥319,200	¥117,600	¥-3,200
14	11月	168h	56h	224h	¥470,400	¥460,000	¥2,053.6	¥352,800	¥117,600	¥10,400
15	12月	178h	55h	233h	¥489,300	¥470,000	¥2,017.2	¥373,800	¥115,500	¥19,300
16	1月	170h	65h	235h	¥493,500	¥470,000	¥2,000.0	¥357,000	¥136,500	¥23,500
17	2月	152h	58h	210h	¥441,000	¥450,000	¥2,142.9	¥319,200	¥121,800	¥-9,000
18	3月	155h	48h	203h	¥426,300	¥420,000	¥2,069.0	¥325,500	¥100,800	¥6,300
19	合計	1888h	667h	2555h	¥5,365,500	¥5,280,000	¥2,067.7	¥3,964,800	¥1,400,700	¥85,500

図 5.17　消費賃金の計算

	A	B	C	D	E	F	G	H	I	J
1	消費賃金の計算									
2	職員番号	10083		予定賃金支払高合計		¥5,040,000				
3	氏名	田中正治		予定就業時間合計		2400h				
4				予定平均賃率		=G2/G3				
5										
6		直接作業時間	その他の就業時間	合計	予定賃金消費額	賃金支払高	実際総平均賃率	仕掛品	製造間接費	賃率差異
7	4月	156h	48h	=B7+C7	=$G$4*D7	¥420,000	=F7/D7	=B7*$G$4	=C7*$G$4	=E7-F7
8	5月	178h	30h	=B8+C8	=$G$4*D8	¥420,000	=F8/D8	=B8*$G$4	=C8*$G$4	=E8-F8

図 5.18　消費賃金の計算式

　仕掛品は直接労務費（＝予定賃金消費率×直接作業時間）から、製造間接費は間接労務費（＝予定賃金消費率×その他の就業時間）から求められます。実際総平均賃率（＝賃金支払高÷総就業時間）と予定賃率の差異から賃率差異（＝予定消費賃金－実際消費賃金）が計算されます。

　予定賃率による賃金消費高の記帳において、消費賃金勘定（労務費勘定）を用いない方法では、予定消費賃率を用いて計算した当月の予定賃金消費額を、賃金勘定の貸方に記入するとともに、仕掛品勘定と製造間接費勘定の借方に記入します。

借方科目	金額	貸方科目	金額
仕掛品	3,964,800	賃金	5,365,500
製造間接費	1,400,700		

　賃率差異は、賃率差異勘定に振り替え、会計期末には、賃率差異勘定の残高を売上原価勘定に振り替えます。賃率差異は、賃金の実際発生額が予定消費額よりも大きい場合、マイナスの値となり、借方差異（不利差異）が発生します。一方、賃金の実際発生額が予定消費額よりも小さい場合、プラスの値となり、貸方差異（有利差異）が発生します。

借方科目	金額	貸方科目	金額
賃金	85,500	賃率差異	85,500

　会計期末に不利差異は売上原価に加算され、有利差異は売上原価から減算されます。

借方科目	金額	貸方科目	金額
賃率差異	85,500	売上原価	85,500

賃金

賃率差異	85,500	仕掛品	3,964,800
		製造間接費	1,400,700

仕掛品

消費賃金	3,964,800		

製造間接費

消費賃金	1,400,700		

賃率差異

有利差異	売上原価	85,500	消費賃金	85,500

売上原価

		賃率差異	85,500

(c) 間接工の消費賃金

　間接工の消費賃金については、原則として当該原価計算期間の負担に属する要支払額をもって計算します（原価計算基準12）。

　要支払額は、給与計算期間と原価計算期間のずれを修正したもので、次式で求められます。

　　間接工賃金の消費高（要支払額）＝当月支払高－前月未払高＋当月未払高

また、仕訳は次のとおりであり、勘定連絡図を図5.19に示します。

借方科目	金額	貸方科目	金額
製造間接費	456,000	賃金	456,000

賃金（間接工）			製造間接費	
	前月未払高			
当月支払高		→	賃金（間接工）	
当月未払高	当月消費高			

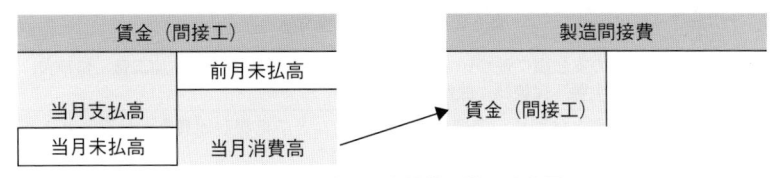

図 5.19　間接工賃金消費の勘定連絡図

5.2.3　経費の計算

経費（expenses）は、「材料費や労務費に属さない原価要素のすべて」を含み、その内容は種々です。

(1) 経費の分類

経費を形態別に分類すると以下のようになります。

① **外注加工費**：製品の加工を社外の業者に委託した場合に支払われる加工費
② **特許権使用料**：他の会社などが所有する特許権を使用する場合の使用料
③ **仕損費**：加工に失敗することにより生じた損失
④ **旅費交通費**：工場従業員の出張旅費や交通費など
⑤ **通信費**：工場の電話代や郵送料など
⑥ **保険料**：工場建物・設備にかかわる火災保険料など
⑦ **減価償却費**：工場建物・設備にかかわる減価償却費
⑧ **電力料**：工場で使用される電力料金
⑨ **棚卸減耗費**：材料などの帳簿棚卸高と実地棚卸高との差額

経費を製品との関連においてとらえた場合、直接経費（direct expenses）と間接経費（indirect expenses）に分類されます。

① **直接経費**：特定の製品の原価として直接認識できるもの（外注加工費、特許権使用料、仕損費など）
② **間接経費**：特定の製品の原価として直接認識できないもの（つまり直接経費に該当しないもの）

経費は、消費高の計算方法の違いによっても分類できます。

表 5.2　消費高の計算方法

① 支払経費	毎月の支払高に基づいて消費高が計算されるもの（外注加工費、修繕費、福利厚生費、保管料、旅費交通費など）
② 測定経費	支払高とは別に、消費量をメーターなどで把握し消費高が計算されるもの（電力料、ガス代、水道料など）
③ 月割経費	1年あるいは数ヶ月の支払高や計上高を月割計算して消費高が計算されるもの（減価償却費、賃借料、保険料、租税公課など）
④ 発生経費	実際の発生額により消費高が計上されるもの（仕損費、棚卸減耗費など）

(2) 経費の消費高の計算

(a) 支払経費の計算

当月消費高は、図5.20及び次式のとおり、当月の支払高に前月前払高と当月未払高を加算し、その合計額から前月未払高と当月前払高を控除することで求めることができます。

当月消費高＝当月支払高＋前月前払高－前月未払高－当月前払高
　　　　　＋当月未払高

①前月前払・当月前払

前月前払高	当月消費高
当月支払高	
	当月前払高

②前月前払・当月未払

前月前払高	当月消費高
当月支払高	
	当月未払高

③前月未払・当月前払

	前月未払高
当月支払高	前月消費高
	当月前払高

④前月未払・当月未払

当月支払高	前月未払高
	当月消費高
	当月未払高

図 5.20　支払経費の当月消費高

(b) 測定経費の計算

電気・水道・ガスなどは、毎月の消費量をメーターなどで測定することができます。測定消費量に対して支払われるべき金額がその月の消費高となります。

当月消費高＝メーターで測定した当月消費量に対する要支払高

(c) 月割経費の計算

数ヶ月分まとめて支払われる費目や1年分まとめて会計期末に計上される費目については、それらの金額を月割して計算した金額をその月の消費高とします。

$$当月消費高 = \frac{1年分（または数ヶ月分）の支払高（計上高）}{12（または支払（計上）月数）}$$

(d) 発生経費の計算

その月に発生した金額がそのまま消費高となります。つまり、当月消費高＝当月発生額です。

◆例題 5.3　経費の消費高

経費について当月の消費高を計算できる Excel ワークシートを作成しましょう。

◇解答例

経費消費高を計算する Excel ワークシートの例を図 5.21 に示します。

	A	B	C	D	E	F	G	H
1	経費の当月消費高							
2								
3		費目	当月消費高	当月支払高	前月前払高	前月未払高	当月前払高	当月未払高
4		外注加工費	¥71,000	¥23,000			¥10,000	¥58,000
5		保管料	¥39,000	¥40,000	¥12,000	¥23,000		¥10,000
6		旅費交通費	¥8,000	¥35,000	¥15,000		¥42,000	
7								
8		費目	当月消費高	年間見積額				
9		減価償却費	¥20,000	¥240,000				
10		保険料	¥3,000	¥36,000				
11								
12		費目	当月消費高	当月支払額	当月測定額			
13		電力料	¥115,000	¥120,000	¥115,000			
14								
15		費目	当月消費高	月初棚卸高	当月購入高	月末棚卸高		
16		事務用消耗品費	¥5,700	¥1,000	¥6,000	¥1,300		
17								
18		費目	当月消費高	帳簿棚卸高	実地棚卸高			
19		棚卸減耗費	¥3,200	¥40,000	¥36,800			

図 5.21　経費消費高の計算

各経費によって、入力した値から当月消費高を計算することができるように図 5.22 のような数式を入力しています。

	A	B	C	D	E	F	G	H
1	経費の当月消費高							
2								
3		費目	当月消費高	当月支払高	前月前払高	前月未払高	当月前払高	当月末払高
4		外注加工費	=D4+E4-F4-G4+H4	¥23,000			¥10,000	¥58,000
5		保管料	=D5+E5-F5-G5+H5	¥40,000	¥12,000	¥23,000		¥10,000
6		旅費交通費	=D6+E6-F6-G6+H6	¥35,000	¥15,000		¥42,000	
7								
8		費目	当月消費高	年間見積額				
9		減価償却費	=D9/12	¥240,000				
10		保険料	=D10/12	¥36,000				
11								
12		費目	当月消費高	当月支払額	当月測定額			
13		電力料	=E13	¥120,000	¥115,000			
14								
15		費目	当月消費高	月初棚卸高	当月購入高	月末棚卸高		
16		事務用消耗品費	=D16+E16-F16	¥1,000	¥6,000	¥1,300		
17								
18		費目	当月消費高	帳簿棚卸高	実地棚卸高			
19		棚卸減耗費	=D19-E19	¥40,000	¥36,800			

図 5.22　経費消費高の計算式

(3) 消費時の記帳

経費を消費した場合の記帳方法には以下の3つがあります。

(a) 経費勘定を設けて記帳する方法

各費目の勘定で算定された金額をいったん統制勘定としての経費勘定に集約し、経費勘定から直接経費は仕掛品勘定へ、間接経費は製造間接費勘定に振り替えます。

借方科目	金額	貸方科目	金額
仕掛品	200,000	経費	300,000
製造間接費	100,000		

(b) 経費勘定を設けないで経費の費目勘定を用いて記帳する方法

各費目の勘定で算定された金額を経費勘定に集約せずに、そのまま経費の費目勘定から直接経費は仕掛品勘定へ、間接経費は製造間接費勘定に振り替えます。

借方科目	金額	貸方科目	金額
仕掛品	320,000	外注加工費	360,000
製造間接費	240,000	減価償却費	120,000
		賃借料	80,000

(c) 支払高（計上額）を直接記帳する方法

各経費の支払高（または計上額）について経費の費目勘定に計上せずに、直接経費は仕掛品勘定へ、間接経費は製造間接費勘定に直接記入します。

借方科目	金額	貸方科目	金額
仕掛品	420,000	現金	550,000
製造間接費	220,000	未払金	50,000
		減価償却累計額	40,000

5.2.4 製造間接費の計算

原価計算は、通常、「1st step：費目別原価計算」「2nd step：部門別原価計算」「3rd step：製品別原価計算」という３つのステップで進みます。製品別に跡づけできる製造直接費は各製品に直接集計（直課ないし賦課）しますが、製造間接費は、何らかの基準を用いて各製品に割り振りを行います。これを「配賦」と呼びます。配賦には実際配賦（実際の発生額を配賦します）と予定配賦（妥当だと思われる予定額を配賦します）があります。

「2nd step：部門別原価計算」が実施される場合、製造間接費はまず製造部門費として集計された後に、各製品に割り振る手続きがとられます。これを製造間接費の部門別配賦といいます（第６章で説明します）。一方、中小企業の工場などで生産工程が単純な場合には、「2nd step：部門別原価計算」を省略することがあります。この場合は、単一の配賦基準で製造間接費を製品に配賦します。これを製造間接費の総括配賦といいます。

(1) 製造間接費の製品への配賦

(a) 配賦基準

製造間接費を各製品に配賦する基準となる配賦基準には次のようなものがあり、これらの中から最も妥当なものを採択することになります。

① 価額法

各製品に集計された原価総額を基準に製造間接費発生額を配賦する方法であり、どの原価を用いるかによって次の方法に分かれます。

- 直接材料費法：各製品に集計された直接材料費総額を基準に配賦する。

- 直接労務費法：各製品に集計された直接労務費総額を基準に配賦する。
- 直接原価法：各製品に集計された製造直接費（直接材料費、直接労務費及び直接経費）総額を基準に配賦する。

② **時間法**

各製品の製造に要した総時間を基準に製造間接費発生額を配賦する方法であり、どのような時間を用いるかによって次の方法に分かれます。
- 直接作業時間法：各製品の製造に要した直接工の総直接作業時間を基準に配賦する。
- 機械運転時間法：各製品の製造に要した機械の総運転時間を基準に配賦する。

③ **物量を基準とする方法**

各製品の物量を基準に製造間接費発生額を配賦する方法であり、数量を基準にする方法（数量法）や重量を基準にする方法（重量法）があります。

(b) **実際配賦と予定配賦**

① **実際配賦の場合**

原価計算期間に実際に発生した製造間接費について、第2次集計によって各製造部門に集計された金額が実際配賦基準数値に基づいて各製品にすべて配賦されます。したがって、配賦後の製造部門費の勘定残高はゼロになります。

$$各部門の実際配賦率 = \frac{当月の実際製造部門費}{当月の実際配賦基準数値総数}$$

$$各製品への実際配賦額 = 各部門の実際配賦率 \times 各製品の実際配賦基準数値$$

② **予定配賦の場合**

予定配賦では、製造部門ごとの予定配賦率に基づいて各製品への配賦額（予定配賦額）を計算します。さらに、月末に各製造部門の実際発生額を求めて、これと予定配賦額とを比較して製造部門費配賦差異を計算します。なお、差異がプラスの場合を有利差異、マイナスの場合を不利差異といいます。

各製品への予定配賦額＝各部門の予定配賦率×各製品の実際配賦基準

$$予定配賦率 = \frac{一定期間における製造間接費予想発生額（製造間接費予算額）}{同期間の予定配賦基準数値総数（基準操業度）}$$

製造部門費配賦差異＝予定配賦額−実際発生額

予定配賦率を求めるときに用いる製造間接費予算額は基準操業度における製造間接費予想発生額となります。基準操業度は正常生産量を反映する操業度です。操業度の水準に関しては、理論的生産能力水準、実際的生産能力水準、平均操業水準、期待実際操業水準などがあります。

理論的生産能力水準は現有設備で達成可能な最高の能率水準であり、減損・仕損、手待時間などに対する許容額も含まれず、実際には期待されていない理想的状態での能力水準です。実際的生産能力水準は、理論的生産能力から、その維持管理のための不可避的な作業休止による生産量減少分を差し引いた生産能力です。これらは生産技術的条件に着目した能力であり、製品の需要量を考慮していません。一方、平均操業度や期待実際操業度は製品の需要量に着目した操業度です。平均操業水準は将来の数年間において予想される平均的需要量に応える操業度であり、原価計算基準では正常操業度と称しています。また、期待実際操業水準は、次年度に予想される操業水準であり、予算操業度ともいわれます。従来、平均操業度を正常操業度としてきましたが、激動する市場環境に遭遇し、近年、期待実際操業度を基準操業度に用いた正常配賦を行う傾向が強まっています。

ところで、製造間接費発生額は操業度変動の影響を受ける変動費と影響を受けない固定費に分解できます。したがって、製造間接費予算額は変動費予算額と固定費予算額の合計であり、次式で表すことができます。

製造間接費予算額＝変動費予算額＋固定費予算額
変動費予算額＝変動費率×基準操業度

◆例題 5.4　製造間接費の製品への配賦

次の資料により、各製品への予定配賦額を計算し、さらに、製造部門費配賦差異を求めましょう。

（資料）
1. 各製造部門の予定配賦率

　　加工部　　530 円 / 時間　　　　組立部　　460 円 / 時間

2. 当月の実際配賦基準数値

部門	配賦基準	製品 X	製品 Y	製品 Z
加工部	機械運転時間	520 時間	640 時間	380 時間
組立部	直接作業時間	360 時間	560 時間	620 時間

3. 当月の製造部門費実際発生額（第 2 次集計後）

　　加工部　　871,200 円　　　　　組立部　　683,200 円

◇解答例

Excel ワークシートに資料を入力し、各製品への予定配賦額及び製造部門費配賦差異を求めた例を図 5.23 に示します。

	A	B	C	D	E	F	G	H	I
1		製造部門費の製品への配賦							
2									
3		1. 各製造部門の予定配賦率							
4			加工部	530	円／時間	組立部	460	円／時間	
5									
6		2. 当月の実際配賦基準数値							
7									
8		部門	配賦基準	製品X	製品Y	製品Z			
9		加工部	機械運転時間	520時間	640時間	380時間			
10		組立部	直接作業時間	360時間	560時間	620時間			
11									
12		3. 当月の製造部門費実際発生額							
13									
14			加工部	871,200	円		組立部	683,200	円
15									
16		(解答)							
17		(1) 予定配賦額							
18		部門	配賦基準	製品X	製品Y	製品Z	合計		
19		加工部	機械運転時間	275,600円	339,200円	201,400円	816,200円		
20		組立部	直接作業時間	165,600円	257,600円	285,200円	708,400円		
21			合計	441,200円	596,800円	486,600円	1,524,600円		
22		加工部門費配賦差異		816,200円	－	871,200円	＝	-55,000円	(不利差異)
23		組立部門費配賦差異		708,400円	－	683,200円	＝	25,200円	(有利差異)

図 5.23　製造部門費の製品への配賦

5.2 1st step：費目別原価計算

部門ごとに、「予定配賦率×配賦基準数値」という計算を行い、製品X、Y、Zへの予定配賦額を求めます。

	A	B	C	D	E	F	G
16	(解答)						
17	(1) 予定配賦額						
18		部門	配賦基準	製品X	製品Y	製品Z	合計
19		加工部	機械運転時間	=$C$4*D9	=$C$4*E9	=$C$4*F9	=SUM(D19:F19)
20		組立部	直接作業時間	=$F$4*D10	=$F$4*E10	=$F$4*F10	=SUM(D20:F20)
21			合計	=SUM(D19:D20)	=SUM(E19:E20)	=SUM(F19:F20)	=SUM(G19:G20)
22	加工部門費配賦差異			=G19	−	=C14	=
23	組立部門費配賦差異			=G20	−	=F14	=

図 5.24　製造部門費の製品への配賦の計算式

各部門の予定配賦額と実際発生額との差異を求めて、その正負から有利差異か不利差異をIF関数で判断し、セルI22とI23に表示しています。

	H	I	J	K	L
22	=D22-F22	=IF(H22<0,"(不利差異)","(有利差異)")			
23	=D23-F23	=IF(H23<0,"(不利差異)","(有利差異)")			

図 5.25　有利差異か不利差異の判定

(2) 固定予算と変動予算

製造間接費の予定配賦率は、一定期間の製造間接費予定発生額を同期間における予定配賦基準数値総数で割り算して求めますが、通常この製造間接費予定発生額に製造間接費予算額を当てます。同予算額には次の2つがあります。

(a) 固定予算

基準操業度の予算を製造間接費予算にします。実際操業度が基準操業度から乖離しても、予算額を変更しません。

(b) 変動予算

固定費に変動費を加算した額を製造間接費予算にします。固定費は、ある種の前提のもとでは操業度の変化に対して一定となるものであり、変動費は操業度に比例して変化するものです。したがって、実際操業度ごとに製造間接費予算が異なります。

(3) 配賦差異の原因分析

製造間接費の実際発生額と予定配賦額の差額、すなわち製造間接費配賦差異

を分析することを差異分析といいます。製造間接費の予定配賦という状況下では、一般に製造間接費配賦差異を予算差異と操業度差異に分解する2分法が用いられます。

　　　配賦差異＝予算差異＋操業度差異

(a) 固定予算のもとでの配賦差異の原因分析

　製造間接費の大部分が固定費である場合や、実際の操業度と基準操業度にあまり差が生じない場合、固定予算の適用を考えます。配賦差異を予算差異と操業度差異に分ける2分法では各差異が次式で定義されます。図5.26はこれを図解したものです。

　　　予算差異　＝固定予算額－実際発生額
　　　操業度差異＝予定配賦額－固定予算額
　　　　　　　　＝予定配賦率×（実際操業度－基準操業度）

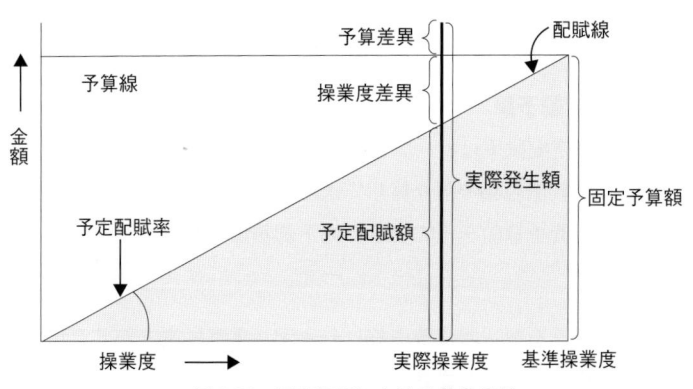

図5.26　固定予算における差異分析

　固定予算では実際操業度における予算額（予算許容額）が基準操業度における予算額と同じです。基準操業度における予算額が製造間接費予算額（固定予算額）であり、予算差異は製造間接費予算額から実際発生額を控除した差額となります。また、操業度差異は予定配賦額と製造間接費予算額の差額となります。

(b) 変動予算のもとでの配賦差異の原因分析

　変動予算のもとでの2分法では、予算差異と操業度差異が次式で定義されま

す。図 5.27 はこれを図解したものです。

予算差異＝実際操業度における予算額（予算許容額）－実際発生額
　　　　＝（変動費率×実際操業度＋固定費予算額）－実際発生額

操業度差異＝予定配賦額－実際操業度における予算額（予算許容額）
　　　　　＝固定費率×（実際操業度－基準操業度）

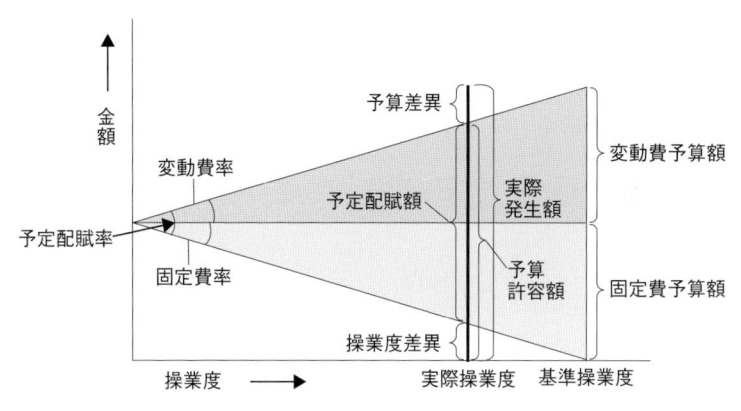

図 5.27　変動予算における差異分析

なお、変動費率とは、基準操業度における配賦基準数値（例えば、直接作業時間）の単位当たり変動費額をいいます。また、固定費率は、基準操業度の固定費予算額を基準操業度における配賦基準数値で割り算した額です。この変動費率と固定費率の和が予定配賦率になります。変動予算では実際操業度における予算額と実際発生額の差額が予算差異になることに注意しましょう。

参考文献
[1] 上埜進、長坂悦敬、杉山善治 著『原価計算の基礎』税務経理協会、2001

第 6 章

2nd step：部門別原価計算

「2nd step：部門別原価計算」は、「1st step：費目別原価計算」と「3rd step：製品別原価計算」をつなぐ計算段階であり、原価の場所別計算とも呼ばれています。

「1st step：費目別原価計算」で求めた間接材料費、間接労務費、間接経費は、すべて製造間接費（factory overhead, manufacturing indirect costs）です。これらは、その発生が特定の製品の製造原価として直接認識することができない原価であり、すべての製品に共通して消費されるか、あるいは間接的に消費される原価です。

生産プロセスでは作業区分ごとに製造間接費に対するかかわり方が異なる場合があります。そのような場合は、原価部門を設定して製造間接費に関する部門別原価計算を実施することにより、製品単位当たりの原価をより正確に算定でき、かつ原価管理に役立てることもできます。

6.1　部門費計算の目的

企業規模が大きくなり、工程が複雑化するにつれて、製品単価当たりの原価を正確に計算することが難しくなります。そこで、原価の発生場所を責任区分ごとに分け、可能な限り正確に消費原価を把握しようと部門別原価計算（departmental cost accounting）が導入されます。部門別原価計算の目的として次のようなものがあげられます。

① 正確な製品原価の計算を実現する
　製品に跡づけすることが難しい製造間接費を各部門で正確に集計し、「3rd step：製品別原価計算」が合理的に行われる仕組みを提供します。
② 半製品ないし中間製品の価格確定に原価データを提供する
　原材料が各部門を通過して完成品になるまでに、工程完了品が入庫あるいは販売される場合があります。このような半製品ないし中間製品の原価確定に、部門別原価計算の原価データを利用します。
③ 適切な原価管理のための原価データを提供する
　どの部門の原価が目標値よりも高いのかを明確にすることで、部門の責任において原価低減活動を進めることができます。

6.2　原価部門の設定

　原価部門（cost department）とは、「原価の発生を機能別、責任区分別に管理するとともに、製品原価の計算を正確にするために、原価要素を分類集計する計算組織上の区分」（原価計算基準16）と定義されています。

　図6.1にあるように、製造工場では、原価部門が製造部門と補助部門に分類されます。製造部門（production department）とは、製品の製造に直接従事する部門であり、製品の種類別に、製造の段階別に、さらには製造活動の種類別に細分されます。なお、副産物の加工、包装品の製造などを行ういわゆる副経営にかかわる部門も製造部門とみなされること、また、生産プロセスとの関係で製造部門が工程と呼ばれることが多いということに注意しましょう。

　一方、補助部門（service department）とは、製造部門に対して補助的関係にある部門で、補助経営部門と工場管理部門に分類できます。補助経営部門は、自己のサービスあるいは生産物を主として製造部門に提供し生産活動に直接関与しない動力、用水、運搬、修繕、検査部門、資材購買などがあります。また、工場管理部門は工場全体の事務・管理を担当する補助部門であり、工場事務部、企画部、総務部などがこれに該当します。

　一般にいう「部門」と、原価計算基準でいう「原価部門」とは厳密にいえば同じではありません。

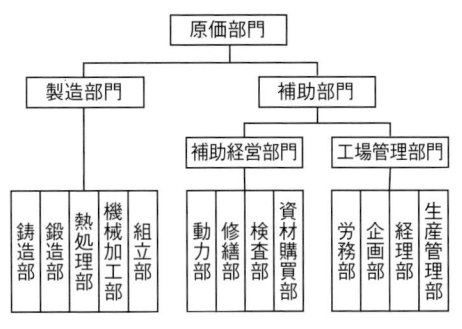

図 6.1　原価部門の区別（例）

```
                        原価部門
                   ┌───────┴───────┐
                製造部門          補助部門
          ┌──┬──┬──┐      ┌──────┴──────┐
         鋳 鍛 熱 機 組    補助経営部門    工場管理部門
         造 造 処 械 立    ┌──┬──┬──┐   ┌──┬──┬──┬──┐
         部 部 理 加 部   動 修 検 資    労 企 経 生
              部 工      力 繕 査 材    務 画 理 産
                 部      部 部 部 購    部 部 部 管
                                買            理
                                部            部
```

部門　　＝管理組織単位
原価部門＝原価集計単位

　原価部門を設定するときの基本原則は、まず、機械や設備の種類別に設定すること（機械中心点）、作業の種類別に設定すること（作業中心点）の２つです。これは機械のあるところ、作業がなされているところに原価が発生する要因があることから来ています。

　また、原価部門が原価管理に役立つためには、原価部門をできるだけ責任・権限の区分とも一致させるように設定すべきであるといえます。これを責任中心点（responsibility center）といいます。

　機械中心点、作業中心点、責任中心点という３つの中心点が合致すれば問題はありません。しかし、実際には責任区分と該当する設備、作業の性質が一致しないこともあるので、部門別原価計算の目的との関係から、これら３つの中心点を考慮してどのように原価部門を設定するかが課題となります。つまり、より正確な原価に算定したい場合には、設備と作業の性質を重視し、より適切な原価管理を行いたい場合には、責任・権限の区分を重視することになります。

　こうして設定された原価部門に対して、広義におけるコスト・センター（cost center）と呼ぶことがあります。しかし、厳密には原価部門とコスト・センターは別のものです。つまり、通常、コスト・センターは、原価部門をさらに機能的に細分した原価集計の最小単位を指します。細分したコスト・センターに原価を集計することで、責任者は様々な職能や活動にどれくらいコストがかかっているかを知り、原価改善に役立てることができるのです。

6.3　部門個別費と部門共通費

部門別原価計算では部門費を部門別に集計します。ここで必要になるのが個別費と共通費の区分です。

```
部門費 ─┬─ 個別費　（特定の部門で消費したと認識できるもの）
        └─ 共通費　（2つ以上の部門のために共通的に発生したもの）
```

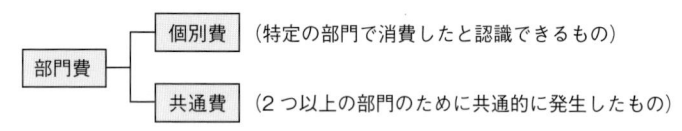

図 6.2　部門費の区分

部門単位に原価を集計するにあたり、特定の部門で消費したと認識できるものを部門個別費と呼びます。部門での材料費や賃金・給料がこれに該当します。これらの部門個別費は、部門ごとに発生額を把握することができるので、各部門にその金額を集計（賦課）します。この手続きは直接賦課または直課といわれます。

一方、部門単位に原価を集計するにあたり、特定部門において発生したことが直接的に認識されない原価、つまり2つ以上の部門のために共通的に発生したものを部門共通費と呼びます。工場の建物の減価償却費や保険料などがこれに該当します。部門共通費は、各部門でどれだけ発生したかを把握することが困難ですから、一定の基準でそれぞれの部門に配分します。この手続きを配賦（allocation）と呼び、配分の基準を配賦基準といいます。

部門共通費は、原価の性格上、配賦の正確さを確保することが簡単ではありません。したがって、配賦計算にあたってどの配賦基準を選ぶかが問題となり、企業は各配賦計算に関連する諸要因を十分に考慮して個別的に配賦基準を決定しなければなりません。なお、実務では、製造間接費のみを部門別に計算し、直接費は費目別原価計算から、直ちに製品別に集計する製造間接費部門別原価計算が広く用いられています。

◆例題 6.1　部門別原価計算の勘定連絡図

製造間接費のみを部門費として計算する場合について、部門別原価計算の勘定連絡図を作成しましょう。

◇解答例

「1st step：費目別原価計算」において、材料費、労務費、経費の中でそれぞれの間接費を集計し、それらを製造間接費として把握します。次に、「2nd step：部門別原価計算」における第 1 次集計で、部門個別費を各部門に直課するとともに部門共通費を各部門に配賦します。さらに、第 2 次集計で補助部門費を製造部門費へ配賦します。最終的に、「3rd step：製品別原価計算」で各製造部門に配賦された間接費を製品費に配賦します。

これらの勘定連絡について、Excel ワークシート上に図 6.3 を作成し、ボタンを押すと各ステップの進み方を色分けで動的に表示できるマクロを作成しま

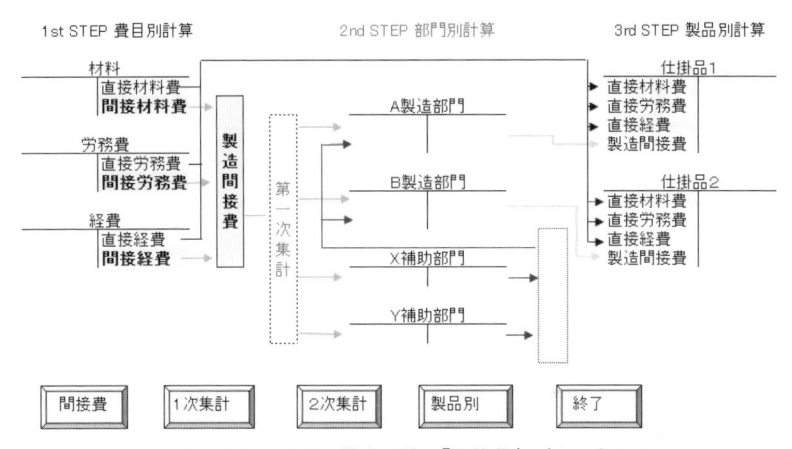

図 6.3　部門別原価計算の勘定連絡：「間接費」ボタンをクリック

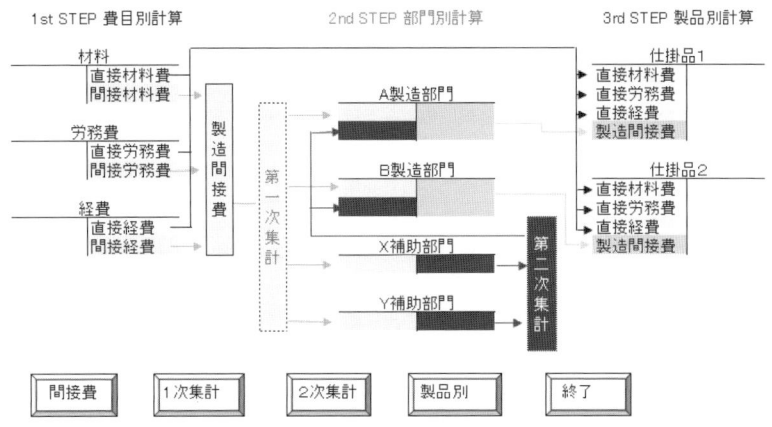

図 6.4　部門別原価計算の勘定連絡：一連のボタンをクリックして「終了」ボタンをクリック

した。

　Excelには、操作を記録することができる「マクロの記録」機能があります。この例題の解答例では、費目別の製造間接費計算、第1次集計、第2次集計、製品原価計算というステップごとに各セルに色を付けるという操作をマクロで記録し、それぞれのグラフィカルボタンに登録しました。ボタンを押していくと、原価計算の流れが色分けで表示されます。

6.4　部門費の第1次集計

　部門費の第1次集計は以下のように部門個別費と部門共通費を分類し、部門別に集計する手続きです。

① 部門費を部門個別費と部門共通費に区分します。
- 部門個別費：発生した部門を直接認識できる原価
- 部門共通費：2つ以上の部門で共通して発生するため、発生した部門を特定できない原価

② ①で区分した部門費を以下の方法で各部門に集計します。
- 部門個別費：部門別の発生額を当該部門に直課
- 部門共通費：費目別に適当な配賦基準を選び、各部門に配賦

表 6.1　部門共通費の一般的な配賦基準

部門共通費	配賦基準
建物減価償却費	各部門の占有面積
不動産賃借料	各部門の占有面積
建物保険料	各部門の占有面積
建物固定資産税	各部門の占有面積
建物修繕費	各部門の占有面積
機械保険料	各部門の機械帳簿価額
電力料	各部門の機械馬力数または各部門の見積消費量
電灯料（照明用）	各部門の電灯ワット数
材料保管料	各部門への出庫額
試験研究費	各部門の直接作業時間
従業員募集費	各部門の従業員数または直接作業時間
福利費	各部門の従業員数

第1次集計の手続きは、例題 6.2 にあるように部門費集計表（または部門費計算表、部門費配分表とも呼びます）によって行います。部門共通費を各部門に配賦するための配賦基準には図 6.5 のようなものがあります。

◆例題 6.2　部門費集計表の作成

次の資料により、Excel で部門費集計表を作成しましょう。

1. 当月の製造間接費発生額(単位:円)
(1)部門個別費

合計	加工部	組立部	動力部	事務部
161,000	70,500	45,000	16,000	29,500

(2)部門共通費

建物減価償却費	福利厚生費
143,000	88,000

2. 部門共通費の配賦資料

	配賦基準	合計	加工部	組立部	動力部	事務部
建物減価償却費	専有面積 (m2)	1,100m2	350m2	450m2	260m2	40m2
福利厚生費	従業員数 (人)	110人	55人	35人	12人	8人

図 6.5　（資料）部門費集計表用のデータ

◇解答例

部門費集計表は図 6.6 のようになります。Excel ワークシートで、部門共通費を各部門に配賦します。

(1)部門費集計表

費目	配賦基準	合計	製造部門		補助部門	
			加工部	組立部	動力部	事務部
部門個別費		161,000	70,500	45,000	16,000	29,500
部門共通費						
建物減価償却費	占有面積	143,000	45,500	58,500	33,800	5,200
福利厚生費	従業員数	88,000	44,000	28,000	9,600	6,400
部門費		392,000	160,000	131,500	59,400	41,100

図 6.6　部門費集計表

	A	B	C	D	E	F	G	H
4	(資料)							
5	1. 当月の製造間接費発生額(単位:円)							
6	(1)部門個別費							
7		合計	加工部	組立部	動力部	事務部		
8		161,000	70,500	45,000	16,000	29,500		
9	(2)部門共通費							
10	建物減価償却費		福利厚生費					
11	143,000		88,000					
12	2. 部門共通費の配賦資料							
13			配賦基準	合計	加工部	組立部	動力部	事務部
14	建物減価償却費		専有面積 (m2)	1,100m2	350m2	450m2	260m2	40m2
15	福利厚生費		従業員数 (人)	110人	55人	35人	12人	8人
16								
17	<解答例>							
18	(1)部門費集計表							
19					製造部門		補助部門	
20	費目		配賦基準	合計	切削部	組立部	動力部	事務部
21	部門個別費			161,000	70,500	45,000	16,000	29,500
22	部門共通費							
23	建物通過費		占有面積	143,000	=$D$23/$D$14* E14	=$D$23/$D$14* F14	=$D$23/$D$14* G14	=$D$23/$D$14* H14
24	福利厚生費		従業員数	88,000	44,000	28,000	9,600	6,400
25	部門費			392,000	160,000	73,000	25,600	35,900

図 6.7　部門費集計表の計算式

　部門共通費を費目ごとに各部門に配賦する計算は、Excel では図 6.7 のように絶対番地、相対番地を意識しながらセルに数式を組み込むことで実現できます。部門共通費である建物減価償却費について、配賦基準が占有面積なので、配賦率は 143,000 円÷1,100m^2 ＝＠130 円となり、加工部への配賦額は＠130 円×350m^2 ＝45,500 円となります。一方、福利厚生費は、配賦基準が従業員数なので、配賦率は 88,000 円÷110 人＝＠800 円となり、加工部への配賦額は＠800 円×55 ＝44,000 円となります。

6.5　部門費の第 2 次集計

　第 1 次集計で集計された補助部門費を製造部門に配賦する手続きが第 2 次集計（または補助部門費の製造部門への配賦）です（図 6.8）。これは、3rd step で、最終的に製造間接費を製品に配賦するための準備であり、製品への配賦計算がしやすい各製造部門に各補助部門の部門費を集約しておきます。

　第 2 次集計では、補助部門に集計された部門費を一定の配賦基準と配賦法によって製造部門に配賦しますが、補助部門費のサービスの利用の程度をよりよく反映できる適切な配賦方法が必要です。とりわけ、複数の補助部門があって、補助部門の間でもサービスの授受を行っている場合には、このサービスの授受をどのように扱うかが問題になります。補助部門間のサービスの授受を計

算上どのように考慮するかによって、以下に説明する直接配賦法、階梯式配賦法及び相互配賦法という方法のいずれかが選択され、第2次集計が実施されます。具体的には、図6.8のような部門費配賦表において、第1次集計で計算された補助部門の検査部門費、事務部門費を加工部、組立部という製造部門に配賦し、製造部門費を2次集計することになります。

費　目	合　計	製造部門		補助部門	
		加工部	組立部	検査部	事務部
部門費合計	1,000,000	500,000	400,000	20,000	30,000
検査部門費					
事務部門費					
製造部門費					

図6.8　部門費配賦表

(1) 直接配賦法

　直接配賦法は、補助部門が他の補助部門にサービスを提供していたとしても、これを一切無視し、製造部門に対してのみサービスを提供したと仮定して補助部門費を製造部門のみに配賦するというものです。各補助部門費を製造部門の配賦基準数値のみによって按分し、配賦します。

(2) 階梯式配賦法

　階梯式配賦法は、補助部門同士のサービスの授受について、優先順位を決めて、その優先順位の高い補助部門から優先順位の低い補助部門へと一方向のみに配賦計算を行う方法です。自部門のサービス提供は無視し、サービスの提供を受ける他の補助部門を多く有する補助部門の優先順位が高くなるようにします。サービスの提供を受ける他の補助部門の数が同数である補助部門が複数存在するときは、その中で補助部門費の金額が大きい部門の優先順位が高くなります。

(3) 相互配賦法

　相互配賦法は、補助部門間のサービスを考慮する配賦計算法です。この方法では、部門間のサービス提供割合を考慮して配賦計算するので、より正確な計算を行うことができます。相互配賦法では、他部門に配賦すると同時に、他の補助部門から配賦を受けます。実際に使われている相互配賦法には簡便法、連

立方程式法などがあります。正確に計算するためには、補助部門費がゼロになるまで配賦を繰り返すことになります。それを実現できるのが連立方程式法です。

(a) 簡便法

簡便法は、以下のように第1次配賦と第2次配賦という2つの手続きによって配賦を行う方法です。

① 第1次配賦
補助部門がサービスを提供した他のすべての部門に補助部門費を配賦します。ただし、自部門にサービスを提供していたとしても自部門には配賦しません。これにより、第1次集計によって各補助部門に集計された金額の全額が他の製造部門及び補助部門に配賦されます。

② 第2次配賦
第1次配賦によって、補助部門に他の補助部門から配賦額を受けます。第2次配賦では、各補助部門に集計された金額を製造部門に対してのみ配賦します。つまり、直接配賦法による配賦を行います。

(b) 連立方程式法

連立方程式法は、配賦計算をより正確に行うために、相互に配賦が行われる関係を連立方程式として定式化し、処理する方法です。Excelを用いれば容易に計算することができます。計算方法は以下のとおりです。

まず、X_iを補助部門iの相互配賦後の原価とすると、それは次式のように表すことができます。

$$X_i = 配賦前の補助部門 i の部門個別費 \\ + 各補助部門から補助部門 i への配賦額 \tag{6.1}$$

ここで、補助部門iに対する補助部門jからの配賦比率をa_{ij}とすると、(6.1)式の右辺第2項は次式のように表されます。ただし、自部門への配賦は行わないので$a_{ii=0}$です。

$$各補助部門から補助部門 i への配賦額 = \sum_{j=1}^{n} a_{ij} \cdot X_i \tag{6.2}$$

nは補助部門の数を示します。

6.5 部門費の第2次集計

また、製造部門 k の配賦後の最終的な部門費 Y_k は次式のように表すことができます。

$Y_k =$ 配賦前の製造部門 k の部門個別費
　　　 $+$ 各補助部門から製造部門 k への配賦額　　　　　　　　(6.3)

ここで、製造部門 k に対する補助部門 j からの配賦比率を b_{kj} とすると、(6.3) 式の右辺第2項は次式のようになります。

$$\text{各補助部門から製造部門 } k \text{ への配賦額} = \sum_{j=1}^{n} b_{kj} \cdot X_j \quad (6.4)$$

さらに、配賦前の補助部門 i の部門個別費を c_i とし、(6.1) 式を行列式で表すと次のようになります。

$$X = c + a \cdot X \quad (6.5)$$

これは次のように変形できます。

$$X = (E - a)^{-1} \cdot c \quad (6.6)$$

ただし、E は単位行列です。したがって、この $(E-a)^{-1}$ という逆行列を求めれば X_i を計算することができます。X_i がわかれば (6.4) 式が計算でき、最終的に (6.3) 式から Y_k を求めることができます。

◆例題 6.3　部門費の第2次集計

次の資料により、補助部門費を製造部門費に配賦する第2次集計を行い、部門費配賦表を完成させましょう。

1. 各部門費の合計額　　　加工部　620,000円　動力部　196,000円
   　　(第1次集計費)　　　組立部　330,000円　検査部　128,000円
   　　　　　　　　　　　　　　　　　　　　　　事務部　144,000円
2. 補助部門費の配賦資料

	配賦基準	合計	加工部	組立部	動力部	検査部	事務部
動力部門費	動力供給量 (kw-h)	3,100	1,600	1,200	0	200	100
検査部門費	検査回数	68	40	24	4	0	0
事務部門費	従業員数 (人)	480	130	110	80	120	40

図 6.9　(資料) 補助部門費配賦のためのデータ

◇解答例

各方法による補助部門費の配賦を Excel ワークシートで計算します。

(1) 直接配賦法による補助部門費の配賦

	A	B	C	D	E	F	G	H
4	(資 料)							
5	1. 各部門費の合計額	加工部	620,000円	動力部	196,000円			
6	(第1次集計費)	組立部	330,000円	検査部	128,000円			
7				事務部	144,000円			
8	2. 補助部門費の配賦資料							
9		配賦基準	合計	加工部	組立部	動力部	検査部	事務部
10	動力部門費	動力供給量 (kw-h)	3,100	1,600	1,200	0	200	100
11	検査部門費	検査回数	68	40	24	4	0	0
12	事務部門費	従業員数 (人)	480	130	110	80	120	40
13								
14	<解答>							
15				部門費配賦表				
16	費 目	合計	製造部門		補助部門			
17			加工部	組立部	動力部	検査部	事務部	
18	部門費合計	1,418,000	620,000	330,000	196,000	128,000	144,000	
19	動力部門費	196,000	112,000	84,000				
20	検査部門費	128,000	80,000	48,000				
21	事務部門費	144,000	78,000	66,000				
22	製造部門費	1,418,000	890,000	528,000				

図 6.10 直接配賦法による補助部門費の配賦

数式の設定は以下のとおりです。

15			部門費配賦表				
16	費 目	合計	製造部門		補助部門		
17			加工部	組立部	動力部	検査部	事務部
18	部門費合計	1,418,000	620,000	330,000	196,000	128,000	144,000
19	動力部門費	196,000	=D10/($D10+$E10)*$B19	=E10/($D10+$E10)*$B19			
20	検査部門費	128,000	=D11/($D11+$E11)*$B20	=E11/($D11+$E11)*$B20			
21	事務部門費	144,000	=D12/($D12+$E12)*$B21	=E12/($D12+$E12)*$B21			
22	製造部門費	=C22+D22	=SUM(C18:C21)	=SUM(D18:D21)			

図 6.11 直接配賦法による補助部門費の配賦の計算式

① 補助部門費を各配賦基準数値に応じて、製造部門のみに配賦を行います。その結果を部門費配賦表に記入し、合計して製造部門費を求めます。

1. 動力部門費 (配賦基準:動力供給量)
    加工部　　￥196,000/(1600 + 1200) × 1,600=￥112,000
    組立部　　￥196,000/(1600 + 1200) × 1,200=￥84,000
2. 検査部門費 (配賦基準:検査回数)
    加工部　　￥128,000/(40 + 24) × 40=￥80,000
    組立部　　￥128,000/(40 + 24) × 24=￥48,000
3. 事務部門費 (配賦基準:従業員数)
    加工部　　￥144,000/(130 + 110) × 130=￥78,000
    組立部　　￥144,000/(130 + 110) × 110=￥66,000

② 各補助部門から製造部門に配賦された金額を、補助部門費勘定の貸方から製造部門費勘定の借方へ振り替える仕訳を行います。

（借方）	加工部門費	270,000	（貸方）	動力部	196,000
（借方）	組立部門費	198,000	（貸方）	検査部	128,000
			（貸方）	事務部	144,000

（2）階梯式配賦法による補助部門費の配賦

	A	B	C	D	E	F	G	H
4	（資　料）							
5	1. 各部門費の合計額	加工部	620,000円	動力部	196,000円			
6	（第1次集計費）	組立部	330,000円	検査部	128,000円			
7				事務部	144,000円			
8	2. 補助部門費の配賦資料							
9		配賦基準	合計	加工部	組立部	動力部	検査部	事務部
10	動力部門費	動力供給量(kw-h)	3,100	1,600	1,200	0	200	100
11	検査部門費	検査回数	68	40	24	4	0	0
12	事務部門費	従業員数(人)	480	130	110	80	120	40
13								
14	<解答>							
15			部門費配賦表					
16	費　目	合計	製造部門		補助部門			
17			加工部	組立部	検査部	事務部	動力部	
18	部門費合計	1,418,000	620,000	330,000	128,000	144,000	196,000	
19	動力部門費	196,000	101,161	75,871	12,645	6,323		
20	事務部門費	150,323	54,283	45,932	50,108	150,323		
21	検査部門費	190,753	119,220	71,532	190,753			
22	製造部門費	1,418,000	894,665	523,335				

図 6.12　階梯式配賦法による補助部門費の配賦

数式の設定は以下のとおりです。

	部門費配賦表					
15						
16	費　目	合計	製造部門		補助部門	
17			加工部	組立部	検査部	事務部	動力部
18	部門費合計	1,418,000	620,000	330,000	128,000	144,000	196,000
19	動力部門費	=SUM(C19:F19)	=$G$18/($D$10+$E$10+$G$10+$H$10)*D10	=$G$18/($D$10+$E$10+$G$10+$H$10)*E10	=$G$18/($D$10+$E$10+$G$10+$H$10)*G10	=$G$18/($D$10+$E$10+$G$10+$H$10)*H10	
20	事務部門費	=SUM(C20:E20)	=$F$20/($D$12+$E$12+$G$12)*D12	=$F$20/($D$12+$E$12+$G$12)*E12	=$F$20/($D$12+$E$12+$G$12)*G12	=SUM(F18:F19)	
21	検査部門費	=SUM(C21:D21)	=$E$21/($D$11+$E$11)*D11	=$E$21/($D$11+$E$11)*E11	=SUM(E18:E20)		
22	製造部門費	=C22+D22	=SUM(C18:C21)	=SUM(D18:D21)			

図 6.13　階梯式配賦法による補助部門費の配賦の計算式

① 優先度の高い補助部門費から順に各配賦基準数値に応じて、製造部門及び補助部門に配賦します。結果として製造部門のみに部門費を配賦し、合計して製造部門費を求めます。

1. 動力部門費（配賦基準：動力供給量）

　加工部　　¥196,000/(1600 + 1,200 + 200 + 100) × 1,600＝¥101,161

　組立部　　¥196,000/(1600 + 1,200 + 200 + 100) × 1,200＝¥75,871

　検査部　　¥196,000/(1600 + 1,200 + 200 + 100) × 200＝¥12,645

　事務部　　¥196,000/(1600 + 1,200 + 100 + 100) × 100＝¥6,533

2. 事務部門費（配賦基準：従業員数）

　加工部　　¥150,323/(130 + 110 + 120) × 130＝¥54,283

　組立部　　¥150,323/(130 + 110 + 120) × 110＝¥45,932

　検査部　　¥150,323/(130 + 110 + 120) × 120＝¥50,108

3. 検査部門費（配賦基準：検査回数）

　加工部　　¥190,753/(40 + 24) × 40＝¥119,220

　組立部　　¥190,753/(40 + 24) × 24＝¥71,532

② 各補助部門から製造部門に配賦された金額を、補助部門費勘定の貸方から製造部門費勘定の借方へ振り替える仕訳を行います。

（借方）加工部門費	274,665	（貸方）動力部	128,000
（借方）組立部門費	193,335	（貸方）検査部	144,000
		（貸方）事務部	196,000

(3) 相互法（簡便法）による補助部門費の配賦

	A	B	C	D	E	F	G	H
1	相互法（簡便法）による部門費の配賦							
2								
3	次の資料により、補助部門費を製造部門に配賦（2次集計）してください。							
4	（資　料）							
5	1. 各部門費の合計額		加工部	620,000円	動力部	196,000円		
6	（第1次集計費）		組立部	330,000円	検査部	128,000円		
7					事務部	144,000円		
8	2. 補助部門費の配賦資料							
9		配賦基準	合計	加工部	組立部	動力部	検査部	事務部
10	動力部門費	動力供給量（kw-h）	3,100	1,600	1,200	0	200	100
11	検査部門費	検査回数	68	40	24	4	0	0
12	事務部門費	従業員数（人）	480	130	110	80	120	40
13								
14	<解答>							
15	費　目		合計	製造部門		補助部門		
16				加工部	組立部	動力部	検査部	事務部
17	部門費合計		1,418,000	620,000	330,000	196,000	128,000	144,000
18	第1次配賦							
19	動力部門費		196,000	101,161	75,871	-	12,645	6,323
20	検査部門費		128,000	75,294	45,176	7,529	-	0
21	事務部門費		144,000	42,545	36,000	26,182	39,273	-
22	第2次配賦					33,711	51,918	6,323
23	動力部門費		33,711	19,264	14,448			
24	検査部門費		51,918	32,449	19,469			
25	事務部門費		6,323	3,425	2,898			
26	製造部門費		1,418,000	894,138	523,862			

図 6.14　相互法（簡便法）による補助部門費の配賦

6.5 部門費の第2次集計　157

数式の設定は以下のとおりです。

15	費 目	合計	製造部門		補助部門		
16			加工部	組立部	動力部	検査部	事務部
17	部門費合計	1,418,000	620,000	330,000	196,000	128,000	144,000
18	第1次配賦						
19	動力部門費	=SUM(C19:G19)	=$E$17/($D$10+$E$10+$G$10+$H$10)*D10	=$E$17/($D$10+$E$10+$G$10+$H$10)*E10	-	=$E$17/($D$10+$E$10+$G$10+$H$10)*G10	=$E$17/($D$10+$E$10+$G$10+$H$10)*H10
20	検査部門費	=SUM(C20:G20)	=$F$17/($D$11+$E$11+$F$11+$H$11)*D11	=$F$17/($D$11+$E$11+$F$11+$H$11)*E11	=$F$17/($D$11+$E$11+$F$11+$H$11)*F11	-	=$F$17/($D$11+$E$11+$F$11+$H$11)*H11
21	事務部門費	=SUM(C21:G21)	=$G$17/($D$12+$E$12+$F$12+$G$12)*D12	=$G$17/($D$12+$E$12+$F$12+$G$12)*E12	=$G$17/($D$12+$E$12+$F$12+$G$12)*F12	=$G$17/($D$12+$E$12+$F$12+$G$12)*G12	-
22	第2次配賦				=SUM(E19:E21)	=SUM(F19:F21)	=SUM(G19:G21)
23	動力部門費	=SUM(C23:D23)	=$E$22/($D$10+$E$10)*D10	=$E$22/($D$10+$E$10)*E10			
24	検査部門費	=SUM(C24:D24)	=$F$22/($D$11+$E$11)*D11	=$F$22/($D$11+$E$11)*E11			
25	事務部門費	=SUM(C25:D25)	=$G$22/($D$12+$E$12)*D12	=$G$22/($D$12+$E$12)*E12			
26	製造部門費	=SUM(C26:D26)	=SUM(C17:C25)	=SUM(D17:D25)			

図6.15　相互法（簡便法）による補助部門費の配賦の計算式

第1次配賦では、次のように計算できます。

1. 動力部門費（配賦基準：動力供給量）

    加工部　　¥196,000/(1600 + 1,200 + 200 + 100) × 1,600=¥101,161

    組立部　　¥196,000/(1600 + 1,200 + 200 + 100) × 1,200=¥75,871

    検査部　　¥196,000/(1600 + 1,200 + 200 + 100) × 200=¥12,645

    事務部　　¥196,000/(1600 + 1,200 + 200 + 100) × 100=¥6,323

2. 事務部門費（配賦基準：従業員数）

    加工部　　¥144,000/(130 + 110 + 80 + 120) × 130=¥42,545

    組立部　　¥144,000/(130 + 110 + 80 + 120) × 110=¥36,000

    動力部　　¥144,000/(130 + 110 + 80 + 120) × 80=¥26,182

    検査部　　¥144,000/(130 + 110 + 80 + 120) × 120=¥39,273

3. 検査部門費（配賦基準：検査回数）

    加工部　　¥128,000/(40 + 24 + 4 + 0) × 40=¥75,294

    組立部　　¥128,000/(40 + 24 + 4 + 0) × 24=¥45,176

    動力部　　¥128,000/(40 + 24 + 4 + 0) × 4=¥7,529

    事務部　　¥128,000/(40 + 24 + 4 + 0) × 0=¥0

第2次配賦では、直接法で製造部門費に配賦します。

1. 動力部門費（配賦基準：動力供給量）

    加工部　　¥33,711/(1600 + 1200) × 1,600=¥19,264

組立部　　　¥33,711/(1600 + 1200) × 1,200=¥14,448

2. 検査部門費（配賦基準：検査回数）

加工部　　　¥51,918/(40 + 24) × 40=¥32,449

組立部　　　¥51,918/(40 + 24) × 24=¥19,469

3. 事務部門費（配賦基準：従業員数）

加工部　　　¥6,323/(130 + 110) × 130=¥3,425

組立部　　　¥6,323/(130 + 110) × 110=¥2,898

(4) 相互法（連立方程式法）による補助部門費の配賦

	A	B	C	D	E	F	G	H
1	相互法（連立方程式法）による部門費の配賦							
2								
3	次の資料により、補助部門費を製造部門に配賦（2次集計）してください。							
4	（資料）							
5	1. 各部門費の合計額	加工部	620,000円	動力部	196,000円			
6	（第1次集計費）	組立部	330,000円	検査部	128,000円			
7				事務部	144,000円			
8	2. 補助部門費の配賦資料							
9		配賦基準	合計	加工部	組立部	動力部	検査部	事務部
10	動力部門費	動力供給量（kw-h）	3,100	1,600	1,200		200	100
11	検査部門費	検査回数	68	40	24	4	0	0
12	事務部門費	従業員数（人）	480	130	110	80	120	40
13								
14	<解答>							
15				部門費配賦表				
16	費目	合計	製造部門		補助部門			
17			加工部	組立部	動力部	検査部	事務部	
18	部門費合計	1,418,000	620,000	330,000	196,000	128,000	144,000	
19	動力部門費	211,723	120,984	90,738				
20	検査部門費	173,608	108,505	65,103				
21	事務部門費	82,670	44,780	37,890				
22	製造部門費	1,418,000	894,269	523,731				

図6.16　相互法（連立方程式法）による補助部門費の配賦

まず、補助部門費の配付資料から配賦比率を求めます。

①配賦比率

	配賦基準	合計	加工部	組立部	動力部	検査部	事務部
動力部門費	動力供給量（k	100%	51.613%	38.710%	-	6.452%	3.226%
検査部門費	検査回数	100%	58.824%	35.294%	5.882%	-	0.000%
事務部門費	従業員数（人）	100%	29.545%	25.000%	18.182%	27.273%	-

図6.17　解法①

次に、補助部門のみの配賦比率によって係数行列を作成し、単位行列から係数行列を引きます。

②係数

0.000000	0.058824	0.181818
0.064516	0.000000	0.272727
0.032258	0.000000	0.000000

③{単位行列－係数}

1.000000	-0.058824	-0.181818
-0.064516	1.000000	-0.272727
-0.032258	0.000000	1.000000

図6.18　解法②、③

6.5 部門費の第2次集計

さらに、逆行列を求め、相互配賦前の補助部門費を掛け合わせます。

④逆行列

1.01028233	0.05942837	0.19989543	196,000		234,407
0.07406762	1.00435692	0.28738236	128,000	=	184,458
0.03258975	0.00191704	1.00644824	144,000		151,562

図 6.19　解法④

最終的に、解法④で求まった値に配賦比率を掛け合わせ、各製造部門費を求めることができます。

⑤答え

加工部	=	894,269
組立部	=	523,731
合計		1,418,000

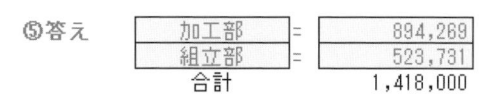

図 6.20　答え：各製造部門費

これらの解法を Excel ワークシートに組み込んだ例が図 6.21 です。

図 6.21　相互法（連立方程式法）による補助部門費の配賦

「②係数」からもとの関係式

$$X_{動力部} = 196{,}000 + 0.058824 X_{検査部} + 0.181818 X_{事務部}$$

$$X_{検査部} = 128{,}000 + 0.064516 X_{動力部} + 0.272727 X_{事務部}$$

$$X_{事務部} = 144{,}000 + 0.032258 X_{動力部}$$

を行列式で表すと以下のようになります。

$$\begin{bmatrix} X_{動力部} \\ X_{検査部} \\ X_{事務部} \end{bmatrix} = \begin{bmatrix} 196,000 \\ 128,000 \\ 144,000 \end{bmatrix} + \begin{bmatrix} 0 & 0.058824 & 0.181818 \\ 0.064516 & 0 & 0.272727 \\ 0.032258 & 0 & 0 \end{bmatrix} \begin{bmatrix} X_{動力部} \\ X_{検査部} \\ X_{事務部} \end{bmatrix}$$

これを解くには次の逆行列を計算すればよいことになります。

$$\begin{bmatrix} X_{動力部} \\ X_{検査部} \\ X_{事務部} \end{bmatrix} = \begin{bmatrix} 1 & -0.058824 & -0.181818 \\ -0.064516 & 1 & -0.272727 \\ -0.032258 & 0 & 1 \end{bmatrix}^{-1} \begin{bmatrix} 196,000 \\ 128,000 \\ 144,000 \end{bmatrix}$$

この逆行列を Excel で求めたものが図 6.19 の「④逆行列」になります。図 6.22 のように、「③単位行列」をセットし、セル F37 〜 H39 に MINVERSE 関数と INDEX 関数を組み合わせた式をセットします。

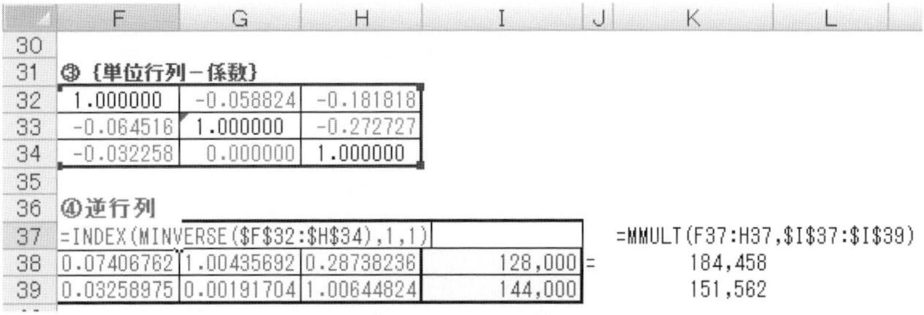

図 6.22　単位行列と逆行列の計算式

MINVERSE(F32：H34) によって、セル範囲「F32：H34」の値を成分とする 3 行 3 列の行列式に対する逆行列が求められます。さらに、求まった逆行列の (i, j) 成分を取り出すために INDEX 関数を用います。すなわち、INDEX (行列式 , i, j) で行列式の (i, j) 成分が取り出され、セルに表示されます。逆行列の成分がセル範囲「F37：H39」に求まると、セル範囲「K37：K39」に MMULT 関数を入力します。MMULT(行列式 A, 行列式 B) は、行列式 A と B を掛け合わせた答えを導くことができます。これによって、逆行列（セル範囲「F37：H39」）と既知行列の値（セル範囲「I37：I39」）を掛け合わせた結果を表示することができます。

第7章

3rd step：製品別原価計算

　原価計算は、「1st step：費目別原価計算」「2nd step：部門別原価計算」「3rd step：製品別原価計算」という3つのステップで進みます。その3rd step の製品別原価計算は単位原価（製品1単位当たりの原価）を求めるもので、個別原価計算（job-order costing）と総合原価計算（process costing）という2つの方法があります。

① **個別原価計算**
　　顧客の注文に合わせて個別に生産する「受注生産」型の業種（例えば、造船業、建設業、機械製造業、印刷業など）の場合に用いられます。製造指図書が用いられ、単位原価は、生産完了時に原価計算表の原価を合計することで計算されます。

② **総合原価計算**
　　市場の動きを見込みながら一定あるいは同種の規格製品を大量に連続して生産する「見込生産」型の業種（例えば、製粉業、製紙業、鉄鋼業、繊維業など）で用いられます。単位原価は、原価計算期間の原価合計を生産量で割り算することで求めます。

7.1 個別原価計算

個別原価計算は、「種類を異にする製品を個別的に生産する生産形態に適用するもので、計算にあたり特定製造指図書について個別的に直接費及び間接費を集計し、製品原価は、これを当該指図書に含まれる製品の生産完了時に算定する」と定義されています（原価計算基準 31）。

7.1.1 製造指図書と原価計算表

個別原価計算では、製品を受注し製造にかかるとき、製造指図書が発行されます。さらに、すべての原価が原価計算表に集計されます。

(1) 製造指図書

製造指図書（図 7.1）は、製造命令書ともいわれ、製品の一定数量の製造を書面によって命令するものです。同時に、添付書類で材料仕様や作業仕様などを指定します。したがって、この指図書により製造活動が秩序付けられ、製造活動の管理や製造原価集計のために必要な諸資料が組織的に収集整理されることになります。

製造指図書

製造指図番号		P06309 0163	年月日	2009.9.20
工場		神戸工場	製造期間	2009.10.1-2009.10.3
製造品目		ロッドA	品目コード	PXA037019
数量		5	ロットNo.	12

工程No.	作業名	作業時間	機械時間1	機械時間2	機械時間3
10	洗浄		30min		
12	組立	120min			
25	塗装		20min		
30	検査	10min	10min	5min	

部品コード	部品名	数量	ロットNo.
PPB03011	バー	1	21
PPB03015	ワッシャ	6	38
PPB03018	ハウジング	1	55

図 7.1 製造指図書

(2) 原価計算表

原価計算表（図7.2）は、原価を集計・計算・明示する表です。製品の製造が進むにつれて、発生する様々な原価要素が原価計算表に順次記入されます。原価計算表の様式は、各原価の金額に加えて単価・数量を記入する様式があるばかりでなく、原価計算方法とか利用目的によって多種多様です。製品が完成したら、原価計算表に記入した原価を集計し、製品の原価を求めます。

原価計算表

製造指図書番号	P06309 0163	着手日	2009.10.1	命令数量	5
品名	ロッドA	完了日		完成数量	

直接材料費			直接労務費			直接経費			製造間接費			集計		
日付	数	金額	日付	数	金額	日付	数	金額	日付	数	金額	日付	適用	金額
10/1	2	128,000	10/1	2	64,000	10/1	2	38,000	10/1	2	12,400	10/1		242,400

図7.2　原価計算表

7.1.2　個別原価計算の分類

個別原価計算は部門別原価計算を行うかどうかによって、単純個別原価計算と部門別個別原価計算とに分けられます。

① 単純個別原価計算

図7.3、図7.4のように原価計算を簡略に行うために部門別原価計算を省略したものであり、規模の小さい、単純な生産工程の企業で採用されます。

単純個別原価計算

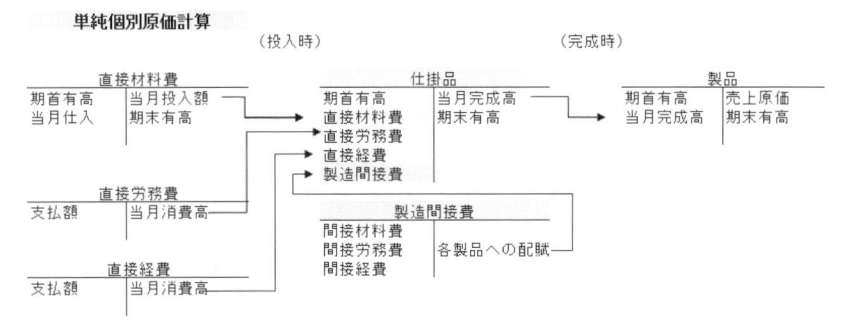

```
                    （投入時）                （完成時）
      直接材料費                  仕掛品              製品
期首有高 │ 当月投入額 ──┐  期首有高  │ 当月完成高 ──→ 期首有高  │ 売上原価
当月仕入 │ 期末有高      │  直接材料費│ 期末有高         当月完成高│ 期末有高
                        ├→ 直接労務費│
                        │  直接経費  │
                        ├→ 製造間接費│
      直接労務費         │
支払額   │ 当月消費高 ──┤        製造間接費
                        │  間接材料費 │
                        │  間接労務費 │ 各製品への配賦
      直接経費           │  間接経費   │
支払額   │ 当月消費高 ──┘
```

図7.3　単純個別原価計算での勘定連絡図

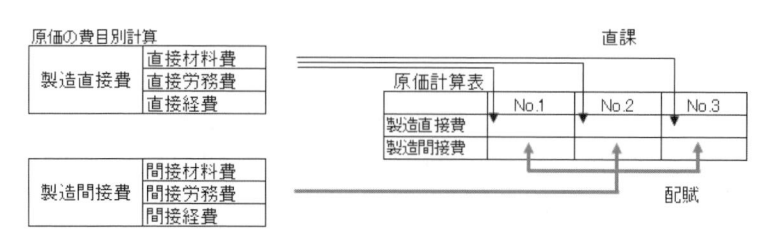

図7.4　単純個別原価計算での原価計算表

② 部門別個別原価計算

規模が大きくなり、生産工程も複雑化した企業において採用されるものです。図7.5、図7.6のように、原価部門を設けて原価を集計し、製造間接費の配賦計算の精度を確保することで、製品別原価計算をより正確に行います。実務では、製造間接費のみを部門別に計算し、直接費は費目別原価計算から、直ちに製品別に集計する製造間接費部門別個別原価計算が少なからず採用されています。

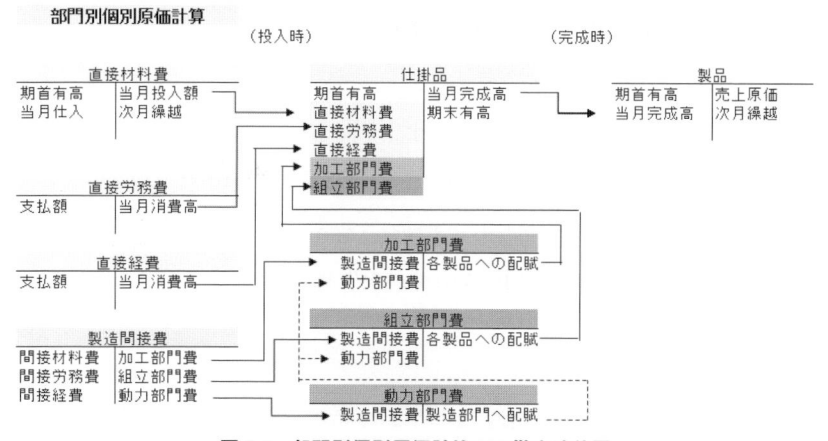

図7.5　部門別個別原価計算での勘定連絡図

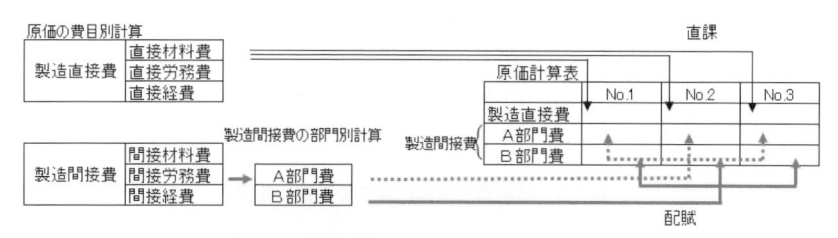

図7.6　部門別個別原価計算での原価計算表

また、個別原価計算は、特定製造指図書で指示される製品数量が1個であるか、2個以上であるかによって、純粋個別原価計算とロット別個別原価計算とに分けられます。

① **純粋個別原価計算**

ビル建設業、特殊な機械製造業など1個の製品について受注、個別に仕様を決定して生産を行う場合の個別原価計算であり、最終的に原価計算表に集計された原価がその製品の原価となります。

② **ロット別個別原価計算**

特定製造指図書別に集計された原価をロットの数量（製造量）で割り算し、製品単価を計算するところが純粋個別原価計算と異なります。

◆例題 7.1　単純個別原価計算

単純個別原価計算を行っている場合、製造指図書別原価計算表に基づいて、仕掛品勘定と製品勘定の記入が自動的に行える Excel ワークシートを作成しましょう。

◇解答例

図7.7のような製造指図書別原価計算表から自動的に仕掛品勘定と製品勘定の記入を行います。製造指図書別原価計算表には、製造指図書番号、直接材料費、直接労務費、直接作業時間が記載され、備考欄に着手月、完成したかどうか、顧客へ引き渡しが済んだかどうかを記入します。ここでは、リスト入力で「○」または「未」選択入力できるようにしています。

単純個別原価計算における勘定記入

（資料）

1 製造指図書別原価計算表　(単位:円)

製造指図書	直接材料費	直接労務費	直接作業時間	備考		
				着手	完成	引渡
No.21001	150,000	180,000	380時間	12月	○	○
No.21002	130,000	210,000	295時間	12月	○	未
No.21003	90,000	60,000	185時間	12月	未	未

図 7.7　製造指図書別原価計算表

第7章 3rd step：製品別原価計算

着手されている製造指図書の製造間接費を計算するとともに、仕掛品勘定及び製品勘定の貸方の区分を決定します。

	A	B	C	D	E	F	G	H	I	J	K
14		2 製造間接費は直接作業時間1時間当たり600円で、各指図書に予定配賦している。									
15		12月1日現在の仕掛品、製品はなかった。									
16											
17											
18				製造間接費配賦率		600円/時間					
19		製造指図書	直接材料費	直接労務費	製造間接費	合計		仕掛品勘定の貸方		製品勘定の貸方	
20		No.21001	150,000	180,000	228,000	558,000	・・・	製品勘定へ		売上原価勘定へ	
21		No.21002	130,000	210,000	177,000	517,000	・・・	製品勘定へ		次月繰越	
22		No.21003	90,000	60,000	111,000	261,000	・・・	次月繰越			
23											
24							・・・				
25							・・・				
26							・・・				
27		合計	370,000	450,000	516,000	1,336,000					

図7.8　製造間接費配賦率と貸方の区分

	B	C	D	E	F
18			製造間接費配賦率		600円/時間
19	製造指図書	直接材料費	直接労務費	製造間接費	合計
20	=IF($F6>0,B6,"")	=IF($F6>0,C6,"")	=IF($F6>0,D6,"")	=IF($F6>0,E6*$E$18,"")	=SUM(C20:E20)
21	=IF($F7>0,B7,"")	=IF($F7>0,C7,"")	=IF($F7>0,D7,"")	=IF($F7>0,E7*$E$18,"")	=SUM(C21:E21)
22	=IF($F8>0,B8,"")	=IF($F8>0,C8,"")	=IF($F8>0,D8,"")	=IF($F8>0,E8*$E$18,"")	=SUM(C22:E22)
23					
24					
25					
26					
27	合計	=SUM(C20:C22)	=SUM(D20:D22)	=SUM(E20:E22)	=SUM(C27:E27)

図7.9　製造間接費配賦率の計算式

	H	I	J	K
19	仕掛品勘定の貸方		製品勘定の貸方	
20	=IF(F6>0,IF(G6="○","製品勘定へ","次月繰越"),"")		=IF($F6>0,IF(G6="○",IF(H6="○","売上原価勘定へ","次月繰越"),""),"")	
21	=IF(F7>0,IF(G7="○","製品勘定へ","次月繰越"),"")		=IF($F7>0,IF(G7="○",IF(H7="○","売上原価勘定へ","次月繰越"),""),"")	
22	=IF(F8>0,IF(G8="○","製品勘定へ","次月繰越"),"")		=IF($F8>0,IF(G8="○",IF(H8="○","売上原価勘定へ","次月繰越"),""),"")	

図7.10　貸方の区分の計算式

仕掛品勘定の貸方の区分の決定は、製造指図書別原価計算表の備考欄の値をもとにIF関数で判断することができます。ここでは、IF関数の中にさらにIF関数を組み込み、複数の条件を一度に判断することができるようにしています。

=IF(F6>0,IF(G6="○","製品勘定へ","次月繰越"),"")

製品勘定の貸方の区分の決定も同様に行っています。

=IF($F6>0,IF(G6="○",IF(H6="○","売上原価勘定へ","次月繰越"),""),"")

7.1 個別原価計算

	B	C	D	E
30		仕掛品		
31	材料	370,000	製品	1,075,000
32	労務費	450,000	次月繰越	261,000
33	製造間接費	516,000		
34		1,336,000		1,336,000
35				
36		製品		
37	仕掛品	1,075,000	売上原価	558,000
38			次月繰越	517,000
39		1,075,000		1,075,000

図 7.11　仕掛品勘定と製品勘定

自動的に、仕掛品勘定と製品勘定の記入を行います。

	B	C	D	E	F
30			仕掛品		
31	材料	=C27	製品	=SUMIF(H20:I26,"製品勘定へ",$F$20:$F$26)	
32	労務費	=D27	次月繰越	=SUMIF(H20:I26,"次月繰越",$F$20:$F$26)	
33	製造間接費	=E27			
34		=SUM(C31:C33)		=SUM(E31:E33)	
35					
36			製品		
37	仕掛品	=E31	売上原価	=SUMIF(J20:K26,"売上原価勘定へ",$F$20:$F$26)	
38			次月繰越	=SUMIF(J20:K26,"次月繰越",$F$20:$F$26)	
39		=C37		=SUM(E37:E38)	

図 7.12　仕掛品勘定と製品勘定の計算式

仕掛品勘定と製品勘定の貸方の値を集計するために、ここでは、SUMIF 関数を用いました。SUMIF 関数では、括弧の中で最初に指定されたセル範囲において、次に指定されている " " 内の文字と一致する場合にのみ、最後に指定されたセル範囲の値を集計するというものです。例えば、仕掛品勘定の貸方で、製品に該当するものは、次のように求めることができます。

=SUMIF(H20:I26," 製品勘定へ ",$F$20:$F$26)

7.1.3　仕損費の計算と処理

仕損とは、製造作業の過程において何らかの原因により失敗して完成品にならなかった状態であり、不合格品が発生したことを指します。この不合格品のことを仕損品といい、仕損品に係わる原価を仕損費といいます。個別原価計算における仕損費の計算は次のようになります。

① 補修または代品製造のために新しい製造指図書を発行する場合

仕損が補修で回復できる場合は補修指図書に集計された製造原価を仕損費とします。全部が仕損となったときは、旧製造指図書に集計された製造原価を仕損費とし、一部が仕損になったときは新製造指図書に集計された製造原価を仕損費とします。

② 補修または代品製造のために新たな製造指図書を発行しない場合

仕損の補修などに要する製造原価を見積もってこれを仕損費とします。

③ 仕損が軽微な場合

仕損費を計上せず、仕損品の見積売却価値額または見積利用価値額を当該製造指図書に集計した製造原価から控除します。

7.1.4 作業屑の計算と処理

作業屑（scrap, waste）とは、製品の製造途中で発生する原材料の残り屑のうち、売却価値または利用価値のあるものを指します。作業屑は一種の資産ですので、それが発生した場合、作業屑の評価額を計算します。評価額の計算方法は、売却するか自家消費するか、加工が必要か不要かによって、次のように分かれます。

① 売却する場合で加工が不要な場合

見積売却価値額－見積販売費及び一般管理費（－正常利益）

② 売却する場合で加工が必要な場合

見積売却価値額－見積販売費及び一般管理費（－正常利益）－見積加工費

③ 自家消費する場合で加工が不要な場合（そのまま材料などとして自家消費する場合）

見積購入価額

④ 自家消費する場合で加工が必要な場合（加工して材料などとして自家消費する場合）

見積購入価額－見積加工費

作業屑は、製品の中には使われなかった材料なので、仕掛品勘定あるいは部門費勘定から作業屑勘定に振り替え処理します。なお、作業屑が特定の製品の加工から発生する場合と、各製品の加工作業から共通的に発生する場合とでは処理が異なります。具体的には、評価額を、前者の場合は製造指図書の製造原

価から控除します。また、後者の場合は、製造間接費ないし発生部門の部門費から控除します。ただし、作業屑の価値が僅少な場合は、売却したときまたは自家消費したときに売上収益または利用価値価額見積額を雑収入として処理します。

① 特定の製品（指図書No.1）から発生する場合（No.1の製造原価から控除）

　　　　（借方）作業屑　　5,000　　　　　（貸方）仕掛品（No.1）　5,000

② 各製品の加工作業から共通的に発生する場合

　（a）単純個別原価計算の場合（製造間接費から控除）

　　　　（借方）作業屑　　8,000　　　　　（貸方）製造間接費　　8,000

　（b）部門別個別原価計算の場合（発生した製造部門の部門費から控除）

　　　　（借方）作業屑　　7,000　　　　　（貸方）A製造部門費　7,000

③ 作業屑の発生額がわずかな場合（評価額を計上せず、売却額を雑収入勘定で処理）

　　　　（借方）現金　　　3,000　　　　　（貸方）雑収入　　　　3,000

7.2　総合原価計算

　総合原価計算は、一定あるいは同種の規格製品を大量に連続して生産する「見込生産」型の業種で用いられる製品原価計算法です。総合原価計算の基本形として、単純総合原価計算（single process costing）と工程別総合原価計算（continuous process costing）があります。

① 単純総合原価計算

　単一工程において単一製品（1種類のみの製品）を反復連続的に生産する工場に適用される原価計算方法です。単純総合原価計算の応用形として、等級別総合原価計算と組別総合原価計算があります。

（a）等級別総合原価計算

　単一工程において同種製品ではあるが、大きさや重量、品質などにより等級別に分けられる製品（等級製品）を反復連続的に生産する工場に適用される原価計算方法です。

(b) 組別総合原価計算

単一工程において2種類以上の異種製品を反復連続的に生産する工場に適用される原価計算方法です。

② 工程別総合原価計算

製品が、単一の工程ではなく、2つ以上の連続する工程において反復連続的に生産される場合の原価計算方法です。

総合原価計算において、完成品総合原価は次式で計算されます。

完成品総合原価＝月初仕掛品原価＋当月製造費用－月末仕掛品原価

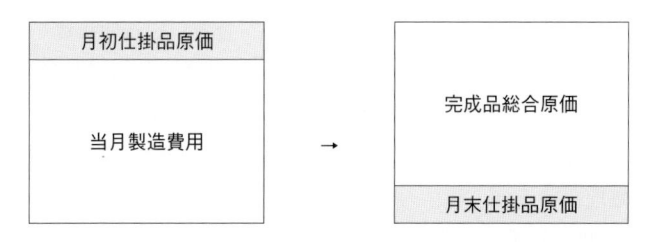

```
┌─────────────────┐         ┌─────────────────┐
│   月初仕掛品原価   │         │                 │
├─────────────────┤         │                 │
│                 │         │   完成品総合原価   │
│                 │    →    │                 │
│   当月製造費用    │         │                 │
│                 │         ├─────────────────┤
│                 │         │   月末仕掛品原価   │
└─────────────────┘         └─────────────────┘
       input                       output
```

図7.13 （月初仕掛品原価＋当月製造費用）＝（完成品総合原価＋月末仕掛品原価）の関係

月初仕掛品原価はすでに前月末に計算されています。また、当月製造費用は当月に消費した原価を集計すればわかります。したがって、完成品総合原価を求めるには、月末仕掛品原価を計算すればよいことがわかります。つまり、総合原価計算では、月初仕掛品原価と当期製造費用の合計額を、完成品総合原価と月末仕掛品原価とに按分計算します。

完成品総合原価がわかれば、これを完成品数量で割って、次式のように完成品単位原価を計算することができます。

$$完成品単位原価 = \frac{当月の完成品総合原価}{当月の完成品数量}$$

7.2.1 単純総合原価計算

　総合原価計算では、1ヶ月間に消費したすべての原価を、直接材料費と加工費（直接材料費以外の原価要素）に分類します。そして、月末仕掛品原価は、月末仕掛品が負担する直接材料費と加工費を別々に算定し、これらを足し合わせることにより計算します。

　直接材料費と加工費は、製品の製造工程において、それぞれの原価の発生の仕方が異なります。通常、直接材料費は、工程の始点（製造着手時点）で完成品に必要な量がすべて投入されます。つまり、月末仕掛品において、直接材料費は100％消費されているとみなします。しかし、加工費については、製造の進行に応じて徐々に発生するので、月末に、加工進捗度（何％まで完成したか）を調べ、月末仕掛品の完成品換算量を求める必要があります。

　月末仕掛品完成品換算量＝月末仕掛品数量×加工進捗度

　月末仕掛品原価を求めるためには、平均法、先入先出法、後入先出法の3つの方法があります。

(1) 平均法（average method）

　平均法では、「月初仕掛品と当月投入分が均等に交じり合い製品が完成する」という仮定に基づいて月末仕掛品原価を計算します。

　平均法の計算式

$$\text{月末仕掛品原価（直接材料費）} = \frac{\text{月初仕掛品原価（直接材料費）} + \text{当月製造費用（直接材料費）}}{\text{完成品数量} + \text{月末仕掛品数量}} \times \text{月末仕掛品数量}$$

$$\text{月末仕掛品原価（加工費）} = \frac{\text{月初仕掛品原価（加工費）} + \text{当月製造費用（加工費）}}{\text{完成品数量} + \text{月末仕掛品完成品換算量}} \times \text{月末仕掛品完成品換算量}$$

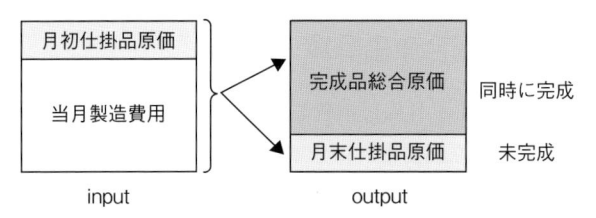

図7.14 平均法での（月初仕掛品原価＋当月製造費用）＝（完成品総合原価＋月末仕掛品原価）の関係

(2) 先入先出法 (first-in first-out method)

先入先出法では、「先につくり始めたもの（月初仕掛品）があれば、これをまず優先的に完成させ、その後に当月投入分を完成させていく」という仮定に基づいて月末仕掛品原価を計算します。

$$\text{月末仕掛品原価（直接材料費）} = \frac{\text{当月製造費用（直接材料費）}}{\text{完成品数量} - \text{月初仕掛品数量} + \text{月末仕掛品数量}} \times \text{月末仕掛品数量}$$

$$\text{月末仕掛品原価（加工費）} = \frac{\text{当月製造費用（加工費）}}{\text{完成品数量} - \text{月初仕掛品完成品換算量} + \text{月末仕掛品完成品換算量}} \times \text{月末仕掛品完成品換算量}$$

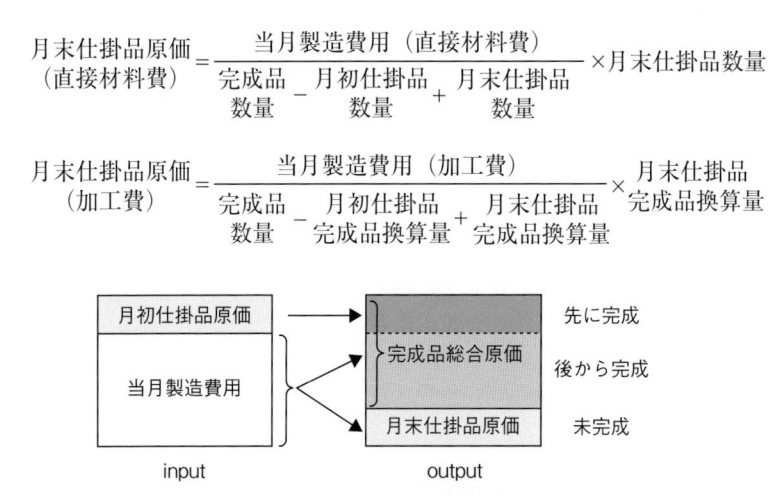

図7.15 先入先出法での（月初仕掛品原価＋当月製造費用）＝（完成品総合原価＋月末仕掛品原価）の関係

(3) 後入先出法 (last-in first-out method)

後入先出法では、「まず当月投入分から完成させ、その後、余力があれば月初仕掛品も完成させる」という仮定に基づいて月末仕掛品原価を計算します。なお、後入先出法では、生産の状況によって次のように計算方法が異なります。

① 月初仕掛品数量（完成品換算量）＝月末仕掛品数量（完成品換算量）の場合

当月製造費用が完成品原価となるので、月末仕掛品原価は月初仕掛品原価と等しくなります。

月末仕掛品原価（直接材料費）＝月初仕掛品原価（直接材料費）
月末仕掛品原価（加工費）＝月初仕掛品原価（加工費）

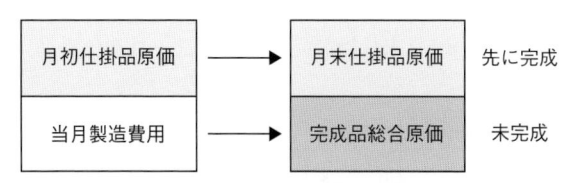

図 7.16 後入先出法での（月初仕掛品原価＋当月製造費用）＝（完成品総合原価＋月末仕掛品原価）の関係①

② 月初仕掛品数量（完成品換算量）＞月末仕掛品数量（完成品換算量）の場合

当月投入分はすべて完成したことになり、月末仕掛品原価は月初仕掛品原価から計算されます。

$$月末仕掛品原価（直接材料費）＝\frac{月初仕掛品原価（直接材料費）}{月初仕掛品数量}×月末仕掛品数量$$

$$月末仕掛品原価（加工費）＝\frac{月初仕掛品原価（加工費）}{月初仕掛品完成品換算量}×月末仕掛品完成品換算量$$

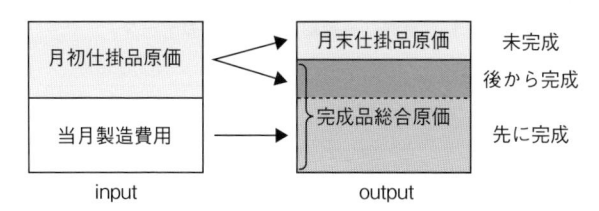

図 7.17 後入先出法での（月初仕掛品原価＋当月製造費用）＝（完成品総合原価＋月末仕掛品原価）の関係②

③ 月初仕掛品数量（完成品換算量）＜月末仕掛品数量（完成品換算量）の場合

当月投入分はすべて完成していないし、月初仕掛品はすべて未着手です。したがって、月末仕掛品原価は、月初仕掛品原価の全部と当月製造費用の一部から計算されます。

$$月末仕掛品原価\atop(直接材料費) = {月初仕掛品原価\atop(直接材料費)} + \frac{当月製造費用(直接材料費)}{完成品数量 + 月末仕掛品数量 - 月初仕掛品数量}$$
$$\times (月末仕掛品数量 - 月初仕掛品数量)$$

$$月末仕掛品原価\atop(加工費) = {月初仕掛品原価\atop(加工費)} + \frac{当月製造費用(加工費)}{完成品数量 + {月末仕掛品\atop 完成品換算量} - {月初仕掛品\atop 完成品換算量}}$$
$$\times (月末仕掛品完成品換算量 - 月初仕掛品完成品換算量)$$

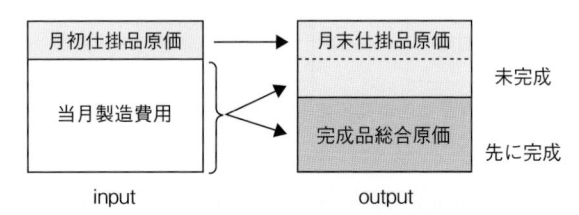

図 7.18 後入先出法での（月初仕掛品原価＋当月製造費用）＝（完成品総合原価＋月末仕掛品原価）の関係③

◆例題 7.2 単純総合原価計算

　表 7.1 のような資料に基づいて、平均法、先入先出法、後入先出法の 3 つの方法で単純総合原価計算を行い、それぞれの方法で完成品単位原価を計算できる Excel ワークシートを作成しましょう。

表 7.1 （資料）単純総合原価計算のデータ

項目	数量	加工進捗度
月初仕掛品	2,000	60％
当期投入	8,000	－
投入量合計	10,000	－
完成品	6,000	100％
月末仕掛品	4,000	30％
産出量合計	10,000	－

直接材料費	
月初仕掛品原価	¥20,000
当月製造費用	¥120,000

加工費	
月初仕掛品原価	¥15,600
当月製造費用	¥114,000

◇解答例

Excel ワークシートに、まず、資料のデータを入力します。

	A	B	C	D
1		単純総合原価計算		
2				
3		資料		
4		項目	数量	加工進捗度
5		月初仕掛品	2,000	60%
6		当期投入	8,000	-
7		投入量合計	10,000	-
8				
9		完成品	6,000	100%
10		月末仕掛品	4,000	30%
11		産出量合計	10,000	-
12				
13		直接材料費		
14		月初仕掛品原価	¥20,000	
15		当月製造費用	¥120,000	
16				
17		加工費		
18		月初仕掛品原価	¥15,600	
19		当月製造費用	¥114,000	

図 7.19　単純総合原価計算のデータ

さらに、これら資料のデータをセル C5 〜 C19、D5 〜 D11 に入力すれば、右のセル群には即座に完成品単位原価が計算される Excel ワークシートを作成しました。それぞれのセルには、計算式が入力されています。直接材料費と加工費の和として最終的に完成品単位原価が計算されます。

	F	G	H	I	J	K	L	M	N	O	P	Q	R
3	平均法						直接材料費		加工費			合計	
4		月初仕掛品原価					月初仕掛品原価	¥20,000	月初仕掛品原価	¥15,600	月初仕掛品原価		¥35,600
5					完成品総合原価	同時に完成	当月製造費用	¥120,000	当月製造費用	¥114,000	当月製造費用		¥234,000
6		当月製造費用					完成品総合原価	¥84,000	完成品総合原価	¥108,000	完成品総合原価		¥192,000
7					月末仕掛品	未完成	月末仕掛品	¥56,000	月末仕掛品	¥21,600	月末仕掛品		¥77,600
8		input			output		完成品単位原価	¥14.0	完成品単位原価	¥18.0	完成品単位原価		¥32.0
10													
11													
12	先入先出法												
13		月初仕掛品原価				先に完成	直接材料費		加工費			合計	
14					完成品総合原価		月初仕掛品原価	¥20,000	月初仕掛品原価	¥15,600	月初仕掛品原価		¥35,600
15		当月製造費用				後から完成	当月製造費用	¥120,000	当月製造費用	¥114,000	当月製造費用		¥234,000
16							完成品総合原価	¥80,000	完成品総合原価	¥106,800	完成品総合原価		¥186,800
17					月末仕掛品	未完成	月末仕掛品	¥60,000	月末仕掛品	¥22,800	月末仕掛品		¥82,800
18		input			output		完成品単位原価	¥13.3	完成品単位原価	¥17.8	完成品単位原価		¥31.1

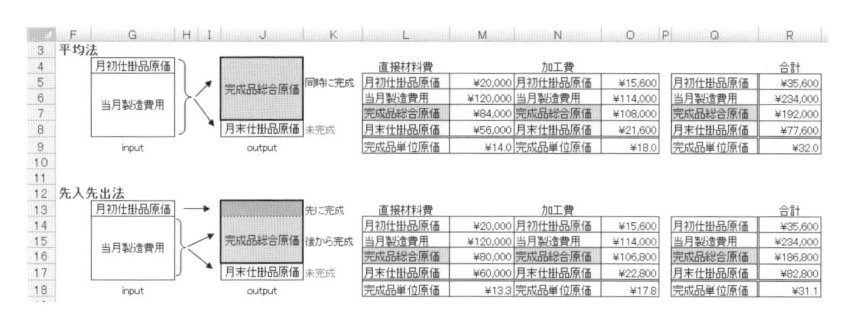

図 7.20　平均法、先入先出法の計算

176 第 7 章　3rd step：製品別原価計算

図 7.21　後入先出法の計算

この例題では、完成品単位原価が平均法で 32 円、先入先出法で 31.1 円、後入先出法で 34 円と違いがあることがわかります。以下に各セルの計算式を示します。

(1) 平均法

直接材料費		加工費		合計	
月初仕掛品原価	¥20,000	月初仕掛品原価	¥15,600	月初仕掛品原価	¥35,600
当月製造費用	¥120,000	当月製造費用	¥114,000	当月製造費用	¥234,000
完成品総合原価	¥84,000	完成品総合原価	¥108,000	完成品総合原価	¥192,000
月末仕掛品原価	¥56,000	月末仕掛品原価	¥21,600	月末仕掛品原価	¥77,600
完成品単位原価	¥14.0	完成品単位原価	¥18.0	完成品単位原価	¥32.0

	L	M	N	O	P	Q	R
4	直接材料費		加工費			合計	
5	月初仕掛品原価	=C14	月初仕掛品原価	=C18		月初仕掛品原価	=M5+O5
6	当月製造費用	=C15	当月製造費用	=C19		当月製造費用	=M6+O6
7	完成品総合原価	=(M5+M6)*C9/C11	完成品総合原価	=(O5+O6)−O8		完成品総合原価	=M7+O7
8	月末仕掛品原価	=(M5+M6)*C10/C11	月末仕掛品原価	=(O5+O6)*C10*D10/(C9+C10*D10)		月末仕掛品原価	=M8+O8
9	完成品単位原価	=M7/$C$9	完成品単位原価	=O7/$C$9		完成品単位原価	=R7/$C$9

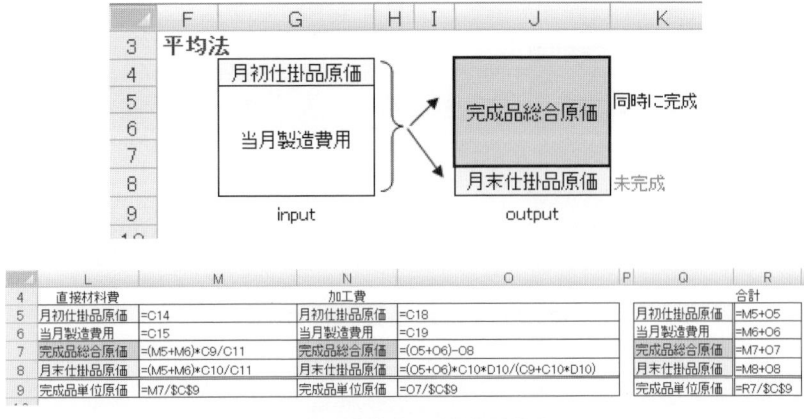

図 7.22　平均法の計算と計算式

(2) 先入先出法

直接材料費		加工費		合計	
月初仕掛品原価	¥20,000	月初仕掛品原価	¥15,600	月初仕掛品原価	¥35,600
当月製造費用	¥120,000	当月製造費用	¥114,000	当月製造費用	¥234,000
完成品総合原価	¥80,000	完成品総合原価	¥106,800	完成品総合原価	¥186,800
月末仕掛品原価	¥60,000	月末仕掛品原価	¥22,800	月末仕掛品原価	¥82,800
完成品単位原価	¥13.3	完成品単位原価	¥17.8	完成品単位原価	¥31.1

	F	G	H	I	J	K
12	先入先出法					
13		月初仕掛品原価		→		先に完成
14					完成品総合原価	
15		当月製造費用				後から完成
16						
17				→	月末仕掛品原価	未完成
18			input		output	

	L	M	N	O	P	Q	R
13	直接材料費		加工費			合計	
14	月初仕掛品原価	=C14	月初仕掛品原価	=C18		月初仕掛品原価	=M14+O14
15	当月製造費用	=C15	当月製造費用	=C19		当月製造費用	=M15+O15
16	完成品総合原価	=(M15+M14)-M17	完成品総合原価	=(O15+O14)-O17		完成品総合原価	=M16+O16
17	月末仕掛品原価	=M15*C10/(C10+C9-C5)	月末仕掛品原価	=O15*C10*D10/(C10*D10+C9-C5*D5)		月末仕掛品原価	=M17+O17
18	完成品単位原価	=M16/$C$9	完成品単位原価	=O16/$C$9		完成品単位原価	=R16/$C$9

図7.23　先入先出法の計算と計算式

(3) 後入先出法

後入先出法では、月初仕掛品数量（完成品換算量）と月末仕掛品数量（完成品換算量）の大小関係から3つのパターンがあり、どれを選択すべきか判断して、「該当」と表示してから、直接材料費と加工費それぞれの完成品総合原価を計算するようにしています。

	Q	R
24		合計
25	月初仕掛品原価	=SUM(M25,M34,M43,O25,O34,O43)
26	当月製造費用	=SUM(M26,M35,M44,O26,O35,O44)
27	完成品総合原価	=SUM(M27,M36,M45,O27,O36,O45)
28	月末仕掛品原価	=SUM(M28,M37,M46,O28,O37,O46)
29	完成品単位原価	=R27/$C$9

図7.24　後入先出法の合計の計算式

① 月初仕掛品数量(完成品換算量)=月末仕掛品数量(完成品換算量)の場合

直接材料費		加工費		該当	合計	
月初仕掛品原価		月初仕掛品原価	¥15,600		月初仕掛品原価	¥35,600
当月製造費用		当月製造費用	¥114,000		当月製造費用	¥234,000
完成品総合原価		完成品総合原価	¥114,000		完成品総合原価	¥204,000
月末仕掛品原価		月末仕掛品原価	¥15,600		月末仕掛品原価	¥65,600
完成品単位原価		完成品単位原価	¥19.0		完成品単位原価	¥34.0

	G	H	I	J	K
24	月初仕掛品原価	→	月末仕掛品原価		未完成
25					
26	当月製造費用	→	完成品総合原価		先に完成
27					
28					
29		input		output	

	L	M	N	O	P
24	直接材料費	=IF($C$5=$C$10,"該当","")	加工費	=IF($C$5*$D$5=$C$10*$D$10,"該当","")	
25	月初仕掛品原価	=IF(M24="該当",$C$14,"")	月初仕掛品原価	=IF(O24="該当",$C$18,"")	
26	当月製造費用	=IF(M24="該当",$C$15,"")	当月製造費用	=IF(O24="該当",$C$19,"")	
27	完成品総合原価	=IF(M24="該当",$C$15,"")	完成品総合原価	=IF(O24="該当",$C$19,"")	
28	月末仕掛品原価	=IF(M24="該当",$C$14,"")	月末仕掛品原価	=IF(O24="該当",$C$18,"")	
29	完成品単位原価	=IF(M24="該当",M27/$C$9,"")	完成品単位原価	=IF(O24="該当",O27/$C$9,"")	

図 7.25　後入先出法①の計算と計算式

② 月初仕掛品数量(完成品換算量)>月末仕掛品数量(完成品換算量)の場合

直接材料費		加工費	
月初仕掛品原価		月初仕掛品原価	
当月製造費用		当月製造費用	
完成品総合原価		完成品総合原価	
月末仕掛品原価		月末仕掛品原価	
完成品単位原価		完成品単位原価	

	G	H	I	J	K
33	月初仕掛品原価		→	月末仕掛品原価	未完成
34			→		後から完成
35					
36	当月製造費用		→	完成品総合原価	先に完成
37					
38		input		output	

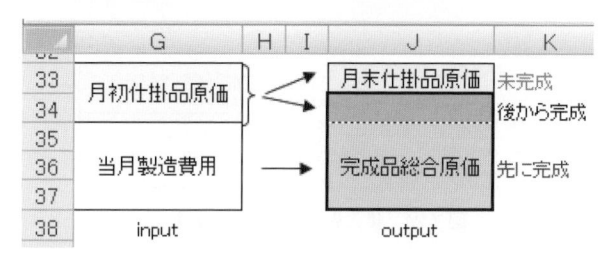

図 7.26　後入先出法②の計算と計算式

	L	M	N	O
33	直接材料費	=IF($C$5>$C$10,"該当","")	加工費	=IF($C$5*$D$5>$C$10*$D$10,"該当","")
34	月初仕掛品原価	=IF(M33="該当",$C$14,"")	月初仕掛品原価	=IF(O33="該当",$C$18,"")
35	当月製造費用	=IF(M33="該当",$C$15,"")	当月製造費用	=IF(O33="該当",$C$19,"")
36	完成品総合原価	=IF(M33="該当",(C15+C14)−M37,"")	完成品総合原価	=IF(O33="該当",(C18+C19)−O37,"")
37	月末仕掛品原価	=IF(M33="該当",$C$14*C10/C5,"")	月末仕掛品原価	=IF(O33="該当",$C$18*C10*D10/(C5*D5),"")
38	完成品単位原価	=IF(M33="該当",M36/$C$9,"")	完成品単位原価	=IF(O33="該当",O36/$C$9,"")

図7.26　後入先出法②の計算と計算式（つづき）

③ 月初仕掛品数量（完成品換算量）＜月末仕掛品数量（完成品換算量）の場合

	直接材料費	該当	加工費	
	月初仕掛品原価	¥20,000	月初仕掛品原価	
	当月製造費用	¥120,000	当月製造費用	
	完成品総合原価	¥90,000	完成品総合原価	
	月末仕掛品原価	¥50,000	月末仕掛品原価	
	完成品単位原価	¥15.0	完成品単位原価	

	L	M	N	O
42	直接材料費	=IF($C$5<$C$10,"該当","")	加工費	=IF($C$5*$D$5<$C$10*$D$10,"該当","")
43	月初仕掛品原価	=IF(M42="該当",$C$14,"")	月初仕掛品原価	=IF(O42="該当",$C$18,"")
44	当月製造費用	=IF(M42="該当",$C$15,"")	当月製造費用	=IF(O42="該当",$C$19,"")
45	完成品総合原価	=IF(M42="該当",(C15+C14)−M46,"")	完成品総合原価	=IF(O42="該当",C18+C19−O46,"")
46	月末仕掛品原価	=IF(M42="該当",C14+C15*(C10−C5)/(C9+C10−C5),"")	月末仕掛品原価	=IF(O42="該当",C18+C19*(C10*D10−C5*D5)/(C9+C10*D10−C5*D5),"")
47	完成品単位原価	=IF(M42="該当",M45/$C$9,"")	完成品単位原価	=IF(O42="該当",O45/$C$9,"")

図7.27　後入先出法③の計算と計算式

7.2.2　等級別総合原価計算

　同一工程において、同種製品ではあるものの形状、大きさ、品質などの違いにより、等級（価値）別に分けられる製品（等級製品）を大量に生産する場合に用いられるのが、等級別総合原価計算です。例えば、宝石、酒などは、単位当たりの価値の割合を「等価係数」で表します。1級品、2級品、3級品の3種類の製品があり、価値として1級品を1.0とし、2級品は0.8、3級品は0.6とすると、1.0：0.8：0.6が「等価係数」となります。1級品、2級品、3級品

のそれぞれを 1 級品に換算すると何個の価値と同じになるかを計算した数量を「積数」と呼びます。

1 級品、2 級品、3 級品を 10 個、20 個、30 個生産したとき、

1 級品の積数 = 1.0 × 10 個 = 10 個
2 級品の積数 = 0.8 × 20 個 = 16 個
3 級品の積数 = 0.6 × 30 個 = 18 個

となり、製品 60 個を 1 級品に換算すると 44 個であるということがわかります。

製品 60 個を生産するのにかかった完成品総合原価が 88,000 円だとすると

1 級品の完成品総合原価 = 88,000 円 × 10/44 = 20,000 円
完成品単位原価 = 20,000 円 ÷ 10 個 = 2,000 円 / 個
2 級品の完成品総合原価 = 88,000 円 × 16/44 = 32,000 円
完成品単位原価 = 32,000 円 ÷ 20 個 = 1,600 円 / 個
3 級品の完成品総合原価 = 88,000 円 × 18/44 = 36,000 円
完成品単位原価 = 36,000 円 ÷ 30 個 = 1,200 円 / 個

と計算できます。

つまり、各等級製品の完成品原価を求めるには、等級製品別に等価係数を設定し、等級製品を区別することなく一括して計算した完成品総合原価を、積数の比に基づいて各等級製品に按分することになります。

各等級製品の積数 = 各等級製品の等価係数 × 各等級製品の完成品数量

$$各等級製品の完成品原価 = 完成品原価（総合原価）\times \frac{各等級製品の積数}{積数合計}$$

◆例題 7.3 等級別総合原価計算

1 級品〜3 級品までの生産量、等価係数、完成品総合原価がわかっているとき、等級別総合原価計算ができる Excel ワークシートを作成しましょう。

◇解答例

図 7.28 のような Excel ワークシートを作成します。

	A	B	C	D
1	等級別総合原価計算			
2				
3			完成品総合原価	¥88,000
4		1級品	2級品	3級品
5	項目	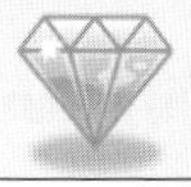	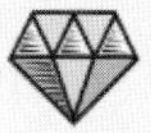	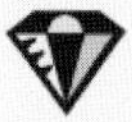
6	生産量	10個	20個	30個
7	等価係数	1.0	0.8	0.6
8	積数	10個	16個	18個
9	完成品総合原価	¥20,000	¥32,000	¥36,000
10	完成品単位原価	¥2,000	¥1,600	¥1,200

図 7.28 等級別総合原価計算

完成品総合原価と各等級品の生産量及び等価係数を入力すれば、各等級品の完成品総合原価と完成品単位原価が自動的に計算されます。

	A	B	C	D
1	等級別総合原価計算			
2				
3			完成品総合原価	¥88,000
4		1級品	2級品	3級品
5	項目	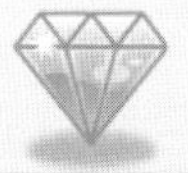	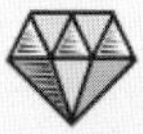	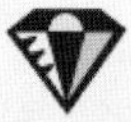
6	生産量	10個	20個	30個
7	等価係数	1.0	0.8	0.6
8	積数	=B6*B7	16個	18個
9	完成品総合原価	=$D$3*B8/SUM($B$8:$D$8)		¥46,588
10	完成品単位原価	=B9/B6	¥2,071	¥1,553

図 7.29 等級別総合原価計算の計算式

7.2.3 組別総合原価計算

組別総合原価計算とは、同一工程において2種類以上の異種製品を連続生産する場合に用いられる原価計算方法です。

組別総合原価計算では、製品の種類別を「組」と呼びます。組別総合原価計算では、当月製造費用を組直接費と組間接費に分類します。組直接費は、特定の組製品に対して直接に認識・集計できる直接材料費などであり、組間接費は、各組の製品に対して共通的に発生する加工費です。組直接費は各組に直課し、組間接費は各組に一定の基準で配賦します。

◆例題 7.4 組別総合原価計算

表 7.2 のようなデータに対して、組別総合原価計算ができる Excel ワークシートを作成しましょう。

表 7.2 （資料）組別総合原価計算のデータ

項目	製品 A		製品 B	
	数量	加工進捗度	数量	加工進捗度
月初仕掛品	900	50%	1,000	70%
当期投入	7,100	—	9,600	-
投入量合計	8,000	—	10,600	-
完成品	7,200	100%	10,000	100%
月末仕掛品	800	60%	600	60%
産出量合計	8,000	—	10,600	-

直接材料費	製品 A	製品 B
月初仕掛品原価	¥68,000	¥90,400
当月製造費用	¥600,000	¥800,000

加工費	製品 A	製品 B
月初仕掛品原価	¥10,560	¥14,180
当月直接直接工平均賃率	1200 円/h	1200 円/h
当月直接作業時間	3,000h	4,000h
間接費配賦額	¥144,000	¥192,000
当月製造費用	¥3,744,000	¥4,992,000

当月組間接費発生総額	¥336,000

7.2 総合原価計算

◇解答例

Excel ワークシートに表 7.2 のデータを入力します。

	A	B	C	D	E
1	組別総合原価計算				
2					
3					
4	項目	製品A		製品B	
5		数量	加工進捗度	数量	加工進捗度
6	月初仕掛品	900	50%	1,000	70%
7	当期投入	7,100	-	9,600	-
8	投入量合計	8,000	-	10,600	-
9					
10	完成品	7,200	100%	10,000	100%
11	月末仕掛品	800	60%	600	60%
12	産出量合計	8,000	-	10,600	-
13					
14	直接材料費	製品A		製品B	
15	月初仕掛品原価	¥68,000		¥90,400	
16	当月製造費用	¥600,000		¥800,000	
17					
18	加工費	製品A		製品B	
19	月初仕掛品原価	¥10,560		¥14,180	
20	当月直接工平均賃率	1200円/h		1200円/h	
21	当月直接作業時間	3,000h		4,000h	
22	間接費配賦額	¥144,000		¥192,000	
23	当月製造費用	¥3,744,000		¥4,992,000	
24					
25	当月組間接費発生総額	¥336,000			

図 7.30　組別総合原価計算

次に、当月直接作業時間を基準にして組間接費総額を配賦します。それと、平均賃率×当月直接作業時間で求めた加工費を足し合わせ、加工費の当月製造費用を求めます。

	A	B	C	D	E
18	加工費	製品A		製品B	
19	月初仕掛品原価		¥10,560		¥14,180
20	当月直接工平均賃率		1200円/h		1200円/h
21	当月直接作業時間		3,000h		4,000h
22	間接費配賦額	=$B$25*B21/($B$21+$D$21)		=$B$25*D21/($B$21+$D$21)	
23	当月製造費用	=B20*B21+B22		=D20*D21+D22	
24					
25	当月組間接費発生総額	¥336,000			

図 7.31　組別総合原価計算の計算式

すでに、単純総合原価計算で説明しましたが、次のように平均法によって直接材料費及び加工費の月末仕掛品原価を求めます。

平均法

	G	H	I	J	K	L	M	N
3	平均法							
4		月初仕掛品原価						
5					完成品総合原価	同時に完成		
6								
7		当月製造費用						
8					月末仕掛品原価	未完成		
9		input			output			
10								
11		製品A 総合原価計算表						
12		直接材料費		加工費			合計	
13		月初仕掛品原価	¥68,000	月初仕掛品原価	¥10,560		月初仕掛品原価	¥78,560
14		当月製造費用	¥600,000	当月製造費用	¥3,744,000		当月製造費用	¥4,344,000
15		完成品総合原価	¥601,200	完成品総合原価	¥3,519,900		完成品総合原価	¥4,121,100
16		月末仕掛品原価	¥66,800	月末仕掛品原価	¥234,660		月末仕掛品原価	¥301,460
17		完成品単位原価	¥83.5	完成品単位原価	¥488.9		完成品単位原価	¥572.4
18								
19		製品B 総合原価計算表						
20		直接材料費		加工費			合計	
21		月初仕掛品原価	¥90,400	月初仕掛品原価	¥14,180		月初仕掛品原価	¥104,580
22		当月製造費用	¥800,000	当月製造費用	¥4,992,000		当月製造費用	¥5,792,000
23		完成品総合原価	¥840,000	完成品総合原価	¥4,832,220		完成品総合原価	¥5,672,220
24		月末仕掛品原価	¥50,400	月末仕掛品原価	¥173,960		月末仕掛品原価	¥224,360
25		完成品単位原価	¥84.0	完成品単位原価	¥483.2		完成品単位原価	¥567.2

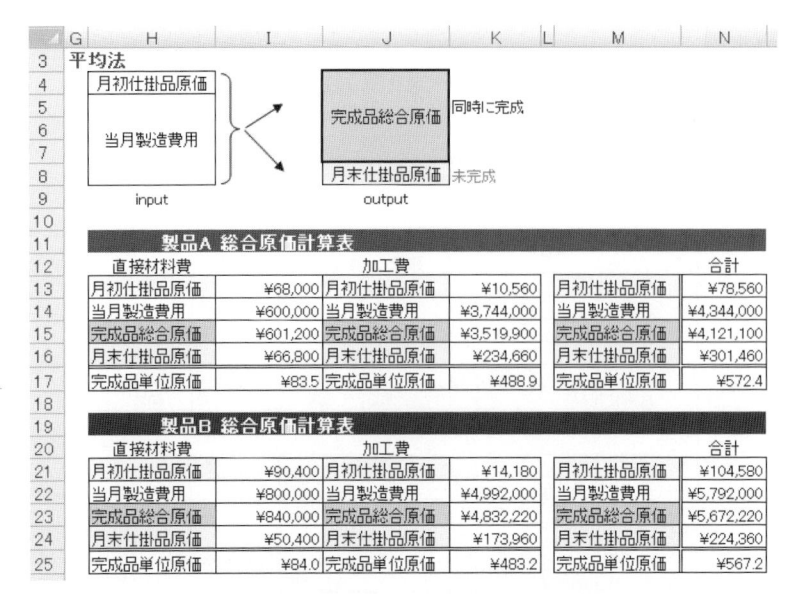

図 7.32 平均法による総合原価計算

計算式は、次のとおりです。

	H	I	J	K
11	製品A 総合原価計算表			
12	直接材料費		加工費	
13	月初仕掛品原価	=B15	月初仕掛品原価	=B19
14	当月製造費用	=B16	当月製造費用	=B23
15	完成品総合原価	=(I13+I14)−I16	完成品総合原価	=(K13+K14)−K16
16	月末仕掛品原価	=(I13+I14)*B11/B12	月末仕掛品原価	=(K13+K14)*B11*C11/(B10+B11*C11)
17	完成品単位原価	=I15/B10	完成品単位原価	=K15/B10

図 7.33 平均法による総合原価計算の計算式①

直接材料費及び加工費の金額を足し合わせて、最終的に、完成品総合原価、さらに完成品単位原価を求めます。

	M	N
12		合計
13	月初仕掛品原価	=I13+K13
14	当月製造費用	=I14+K14
15	完成品総合原価	=I15+K15
16	月末仕掛品原価	=I16+K16
17	完成品単位原価	=N15/B10

図 7.34 平均法による総合原価計算の計算式②

7.2.4 工程別総合原価計算

一般に、多くの企業では、連続する2つ以上の工程（製品製造のための1つひとつの加工作業）によって製品を製造しています。その工程ごとに原価を計算する総合原価計算を工程別総合原価計算といいます。

工程別総合原価計算の計算方法には、累加法と非累加法があります。

(1) 累加法

第1工程では、始点で直接材料を投入し、その材料に加工を行って、第1工程完成品をつくり出します。したがって、単純総合原価計算と同様の計算方法により、第1工程の月末仕掛品原価と完成品原価を計算することができます。そして、第1工程の完成品総合原価を第2工程に振り替えます。

第2工程では、第1工程の完成品総合原価を「前工程費」（前段階の工程の原価なので前工程費と呼びます）として受け入れ、第2工程で発生した原価とともに、第2工程の月末仕掛品原価と完成品原価を計算します。なお、前工程費は、第2工程の始点で投入されるため、直接材料費と同様の計算を行います。つまり、「前工程費＋第2工程の直接材料費＋第2工程の加工費」が、月末仕掛品原価と完成品原価として配分されるというわけです。第3工程以降はこの繰り返しになります。

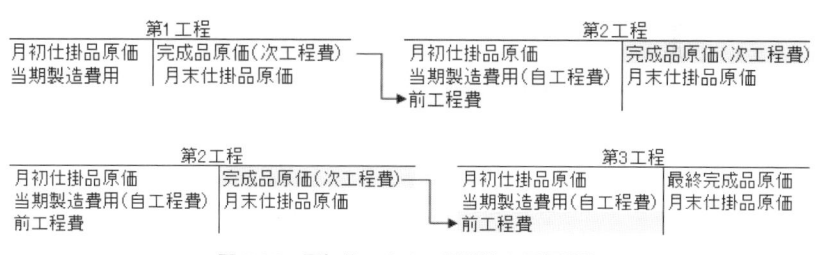

図7.35 累加法による工程別総合原価計算

(2) 非累加法

工程間の原価の振り替えは行わず、各工程では自工程の原価のみによって当該工程の完成品原価を計算します。その後、それらを合計することによって完成品総合原価を求めます。したがって、完成品原価のうち、各工程で発生した原価がいくらであったかという原価の内訳情報を知ることができるというメリ

ットがあります。

◆例題 7.5　累加法による工程別総合原価計算

表7.3のようなデータに対して、累加法による工程別総合原価計算ができるExcelワークシートを作成しましょう。

表7.3　（資料）工程別データ

項目	第1工程 数量	第1工程 加工進捗度	第2工程 数量	第2工程 加工進捗度	第3工程 数量	第3工程 加工進捗度
月初仕掛品	600	30%	400	40%	600	60%
当期投入	3,600	—	4,000	—	3,000	—
投入量合計	4,200	—	4,400	—	3,600	—
完成品	4,000	100%	3,800	100%	3,000	100%
月末仕掛品	200	50%	600	50%	600	60%
産出量合計	4,200	—	4,400	—	3,600	—

月初仕掛品原価	第1工程		第2工程		第3工程	
直接材料費	¥3,800		—		—	
加工費	¥1,800		¥8,000		¥5,000	
前工程費	—		¥13,200		¥10,000	

当月製造費用	第1工程		第2工程		第3工程	
直接材料費	¥46,800		—		—	
加工費	¥39,200		¥98,500		¥80,000	
前工程費	—					

◇解答例

Excel ワークシートに表7.3の資料データを入力します。

	A	B	C	D	E	F	G
1	工程別総合原価計算						
2							
3	資料	第1工程		第2工程		第3工程	
4	項目	数量	加工進捗度	数量	加工進捗度	数量	加工進捗度
5	月初仕掛品	600	30%	400	40%	600	60%
6	当期投入	3,600	-	4,000	-	3,000	-
7	投入量合計	4,200	-	4,400	-	3,600	-
8							
9	完成品	4,000	100%	3,800	100%	3,000	100%
10	月末仕掛品	200	50%	600	50%	600	60%
11	産出量合計	4,200	-	4,400	-	3,600	-
12							
13	月初仕掛品原価	第1工程		第2工程		第3工程	
14	直接材料費		¥3,800		-		-
15	加工費		¥1,800		¥8,000		¥5,000
16	前工程費		-		¥13,200		¥10,000
17							
18	当月製造費用	第1工程		第2工程		第3工程	
19	直接材料費		¥46,800		-		-
20	加工費		¥39,200		¥98,500		¥80,000
21	前工程費		-				

図7.36 工程別総合原価計算のデータ

次に、単純総合原価計算と同じように、各工程のデータから月末仕掛品原価を計算します。ここで、第2工程以降では、前加工品の当月製造費用として、前工程の完成品総合原価を用います。

	H	I	J	K	L	M	N	O	P	Q	R	S
2		工程別総合原価計算表（累加法）					第2工程の前工程費として？	平均法		第3工程の前工程費として？	平均法	平均法
3		平均法		第1工程			第2工程	先入先出法		第3工程		先入先出法
4			直接材料費	加工費	合計	加工費	前工程費	合計	加工費	前工程費	合計	
5		月初仕掛品原価	¥3,800	¥1,800	¥5,600	¥8,000	¥13,200	¥21,200	¥5,000	¥10,000	¥15,000	
6		当月製造費用	¥46,800	¥39,200	¥86,000	¥98,500	¥88,190	¥186,690	¥80,000	¥186,272	¥266,272	
7		合計	¥50,600	¥41,000	¥91,600	¥106,500	¥101,390	¥207,890	¥85,000	¥196,272	¥281,272	
8		月末仕掛品原価	¥2,410	¥1,000	¥3,410	¥7,793	¥13,826	¥21,619	¥9,107	¥32,712	¥41,819	
9		完成品総合原価	¥48,190	¥40,000	¥88,190	¥98,707	¥87,565	¥186,272	¥75,893	¥163,560	¥239,453	
10		完成品数量	4,000	4,000	4,000	3,800	3,800	3,800	3,000	3,000	3,000	
11		完成品単位原価	¥12.0	¥10.0	¥22.0	¥26.0	¥23.0	¥49.0	¥25.3	¥54.5	¥79.8	
12												
13						第2工程の前工程費として？		先入先出法	第3工程の前工程費として？		先入先出法	
14		先入先出法		第1工程			第2工程			第3工程		
15			直接材料費	加工費	合計	加工費	前工程費	合計	加工費	前工程費	合計	
16		月初仕掛品原価	¥3,800	¥1,800	¥5,600	¥8,000	¥13,200	¥21,200	¥5,000	¥10,000	¥15,000	
17		当月製造費用	¥46,800	¥39,200	¥86,000	¥98,500	¥88,000	¥186,500	¥80,000	¥187,000	¥267,000	
18		合計	¥50,600	¥41,000	¥91,600	¥106,500	¥101,200	¥207,700	¥85,000	¥197,000	¥282,000	
19		月末仕掛品原価	¥2,600	¥1,000	¥3,600	¥7,793	¥13,200	¥20,700	¥9,600	¥37,400	¥47,000	
20		完成品総合原価	¥48,000	¥40,000	¥88,000	¥99,100	¥88,000	¥187,000	¥75,400	¥159,600	¥235,000	
21		完成品数量	4,000	4,000	4,000	3,800	3,800	3,800	3,000	3,000	3,000	
22		完成品単位原価	¥12.0	¥10.0	¥22.0	¥26.1	¥23.2	¥49.2	¥25.1	¥53.2	¥78.3	

図7.37 工程別総合原価計算

この例では、平均法と先入先出法で工程別総合原価計算表を作成していますが、第2工程以降で、前工程費として異なる手法の数値を使いたい場合は、リストボックスで平均法か先入先出法かを選択することで前工程費の参照元が自動的に変更されるようにしています。つまり、第1工程を平均法で計算し、その結果を第2工程の前加工費として用い、第2工程では先入先出法を用いて計算することができます。図 7.38 のように IF 関数で選択できるようにしています。先入先出法で微妙に完成品単位原価が異なっていることがわかります。扱っている直接材料費の変動が大きい場合に、どちらの手法を使うかで収益の結果も異なってくることに注意しましょう。

	H	I	J	K	L	M	N	O
2		工程別総合原価計算表(累加法)				第2工程の前工程費として?		平均法
3		平均法	第1工程			第2工程		
4			直接材料費	加工費	合計	加工費	前工程費	合計
5		月初仕掛品原価	¥3,800	¥1,800	¥5,600	¥8,000	¥13,200	¥21,200
6		当月製造費用	¥46,800	¥39,200	¥86,000	¥98,500	=IF(O2="平均法",L9,L20)	
7		合計	¥50,600	¥41,000	¥91,600	¥106,500	¥101,390	¥207,890
8		月末仕掛品原価	¥2,410	¥1,000	¥3,410	¥7,793	¥13,826	¥21,619
9		完成品総合原価	¥48,190	¥40,000	¥88,190	¥98,707	¥87,565	¥186,272
10		完成品数量	4,000	4,000	4,000	3,800	3,800	3,800
11		完成品単位原価	¥12.0	¥10.0	¥22.0	¥26.0	¥23.0	¥49.0

図 7.38 工程別総合原価計算の計算式

◆例題 7.6 非累加法による工程別総合原価計算

表 7.4 のようなデータに対して、非累加法による工程別総合原価計算ができる Excel ワークシートを作成しましょう。

表 7.4 (資料) 工程別データ

項目	第1工程		第2工程		第3工程	
	数量	加工進捗度	数量	加工進捗度	数量	加工進捗度
月初仕掛品	600	30%	400	40%	400	50%
当期投入	3,600	—	4,000	—	3,800	—
投入量合計	4,200	—	4,400	—	4,200	—
完成品	4,000	100%	3,800	100%	4,000	100%
月末仕掛品	200	50%	600	50%	400	50%
産出量合計	4,200	—	4,400	—	4,400	—

表 7.4 （資料）工程別データ（つづき）

月初仕掛品原価	第1工程	第2工程	第3工程
直接材料費	¥3,800	—	—
加工費	¥1,800	¥8,000	¥5,000
前工程費(第1工程直接材料費)	—	¥4,000	¥1,500
前工程費(第1工程加工費)	—	¥9,200	¥2,500
前工程費(第2工程加工費)	—	—	¥6,000

当月製造費用	第1工程	第2工程	第3工程
直接材料費	¥46,800	—	—
加工費	¥39,200	¥98,500	¥96,000

◇**解答例**

Excel ワークシートに表 7.4 の資料データを入力します。

	A	B	C	D	E	F	G
1	工程別総合原価計算（非累加法）						
2							
3	資料	第1工程		第2工程		第3工程	
4	項目	数量	加工進捗度	数量	加工進捗度	数量	加工進捗度
5	月初仕掛品	600	30%	400	40%	400	50%
6	当期投入	3,600	—	4,000	—	3,800	—
7	投入量合計	4,200		4,400		4,200	
8							
9	完成品	4,000	100%	3,800	100%	4,000	100%
10	月末仕掛品	200	50%	600	50%	400	50%
11	産出量合計	4,200	—	4,400	—	4,400	—
12							
13	月初仕掛品原価	第1工程		第2工程		第3工程	
14	直接材料費	¥3,800		—		—	
15	加工費	¥1,800		¥8,000		¥5,000	
16	前工程費(第1工程直接材料費)	—		¥4,000		¥1,500	
17	前工程費(第1工程加工費)	—		¥9,200		¥2,500	
18	前工程費(第2工程加工費)	—		—		¥6,000	
19							
20	当月製造費用	第1工程		第2工程		第3工程	
21	直接材料費	¥46,800		—		—	
22	加工費	¥39,200		¥98,500		¥96,000	

図 7.39　非累加法による工程別総合原価計算のデータ

これを入力データとして、完成品総合原価を非累加法で計算します。

工程別総合原価計算表(非累加法) 平均法

			第1工程 直接材料費	第1工程 加工費	第1工程 合計	第2工程 加工費	第2工程 合計	第3工程 加工費	第3工程 合計
5		当月製造費用	¥46,800	¥39,200	¥86,000	¥98,500	¥184,500	¥96,000	¥280,500
6	第1工程	月初仕掛品原価	¥3,800	¥1,800	¥5,600				
7		月末仕掛品原価	¥2,410	¥1,000	¥3,410				
8		(差引)	¥48,190	¥40,000	¥88,190				
9		月初仕掛品原価	¥4,000	¥9,200	¥13,200	¥8,000	¥21,200		
10	第2工程	月末仕掛品原価	¥7,117	¥6,709	¥13,826	¥7,793	¥21,619		
11		(差引)	¥45,074	¥42,491	¥87,565	¥98,707	¥186,272		
12		月初仕掛品原価	¥1,500	¥2,500	¥4,000	¥6,000	¥10,000	¥5,000	¥15,000
13	第3工程	月末仕掛品原価	¥4,234	¥4,090	¥8,324	¥9,519	¥17,843	¥4,810	¥22,652
14		完成品総合原価	¥42,340	¥40,901	¥83,240	¥95,188	¥178,429	¥96,190	¥274,619
15		完成品数量	4,000	4,000	4,000	4,000	4,000	4,000	4,000
16		完成品単位原価	¥10.6	¥10.2	¥20.8	¥23.8	¥44.6	¥24.0	¥68.7

図 7.40　非累加法による工程別総合原価計算（平均法）

工程別総合原価計算表(累加法) 平均法

		第1工程 直接材料費	第1工程 加工費	第1工程 合計	第2工程 加工費	第2工程 前工程費	第2工程 合計	第3工程 加工費	第3工程 前工程費	第3工程 合計
5	月初仕掛品原価	¥3,800	¥1,800	¥5,600	¥8,000	¥13,200	¥21,200	¥5,000	¥10,000	¥15,000
6	当月製造費用	¥46,800	¥39,200	¥86,000	¥98,500	¥88,190	¥186,690	¥96,000	¥186,272	¥282,272
7	合計	¥50,600	¥41,000	¥91,600	¥106,500	¥101,390	¥207,890	¥101,000	¥196,272	¥297,272
8	月末仕掛品原価	¥2,410	¥1,000	¥3,410	¥7,793	¥13,826	¥21,619	¥4,810	¥17,843	¥22,652
9	完成品総合原価	¥48,190	¥40,000	¥88,190	¥98,707	¥87,565	¥186,272	¥96,190	¥178,429	¥274,619
10	完成品数量	4,200	4,200	4,200	3,800	3,800	3,800	4,000	4,000	4,000
11	完成品単位原価	¥11.5	¥9.5	¥21.0	¥26.0	¥23.0	¥49.0	¥24.0	¥44.6	¥68.7

図 7.41　累加法による工程別総合原価計算（平均法）

非累加法では、各工程において、自工程費のみによって、その工程の完成品原価が計算され、それを合計することで最終製品の完成品原価が計算されます。

この例では、第1工程では中間製品を4,000個完成させ、平均法で計算した結果、88,190円の完成品原価となっています。これらは第2工程に引き渡されます。第2工程では前月の仕掛品と当月投入分から3,800個完成しています。第1工程で発生した原価のうち、第2工程後に当月分の発生とみなされるのは87,565円となります。加工費の計算では、第2工程では前加工費として扱われるもので、工程の始点で投入されるため、加工進捗度は100%として計算されることに注意してください。第3工程も同様に計算し、第1工程で発生した原価のうち、第3工程の後に当月分の発生とみなされるのは83,240円となります。累加法と非累加法を比較できるように、同じワークシート内に累加法の結果も表示しました。セルの色で原価の対応がわかるようにしています。最終的

に両者で完成品総合原価は同じ値になります。

工程別総合原価計算表(非累加法)

	先入先出法		第1工程			第2工程		第3工程	
			直接材料費	加工費	合計	加工費	合計	加工費	合計
22		当月製造費用	¥46,800	¥39,200	¥86,000	¥98,500	¥184,500	¥96,000	¥280,500
23	第1工程	月初仕掛品原価	¥3,800	¥1,800	¥5,600				
24		月末仕掛品原価	¥2,600	¥1,000	¥3,600				
25		(差引)	¥48,000	¥40,000	¥88,000				
26		月初仕掛品原価	¥4,000	¥9,200	¥13,200	¥8,000	¥21,200		
27	第2工程	月末仕掛品原価	¥7,200	¥6,000	¥13,200	¥7,500	¥20,700		
28		(差引)	¥44,800	¥43,200	¥88,000	¥99,000	¥187,000		
29		月初仕掛品原価	¥1,500	¥2,500	¥4,000	¥6,000	¥10,000	¥5,000	¥15,000
30	第3工程	月末仕掛品原価	¥4,480	¥4,320	¥8,800	¥9,900	¥18,700	¥4,800	¥23,500
31		完成品総合原価	¥41,820	¥41,380	¥83,200	¥95,100	¥178,300	¥96,200	¥274,500
32		完成品数量	4,000	4,000	4,000	4,000	4,000	4,000	4,000
33		完成品単位原価	¥10.5	¥10.3	¥20.8	¥23.8	¥44.6	¥24.1	¥68.63

図 7.42 非累加法による工程別総合原価計算(先入先出法)

工程別総合原価計算表(累加法)

	先入先出法	第1工程			第2工程			第3工程		
		直接材料費	加工費	合計	加工費	前工程費	合計	加工費	前工程費	合計
22	月初仕掛品原価	¥3,800	¥1,800	¥5,600	¥8,000	¥13,200	¥21,200	¥5,000	¥10,000	¥15,000
23	当月製造費用	¥46,800	¥39,200	¥86,000	¥98,500	¥88,000	¥186,500	¥96,000	¥187,000	¥283,000
24	合計	¥50,600	¥41,000	¥91,600	¥106,500	¥101,200	¥207,700	¥101,000	¥197,000	¥298,000
25	月末仕掛品原価	¥2,600	¥1,000	¥3,600	¥7,500	¥13,200	¥20,700	¥4,800	¥18,700	¥23,500
26	完成品総合原価	¥48,000	¥40,000	¥88,000	¥99,000	¥88,000	¥187,000	¥96,200	¥178,300	¥274,500
27	完成品数量	4,000	4,000	4,000	4,000	4,000	4,000	4,000	4,000	4,000
28	完成品単位原価	¥12.0	¥10.0	¥22.0	¥24.8	¥22.0	¥46.8	¥24.1	¥44.6	¥68.6

図 7.43 累加法による工程別総合原価計算(先入先出法)

7.2.5 減損・仕損の処理

　製造途中で材料が何からの理由で減少してしまったり(減損といいます)、不良品を出してしまったりする(仕損といいます)ことがあります。そのような場合は、各工程で、投入量合計(月初仕掛品数量+当月投入量)と産出量合計(完成品数量+月末仕掛品数量)が一致せず、産出量合計の方が少なくなります。この原因は、減損(waste)と仕損(spoilage)などが考えられます。

　減損とは、製造作業において原材料の一部が蒸発、粉散、ガス化、煙化などの原因によってなくなるか、または製品化しない無駄な部分が発生してしまうことをいいます。

　また、仕損とは、製品の加工に失敗し、一定の品質や規格を満たさない不合格品が発生することをいい、その不合格品を仕損品といいます。

　総合原価計算では、歩減に対する損失(減損費と仕損費)を考慮して計算す

る必要があります。減損費は、減損の発生までにかかった原価を集計して計算します。また、仕損費は、仕損品原価（仕損にかかった原価）から仕損品評価額を控除して計算することになります。

総合原価計算では、こうした減損費や仕損費を考慮しなければなりませんが、処理方法は、それらの発生が正常か異常かによって異なります。

製品の加工中に、どうしても材料の減少が起こるもの（避けられないもの）を正常減損（正常仕損）といいます。一方、異常な原因によって起こる材料の減少（通常は起きないが作業ミスなどが生じたもの）を異常減損（異常仕損）といいます。

異常な原因によって生じた減損や仕損の場合、異常減損費または異常仕損費として扱います。これらは、良品とは区別して分離計算し、非原価項目として処理することになります。異常仕損品に処分価額がある場合は、これを控除した金額が異常仕損費となります。

正常減損（正常仕損）の場合、その発生額（正常減損費と正常仕損費）は製品を製造するために必要な原価と考えて、以下のどちらかの方法で処理します。

① 完成品のみに負担させる。
② 完成品と月末仕掛品の両者に負担させる。

なお、仕損品の評価額（販売できるかどうか）がゼロであれば、その処理方法は減損と同じになります。

(1) 正常減損が工程の終点（または、月末仕掛品の加工進捗度より後の地点）で発生する場合の処理

正常減損が工程の終点（または、月末仕掛品の加工進捗度より後の地点）で発生する場合、正常減損費は完成品のみに負担させることになります。

正常減損費を完成品に負担させるとき、以下のどちらかの方法で行います。

① 別個に正常減損費を計算しないで自動的に負担させる方法（度外視法）
② 正常減損費を別個に計算する方法（非度外視法）

度外視法を用いた場合の、平均法ならびに先入先出法による月末仕掛品原価の計算式は次のようになります。

平均法の計算式

$$\text{月末仕掛品原価（直接材料費）} = \frac{\text{月初仕掛品原価（直接材料費）} + \text{当月製造費用（直接材料費）}}{\text{完成品数量} + \text{月末仕掛品数量}} \times \text{月末仕掛品数量}$$

$$\text{月末仕掛品原価（加工費）} = \frac{\text{月初仕掛品原価（加工費）} + \text{当月製造費用（加工費）}}{\text{完成品数量} + \text{月末仕掛品完成品換算量}} \times \text{月末仕掛品完成品換算量}$$

先入先出法の計算式

$$\text{月末仕掛品原価（直接材料費）} = \frac{\text{当月製造費用（直接材料費）}}{\text{完成品数量} - \text{月初仕掛品数量} + \text{月末仕掛品数量}} \times \text{月末仕掛品数量}$$

$$\text{月末仕掛品原価（加工費）} = \frac{\text{当月製造費用（加工費）}}{\text{完成品数量} - \text{月初仕掛品完成品換算量} + \text{月末仕掛品完成品換算量}} \times \text{月末仕掛品完成品換算量}$$

(2) 正常減損が工程の始点（または、月末仕掛品の加工進捗度より前の地点）で発生する場合の処理

正常減損が工程の始点（または、月末仕掛品の加工進捗度より前の地点）で発生する場合、<u>正常減損費は完成品と月末仕掛品の両者に負担させる</u>ことになります。

なお、正常減損費を両者に負担させるときも、度外視法と非度外視法があります。

度外視法を用いた場合の平均法ならびに先入先出法による月末仕掛品原価は、次の式で計算します。この計算式の分母に、正常減損数量（正常減損完成品換算量）を含めないことで、月末仕掛品にも正常減損費を自動的に負担させることができるようになっています。

平均法の計算式

$$\text{月末仕掛品原価（直接材料費）} = \frac{\text{月初仕掛品原価（直接材料費）} + \text{当月製造費用（直接材料費）}}{\text{完成品数量} + \text{月末仕掛品数量}} \times \text{月末仕掛品数量}$$

$$\text{月末仕掛品原価（加工費）} = \frac{\text{月初仕掛品原価（加工費）} + \text{当月製造費用（加工費）}}{\text{完成品数量} + \text{月末仕掛品完成品換算量}} \times \text{月末仕掛品完成品換算量}$$

先入先出法の計算式

$$\text{月末仕掛品原価（直接材料費）} = \frac{\text{当月製造費用（直接材料費）}}{\text{完成品数量} - \text{月初仕掛品数量} + \text{月末仕掛品数量}} \times \text{月末仕掛品数量}$$

$$\text{月末仕掛品原価（加工費）} = \frac{\text{月初仕掛品原価（加工費）} + \text{当月製造費用（加工費）}}{\text{完成品数量} - \text{月初仕掛品完成品換算量} + \text{月末仕掛品完成品換算量}} \times \text{月末仕掛品完成品換算量}$$

7.2.6　副産物及び連産品

　副産物とは、図 7.44 のように、主製品を製造する際に、必然的に生産されてしまい、主産物に比べて経済的価値が低い副次的製品を指します。例えば、豆腐の製造で生じるおからや、清酒の製造で生じる酒かすなどです。副産物が生じる場合には、総合原価計算において、その価額を算定して、これを主産物の総合原価から控除することになります。

① 外部企業に売却する場合の副産物の評価額
　見積売却価額から分離点後の個別加工費、個別販売費、一般管理費配賦額、及び通常得られる利益の見積額を控除した額
② 加工した後に自社内で消費される副産物の評価額
　この副産物によって節約される物品（この副産物がなければ社外から購入しなければならない物品）の見積購入価額から加工費見積額を控除した額

　一方、図 7.44 のように、同一工程において同一原材料から必然的に生産さ

れる異種製品であって、製品間の経済的価値にそれほど大きな差がないものを連産品といいます。連産品は2種類以上の製品が同一工程において同一原材料から生産されるため、個々の連産品の製造原価を分けて計算するための工夫が必要です。

連産品の各製品が分離する工程の終点を連産品の分離点と呼び、分離点までに発生した原価を連結原価（または、結合原価）と呼びます。この連結原価を計算し、適正な基準に基づいて個々の連産品に按分すれば、各連産品の分離点までの原価を計算することができます。分離点後に、加工を加えて完成する場合、連結原価の配分額にそれぞれの加工費を加えたものが連産品の評価額になります。

連結原価を各連産品に按分するには、物量基準（数量基準、生産高法）と正常市価基準（売価基準）などを用います。物量基準では、各連産品の物理的単位、例えば重量、容量などの単位当たり原価が同等であるという仮定に基づいて、連産品の生産量を基準に連結原価を按分します。これに対して正常市価基準では、各連産品の正常市価（分離後の個別費があれば、これを正常市価から差し引いた純正常市価）によって等価係数を決め、その等価係数に連産品の販売量を掛け合わせて求めた積数を基準にして連結原価を按分します。等級別総合原価計算と同じような考え方に基づいています。

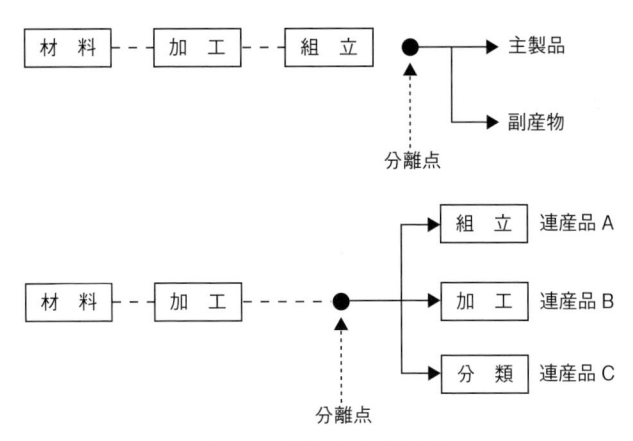

図 7.44　副産物及び連産品

参考文献
[1] 上埜進、長坂悦敬、杉山善治 著『原価計算の基礎』税務経理協会、2001

第8章

4th step：原価管理と標準原価計算

　原価計算は、通常「1st step：費目別原価計算」「2nd step：部門別原価計算」「3rd step：製品別原価計算」という3つのステップで進みます。4th step の採算性分析では、目標としている原価と実際原価の差異分析を行い、コストダウンのための方策を考えます。

　目標とする原価の設定には予定原価や標準原価を用います。予定原価とは、過去の実績値などに基づいて、製品を製造するために予想される現実的な価格や賃料、投入量などをそれぞれ予定価格、予定消費量などと設定して算出した原価です。一方、財貨の消費量を科学的、統計的調査に基づいて能率の尺度となるように予定し、かつ予定価格または正常価格をもって計算した原価を標準原価といいます。

　F. W. Taylor は19世紀末に科学的管理法を提唱しましたが、その中の標準作業という考え方をもとに、H. Emerson は標準原価計算を創案しました。実際原価計算は、その時々での作業による労務費や材料購入、経費の消費の結果として発生したいわば偶然的な原価であり、それを見て、もっと原価を低減すべきであるとか、生産の効率が高まっているとか、判断することは難しいといえます。つまり、第2章で説明した原価管理に対して適切な情報を提供することはできません。そこで、理論的に"あるべき原価"あるいは、"目標とすべき原価"を設定して、それと実際原価とを比較し、効率がいいのかどうかを判明しようという考え、「標準原価計算」が生まれたのです。標準原価は経験や勘に基づく見積もりではなく、IE（Industrial Engineering）の諸技法を用いて科学的・統計的に定められます。そのため、標準原価は過去の実績値とあるべ

き予定値の要素を持ち、現実のブレや異常値を排除した規範性を持つ値となります。

8.1 原価管理

　製品の開発、設計、生産のために予算が配分されます。予算管理を行いながら、できるだけ効率的に業務が遂行されるように、すなわち、材料歩留、工数、生産効率、リードタイム、在庫量、及び品質の目標値が満足され、結果として原価が適正になるようにマネジメントしなければなりません。原価管理は、製造プロセスにだけでなく、商品企画、構想設計、基本設計、詳細設計、検証、試作、検査など各プロセスにもすべて含めて適用されるべきことです。コストマネジメントを図8.1のようにとらえ、その中に原価管理を位置付けることができます。

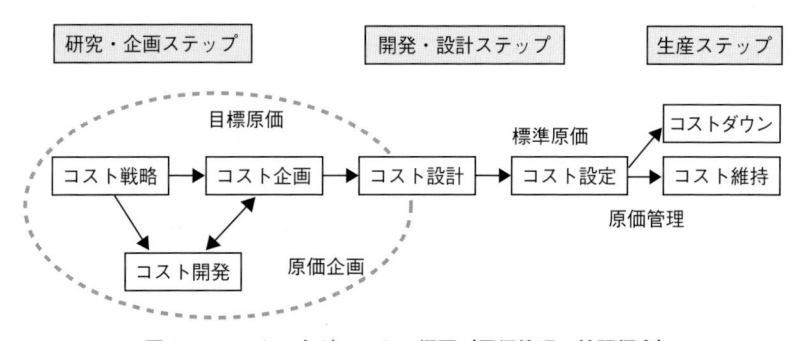

図8.1　コストマネジメントの概要（原価管理の拡張概念）

　生産が始まれば、製造部門において図8.2のサイクルに従い、実際原価を標準原価に近づけるべくコストダウン活動を続けるか、実際原価が標準原価に達しているときは原価維持を行います。

　しかし、実際にはスケジュールどおりにうまく進むことは少なく、途中で各種問題に直面したときの解決手段が必要になります。原価目標が未達の場合にとられてきた従来の方策例についてまとめたものが図8.3です。これらの方策の実施にあたっては、企業内の各組織において柔軟に問題解決できる創造力が必要であり、その創造力を増殖させるための仕掛けも必要になります。

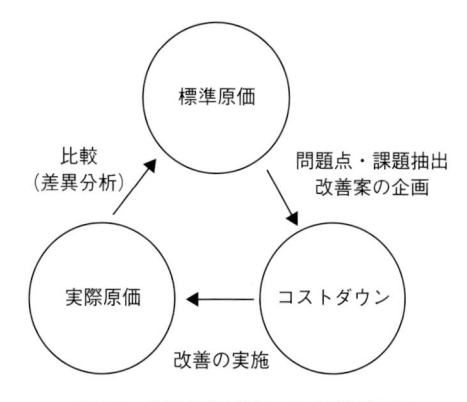

図 8.2　標準原価計算による原価管理

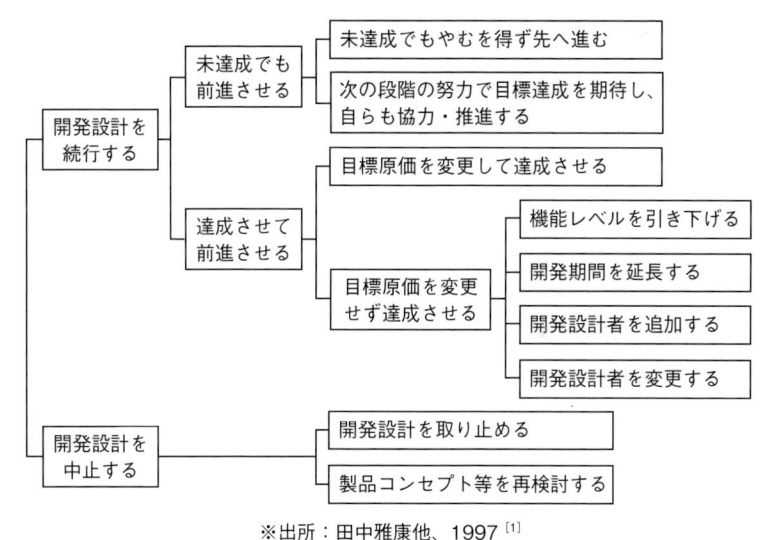

図 8.3　原価目標未達の場合の方策

※出所：田中雅康他、1997 [1]

　実務の企業活動をヒアリングした結果、コストマネジメントについて以下のような課題が指摘されています。

- コストダウンは、1つの部門だけで処理できるものは少なく、関係部門の協力が不可欠となる。会社によっては、原価企画部門を専門においているところもあるが、いずれにしても、自社内だけでの最適化だけでは意味がない。バリューチェーン全体でのコスト最適化を図る必要がある

が、そのための方法論、管理ツールを発展させていかなければならない。
- 設計コストと購入コストの差異を埋める必要がある。例えば、設計時にCAD操作段階で購入可能コストがわかるようにすべきである。
- 見積原価（予定原価）を計算する根拠となるコスト・テーブルの活用方法と整備方法が明確ではない。とくに、購入部品で主取引先での標準コストをどのように決めていくのかという問題もある。
- 段階別コストの進捗管理は、開発・設計部門では開発・設計単位で、資材購買部門では購入部品単位で行われている。その整合性をとることが必要である。
- 目標原価の妥当性をどのように確立するか、また、間接経費の適正な評価をどのように行うかが依然として問題である。
- 一品ごとの受注生産業態では最初に出来上がった概念をブレークスルーすることはなかなか難しい。研究開発に取り組む前に目標コストをよく検討しなければならない。
- 最後になって集計してみて初めて原価未達がわかり、あわてて対策を練るのが通例となっている。したがって、いつも進捗管理を行えるシステムの開発を進めている。また、コストダウンを各部門の達成目標に分割すると部門間で成果の取り合いが起こり、無駄な会議を重ねることになってしまう。いつもコストダウンのアイデアに困っている。
- 目標コストの全社的な統一ができていない。開発製品の利益シミュレーション、部品展開での目標コストの設定方法、CR（コスト・レビュー）のあり方から目標未達時の決裁方法に至るまでの詳細について検討する必要がある。

以上の中には各社特有の事情によるものが散見されますが、共通した課題をいくつかあげることもできます。つまり、①社内外の各部門との連携が必要である、②とくに設計部門と購買部門とのコスト情報の連携が必要である、③部品ごと、部門ごと、進捗状況ごとの目標コスト設定と未達時の処置についてシステム化していく必要があるなどの課題が浮きぼりになります。

コストマネジメントをより効果的に実施するためにはその組織の問題解決力、知的生産性を向上させる必要もあり、このためには図8.4のようなナレッジマネジメントも有効であるといえます。開発、設計、生産などのプロセスに

おける暗黙知と形式知、及び個人と組織の相互作用は、①共同化（暗黙知から暗黙知へ）、②表出化（暗黙知から形式知へ）、③連結化（形式知から形式知へ）、④内面化（形式知から暗黙知へ）という4段階の知識変換プロセスを生み出すといわれています[2]。

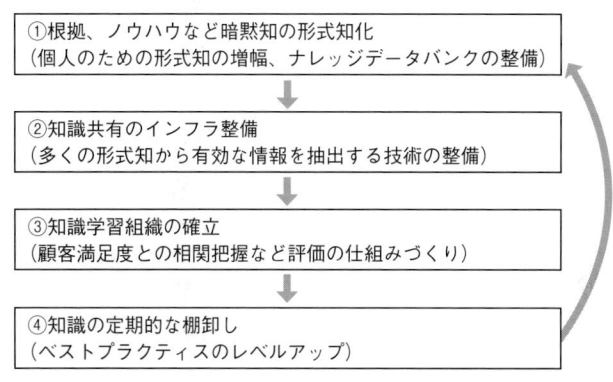

```
┌─────────────────────────────────────────┐
│ ①根拠、ノウハウなど暗黙知の形式知化        │
│ （個人のための形式知の増幅、ナレッジデータバンクの整備） │
└─────────────────────────────────────────┘
                    ↓
┌─────────────────────────────────────────┐
│ ②知識共有のインフラ整備                    │
│ （多くの形式知から有効な情報を抽出する技術の整備） │
└─────────────────────────────────────────┘
                    ↓
┌─────────────────────────────────────────┐
│ ③知識学習組織の確立                        │
│ （顧客満足度との相関把握など評価の仕組みづくり） │
└─────────────────────────────────────────┘
                    ↓
┌─────────────────────────────────────────┐
│ ④知識の定期的な棚卸し                      │
│ （ベストプラクティスのレベルアップ）         │
└─────────────────────────────────────────┘
```

図 8.4　ナレッジマネジメントのフレームワーク

　例えば、各メンバーの個性や経験、知識、考えを合宿や会話によって共同化することは、コストマネジメントにも大いに関係しています。本田技研工業（株）では、開発プロジェクトにおける難問を解決するための徹底した議論の場として、「タマ出し会」と呼ばれるブレイン・ストーミング合宿を実施することがあるそうですが、この非公式な会議は、しばしば職場を離れた旅館などで開かれ、酒を飲みながら、食事をしながら、あるいは温泉に入りながら、難しい問題を議論するそうです。トヨタ自動車（株）のセルシオ／レクサスの開発でも同様の活動が行われていたとのことです。このような活動は、開発、設計、生産段階での様々な課題に対する解決案が創出され、予算管理、原価管理への貢献も大きいものがあります。

8.2　標準原価計算

製造時の原価管理を実現するために標準原価計算が利用されます。標準原価計算では、製品1単位当たりの目標となる原価（これを原価標準といいます）をあらかじめ設定し、これに実際の生産量を掛け合わせて標準原価を計算します。

標準原価とは、製造段階で「科学的手法で設定した達成目標となるべき規範原価」と定義されています[3]。一方、製品の企画・設計の段階（原価企画段階）で、市場動向などから考えた予定販売価格から許容原価を求め、その許容原価と標準原価見積の計画原価を使用して、目標原価が計算されます。

　　従来の価格決定　　　：　実際原価　　＋利益　　＝販売価格
　　原価企画の価格決定　：　予定販売価格＋目標利益＝許容原価
　　許容原価＞見積標準原価　？　→　目標原価　→　標準原価の決定

標準原価計算は、

(1) 原価標準の設定
(2) 標準原価の計算
(3) 実際原価（実績）の計算
(4) 原価差異の計算
(5) 原価差異の原因分析と差異原因の究明
(6) 報告及び改善策の検討・実施

という6つのステップで進めていきます。

(1) 原価標準の設定

原価標準とは、製品1単位当たりの目標となる原価のことで、図8.5のような標準原価カードに記入されます。原価標準は、どのくらい厳しく設定するかによって、次の3つに分類することができます。

① 理想的標準原価（厳しい設定）

技術的に達成可能な最大操業度のもとにおいて、最高の効率を実現したときの達成できる最低の原価を指します。減損、仕損、遊休時間などに対する余裕率をまったく許容しない理想的な状態での標準原価です。

② **現実的標準原価（やや厳しい設定）**

良好な効率を実現することで達成することが可能である標準原価です。通常生じると認められる程度の減損、仕損、遊休時間などの余裕率を含みます。

③ **正常標準原価（通常の設定）**

今までの経営活動において比較的長期にわたって達成されてきた実際の数値を統計的に平準化した上で、将来の予想を考慮して決定される標準原価です。今まで実現してきたものを微調整するものであり、原価維持を目的とした場合に用いられます。

1 直接材料費			
	標準消費量	標準価格	金額
	6.0 kg	100 円/kg	600 円
2 直接労務費			
	標準直接作業時間	標準賃率	金額
	2.0 h	700 円/h	1,400 円
3 製造間接費			
	標準直接作業時間	標準配賦率	金額
	3.0 h	400 円/h	1,200 円
4 製品1単位当たりの標準原価			
			3,200 円

図 8.5　標準原価カード

図 8.5 の標準原価カードについて、例えば以下のように説明できます。

直接材料費の標準消費量、つまり、無駄なく効率的に製品を製造できれば、製品1単位を生産するのに必要な材料はいくら必要か？　それは 6kg であるということを表しています。また、標準となる材料の価格は 1kg 当たり 100 円です。

直接労務費の標準作業時間、つまり、決められた方法と設備によって平均的な熟練作業者が平均的な速さで作業を行うときに製品1単位を生産するのに必要な時間は？　それは2時間であり、標準となる賃率は 700 円/時間です。

標準的な製造間接費は製品1個当たり 1,200 円であり、あわせて、製品1個当たりの標準原価は 3,200 円となります。

標準原価は、原価管理、予算編成、棚卸資産価額、及び売上原価の計算のためなどに使用されるので、実際の状況に合わせたもので意味のあるものでなければなりません。機械設備や生産方式などの生産の基本的な条件、ならびに材料価格や賃率などに大きな変化がある場合には、標準原価を変更する必要があ

ります。しかし、ごく短期間に標準原価の改訂を頻繁に繰り返すことは、かえって混乱を招いてしまいます。そこで、一般には四半期または半年ごとに標準原価の改訂が行われているようです。

(2) 標準原価の計算

直接材料費、直接労務費、及び製造間接費の標準原価は、次式のように原価標準に当月（当期）の生産実績を掛け合わせて計算します。

標準直接材料費＝製品1単位当たりの標準直接材料費×当月投入数量
標準直接労務費＝製品1単位当たりの標準直接労務費
　　　　　　　　×当月加工完成品換算量
標準製造間接費＝製品1単位当たりの標準製造間接費
　　　　　　　　×当月加工完成品換算量

ここで、当月（当期）の生産実績として、直接材料費と加工費とで異なる数量を用います。

- 直接材料費の場合（工程の始点ですべて投入されるので）
  当月生産実績＝当月投入数量
  　　　　　　＝完成品数量＋月末仕掛品数量－月初仕掛品数量
- 加工費（直接労務費と製造間接費）の場合
  当月生産実績＝当月加工完成品換算量
  　　　　　　＝完成品数量＋月末仕掛品完成品換算量
  　　　　　　　－月初仕掛品完成品換算量

(3) 実際原価（実績）の計算

直接材料費、直接労務費、及び製造間接費の実際原価を次式から計算します。

実際直接材料費＝実際材料価格×実際材料消費量
実際直接労務費＝実際賃率×実際直接作業時間
実際製造間接費＝間接材料費、間接労務費、及び間接経費の実際発生額

(4) 原価差異の計算

直接材料費差異、直接労務費差異、及び製造間接費差異を標準原価と実際原

価との差額から次のように計算します。

$$直接材料費差異＝標準直接材料費－実際直接材料費$$
$$直接労務費差異＝標準直接労務費－実際直接労務費$$
$$製造間接費差異＝標準製造間接費－実際製造間接費$$

これらの差異がマイナスになるか、プラスになるかを判定し、次のステップでその差異が発生した原因を分析します。

- 差異＜0　の場合
  実際原価が標準原価よりも大きい。不利差異（借方差異）となります。
- 差異＞0　の場合
  実際原価が標準原価よりも小さい。有利差異（貸方差異）となります。

（5）原価差異の原因別分析と差異原因の究明

直接材料費、直接労務費、及び製造間接費別に差異原因が分析されます。

① 直接材料費差異の分析

直接材料費差異は、図8.6に示されているように価格差異と数量差異の2つに分けて、次式で計算される結果に基づき分析することができます。

$$直接材料費差異＝標準直接材料費－実際直接材料費$$
$$＝価格差異＋数量差異$$
$$価格差異＝（標準価格－実際価格）×実際消費量$$
$$数量差異＝標準価格×（標準消費量－実際消費量）$$

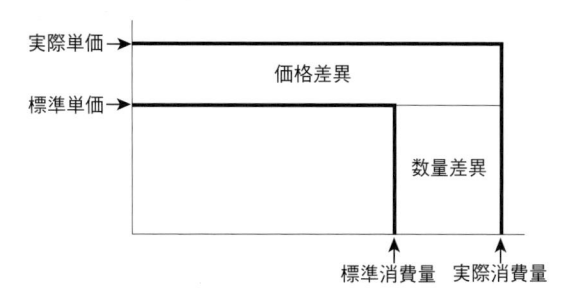

図8.6　直接材料費差異の原因別分析

価格差異は、市場価格の変動、材料の緊急仕入、不適切な購買先、不適切な購買方法などによって発生します。数量差異は、使用すべき材料の間違い、設備の整備不良、工具のミスによる仕損の発生、製品仕様または製造方法の変更などによって発生します。差異が出た場合に、それらの原因を確かめ、対策をとることが重要です。

② **直接労務費差異の分析**

直接労務費差異は、図8.7 に表しているように賃率差異と作業時間差異の2つに分けて、次式から計算される結果に基づき分析することができます。

$$直接労務費差異 = 標準直接労務費 - 実際直接労務費$$
$$= 賃率差異 + 作業時間差異$$
$$賃率差異 = (標準賃率 - 実際賃率) \times 実際直接作業時間$$
$$作業時間差異 = 標準賃率 \times (標準直接作業時間 - 実際直接作業時間)$$

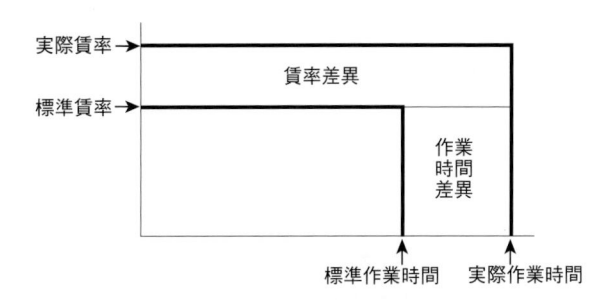

図8.7 直接労務費差異の原因別分析

賃率差異は、ベースアップ、直接工の賃率構成の変化、不適切な人員配置、緊急作業などによって起こることがあります。また、作業時間差異は、不適切な人員配置、管理者の不適切な処置、工員の訓練不足、工員の努力不足などによって起こることがあります。

③ **製造間接費差異の分析**

製造間接費差異は、さらに原因別に予算差異、操業度差異、及び能率差異の3つに分けて分析することができます（3分法による差異分析といいます）。

$$製造間接費差異 = 標準製造間接費 - 実際製造間接費$$
$$= 予算差異 + 操業度差異 + 能率差異$$

予算差異は、実際操業度に対する予算額と実際発生額との差額で、次式から計算できます。この値から製造間接費の発生額が適切かどうかを判断することができます。予算差異の発生原因としては、間接費目の価格変化、間接費の浪費または節約、機械設備の保全不良などによる修繕費の予算超過などがあげられます。

予算差異＝実際操業度に対する予算額－製造間接費実際発生額
（ここで、実際操業度に対する予算額＝固定費予算額＋実際操業度×変動費率）

変動費率は、基準操業度における配賦基準数値（例えば、直接作業時間）の単位当たり変動費額を指します。

操業度差異は、実際操業度と基準操業度との違いから発生する差異で、次式から計算できます。この値から生産設備の利用状況を知ることができます。操業度差異の発生原因としては、好況または不況による生産量の変化、保全不良による機械設備の故障、現場監督者の管理不良、生産計画の失敗による不働時間の発生などがあげられます。

操業度差異＝（実際操業度－基準操業度）×固定費率
（ここで、固定費率＝固定費予算額／基準操業度）

能率差異は、標準操業度と実際操業度を比較して作業能率の良否を測定する差異で、次式で計算されます。その発生原因としては、作業時間差異と同じように不適切な人員配置、管理者の不適切な処置、工員の訓練不足、工員の努力不足などが考えられます。

能率差異＝（標準操業度－実際操業度）×標準配賦率
（ここで、標準配賦率＝変動費率＋固定費率）

標準操業度は、実際生産量に製品単位当たりの標準配賦基準数値（例えば、標準直接作業時間）を掛けた値です。

(6) 報告及び改善策の検討・実施

差異の原因が分析され、企業内で報告されるとともに、対策について検討されます。購買方法、作業方法、設備などの改善策が協議され、コストダウン活

動が展開されます。あらかじめ設定された原価目標に対して、それを達成しているかどうかを計測し、原価差異が小さければそのまま生産活動を続け、原価差異が大きければ、ただちに原因を究明し、改善策を検討して、その実施に入ります。

◆例題 8.1　標準原価の計算

標準原価カードと生産実績データをもとに、標準原価（標準直接材料費、標準直接労務費、標準製造間接費）を計算するためのExcelワークシートを作成しましょう。さらに、直接材料費差異を価格差異と数量差異に、直接労務費差異を賃率差異と作業時間差異に分解して、表示できるようにしましょう。

◇解答例

まず、標準原価カードと生産実績データを入力するためのセルを設計します。

	A	B	C	D	E	F	G	H	I	J	K	L
1			標準原価計算									
2												
3												
4			標準原価カード						(生産データ)			
5		1 直接材料費							項目	数量	加工進捗度	
6			標準消費量		標準価格		金額		月初仕掛品	700	50%	
7			3.5 kg		410 円/kg	1,435 円			当期投入	4,800	―	
8		2 直接労務費							投入量合計	5,500	―	
9			標準直接作業時間		標準賃率		金額					
10			2.5 h		800 円/h	2,000 円			完成品	4,300	100%	
11		3 製造間接費							月末仕掛品	1,200	80%	
12			標準直接作業時間		標準配賦率		金額		産出量合計	5,500		
13			2.5 h		350 円/h	875 円				材料は工程の始点で投入される		
14		4 製品1単位当たりの標準原価							当期加工完成品換算量		4,910	
15						4,310 円						

図 8.8　標準原価カードと生産実績データ

次に実績データを入力するためのセルを設計します。

	A	B	C	D	E	F
18			実際原価データ			
19		1 直接材料費				
20			実際消費量		実際価格	
21			3.8 kg		450	円/kg
22		2 直接労務費				
23			実際直接作業時間		実際賃率	
24			2.6 h		830	円/h
25		3 製造間接費				
26			実際発生金額		2,540,000	円

図 8.9　実際原価データ

その結果、標準原価、実際原価、原価差異が計算され、結果をグラフ表示できるようにします。これらは、差異の結果を報告するときに有効です。

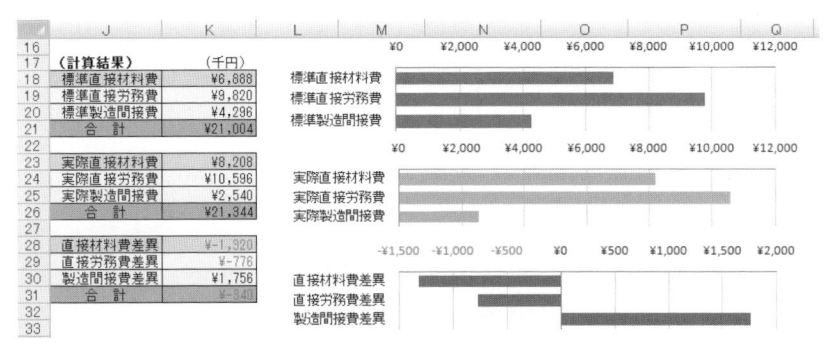

図 8.10　標準原価計算

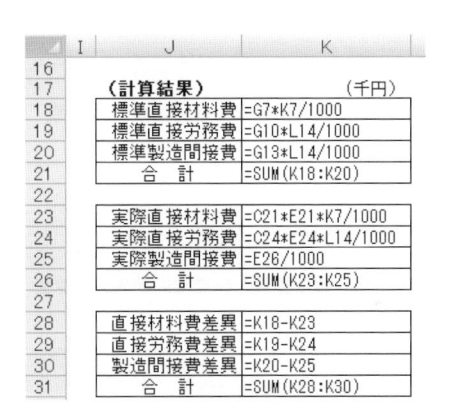

図 8.11　標準原価計算の計算式

　直接材料費差異を価格差異と数量差異に、直接労務費差異を賃率差異と作業時間差異に分解して数値を表示するとともに、ビジュアル化し、数値の理解を助けます。図 8.6、図 8.7 と比較してください。

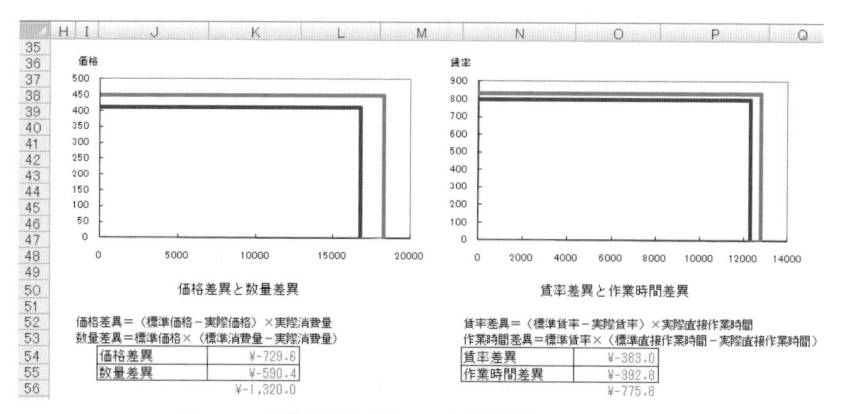

図 8.12　直接材料費差異、直接労務費差異の原因分析

価格差異＝（標準価格－実際価格）×実際消費量
数量差異＝標準価格×（標準消費量－実際消費量）

	H I	J	K
54		価格差異	=(E7-E21)*K7*C21/1000
55		数量差異	=E7*K7*(C7-C21)/1000
56			=SUM(K54:K55)

図 8.13　価格差異と数量差異の計算式

	N	O
54	賃率差異	=(E10-E24)*C24*L14/1000
55	作業時間差異	=E10*(C10-C24)*L14/1000
56		=SUM(O54:O55)

図 8.14　賃率差異と作業時間差異の計算式

◆例題 8.2　製造間接費差異の分析

製造間接費予算が変動予算による場合、製造間接費差異を3分法により予算差異、操業度差異、及び能率差異に分解して、図示できる Excel ワークシートを作成しましょう（第5章図 5.27 参照）。

◇解答例

操業度に関するデータ（基準操業度（セル C4）、実際操業度（セル C5）、標準操業度（セル C6））、製造間接費予算（変動費率（セル E4）、固定費予算額（セル E5））、標準配賦率（セル E6）及び実際発生額（セル E7）を入力するためのセルを設計します。それらより、予算差異（セル I4）、操業度差異（セル I5）、能率差異（セル I6）及び製造間接費差異（セル I7）を計算し、表示します。

8.2 標準原価計算

	A	B	C	D	E	F	G	H	I
1	製造間接費の差異分析								
2									
3									
4	△	基準操業度	20,000時間	変動費率		¥90	予算差異	=	¥-280,000
5	○	実際操業度	18,000時間	固定費予算額		¥1,600,000	操業度差異	=	¥-160,000
6	◇	標準操業度	16,000時間	標準配賦率		¥170	能率差異	=	¥-340,000
7				製造間接費実際発生額		¥3,500,000	製造間接費差異	=	¥-780,000

図 8.15　製造間接費の差異分析

実際操業度に対する予算額＝固定費予算額＋実際操業度×変動費率　で求められるので、

予算差異＝実際操業度に対する予算額－製造間接費実際発生額
　　　　＝ E5+E4*C5−E7

固定費率＝固定費予算額／基準操業度　なので、

操業度差異＝（実際操業度－基準操業度）×固定費率
　　　　　＝ (C5−C4)*E5/C4

標準配賦率＝変動費率＋固定費率　なので、

能率差異＝（標準操業度－実際操業度）×標準配賦率
　　　　＝ E6*(C6−C5)

製造間接費差異＝予算差異＋操業度差異＋能率差異
　　　　　　　＝ SUM(I4:I6)
　　　　　　　＝標準製造間接費－実際製造間接費

となります。

　これらは図 8.16 のように図示されます。実際の画面では、青色が予算差異、赤色が操業度差異、紫色が能率差異を示し、区別ができるようになっています。このグラフは、作図したい (X, Y) 座標を Excel ワークシート内の表に入れて、Excel の機能で、「挿入」タブ→「グラフ」グループ→「散布図」という操作で自動作成した後、不要な線は個別に削除しています。

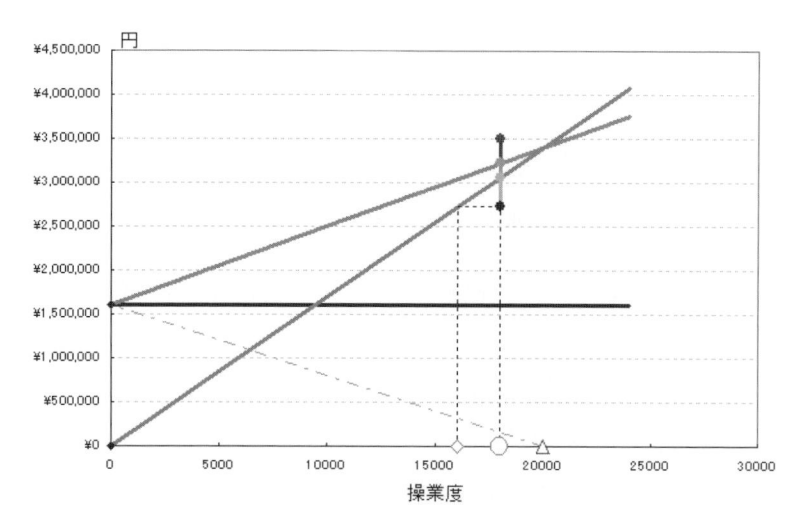

図 8.16　製造間接費の差異分析のグラフ

8.3　標準原価計算における原価差異の勘定記入

標準原価の勘定記入では、完成品原価、月初及び月末の仕掛品原価は、標準原価で記帳されます（図 8.17、図 8.18 参照）。これに対して、当期製造費用については、

(1) 実際原価で記帳する方法（パーシャル・プラン、部分記入法）
(2) 標準原価で記帳する方法（シングル・プラン、単一記入法）

の 2 つの方法があります。

(1) パーシャル・プラン

当期製造費用を実際原価で扱い、仕掛品勘定の借方に記帳します。図 8.17 で表されるとおり、原価差異は仕掛品勘定で把握されます。

この方法では、原価差異は期末にならないと集計されないことになりますので、この方法ではリアルタイムに適切に原価管理することは難しいといえます。

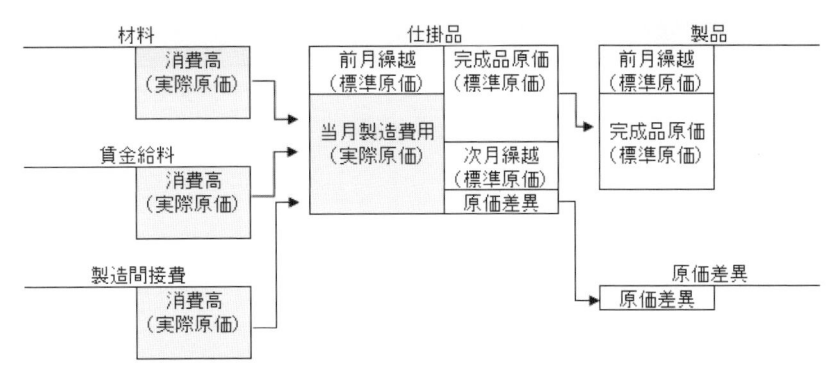

図 8.17 パーシャル・プランにおける勘定記入例（ただし、借方差異を仮定）

(2) シングル・プラン

当期製造費用を標準原価で計算し、仕掛品勘定の借方に記帳します。この方法では、図 8.18 に表されているように、原価差異は原価要素別の諸勘定で把握できます。このため、原価の発生段階で、適切な原価管理が行えるというメリットがあります。

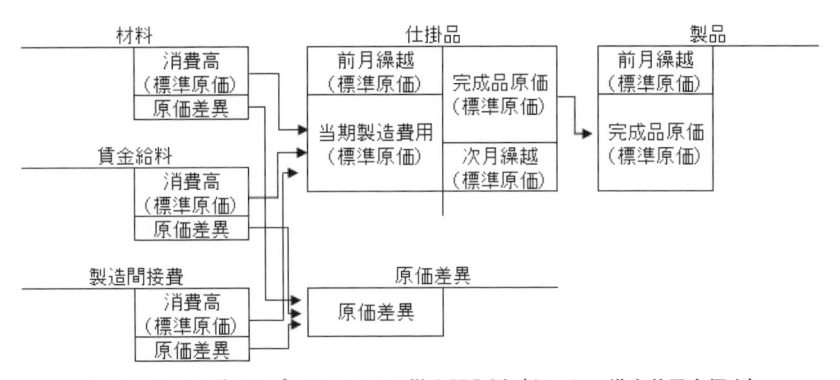

図 8.18 シングル・プランにおける勘定記入例（ただし、借方差異を仮定）

◆例題 8.3　標準原価の勘定記入

例題 8.1 の Excel ワークシートの中に、パーシャル・プランとシングル・プランで仕掛品勘定と各原価差異勘定へ記帳できるようにしましょう。

◇解答例

パーシャル・プランでは、次のように仕掛品勘定に原価差異の合計金額が記帳されます。仕掛品勘定での直接材料費、直接労務費、製造間接費は実際発生原価です。

	N	O	P	Q
1				
2		仕掛品		
3	期首仕掛品	¥2,010,750	製品	¥18,533,000
4	直接材料費	¥8,208,000	期末仕掛品	¥4,482,000
5	直接労務費	¥10,595,780	原価差異	¥339,530
6	製造間接費	¥2,540,000		
7				
8		¥23,354,530		¥23,354,530
9				

図 8.19　パーシャル・プランの仕掛品勘定

このワークシートでは、借方か貸方かどちらに記帳すべきかを判断するために、次のように IF 関数を使い、その値の正負から自動的に記帳されるように工夫しています。他のセルにも同様の IF 関数を設定しています。

	N	O	P	Q
1				
2		仕掛品		
3	期首仕掛品	¥2,010,750	製品	¥18,533,000
4	直接材料費	¥8,208,000	期末仕掛品	¥4,482,000
5	直接労務費	¥10,595,780	=IF($K$31<0,"原価差異","")	
6	製造間接費	¥2,540,000		
7				
8		¥23,354,530		¥23,354,530

図 8.20　パーシャル・プランの仕掛品勘定の計算式

	R	S	T	U	V	W
1						
2		価格差異			数量差異	
3		¥729,600			¥590,400	
4						
5		賃率差異			作業時間差異	
6		¥382,980			¥392,800	
7						
8		製造間接費差異				
9			¥1,756,250			

図 8.21　パーシャル・プランの各原価差異勘定

8.3 標準原価計算における原価差異の勘定記入

シングル・プランでは、次のように直接材料費、直接労務費、製造間接費という原価要素別の諸勘定で原価差異が記帳され、原価差異勘定に振り替えます。原価差異勘定から売上原価勘定に振り替えられる金額が、パーシャル・プランで仕掛品勘定に記帳された原価差異金額と一致します。

	N	O	P	Q
1				
2		直接材料費		
3			仕掛品	¥6,888,000
4			原価差異	¥1,320,000
5				
6		直接労務費		
7			仕掛品	¥9,820,000
8			原価差異	¥775,780
9				
10		製造間接費		
11			仕掛品	¥4,296,250
12	原価差異	¥1,756,250		

図8.22 シングル・プランの原価差異

	R	S	T	U	V
1					
2			仕掛品		
3		期首仕掛品	¥2,010,750	製品	¥18,533,000
4		直接材料費	¥6,888,000	期末仕掛品	¥4,482,000
5		直接労務費	¥9,820,000		
6		製造間接費	¥4,296,250		
7					
8			¥23,015,000		¥23,015,000
9					
10					
11			原価差異		
12		直接材料費	¥1,320,000		
13		直接労務費	¥775,780		
14				製造間接費	¥1,756,250
15				売上原価	¥339,530
16			¥2,095,780		¥2,095,780

図8.23 シングル・プランの仕掛品勘定と原価差異

8.4　減損・仕損が発生するときの標準原価計算

　減損や仕損がいつも発生する場合（これを正常減損費（仕損費）といいます）、これらの減損・仕損を含めて原価標準を決める必要があります。減損・仕損の発生を織り込んだ原価標準の設定方法には、次の2つの方法があります。

　(1) 標準原価カード上に正常減損費（仕損費）を明示する方法
　(2) 標準原価カード上に正常減損費（仕損費）を明示しない方法（正常減損費（仕損費）を負担した原価標準を設定する）

(1) 原価標準に正常減損費（仕損費）を明示する方法

　この方法では、もともとの標準原価に、正常減損費（仕損費）を別途加算します。通常、正常減損費は製品1単位当たりの正味標準原価（もともとの標準原価）に正常減損率を掛けて求めます。製品1単位当たりの正味標準原価の計算は、正常仕損費が発生しない場合と同じです。

　図8.24 に正常減損費を明示した標準原価カードの例を示します。この例では、工程始点で直接材料を投入し、工程終点で減損が経常的に発生すると仮定しています。また、完成品数量に対する正常減損率が2%であるとした例を示しています。

1 直接材料費			
	標準消費量	標準価格	金額
	3.50 kg	410 円/kg	1,435.0 円
2 直接労務費			
	標準直接作業時間	標準賃率	金額
	2.50 h	800 円/h	2,000.0 円
3 製造間接費			
	標準直接作業時間	標準配賦率	金額
	2.50 h	350 円/h	875.0 円
4 製品1単位当たりの正味標準原価			4,310.0 円
5 正常減損費			
	正常減損率　2%		86.2 円
6 製品1単位当たりの総標準原価			4,396.2 円

図8.24　正常減損費を明示した標準原価カード

（2）正常仕損費を明示しない方法（正常減損費（仕損費）を負担した原価標準を設定する）

この方法では、原価要素別の標準消費量に正常減損費（仕損費）が含められます。

図8.25に正常仕損費を明示しない標準原価カードの例を示します。この例では、正常減損率が2%を仮定しています。標準消費量は、正味の標準消費量に正常減損量を加算したもので、3.5kg × 1.02 = 3.57kgとなっています。また、標準直接作業時間は、正味の標準直接作業時間に正常減損量を加算し、2.5時間 × 1.02 = 2.55時間となっています。

	標準消費量	標準価格	金額
1 直接材料費	3.57 kg	410 円/kg	1,463.7 円
	標準直接作業時	標準賃率	金額
2 直接労務費	2.55 h	800 円/h	2,040.0 円
	標準直接作業時	標準配賦率	金額
3 製造間接費	2.55 h	350 円/h	892.5 円
4 製品1単位当たりの総標準原価			4,396.2 円

正常減損率　2%

図8.25　正常減損費を明示しない標準原価カード

参考文献

[1] 田中正康、小栄達美、藤田敏之、佐藤幸治 著「日本の先進企業における原価企画の実態と動向の分析」『企業統計』第49巻、1997
[2] 野中郁次郎、竹内弘高 著、梅本勝博 訳『知識創造企業』東洋経済社、1996
[3] 岡本清 著『原価計算』国元書房、2000
[4] 上埜進、長坂悦敬、杉山善治 著『原価計算の基礎』税務経理協会、2001

第9章

4th step：CVP 分析と直接原価計算

　原価計算の 4th step では様々な視点から採算性分析を行います。採算性が問題となる場合には、改善策を立てなければなりません。このとき原価計算結果の詳細を利用することになります。

　採算性を検討するためには、コスト・ビヘイビアを把握することが重要です。企業の営業量または操業度の変化に応じた費用の動きをコスト・ビヘイビア（cost behavior）と呼びます。コスト・ビヘイビアを見ることで、損益分岐点、限界利益、営業コストや生産コストなどを定量的にとらえ、利益分析から採算性を検討することができるようになります。また、他社との比較分析が可能になり、事業構造の変化が理解しやすくなります。

　さらに、コスト・ビヘイビアをモデル化して原価予測を行ったり、予算差異分析を行ったりすることで、経営戦略の選択肢に対して、コストという視点から定量的かつ緻密に成算性を把握することを助けます。例えば、コストの主要な構成要素が変動費の場合、その予算は各期の操業度に応じて微調整することが可能ですが、固定費がコストの主要な構成要素である場合、その予算は各期の操業度に応じて微調整することは難しいと判断できます。

　営業量または操業度を散布図グラフの x 軸にとり、原価発生額を y 軸にとって、実態をプロットするとコスト・ビヘイビアを視覚的に見ることができます。営業量または操業度に対して原価発生額が直線式で近似できる（コスト・ビヘイビアが線形である）場合、変動費率が安定的に推移し、固定費額もほぼ一定となっていることが予想され、総原価を固定費と変動費に分解することが可能になります。これを固変分解と呼びます。

固変分解ができれば、変動費だけを製品原価計算とする直接原価計算という手法を活用することも可能です。

コスト・ビヘイビアを利用した採算性分析方法の1つとしてCVP分析（Cost-Volume-Profit analysis）があります。これは、C：原価（総原価）、V：営業量（または、売上高、操業度）、P：利益の関係を分析するものです。第2章「2.3　価格決定のための原価計算」で例示した損益分岐分析は広い意味ではCVP分析と同じ内容を指します。

9.1　コスト・ビヘイビアのビジュアル化と固変分解

原価C（Cost）を予測するためには、実績データから予測式（推定式）を導きます。そのために、まず、営業量、操業度などのV（Volume）をx軸にとり、総原価Cをy軸にとって、実際のデータをxy散布図としてプロットします。これでコスト・ビヘイビアがビジュアル化されます。

それらが直線近似できると思われる「操業度Vの一定の範囲」に対して、原価関数を求めることができます。この原価関数は、次の直線式（9.1）で表せます。（9.1）式において、y'は総原価の実測値yに対する総原価の予測値（推定値）です。

$$y' = ax + b \quad (a：傾き＝変動費率、b：y切片＝固定費) \tag{9.1}$$

図9.1のように、（9.1）式のaとbを決めるには、通常、最小二乗法が用いられます。最小二乗法の原理は、実測値yと回帰直線上の推定値y'との誤差の平方和が最小になるようにaとbの値を決めることにあります。つまり、（9.2）式を最小にするようなaとbが（9.3）式と（9.4）式によって求められます。

$$\sum \left(y_i - y_i' \right)^2 = \sum \left[y_i - \left(ax_i + b \right) \right]^2 \tag{9.2}$$

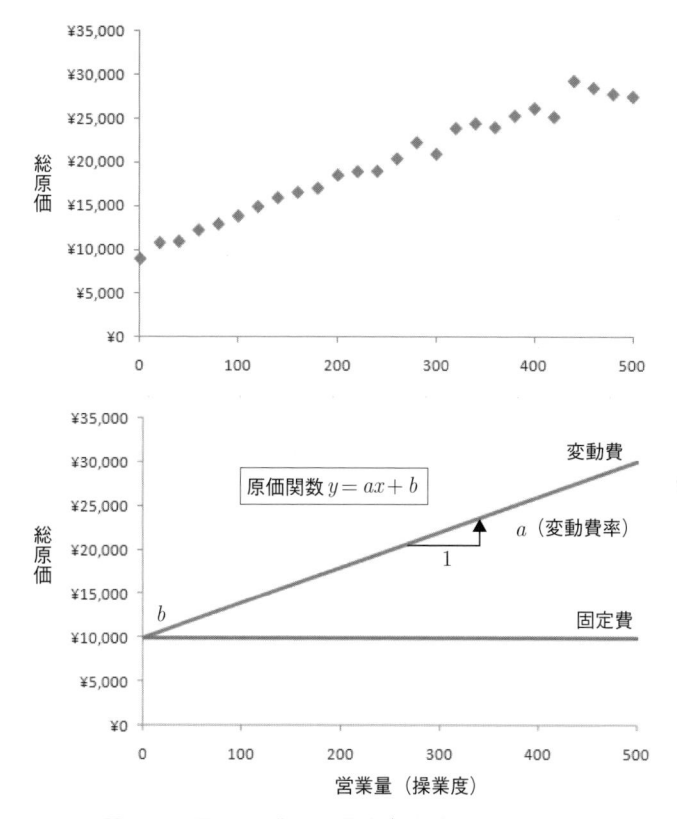

図 9.1 総原価と営業量の関係（原価関数 $y = ax + b$）

$$a = \frac{\dfrac{\sum xy}{n} - \bar{x}\bar{y}}{\dfrac{\sum x^2}{n} - \bar{x}^2} \tag{9.3}$$

$$b = \bar{y} - a\bar{x} \tag{9.4}$$

ここで、$\bar{x}, \bar{y}$ は x と y の平均値、n はデータ数です。

変動費は、営業量 V（または操業度など）の変動に応じて比例的に増減する費用で、具体的には、材料費、加工費、支払運賃などがあります。また、固定費は、営業量（または操業度など）の変動にかかわらず一定額発生する費用で、具体的には人件費、保険料、賃借料などがあります。(9.1) 式は、原

価「$C(y) =$ 変動費 $ax +$ 固定費 b」として、図9.1のように表すことができます。ここで、a を変動費率と呼びます。つまり、原価を固定費と変動費に分解して考えることが可能になります。これを固変分解といいます。

表9.1は、前期、後期の売上高 V と総原価 C を示しています。それぞれの増減額を求めることができ、それらから変動費率を算出できます。つまり、「変動費率 $a =$ 総原価の増減額 $\Delta C /$ 売上高の増減額 ΔV」となります。変動費率がわかれば、「各期の変動費 $=$ 変動費率 $a \times$ 各期の売上高 V」「固定費 $=$ 総原価 $-$ 変動費」で求めることができます。

表9.1 固変分解

(単位：万円)

	前期	後期	増減額⊿	
売上高 V	3,000	3,500	500	(=3,500−3,000)
総原価 C	2,100	2,300	200	(=2,300−2,100)

変動費率 a	
0.4	(=200/500)

	前期	後期		
変動費	1,200	1,400	(=0.4 × 3,000) (=0.4 × 3,500)
固定費	900	900	(=2,100−1200) (=2,300−1,400)

◆例題9.1 線形原価関数 $y = ax + b$ の推定

表9.2の生産量と総原価の実績データをもとにして、線形原価関数（回帰式）$y = ax + b$ を求めましょう。

表9.2 生産量と総原価の実績データ

月	X（生産量）	Y（総原価）
1月	510	¥560,992
2月	620	¥662,582
3月	820	¥807,215
4月	770	¥756,582
5月	890	¥812,422
6月	540	¥588,706
7月	980	¥916,626
8月	1,020	¥938,369
9月	910	¥851,528
10月	880	¥812,356
11月	970	¥880,084
12月	780	¥778,588

9.1 コスト・ビヘイビアのビジュアル化と固変分解

◇**解答例**

Excel を使えば、傾き a と y 切片 b を簡単に求めることができます。

具体的には、

① 傾き a 　　　LINEST 関数（または、SLOPE 関数）
② y 切片 b 　　INTERCEPT 関数（または、LINEST 関数の 2 番目の配列を INDEX 関数で取り出す）

というように、図 9.2 の解答例のように Excel の関数を使って直接 a, b を求める方法があります。

	A	B	C	D
1	線形原価関数 y = ax + b の推定			
2				
3	月	X (生産量)	Y (総原価)	
4	1月	510	¥560,992	
5	2月	620	¥662,582	
6	3月	820	¥807,215	
7	4月	770	¥756,582	
8	5月	890	¥812,422	
9	6月	540	¥588,706	
10	7月	980	¥916,626	
11	8月	1,020	¥938,369	
12	9月	910	¥851,528	
13	10月	880	¥812,356	
14	11月	970	¥880,084	
15	12月	780	¥778,588	
16	固定費	0	¥214,152	
17	外挿値	1,122	¥1,001,084	
18				
19		a (変動費率)	701.365	
20		b (固定費)	214151.6	
21		y = ax + b		

図 9.2　傾き a と y 切片 b を求める

このワークシートでは、セル C19、C20 に図 9.3 のように LINEST 関数、INTERCEPT 関数をセットしています。結果的に、原価関数は

$$y = 701.365x + 214151.6$$

となります。

	A	B	C
16	固定費	0	=C20
17	外挿値	=INT(MAX(B4:B15)*1.1)	=C19*B17+C20
18			
19	a（変動費率）	=LINEST(C4:C15,B4:B15)	
20	b（固定費）	=INTERCEPT(C4:C15,B4:B15)	
21	y = ax + b		

図 9.3　傾き a と y 切片 b の計算式

また、次のように散布図を描いて、近似直線を表示させる方法があります。散布図によってコスト・ビヘイビアを視覚化することができます。

① X（生産量）と Y（総原価）のセルを範囲選択し、「挿入」タブ→「グラフ」グループ→「散布図」を選択して、散布図を作成します。

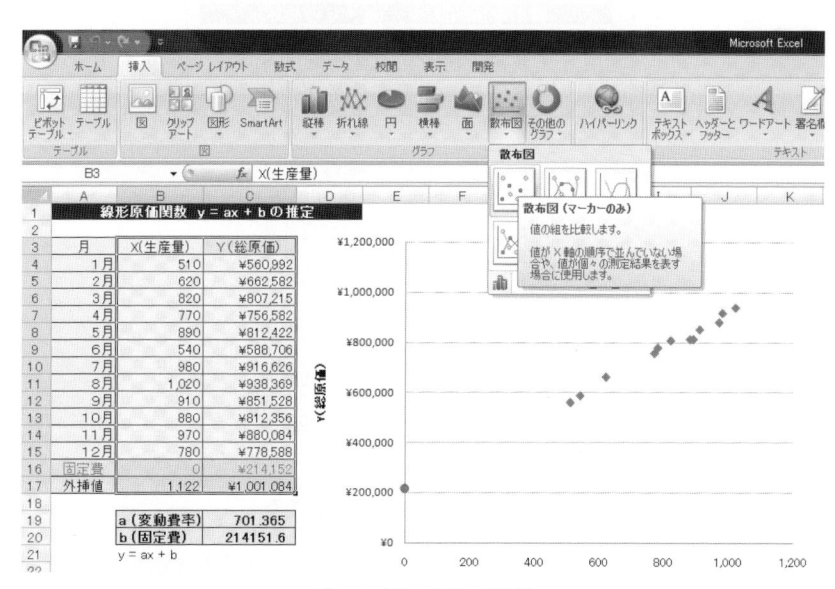

図 9.4　「散布図」の選択

② 次に、散布図のプロットをクリックしてから右クリックし、ポップアップメニューが出たら、「近似曲線の追加」を選択します。

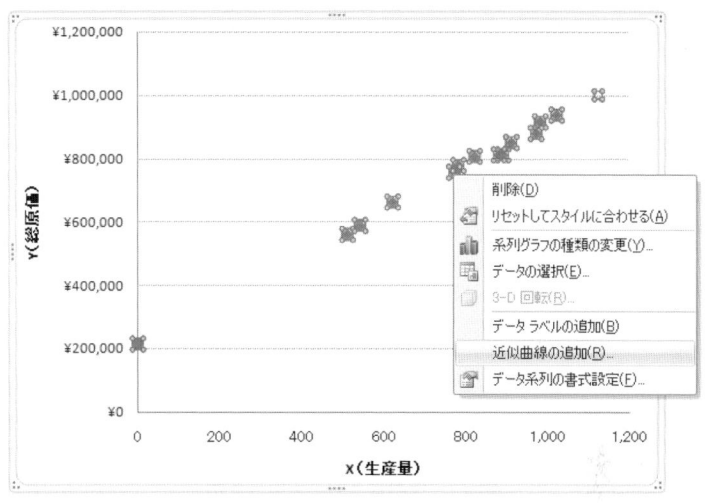

図 9.5　「近似曲線の追加」を選択

③ さらに、「線形近似曲線のオプション」で「線形近似」を選択し、「グラフに数式を表示する」「グラフに R-2 乗値を表示する」にチェックマークをつけて、「OK」ボタンをクリックします。

図 9.6　近似曲線の書式設定

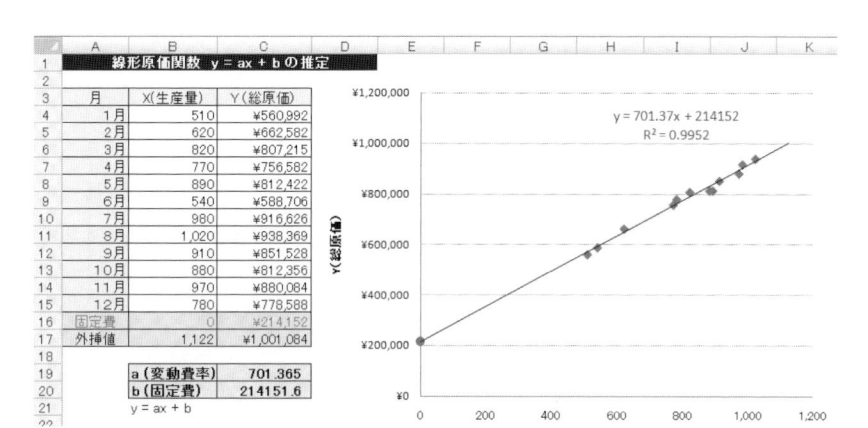

④ 散布図の中に直線式と R-2 乗値が表示されます。

	A	B	C
1	線形原価関数　y = ax + b の推定		
2			
3	月	X(生産量)	Y(総原価)
4	1月	510	¥560,992
5	2月	620	¥662,582
6	3月	820	¥807,215
7	4月	770	¥756,582
8	5月	890	¥812,422
9	6月	540	¥588,706
10	7月	980	¥916,626
11	8月	1,020	¥938,369
12	9月	910	¥851,528
13	10月	880	¥812,356
14	11月	970	¥880,084
15	12月	780	¥778,588
16	固定費	0	¥214,152
17	外挿値	1,122	¥1,001,084
18			
19	a (変動費率)		701.365
20	b (固定費)		214151.6
21	y = ax + b		

グラフ: $y = 701.37x + 214152$, $R^2 = 0.9952$

図 9.7　直線式と R-2 乗値の表示

この直線式の傾き a と y 切片は有効数字が少なく、簡易的な数字であることがわかります。一方、線形原価関数 (回帰式) の当てはまり具合が良ければ、真の y の値と予測値 y' は近い値を示します。この当てはまり具合を見る指標として、決定係数 R-2 乗値があります。R-2 乗値の値が 1.0 に近いほど当てはまり具合は良く、通常、0.5 未満では良くないと判断できます。

一方、「データ」タブ→「分析」グループ→「データ分析」→「回帰分析」という分析ツールを使い、推定式の確からしさの検定まで行う方法があります (データ分析ツールを利用するためには、ソルバーのアドインと同様に、「Micrsoft Office ボタン」→「Excel のオプション」→「アドイン」で設定しておく必要があります)。

「データ分析」ダイアログボックスを開き、そこから「回帰分析」を選択し、「回帰分析」ダイアログボックスでパラメータを設定します。

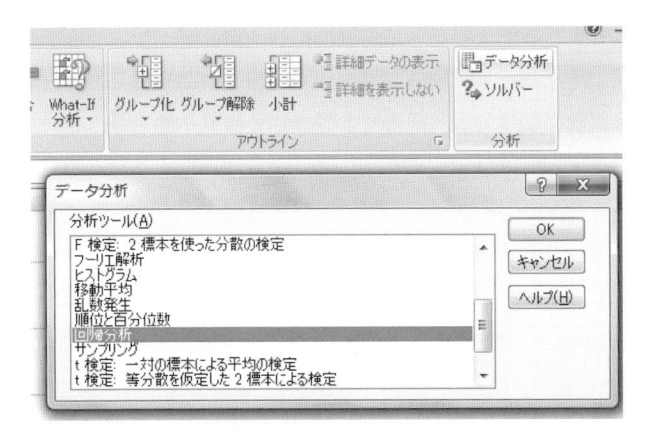

9.1 コスト・ビヘイビアのビジュアル化と固変分解

図 9.8 「回帰分析」を選択

「入力 Y 範囲」には従属変数である総原価、「入力 X 範囲」には独立変数である生産量の値の入ったセル範囲を設定し、「有意水準」の指定（デフォルトは 95%）、表示するグラフの指定（「観測値グラフの作成」）などを行います。「OK」ボタンをクリックすると、新規ワークシートが自動的に作成され、結果が表示されます。

図 9.9 「回帰分析」ダイアログボックス

ここで問題になるのが、回帰係数の有意性、信頼幅（この予測値の信頼性がどの程度あるのか？）と X と Y の相関（従属変数が独立変数で説明できる関係が本当にあるのか？）です。図 9.10 のように Excel ではそれらの情報が同時に出力されます。

第 9 章　4th step：CVP 分析と直接原価計算

回帰統計	
重相関 R	0.9921925
重決定 R2	0.9844459
補正 R2	0.9828905
標準誤差	15805.575
観測数	12

分散分析表

	自由度	変動	分散	観測された分散比	有意 F
回帰	1	1.5811E+11	1.58113E+11	632.9184401	2.255E-10
残差	10	24981621371	2498162137		
合計	11	1.6061E+11			

	係数	標準誤差	t	P-値	下限 95%	上限 95%
切片	214151.58	22969.6686	9.323233223	3.00979E-06	162971.97	265331.19
X(生産量)	701.36544	27.8785694	25.15787034	2.25504E-10	639.24811	763.48276

図 9.10　Excel での回帰分析結果（例）

　図 9.10 において、「切片 − 係数」が b であり、「X（生産量）− 係数」が a です。また、相関係数 R（図 9.10 では「重相関 R」と表示されています）は、変数同士の関係の度合いを測るメジャーであり、0.0 から ± 1.0（完全な相関）までの間に分布します。R が 0.9 程度を超えると強い相関があると考えてよいといわれています。逆に、R が 0.5 未満では相関が弱いといえます。

　「標準誤差」が意味するのは、回帰係数の推定値の精度のようなものです。「X（生産量）− 係数」：a（701.36544）、「切片 − 係数」：b（214151.58）の標準誤差がそれぞれ、27.8785694, 22969.6686 となっています。0.0 から a あるいは b までの隔たりが標準誤差の何倍かを計算したのが「t」の欄の値、25.15787034 と 9.323233223 です。t 値の統計表で見て、これが起こりうる確率（つまり、a, b が 0 になる確率）は、「P-値」の欄に表示されています。P-値とは、その値が小さければ小さいほど仮説の有意性（この場合は a, b の値が成り立つかどうか）が高いと解釈できる指標です。この場合、ほとんど 0 であることがわかります。したがって、この結果は有意である（成り立つ）といえます。また、信頼度 95％ における a, b の範囲もその隣に表示されています。この場合、a が 639.24811 以上 763.48276 以下に、b が 162971.97 以上 265331.19 以下になることが 95％ の信頼度であることを示しています。

　また、観測数（データの件数）n の値が小さいとき、自由度修正済決定係数を用いて決定係数 R-2 乗値（図 9.10 では「重決定 R2」と表示されています）を修正します。この場合、「補正 R2」= 0.9828205 という値で、「重決定 R2」= 0.9844459 よりは低い値となっていますが依然として 0.9 以上であり、線形

原価関数（回帰式）の当てはまり具合は良好であることを示しています。

さらに、決定係数を検定する分散分析表が表示されています。ここには、回帰平方和と残差平方和のそれぞれの不偏分散（分散）が示され、それらの比（観測された分散比）の大きさも表示されています。この比について吟味することは、決定係数の有意性を検討することと同じです。この例では、「観測された分散比」= 682.9184401 となります。これに相当する有意水準（「有意 F」）は 2.255×10^{-10} であり、成り立たない確率はほとんど 0% であると判断できるので、この回帰曲線は有意であるといえます。

Excel のデータ分析を用いれば、これらの値とグラフ、さらに、この線形原価関数（回帰式）を用いた場合の予測値と残差（実際の値と予測した値の差）も表示されます（図 9.11）。

月	X(生産量)	Y(総原価)	予測値: Y (総原価)	残差
1月	510	¥560,992	¥571,848	¥-10,856
2月	620	¥662,582	¥648,998	¥13,584
3月	820	¥807,215	¥789,271	¥17,944
4月	770	¥756,582	¥754,203	¥2,379
5月	890	¥812,422	¥838,367	¥-25,945
6月	540	¥588,706	¥592,889	¥-4,183
7月	980	¥916,626	¥901,490	¥15,136
8月	1,020	¥938,369	¥929,544	¥8,825
9月	910	¥851,528	¥852,394	¥-866
10月	880	¥812,356	¥831,353	¥-18,997
11月	970	¥880,084	¥894,476	¥-14,392
12月	780	¥778,588	¥761,217	¥17,371

図 9.11　回帰式の予測値と残差

9.2 CVP 分析

売上高が総原価よりも多ければ利益を確保することができます。原価 C（総原価）、営業量 V（または、売上高、操業度）、利益 P の関係を分析することを CVP 分析（Cost-Volume-Profit Analysis）と呼びます。すでに、第 2 章で説明しましたが、売上高＝総原価となる営業量 V（または、売上高、操業度）が損益分岐点です。「損益分岐点＝固定費／（価格－変動費）」で求められます。損益分岐点を超えた営業量によって利益が生まれます。

変動費率＝300（円／個）、価格＝500（円／個）、固定費＝40,000（円）として、損益分岐図表を描いてみると図 9.12（a）のようになります。このときの損益分岐点は、200 個です。これは、第 2 章の例題 2.2 の Excel ワークシートを用いたものです。販売数が 400 個になれば、

売上高＝ 500 × 400 ＝ 200,000 円
総費用＝固定費（40,000 円）＋変動費（300 × 400 ＝ 120,000 円）
　　　＝ 160,000 円
利益＝売上高－総費用＝ 40,000 円

となります。

損益分岐点を下げる（少ない販売量でも利益が出るようにする）には、①固定費を下げる、②変動費率を下げる、③価格を上げるという 3 つの方法が考えられます。

図 9.12（b）は、固定費を 40,000 円→ 20,000 円に下げたら、損益分岐点＝ 100 個となることを示しています。（c）は、変動費率を 300 円／個→ 250 円／個に下げたら、損益分岐点＝ 160 個となることを示しています。（d）は、価格を 500 円／個→ 550 円／個に上げたら、損益分岐点＝ 160 個となることを示しています。

価格や変動費、固定費を変えると損益分岐点が変化し、利益も変わります。このように、入力値をいろいろ変えて、結果の変化を分析することを感度分析（sensitivity analysis）と呼びます。CVP の感度分析について、例題 9.2 を参照ください。

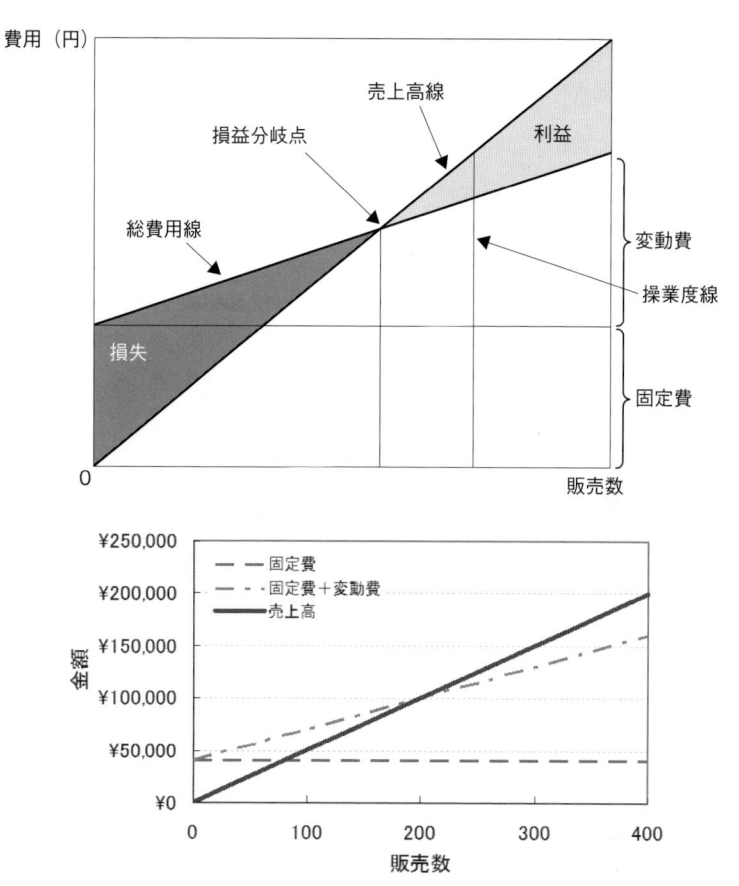

(a) 変動費率＝300円/個、価格＝500円/個、固定費＝40,000円、損益分岐点＝200個

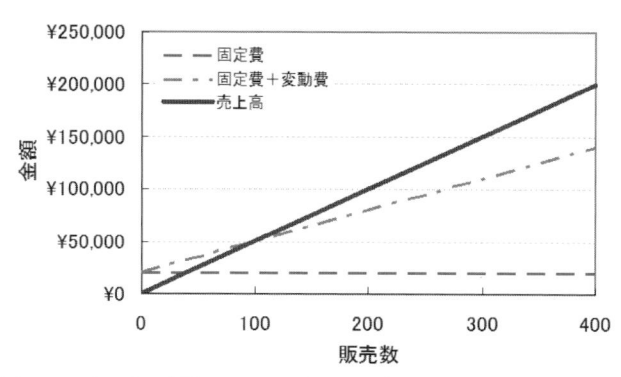

(b) 変動費率＝300円/個、価格＝500円/個、固定費＝20,000円、損益分岐点＝100個

図9.12　損益分岐図表（break-even chart）（その1）

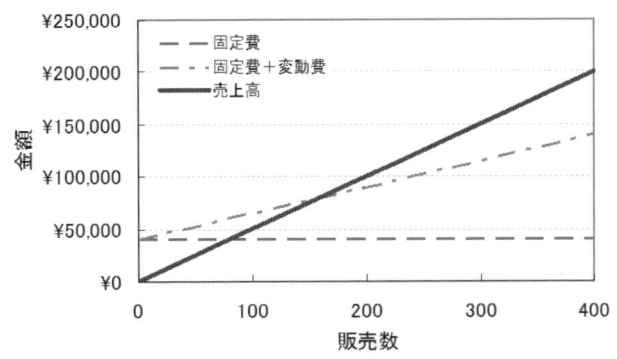

(c) 変動費率＝ 250 円 / 個、価格＝ 500 円 / 個、固定費＝ 40,000 円、損益分岐点＝ 160 個

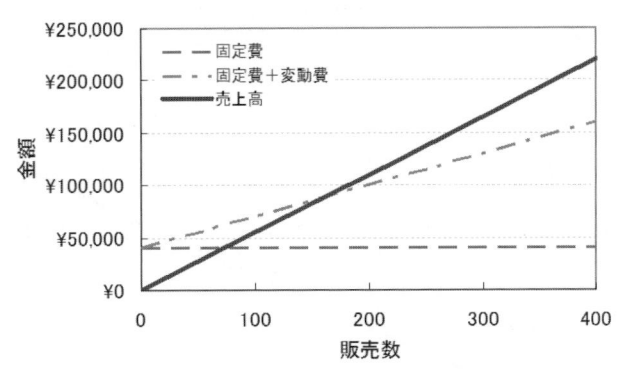

(d) 変動費率＝ 300 円 / 個、価格＝ 550 円 / 個、固定費＝ 40,000 円、損益分岐点＝ 160 個

図 9.12　損益分岐図表（break-even chart）（その 2）

◆例題 9.2　CVP 分析（過去 3 年間の実績をもとにした次年度の利益計画）

　図 9.13 のような過去 3 年間における生産量と総原価の実績データがある場合に、それらを分析し、次年度の利益計画を立てます。様々な経営環境変化が想定される場合、目標利益を達成するためには売上高の目標、原価目標（固定費、変動費）をどのように設定すればよいか。それらを検討できる Excel ワークシートを作成してみましょう。具体的には、下記のような指標が表示されるようにします。

　　貢献利益＝売上高－変動費
　　貢献利益率＝貢献利益 / 売上高
　　損益分岐点売上高＝固定費 / 貢献利益率

目標利益を達成する売上高＝固定費＋目標利益 / 貢献利益率

前々年度 実績

月	X(売上高)	Y(総原価)
1	¥30,288	¥28,086
2	¥36,896	¥30,677
3	¥36,745	¥40,558
4	¥42,160	¥38,013
5	¥35,516	¥36,528
6	¥35,103	¥38,233
7	¥42,504	¥42,731
8	¥48,995	¥49,861
9	¥48,226	¥43,136
10	¥47,180	¥41,749
11	¥48,969	¥47,021
12	¥61,084	¥47,470
合計	¥513,666	¥484,063

前年度 実績

月	X(売上高)	Y(総原価)
1	¥30,565	¥28,438
2	¥38,205	¥31,443
3	¥37,155	¥40,224
4	¥43,311	¥37,425
5	¥36,695	¥36,972
6	¥35,618	¥39,330
7	¥43,887	¥44,110
8	¥49,676	¥50,474
9	¥50,060	¥42,349
10	¥47,558	¥44,230
11	¥50,237	¥47,069
12	¥61,622	¥47,537
合計	¥524,589	¥489,601

今年度 実績

月	X(売上高)	Y(総原価)
1	¥32,100	¥28,410
2	¥39,067	¥32,440
3	¥38,716	¥40,385
4	¥46,277	¥38,831
5	¥37,601	¥36,756
6	¥37,657	¥36,716
7	¥45,107	¥42,792
8	¥50,924	¥49,687
9	¥47,320	¥41,833
10	¥49,258	¥41,285
11	¥51,140	¥45,794
12	¥61,952	¥46,655
合計	¥537,119	¥481,584

図 9.13 過去 3 年間における生産量と総原価の実績データ

◆解答例

① まず、過去 3 年間の変動費率と固定費を求めます。

図 9.14 のように散布図でビジュアル化し、

	A	B	C	D	E	F	G	H	I	J	K
4	月	X(売上高)	Y(総原価)		月	X(売上高)	Y(総原価)		月	X(売上高)	Y(総原価)
5	1	¥30,288	¥28,086		1	¥30,565	¥28,438		1	¥32,100	¥28,410
6	2	¥36,896	¥30,677		2	¥38,205	¥31,443		2	¥39,067	¥32,440
7	3	¥36,745	¥40,558		3	¥37,155	¥40,224		3	¥38,716	¥40,385
8	4	¥42,160	¥38,013		4	¥43,311	¥37,425		4	¥46,277	¥38,831
9	5	¥35,516	¥36,528		5	¥36,695	¥36,972		5	¥37,601	¥36,756
10	6	¥35,103	¥38,233		6	¥35,618	¥39,330		6	¥37,657	¥36,716
11	7	¥42,504	¥42,731		7	¥43,887	¥44,110		7	¥45,107	¥42,792
12	8	¥48,995	¥49,861		8	¥49,676	¥50,474		8	¥50,924	¥49,687
13	9	¥48,226	¥43,136		9	¥50,060	¥42,349		9	¥47,320	¥41,833
14	10	¥47,180	¥41,749		10	¥47,558	¥44,230		10	¥49,258	¥41,285
15	11	¥48,969	¥47,021		11	¥50,237	¥47,069		11	¥51,140	¥45,794
16	12	¥61,084	¥47,470		12	¥61,622	¥47,537		12	¥61,952	¥46,655
17	合計	¥513,666	¥484,063		合計	¥524,589	¥489,601		合計	¥537,119	¥481,584
18											
19	変動費率		0.6320		変動費率		0.6144		変動費率		0.6192
20	固定費		¥13,287		固定費		¥13,941		固定費		¥12,416

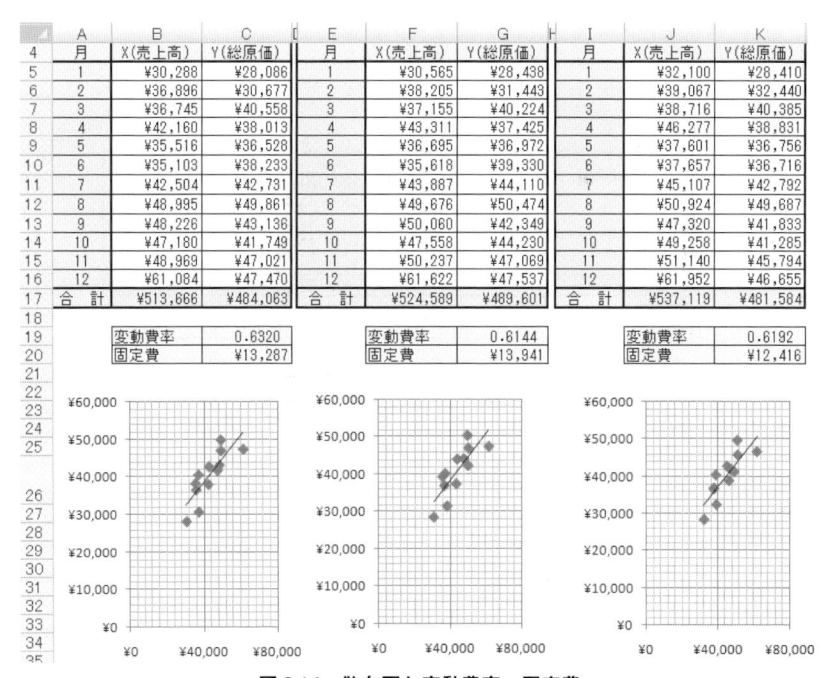

図 9.14 散布図と変動費率、固定費

変動費率（セル C19）＝SLOPE(C5:C16,B5:B16)
固定費（セル C20）＝INTERCEPT(C5:C16,B5:B16)

などの関数によって値を求めます。

② 次に、図 9.15 の表を作成し、各値が計算できるように数式を入力します。各値を求める式を整理すると下記のようになります。

変動費＝変動費率×年間総売上高
固定費＝1ヶ月分の固定費（線形原価関数の y 切片）× 12ヶ月
貢献利益＝売上高－変動費
営業利益＝貢献利益－固定費
貢献利益率＝貢献利益／売上高
損益分岐点売上高＝固定費／貢献利益率
損益分岐点比率＝損益分岐点売上高／（現在の）売上高
安全余裕率＝100％－損益分岐点比率
目標利益を達成する売上高＝固定費＋目標利益／貢献利益率

分析データ	実績			見込み 単位：千円
	前々年度	前年度	今年度	次年度
売上高	¥513,666	¥524,589	¥537,119	¥537,119
変動費	¥324,622	¥322,310	¥332,594	¥332,594
貢献利益	¥189,044	¥202,279	¥204,525	¥204,525
固定費	¥159,441	¥167,291	¥148,990	¥148,990
営業利益	¥29,603	¥34,988	¥55,535	¥55,535
目標利益	¥30,000	¥35,000	¥40,000	¥60,000
差異	¥-397	¥-12	¥15,535	¥-4,465
CVP分析				
貢献利益率	36.80%	38.56%	38.08%	38.08%
損益分岐点売上高	¥433,230	¥433,852	¥391,274	¥391,274
損益分岐点比率	84.34%	82.70%	72.85%	72.85%
安全余裕率	15.66%	17.30%	27.15%	27.15%
目標利益を達成する売上高	¥514,745	¥524,620	¥496,321	¥548,845

次年度増減目標(今年度比)
売上	¥0
変動費率	0.00
固定費	¥0

図 9.15　CVP 分析のための表

			実績		見込み
	分析データ	前々年度	前年度	今年度	次年度
5	売上高	=B17	¥524,589	¥537,119	=P5+Q20
6	変動費	=B17*C19	¥322,310	¥332,594	=Q5*(K19+Q21)
7	貢献利益	=N5-N6	¥202,279	¥204,525	=Q5-Q6
8	固定費	=C20*12	¥167,291	¥148,990	=(K20+Q22)*12
9	営業利益	=N7-N8	¥34,988	¥55,535	=Q7-Q8
10	目標利益	¥30,000	¥35,000	¥40,000	¥60,000
11	差異	=N9-N10	¥-12	¥15,535	=Q9-Q10
12	CVP分析				
13	貢献利益率	=N7/N5	38.56%	38.08%	=Q7/Q5
14	損益分岐点売上高	=N8/N13	¥433,852	¥391,274	=Q8/Q13
15	損益分岐点比率	=N14/N5	82.70%	72.85%	=Q14/Q5
16	安全余裕率	=1-N15	17.30%	27.15%	=1-Q15
17	目標利益を達成する売上高	=(N8+N10)/N13		¥496,321	=(Q8+Q10)/Q13

次年度増減目標(今年度比)

売上	¥0
変動費率	0.00
固定費	¥0

図 9.16　CVP 分析のための計算式

③ ②の表を使って、図 9.17 のようなグラフ（損益分岐図表）を表示できるようにします。

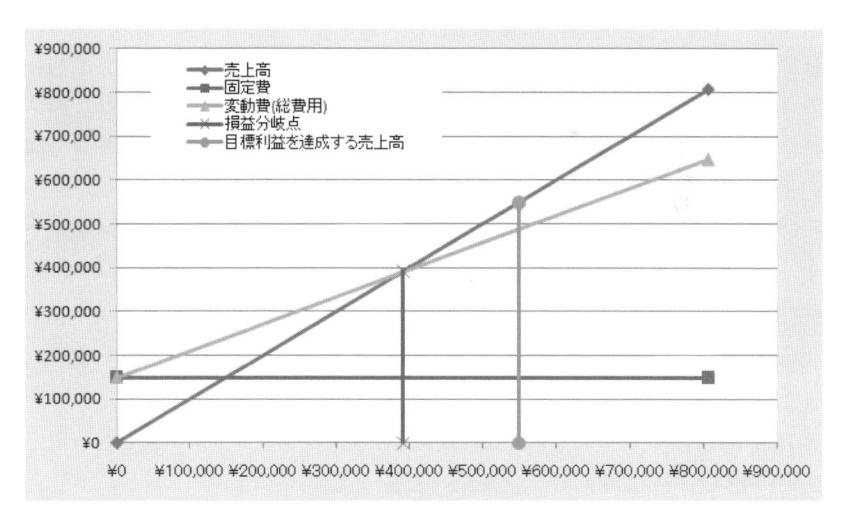

図 9.17　損益分岐図表のグラフ

④ 様々な経営環境変化に対して、利益を確保するための売上高を求めます。

例えば、材料費が 20％高騰するために変動費率が 20％アップした場合には、次年度変動率の増加（セル Q21）が 0.1238…（ = 0.6192 × 0.2）とな

分析データ	実績 前々年度	実績 前年度	実績 今年度	見込み 次年度
売上高	¥513,666	¥524,589	¥537,119	¥579,868
変動費	¥324,622	¥322,310	¥332,594	¥430,878
貢献利益	¥189,044	¥202,279	¥204,525	¥148,990
固定費	¥159,441	¥167,291	¥148,990	¥148,990
営業利益	¥29,603	¥34,988	¥55,535	¥0
目標利益	¥30,000	¥35,000	¥40,000	¥0
差異	¥-397	¥-12	¥15,535	¥0
CVP分析				
貢献利益率	36.80%	38.56%	38.08%	25.69%
損益分岐点売上高	¥433,230	¥433,852	¥391,274	¥579,868
損益分岐点比率	84.34%	82.70%	72.85%	100.00%
安全余裕率	15.66%	17.30%	27.15%	0.00%
目標利益を達成する売上高	¥514,745	¥524,620	¥496,321	¥579,868

単位：千円

次年度増減目標(今年度比)

売上	¥42,749
変動費率	0.1238
固定費	¥0

図 9.18　経営環境の変化①

り、この条件で赤字にならないようにする（営業利益＝0となる）ためには579,868 千円まで売り上げなければならないことが図 9.18 に示されています。

この材料費高騰の状態で、売上が前年度並みの 57,119 千円だとした場合は、固定費をどのくらいまで削減しなければならないでしょうか？「次年度増減目標」の「固定費」欄に、－100 千円、－200 千円と入力していくと営業利益のマイナス値が少しずつゼロに近づきます。結局、－915 千円であれば赤字にならない、つまり損益分岐点での経営が可能であることがわかります（図 9.19）。

これを即座に求める方法が、第 2 章でも説明した Excel のソルバー機能です。Excel のソルバーには、テキサス州オースティンのテキサス大学の Leon Lasdon 氏とクリーヴランド州立大学の Allan Waren 氏が開発した GRG2 (Generalized Reduced Gradient) 非線形最適化コードが使用されています。また、線形問題と整数問題では、Frontline Systems, Inc. の John Watson 氏と Dan Fylstra 氏が実装した、束縛変数を用いたシンプレックス法と分枝限定法が使用されています。

例えば、営業利益が 60,000 千円となる売上高を求めてみましょう。
「データ」タブ→「分析」グループ→「ソルバー」を選択し、パラメータ設定を行います。まず、「目的セル」は、営業利益（セル Q9）で、「目標値」→「値」にチェックし、60,000 千円とします。「変化させるセル」は、売上高の次

9.2 CVP分析

単位：千円

分析データ	実績			見込み
	前々年度	前年度	今年度	次年度
売上高	¥513,666	¥524,589	¥537,119	¥537,119
変動費	¥324,622	¥322,310	¥332,594	¥399,113
貢献利益	¥189,044	¥202,279	¥204,525	¥138,006
固定費	¥159,441	¥167,291	¥148,990	¥138,006
営業利益	¥29,603	¥34,988	¥55,535	¥0
目標利益	¥30,000	¥35,000	¥40,000	¥0
差異	¥-397	¥-12	¥15,535	¥0
CVP分析				
貢献利益率	36.80%	38.56%	38.08%	25.69%
損益分岐点売上高	¥433,230	¥433,852	¥391,274	¥537,119
損益分岐点比率	84.34%	82.70%	72.85%	100.00%
安全余裕率	15.66%	17.30%	27.15%	0.00%
目標利益を達成する売上高	¥514,745	¥524,620	¥496,321	¥537,119

次年度増減目標（今年度比）	
売上	¥0
変動費率	0.12
固定費	¥-915

図 9.19　経営環境の変化②

年度増減目標（セル Q20）です。「制約条件」は、変動費率と固定費がマイナス値にはならないようにします。つまり、変動費率の次年度増減目標（セル Q21）は、今年度変動費率のマイナス値（－セル K19）以上であり、固定費の次年度増減目標（セル Q22）は、今年度固定費のマイナス値（－セル K20）以上とセットしています。

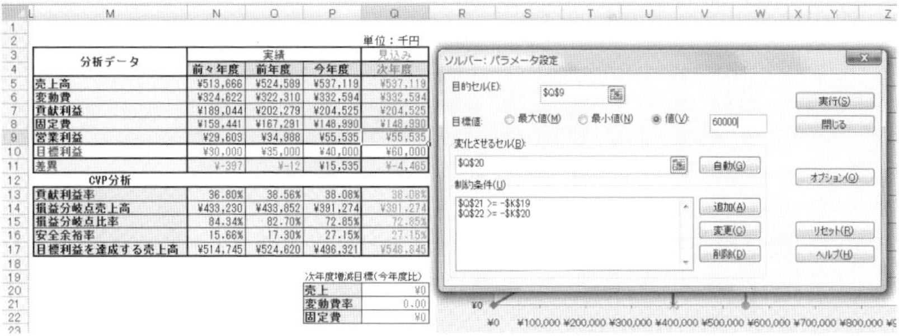

図 9.20　ソルバー：パラメータ設定①

これで、「実行」ボタンをクリックすると解が得られます。売上高を今年度から 11,726 千円増やせば、目標利益 60,000 千円が達成できることがわかります。

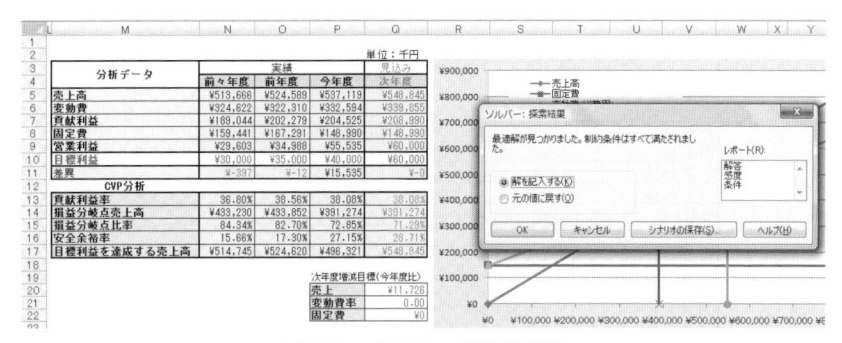

第9章 4th step：CVP分析と直接原価計算

図 9.21 ソルバーの実行結果①

一方、売上高を増やすことが期待できない場合に、営業利益 60,000 千円を確保するためには固定費をどの程度減らせばよいでしょうか？ ソルバーで解を求めてみましょう。「変化させるセル」は、固定費の次年度増減目標（セル Q22）です。

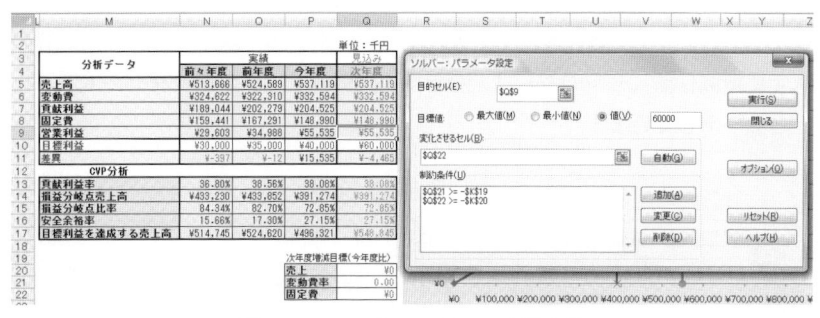

図 9.22 ソルバー：パラメータ設定②

解は、固定費を 372 千円減らすことができれば目標利益を確保できることを示しています。

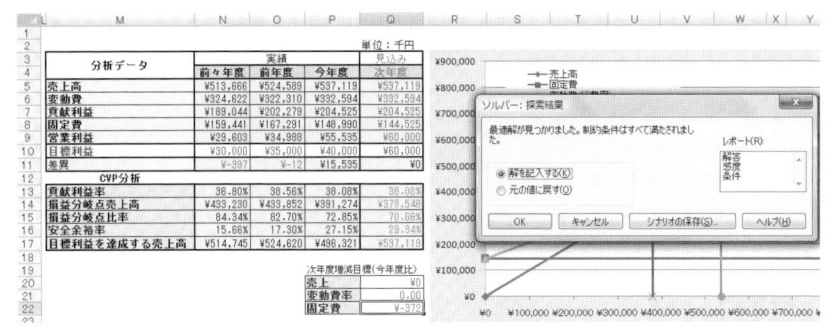

図 9.23　ソルバーの実行結果②

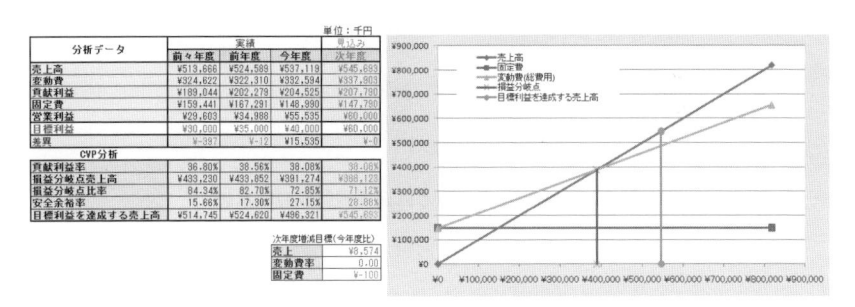

図 9.24　ソルバーの実行結果③

9.3　直接原価計算

　CVP 関係を会計記録の中で示す期間損益計算を可能にする原価計算が直接原価計算です。製品の製造で発生するすべての原価を含めて製品原価とする全部原価計算とは異なり、直接原価計算は、変動費だけで製造原価（製品原価）を構成します。一方、固定費は固定販売費及び一般管理費とともに、発生した期の費用として処理します。

◆例題 9.3　全部原価計算と直接原価計算による製品原価

　資料（表 9.3）から製品単位当たり製造原価を全部原価計算及び直接原価計算により求めましょう。

表 9.3 （資料）期間当たりの費用、生産量

直接材料費	¥1,250,000
直接労務費	¥1,750,000
変動製造間接費	¥800,000
固定製造間接費	¥1,250,000
生産量	2,000

◇**解答例**

	A	B	C	D	E	F
1	全部原価計算と直接原価計算					
2					製品原価	
3	（資料）期間あたりの費用、生産量			費目	全部原価計算	直接原価計算
4	直接材料費	¥1,250,000		直接材料費	=$B4/$B9	=$B4/$B9
5	直接労務費	¥1,750,000		直接労務費	=$B5/$B9	=$B5/$B9
6	変動製造間接費	¥800,000		変動製造間接費	=$B6/$B9	=$B6/$B9
7	固定製造間接費	¥1,250,000		固定製造間接費	=$B7/$B9	-
8				単位当たり製造原価	=SUM(E4:E7)	=SUM(F4:F6)
9	生産量	2,000				

図 9.25　全部原価計算と直接原価計算の計算式

直接原価計算では、固定製造間接費を単位当たり製造原価に含めません。

	A	B	C	D	E	F
1	全部原価計算と直接原価計算					
2					製品原価	
3	（資料）期間あたりの費用、生産量			費目	全部原価計算	直接原価計算
4	直接材料費	¥1,250,000		直接材料費	¥625	¥625
5	直接労務費	¥1,750,000		直接労務費	¥875	¥875
6	変動製造間接費	¥800,000		変動製造間接費	¥400	¥400
7	固定製造間接費	¥1,250,000		固定製造間接費	¥625	-
8				単位当たり製造原価	¥2,525	¥1,900
9	生産量	2,000				

図 9.26　全部原価計算と直接原価計算

直接原価計算では次の手順で営業利益を計算します。

① 変動製造差益＝売上高－変動製造原価（売上原価）
② 貢献利益＝変動製造差益－変動販売費及び一般管理費
③ 営業利益＝貢献利益－固定製造間接費

直接原価計算における棚卸資産原価は、（固定製造原価を含む全部原価計算とは異なり）変動製造原価だけで構成されます。全部原価計算においては棚卸資産原価に固定製造原価を含むので、全部原価計算と直接原価計算を比較すると、その額だけ営業利益の金額に違いが発生します。

全部原価計算における営業利益＝直接原価計算における営業利益
　　　　　　　　　　　　　　＋期末棚卸原価に含まれる固定製造原価
　　　　　　　　　　　　　　－期首棚卸原価に含まれる固定製造原価

ここで、

　＋期末棚卸原価に含まれる固定製造原価
　－期首棚卸原価に含まれる固定製造原価

が固定費調整額と呼ばれるものです。

◆例題 9.4　全部原価計算と直接原価計算の損益計算書

資料から全部原価計算と直接原価計算の損益計算書を作成しましょう。

	A	B	C	D	E	F	G	H	I
1		損益計算書							
2	次の資料に基づき,全部原価計算および直接原価計算の損益計算書を完成しましょう。								
3									
4	(資料)		(単位：万円)					(単位：万円)	
5		直接材料変動費	1,800		製品				
6		直接労務変動費	1,800		期首有高	1,000	(固定費)	160	を含む)
7		製造間接変動費	1,000		期末有高	800	(固定費)	100	を含む)
8		製造間接固定費	900						
9		変動販管費	1,000		売上高	8,000			
10		固定販管費	800						
11									
12		仕掛品							
13		期首有高	800	(固定費	60	を含む)			
14		期末有高	1,600	(固定費	240	を含む)			

図9.27　(資料)全部原価計算と直接原価計算のデータ

◇解答例

勘定連絡図を描いて、損益計算書を作成し、営業利益が表示されるようにした例を示します。

(1) 全部原価計算の場合

全部原価計算では、固定費と変動費をすべて仕掛品勘定や製品勘定に反映します。

第9章 4th step：CVP 分析と直接原価計算

図9.28　全部原価計算

	A	B	C	D	E	F	G	H	I	J
17	全部原価計算									
18			直接材料費					仕掛品		
19		当期仕入高	1,800	当期消費高	1,800		期首有高	800	当期完成高	4,700
20							直接材料費	1,800	期末有高	1,600
21							直接労務費	1,800		
22							製造間接費	1,900		
23			直接労務費					6,300		6,300
24		当期支払高	1,800	当期消費高	1,800					
27								製品		
28			製造間接費				期首有高	1,000	売上原価	4,900
29		当期発生額	1,900	配賦額	1,900		当期完成高	4,700	期末有高	800
30								5,700		5,700
31			1,900		1,900					
33			販管費					売上原価		
34		当期発生額	1,800	当期消費高	1,800		製品	4,900	損益	4,900
36			1,800		1,800			4,900		4,900
38			売上					損益		
39			8,000		8,000		売上原価	4,900	売上高	8,000
40							販管費	1,800		
41							営業利益	1,300		
42								8,000		8,000

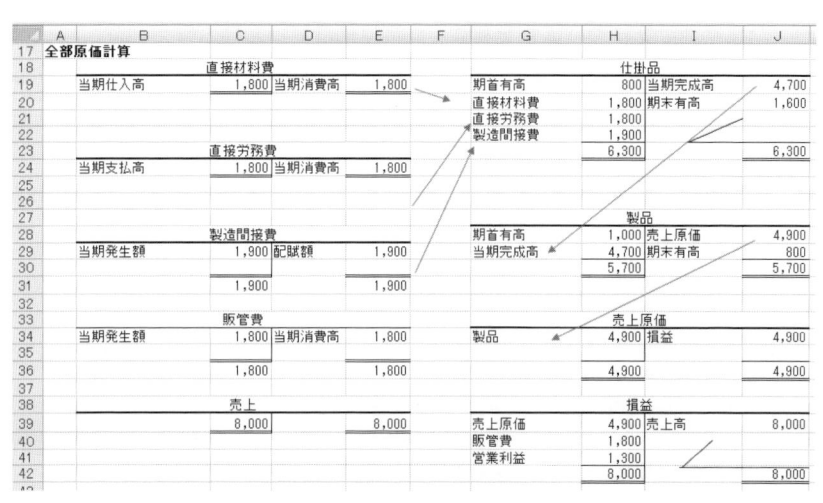

図 9.28　全部原価計算

セルに入力されている数式は図 9.29 のとおりです。勘定連絡を理解するのに役立ちます。

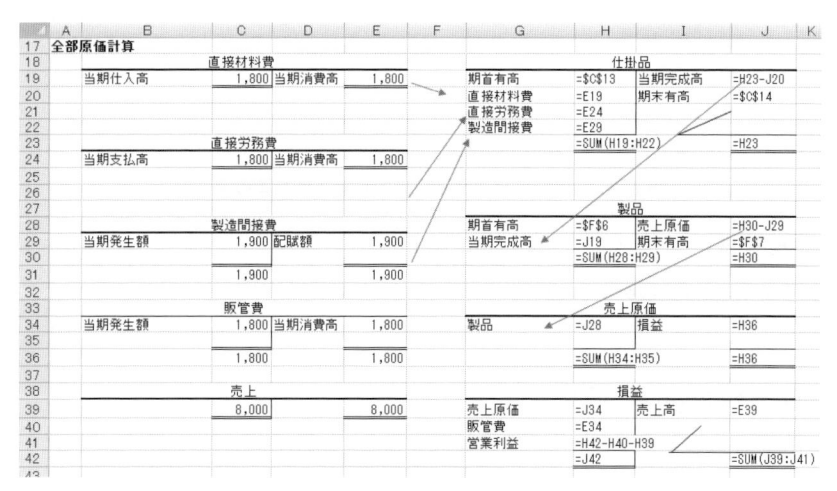

	A	B	C	D	E	F	G	H	I	J	K
17	全部原価計算										
18			直接材料費					仕掛品			
19		当期仕入高	1,800	当期消費高	1,800		期首有高	=$C$13	当期完成高	=H23-J20	
20							直接材料費	=E19	期末有高	=$C$14	
21							直接労務費	=E24			
22							製造間接費	=E29			
23			直接労務費					=SUM(H19:H22)		=H23	
24		当期支払高	1,800	当期消費高	1,800						
27								製品			
28			製造間接費				期首有高	=$F$6	売上原価	=H30-J29	
29		当期発生額	1,900	配賦額	1,900		当期完成高	=J19	期末有高	=$F$7	
30								=SUM(H28:H29)		=H30	
31			1,900		1,900						
33			販管費					売上原価			
34		当期発生額	1,800	当期消費高	1,800		製品	=J28	損益	=H36	
36			1,800		1,800			=SUM(H34:H35)		=H36	
38			売上					損益			
39			8,000		8,000		売上原価	=J34	売上高	=E39	
40							販管費	=E34			
41							営業利益	=H42-H39			
42								=J42		=SUM(J39:J41)	

図 9.29　全部原価計算の計算式

結果として、図 9.30 のような損益計算書が作成できます。セルの関係を追えば、製品勘定、損益勘定からどの金額が使われて集計されているかがわかります。

9.3 直接原価計算

	K	L	M	N	O
18					
19		損益計算書			
20				(単位：万円)	
21		売上高		8,000	
22		売上原価			
23		期首製品有高	1,000		
24		当期製品製造原価	4,700		
25		合計	5,700		
26		期末製品有高	800		
27		差引		4,900	
28					
29		売上総利益		3,100	
30		販売費・一般管理費		1,800	
31		営業利益		1,300	
32					

図 9.30　全部原価計算の損益計算書

数式を確認してください。

	K	L	M	N	O
18					
19		損益計算書			
20				(単位：万円)	
21		売上高		=E39	
22		売上原価			
23		期首製品有高	=H28		
24		当期製品製造原価	=J19		
25		合計	=SUM(M23:M24)		
26		期末製品有高	=J29		
27		差引		=M25-M26	
28					
29		売上総利益		=N21-N27	
30		販売費・一般管理費		=H40	
31		営業利益		=N29-N30	
32					

図 9.31　全部原価計算の損益計算書の計算式

(2) 直接原価計算

　直接原価計算の記帳は次のような手順をとりますので、これに従い勘定連絡図を描きます。

① 直接材料は変動費であるとみなし、材料勘定から直接材料費勘定に振り替え記入します。
② 直接工賃金は変動費とみなし、賃金勘定から直接労務費勘定に振り替え記入します。
③ 製造間接費は、変動製造間接費と固定製造間接費に分け、変動製造間接費は仕掛品勘定に振り替え記入します。
④ 販管費（販売費及び一般管理費）勘定は月末に締め切り、変動販管費と

固定販管費に分け、損益勘定に振り替え記入します。

⑤ 固定製造間接費は月末に締め切り、損益勘定に振り替え記入します。

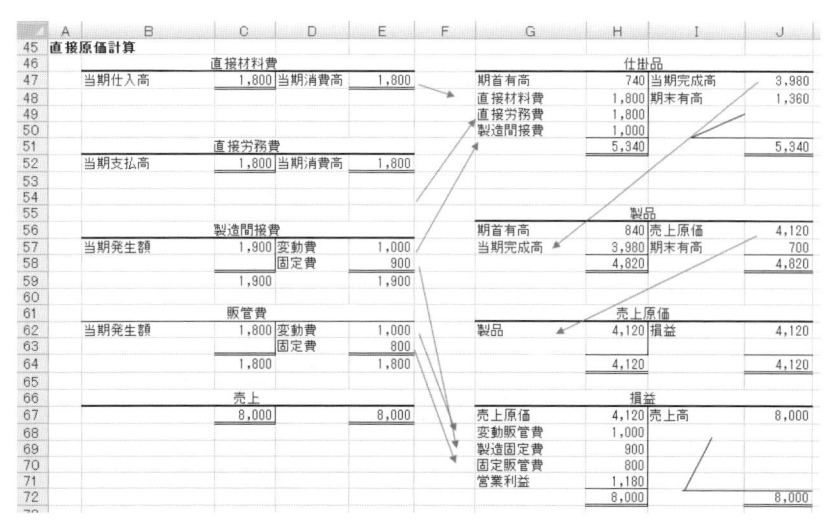

	A	B	C	D	E	F	G	H	I	J
45	直接原価計算									
46			直接材料費					仕掛品		
47		当期仕入高	1,800	当期消費高	1,800		期首有高	740	当期完成高	3,980
48								直接材料費	1,800	期末有高	1,360
49								直接労務費	1,800		
50								製造間接費	1,000		
51			直接労務費					5,340		5,340
52		当期支払高	1,800	当期消費高	1,800					
55								製品		
56			製造間接費				期首有高	840	売上原価	4,120
57		当期発生額	1,900	変動費	1,000		当期完成高	3,980	期末有高	700
58				固定費	900			4,820		4,820
59			1,900		1,900					
61			販管費					売上原価		
62		当期発生額	1,800	変動費	1,000		製品	4,120	損益	4,120
63				固定費	800					
64			1,800		1,800			4,120		4,120
66			売上					損益		
67			8,000		8,000		売上原価	4,120	売上高	8,000
68							変動販管費	1,000		
69							製造固定費	900		
70							固定販管費	800		
71							営業利益	1,180		
72								8,000		8,000

図 9.32　直接原価計算

セルに入力されている数式は図 9.33 のとおりです。勘定連絡を理解するのに役立ちます。

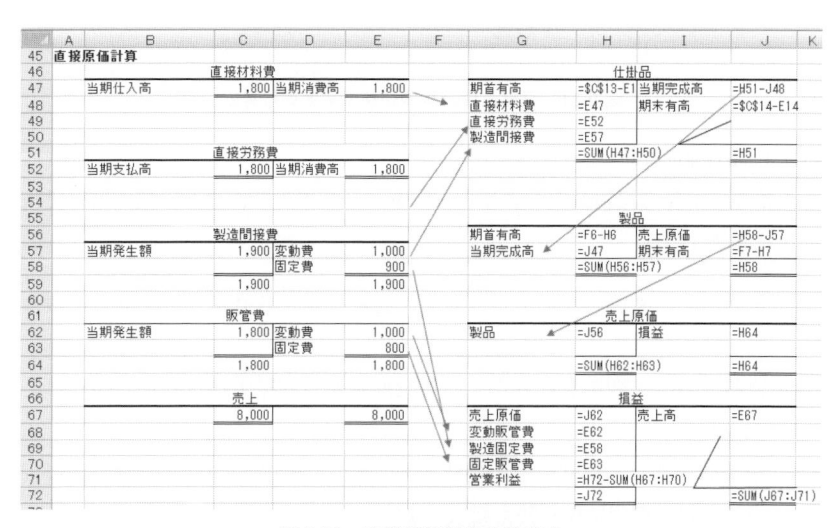

	A	B	C	D	E	F	G	H	I	J	K
45	直接原価計算										
46			直接材料費					仕掛品			
47		当期仕入高	1,800	当期消費高	1,800		期首有高	=$C$13-E1	当期完成高	=H51-J48	
48							直接材料費	=E47	期末有高	=$C$14-E14	
49							直接労務費	=E52			
50							製造間接費	=E57			
51			直接労務費					=SUM(H47:H50)		=H51	
52		当期支払高	1,800	当期消費高	1,800						
55								製品			
56			製造間接費				期首有高	=F6-H6	売上原価	=H58-J57	
57		当期発生額	1,900	変動費	1,000		当期完成高	=J47	期末有高	=F7-H7	
58				固定費	900			=SUM(H56:H57)		=H58	
59			1,900		1,900						
61			販管費					売上原価			
62		当期発生額	1,800	変動費	1,000		製品	=J56	損益	=H64	
63				固定費	800						
64			1,800		1,800			=SUM(H62:H63)		=H64	
66			売上					損益			
67			8,000		8,000		売上原価	=J62	売上高	=E67	
68							変動販管費	=E62			
69							製造固定費	=E58			
70							固定販管費	=E63			
71							営業利益	=H72-SUM(H67:H70)			
72								=J72		=SUM(J67:J71)	

図 9.33　直接原価計算の計算式

直接原価計算では、変動費のみを仕掛品勘定、製品勘定に反映させるので、売上原価の値は全部原価計算と異なります。営業利益を計算するときに、売上高から製造間接固定費及び固定販管費を差し引きます。このようにして求められた直接原価計算の営業利益 1,180 万円は全部原価計算の営業利益 1,300 万円と一致しません。

これは、固定費調整額（期末棚卸原価に含まれる固定製造原価（＋）と期首棚卸原価に含まれる固定製造原価（－））によるものです。つまり、直接原価計算による利益と全部原価計算による利益の間に不一致が生じるのは、直接原価計算が製造固定費を製品原価から除いていることによります。

仕掛品の期首有高のうち 60 万円（セル H19 － セル H47）と製品の期首有高のうち 160 万円（セル H28 － セル H56）を合わせた 220 万円が期首棚卸原価に含まれる固定製造原価（－）で、仕掛品の期末有高のうち 240 万円（セル J20 － セル J48）と製品の期末有高のうち 100 万円（セル J29 － セル J57）を合わせた 340 万円が期末棚卸原価に含まれる固定製造原価（＋）です。

$$
\begin{aligned}
\text{全部原価計算における営業利益} &= \text{直接原価計算における営業利益} \\
&\quad + \text{期末棚卸原価に含まれる固定製造原価} \\
&\quad - \text{期首棚卸原価に含まれる固定製造原価} \\
&= 1{,}180 + 340 - 220 = 1{,}300 \text{ 万円}
\end{aligned}
$$

となり、直接原価計算における営業利益に固定費調整額を加味すると全部原価計算の営業利益に一致します。

制度会計は全部原価計算に基づき外部報告用の財務諸表を作成することを義務付けていますので、直接原価計算を採用している場合、会計期末に全部原価計算による利益に修正して公表財務諸表を作成しなければなりません。この修正手続きを固定費調整といいます。固定費調整において、全部原価計算を適用した場合に期末棚卸資産に含まれるはずの固定製造間接費を計算するわけです。

直接原価計算の損益計算書は図 9.34 のようになります。

第 9 章 4th step：CVP 分析と直接原価計算

	K	L	M	N	O
46					
47		損益計算書			
48				（単位：万円）	
49		売上高		8,000	
50		変動売上原価			
51		期首製品有高	840		
52		当期製品製造原価	3,980		
53		合計	4,820		
54		期末製品有高	700		
55		差引		4,120	
56					
57		売上製造差益		3,880	
58		変動販管費		1,000	
59		固定費			
60		製造固定費		900	
61		固定販管費		800	
62		直接原価計算の営業利益		1,180	
63		固定費調整			
64		(+)期末分の製造固定費		340	
65		(-)期首分の製造固定費		220	
66		全部原価計算の営業利益		1,300	
67					

図 9.34　直接原価計算の損益計算書

数式を確認してください。

	K	L	M	N	O
46					
47		損益計算書			
48				（単位：万円）	
49		売上高		=J67	
50		変動売上原価			
51		期首製品有高	=H56		
52		当期製品製造原価	=H57		
53		合計	=SUM(M51:M52)		
54		期末製品有高	=J57		
55		差引		=M53-M54	
56					
57		売上製造差益		=N49-N55	
58		変動販管費		=H68	
59		固定費			
60		製造固定費		=H69	
61		固定販管費		=H70	
62		直接原価計算の営業利益		=N57-N58-N60-N61	
63		固定費調整			
64		(+)期末分の製造固定費		=H7+E14	
65		(-)期首分の製造固定費		=H6+E13	
66		全部原価計算の営業利益		=N62+N64-N65	
67					

図 9.35　直接原価計算の損益計算書の計算式

全部原価計算では、生産した製品すべてが販売できずに残った場合、当期に発生した製造固定費の一部を期末棚卸資産（仕掛品在庫や製品在庫）の原価として次期以降に繰り延べることができます。これを使い、「受注できる量や在

庫量に関係なく、ともかく生産量を増やすことで当期の固定費負担を軽減して、当期の営業利益を大きく見せる」ことを招いてしまう危険性があります。これを「全部原価計算の逆機能」といいます。

これに対して、直接原価計算では、棚卸資産原価は変動製造原価のみです。すべての固定費をその期の期間原価とすることで、貢献利益から当期の固定費を差し引いて営業利益を算出するので、全部原価計算に見られる逆機能は直接原価計算では発生しません。

9.4 プロダクト・ミックス問題

　直接原価計算を適用すると、限界利益（貢献利益）に注目して、最も利益が得られるような生産計画、利益計画を検討することが可能になります。その典型的な例として、最適プロダクト・ミックス問題があります。これは、労働条件や原材料の調達などにこれ以上は供給できないというような制約がある場合に、所要作業時間や所要材料量が異なる複数の製品を生産するときにどれをどれだけ生産すると利益が最大になるかという問題を解くものです。制約条件のもとで、最適プロダクト・ミックスを導くための方法として、線形計画法（リニア・プログラミング、linear programming）があります。

　利益が最大になる解を求めるような最大化問題とは、目的関数 z が（9.5）式で示すようないくつかの計画変数 $x_j, j=1, \cdots, n$ と利益係数 $c_j, j=1, \cdots, n$ との一次式で表されていて、（9.6）〜（9.10）式の制約条件のもとで、z を最大化する解（これを最適解といいます）を得ることです。以下の（9.5）〜（9.10）式は、最大化問題を一般的な形で記述したものです。つまり、

$$z = \sum_{j=1}^{n} c_j x_j \quad \text{（この } z \text{ を最大化するための } x_j \text{ を求める）} \tag{9.5}$$

$$\sum_{j=1}^{n} a_{ij} x_{ij} \leq b_i \quad i=1, \cdots\cdots, m_1 \quad \text{（制約条件1）} \tag{9.6}$$

$$\sum_{j=1}^{n} a_{ij} x_{ij} = b_i \quad i=m_1+1, \cdots\cdots, m_2 \quad \text{（制約条件2）} \tag{9.7}$$

$$\sum_{j=1}^{n} a_{ij} x_{ij} \geqq b_i \quad i = m_2+1, \cdots\cdots, m \quad (\text{制約条件 3}) \tag{9.8}$$

$$x_j \geqq 0, \ j=1, \cdots\cdots, n \ (x_j \text{が負ではない条件}) \tag{9.9}$$

$$b_i \geqq 0, \ i=1, \cdots\cdots, m \ ((9.6) \sim (9.8) \text{式の} b_i \text{が負ではない条件}) \tag{9.10}$$

最小化問題の場合は、(9.5)式の目的関数に -1 を掛けて、最大化問題と同じように扱うことができます。

◆例題9.5 プロダクト・ミックス問題

営業利益が最大となるように製品A、B、Cの生産数を求めましょう。ただし、生産した製品はすべて売れるものと仮定します。条件は表9.4のとおりです。

表9.4 （資料）プロダクト・ミックス問題のデータ

費目	製品A	製品B	製品C
販売価格（1個当たり）	¥14,000	¥16,000	¥18,000
変動費（1個当たり）	¥7,200	¥9,000	¥10,400
限界利益	¥6,800	¥7,000	¥7,600

共通固定費	¥3,000,000

各工程の作業者数から算出された許容最大時間（月当たり）

工程	作業者数	許容時間
第1工程	7人	1120 h
第2工程	10人	1600 h
第3工程	9人	1440.h

各工程で必要な作業時間

工程	製品A	製品B	製品C
第1工程	1.1 h	2.1 h	1.2 h
第2工程	1.9 h	0.9 h	2.1 h
第3工程	1.2 h	2.1 h	2.2 h

◇解答例

これは、下記の制約条件(各工程での必要作業時間が許容時間を超えないようにする)のもとで、

目的関数 $Z = 6800A + 7000B + 7600C$

(各製品の限界利益と生産数を掛け算し、足し合わせたもの)

を最大にする解(A, B, Cの数)を求める問題です。

制約条件
$$1.1A + 2.1B + 1.2C \leq 1120 \tag{9.11}$$
$$1.9A + 0.9B + 2.1C \leq 1600 \tag{9.12}$$
$$1.2A + 2.1B + 2.2C \leq 1440 \tag{9.13}$$
$$A \geq 0 \quad B \geq 0 \quad C \geq 0 \tag{9.14}$$

そのための Excel ワークシートを作成します。

	A	B	C	D	E	F
1		プロダクト・ミックス				
2						
3		費目	製品A	製品B	製品C	
4		販売価格(1個当たり)	¥14,000	¥16,000	¥18,000	
5		変動費 (1個当たり)	¥7,200	¥9,000	¥10,400	
6		限界利益	¥6,800	¥7,000	¥7,600	
8		共通固定費	¥3,000,000			
9						
10		工程	作業者数	許容時間		
11		第1工程	7人	1120.0 h		
12		第2工程	10人	1600.0 h		
13		第3工程	9人	1440.0 h		
14						
15		工程	製品A	製品B	製品C	生産数を達成するための総時間
16		第1工程	1.1 h	2.1 h	1.2 h	880.0 h
17		第2工程	1.9 h	0.9 h	2.1 h	980.0 h
18		第3工程	1.2 h	2.1 h	2.2 h	1100.0 h
19						
20		項目	製品A	製品B	製品C	合計
21		販売数(=生産数)	200個	200個	200個	600個
22		売上高	¥2,800,000	¥3,200,000	¥3,600,000	¥9,600,000
23		変動費	¥1,440,000	¥1,800,000	¥2,080,000	¥5,320,000
24		限界利益	¥1,360,000	¥1,400,000	¥1,520,000	¥4,280,000
25		共通固定費	―	―	―	¥3,000,000
26		営業利益				¥1,280,000

図 9.36 プロダクト・ミックス問題

製品 A、B、C の 3 種類について、販売価格、変動費、限界利益を計算できる表を用意し、さらに各工程での作業時間許容範囲（制約条件）を入力します。

製品 A、B、C の 3 種類について、各工程でどれだけの作業時間がかかるか入力し、生産数（＝販売数）を入力すると各製品の生産数を達成するための総作業時間が計算されて表示されます。同時に、各製品の売上高、変動費、限界利益が計算され、それらの合計と共通固定費から営業利益がわかります。Excel ワークシートの各セルに埋め込まれた計算式は図 9.37 のとおりです。

	B	C	D	E
3	費目	製品A	製品B	製品C
4	販売価格（1個当たり）	¥14,000	¥16,000	¥18,000
5	変動費　（1個当たり）	¥7,200	¥9,000	¥10,400
6	限界利益	=C4-C5	=D4-D5	=E4-E5

	B	C	D	E	F
15	工程	製品A	製品B	製品C	生産数を達成するための総時間
16	第1工程	1.1 h	2.1 h	1.2 h	=C16*C21+D16*D21+E16*E21
17	第2工程	1.9 h	0.9 h	2.1 h	=C17*C21+D17*D21+E17*E21
18	第3工程	1.2 h	2.1 h	2.2 h	=C18*C21+D18*D21+E18*E21
19					
20	項目	製品A	製品B	製品C	合計
21	販売数（＝生産数）	200個	200個	200個	=SUM(C21:E21)
22	売上高	=C4*C21	=D4*D21	=E4*E21	=SUM(C22:E22)
23	変動費	=C5*C21	=D5*D21	=E5*E21	=SUM(C23:E23)
24	限界利益	=C22-C23	=D22-D23	=E22-E23	=SUM(C24:E24)
25	共通固定費	—	—	—	=C8
26	営業利益	—	—	—	=F24-F25

図 9.37　プロダクト・ミックス問題の計算式

「データ」タブ→「分析」グループ→「ソルバー」を選択し、パラメータ設定を行います。「目的セル」はセル F26 の営業利益です。これが目標値で最大になるような販売数（＝生産数）を求めるので、「変化させるセル」はセル範囲「C21：E21」です。制約条件として、各製品の販売数（＝生産数）はゼロ以上である、さらに、生産数を達成するための総作業時間が許容範囲以内であるという条件を追加します。

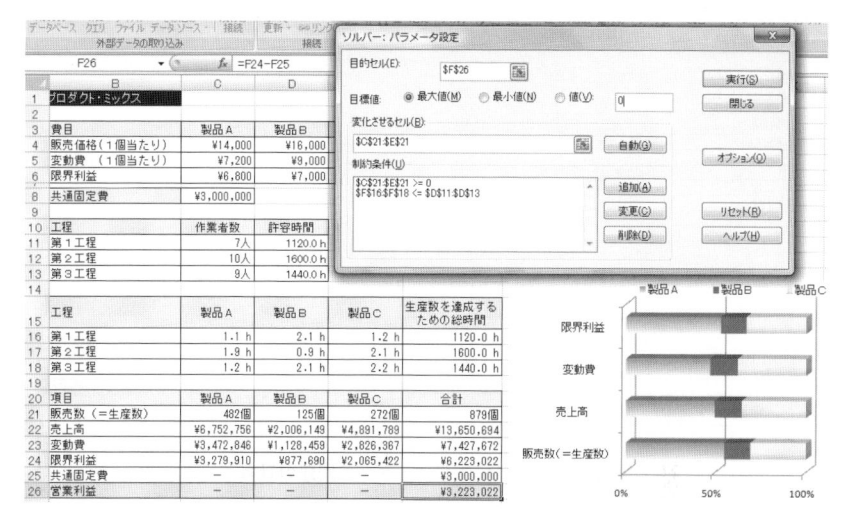

図9.38　ソルバー：パラメータ設定

　「実行」ボタンをクリックすると製品Aは482個、製品Bは125個、製品Cは272個で、最大利益は3,223,022円となるという解が得られました（図9.38）。これは、必ずしも製品1個当たりの限界利益が高い製品ばかりを生産するのではなく、制約条件のもとで最適な生産数を組み合わせることで最大利益が得られることを示しています。

　製品A、B、Cの価格を13,500円、14,000円、15,000円にそれぞれ値下げしなければならなくなったときは、どうでしょうか？　図9.39のように、製品Aを784個、製品Bを123個のみを生産することで最大利益2,552,533円を得ることができます。

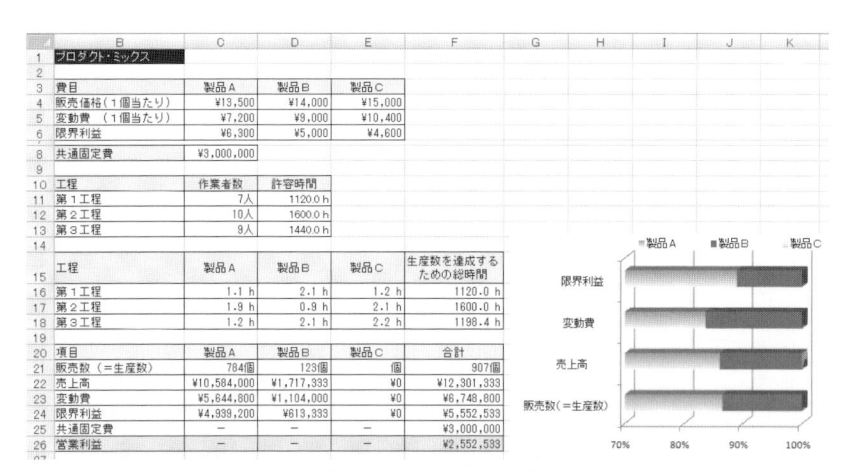

第9章 4th step：CVP分析と直接原価計算

図 9.39　プロダクト・ミックス問題の計算①

さすがに、製品Cをまったくつくらないわけにいかないのが現実である場合、例えば製品Cは100個つくり、製品A、Bをそれぞれ何個つくればよいかというような問題を同様に解くことができます。ソルバーでの変化させるセルを「C21：D21」にセットすればよいわけです。この場合は、製品Aを673個、製品Bを124個、製品Cを100個という組み合わせで、利益が2,318,233円となります（図9.40）。

図 9.40　プロダクト・ミックス問題の計算②

製品の種類が増えても、同じようにExcelのソルバーを用いれば、最適解を見つけることが可能です。

参考文献

[1] 多田実、大西正和、平川理絵子、長坂悦敬 著『Excel で学ぶ経営科学』オーム社、2003

第10章
Excelによる製品原価計算システム

　原価計算の目的は、財務諸表に表示する必要な真実の原価を集計することと、同時に、経営の基本計画設定のため、販売価格計算のため、原価管理のため、予算編成ならびに予算統制のために必要な原価情報を提供することです。そのためには、製品別の原価計算を実施しなければならないのですが、中小・零細企業では、製造原価報告書の作成にとどまり、製品別原価計算まで実施しているところは多いとはいえません。つまり、企業全体として各期での原価合計を把握しているものの、製品ごとの原価は把握されていないという状況が多いということです。これは主に、製品別原価計算のために手間がかかることと、製品別原価を計算できたとしても経営にフィードバックできる仕組みが整備されていないことによると考えられます。

　物流業では、中小・零細企業に比率が高く、原価を正確に把握せず価格交渉しているという問題が指摘されていました。これに対して、原価計算の重要性が認識され、国土交通省のプロジェクトにおいて、物流原価計算（ABC）ソフトウェアが開発されました。これは、中小企業庁のホームページから無償でダウンロードできるようになっていて、普及が図られています（http://www.chusho.meti.go.jp/shogyo/shogyo/buturyuu_ABC.htm）。

　製造業では、自動車や家電など最終消費者向け製品の組立産業、鉄鋼、ガラス、化学のようなプロセス型産業、樹脂成形、鋳造、鍛造、プレス、粉末冶金、熱処理、メッキなど素形材産業、機械加工、板金、溶接などの加工業というように各企業の形態が異なり、それに合わせて製品別原価計算システムを構築しなければならない点も課題であるといえます。

本章では、Excelに実装できて、製造業の実務に利用できる原価計算・原価管理モデルを考えます。

10.1 基準単価を用いた製品原価計算システム

企業は、決算時に、貸借対照表、損益計算書、キャッシュ・フロー計算書などの財務諸表を作成しなければなりません。その損益計算書の中に含まれる売上原価を知るためには、当期製品製造原価を計算しなければなりません。売上原価は、以下の式で求められます。

売上原価＝製品期首棚卸高＋当期製品製造原価＋当期買入製品受入高
　　　　－他勘定振替高－製品期末棚卸高

また、当期製品製造原価は以下のように求められます。

当期製品製造原価＝期首仕掛品棚卸高＋当期総製造費用－期末仕掛品棚卸高

ここで、当期の材料費、労務費、経費がそれぞれ計算されていれば、それらを足し合わせたものが当期総製造費用となります。

以上が制度としての原価計算であり、この目的のため、すなわち、製造原価報告書の作成のためには、材料費、労務費、経費について各取引を記帳し、集計すればよいことになります。このための原価計算システムは、一般に経理システムの中に組み込まれ、仕訳と同時に、仕訳帳から総勘定元帳に科目別に記録・集計され、また、主要科目の内訳記録である補助元帳に転記されます。なお、原価計算の計算結果である原価記録は補助元帳である原価元帳に記入されます。

各期で製造原価報告書を作成しているという点からは、すべての企業で原価計算が実施されているともいえます。しかし、販売価格の計算に必要な原価情報を得る、また、原価管理に必要な原価情報を提供するためには、製品別原価計算が必要で、製品ごとに収益を把握しなければなりません。さらに、予定原価、標準原価、実際原価の把握から差異分析を行い、コストダウン活動の指針を立てられるようにしなければなりません。そのためには、やはり製品別の原価計算が必要です。また、固定費と変動費の把握からCVP分析を実施、固定

費の管理を実施できる原価計算システムも必要です。

◆例題 10.1　製品原価計算システム

Excelで以下のような製品原価計算システムを作成しましょう。

① 各期の完成品数量と消費した材料費、労務費、製造間接費については別途把握されて（第5章での費目別原価計算が実施されている）、それらのデータを利用して製品への直課ならびに配賦を行い製品原価が計算できるもの
② 標準原価と見積原価、実際原価の比較ができるもの
③ 入力データ、計算結果データを印刷、保存、呼び出せる機能があるもの

◇解答例

ここで紹介する解答例は、できるだけ手間をかけずに製品原価を計算することを考えたExcelによる製品原価計算システムです。その概要について以下に説明します。

(1) 製品原価計算の流れ

図10.1に示すように、費目別原価計算及び製造間接費の部門別原価計算の後、工程別総合原価計算（非累加法）では、各工程で材料費、加工費に分けて、完成品単位原価（＝完成品総合原価÷完成品数量）を計算し、最終的に製造間接費を配賦して、それらの合計から完成品の単位原価が求められます。

単一製品のみを製造している場合はこのように単純に計算が可能ですが、実際には、複数の製品を製造し、また、ある工程では同じ材料から異なる製品を製造する場合や（製品によって重量が異なり、加工時間も異なる）、さらには、製品によって工程が異なる場合（ある製品はプレス加工を行うが、ある製品は研磨加工を行うなど）があります。そのような場合でも、この図10.1の基本的な流れの中で、製品原価計算を行うことを考えます。

（工程別総合原価計算）

	工程1		工程2（最終工程）			合計
	材料費	加工費	材料費	加工費	製造間接費	
完成品数量	X_1	X_2	X_3	X_4	X_5	
単位原価	Y_1/X_1	Y_2/X_2	Y_3/X_3	Y_4/X_4	Y_5/X_5	製品原価
完成品総合原価	Y_1	Y_2	Y_3	Y_4	Y_5	

$\sum Y_i/X_i$

（費目別原価計算）

直接材料費
- 期首有高
- 当期仕入高
- 当期消費高
- 期末有高

仕掛品
- 期首有高
- 直接材料費
- 直接労務費
- 製造間接費
- 当期完成高
- 期末有高

直接労務費
- 当期支払高
- 期首未払高
- 当期消費高
- 期末未払高

製造間接費
- 当期発生額
- 配賦額

（部門別原価計算）

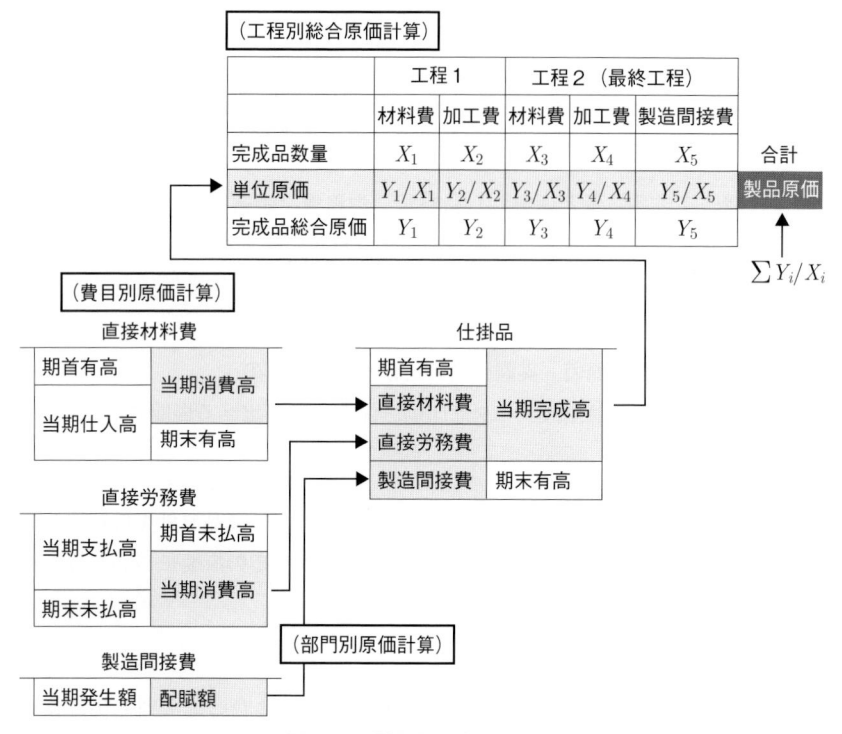

図 10.1　製品原価計算の流れ

(2)「基準単価」の設定

　材料消費高を求めるときには「材料単価（円/kg）×消費量（kg）」、直接労務費を計算するときは「直接工賃率（円/h）×作業時間（h）」、製造間接費を求めるときは「配賦率×配賦基準数値」というように、基準となる単価がもとになって各原価が計算され、製品に直課されます。

　また、「製品1個当たりの加工費＝チャージレート（1分当たりの加工費単価）×製品1個を加工するのに必要な工数（分）」というように、チャージレートを求めて、加工費を計算することもあります。チャージレートは、労務費と経費をその月の総工数で割れば求まりますが、より詳細には、「工場別、工程別、ライン別のチャージレート＝工場別、工程別、ライン別の原価÷該当する工場、工程、ラインでの当月の総稼働時間（分）」で設定します。チャージレートには複数の費目が含まれていますが、加工費は稼働時間に比例するという仮定のもとで、その比例定数を求めるものです。

製造間接費は、製造部門別に計算された後、製品に配賦されます。このとき、配賦基準を設定し、「配賦額＝配賦率×配賦基準数値」で製品に配賦すべき原価を計算します。

活動基準原価計算（ABC）（第 11 章で説明します）では、まず、活動ごとに製造間接費をコスト・プールに集計して活動コストを確定します。その後、コストドライバー・レートを設定し、「コストドライバー・レート×ドライバー消費量」によって、活動コストを製品に割り振ります。トヨタ自動車（株）などでは、「部品 1 個当たりの原価＝原単位（部品 1 個当たりの生産に必要な原材料等の使用量）×単価（原材料等の重量当たり、または、体積当たり、または、時間当たりの費用）」で求めています。

各計算とも、何らかの基準となる単価とその消費量の掛け算によって、製品に割り振る原価を計算しています。何らかの基準となる単価、つまり、材料単価（円 /kg）、直接工賃率（円 /h）、チャージレート、配賦率、コストドライバー・レートなどをまとめて、ここでは「基準単価」と呼ぶことにします。

$$製品原価 = \sum(基準単価_i × 消費量_i)$$

基準単価 ……
- 材料単価（円 /kg）
- 直接工賃率（円 /h）
- チャージレート（円 /h）
- 配賦率
- コストドライバー・レート

図 10.2　基準単価による製品原価計算

具体的には、区分（プロセス、工程、活動、項目、部門など）ごとに総原価を集計した後、

区分ごとの基準単価＝区分ごとの総原価÷区分ごとの基準数値総数
区分ごとの単位原価＝区分ごとの基準単価
　　　　　　　　　　×区分ごとの製品 1 単位を生産するための消費量
製品 1 単位の原価（製品単位原価）＝区分ごとの単位原価の総和

という手順によって製品原価を計算します。

図 10.3 ～図 10.6 は、同じ設例で様々なレベルの基準単価を示す表（基準単価表）を例示しています。

図 10.3 は、図 10.1 と同じ、通常の工程別原価計算表です。ここで、単位原価の部分に注目します。この単位原価は工程 1 の材料費、加工費というように個別に「完成品総合原価÷完成品数量」という式で求められます。

区分		第 1 工程		第 2 工程		第 3 工程		
基準数値		完成品数量	完成品数量	完成品数量	完成品数量	完成品数量	完成品数量	完成品数量
総数		200	200	200	200	200	200	200
基準単位		個	個	個	個	個	個	個
費目名	合計	材料費	加工費	材料費	加工費	材料費	加工費	製造間接費
単位原価（円）	¥21,619	¥10,000	¥9,500	¥10,500	¥11,875	¥90,000	¥11,700	¥20,000
区分別総合原価	¥32,715	¥2,000	¥1,900	¥2,100	¥2,375	¥18,000	¥2,340	¥4,000
〈材料費〉（千円）	¥22,100	¥2,000		¥2,100		¥18,000		
〈人件費〉（千千円）			¥1,900		¥2,375		¥2,340	
〈経費〉（円）								¥4,000

図 10.3 基準単価表からの製品原価計算（その 1）

図 10.4 は、基準単価として、製品重量当たりの単価を設定し、さらに完成品総合原価の詳細を表現したものです。最左列の費目別原価の詳細は、別途元帳で管理されているものを転記したものです。それらがどの工程でどれだけ消費されているか、構成が一目でわかるようになっています。第 1 工程で製品 1 個当たり重量が 2kg、第 2 工程で同じく 3kg、第 3 工程で同じく 4kg であるならば、図 10.3 と図 10.4 はまったく同じものになります。

区分		第 1 工程		第 2 工程		第 3 工程		
基準数値		完成品重量	完成品重量	完成品重量	完成品重量	完成品重量	完成品重量	完成品重量
総数		400	400	600	600	800	800	800
基準単位		製品kg	製品kg	製品kg	製品kg	製品kg	製品kg	製品kg
費目名	合計	材料費	加工費	材料費	加工費	材料費	加工費	製造間接費
基準単価	¥21,619	¥5,000	¥4,750	¥3,500	¥3,958	¥22,500	¥2,925	¥5,000
区分別総合原価	¥32,715	¥2,000	¥1,900	¥2,100	¥2,375	¥18,000	¥2,340	¥4,000
〈材料費〉（千円）								
原材料 1	¥2,000	¥2,000						
原材料 2	¥2,100			¥2,100				
原材料 3	¥18,000					¥18,000		
〈人件費〉（千円）								
人数	(13) 人		(4.0) 人		(5.0) 人		(4.0) 人	
工数	(2,340) h	0 h	(720) h	0 h	(900) h	0 h	(720) h	0 h
月例給与	¥4,300		¥1,200		¥1,500		¥1,600	
賞与	¥1,340		¥400		¥500		¥440	
退職金	¥390		¥120		¥150		¥120	
福利厚生費	¥585		¥180		¥225		¥180	
〈その他経費〉（千円）								
電力費	¥1,000							¥1,000
ガス費	¥1,000							¥1,000
水道費	¥1,000							¥1,000
旅費交通費	¥500							¥500
雑費	¥500							¥500

図 10.4 基準単価表からの製品原価計算（その 2）

10.1 基準単価を用いた製品原価計算システム

　図10.5は、各工程の加工費の基準単価を加工時間当たりの単価 A に変更しています。この場合には、各工程での完成品単位の加工費を求めるために、加工時間当たりの基準単価にその製品に要した加工時間 B を掛けます。これは、A を求めておけば、異なる加工時間 B_1, B_2, B_3 を要するような異なる製品1、2、3の加工費を $A \times B_i$ として即座に計算できることを意味しています。

区分		第1工程		第2工程		第3工程		
基準数値		完成品重量	作業時間	完成品重量	作業時間	完成品重量	作業時間	完成品重量
総数		400	720	600	900	800	720	800
基準単位		製品kg	h	製品kg	h	製品kg	h	製品kg
費目名	合計	材料費	加工費	材料費	加工費	材料費	加工費	製造間接費
基準単価	¥21,619	¥5,000	¥2,639	¥3,500	¥2,639	¥22,500	¥3,250	¥5,000
区分別総合原価	¥32,715	¥2,000	¥1,900	¥2,100	¥2,375	¥18,000	¥2,340	¥4,000
(材料費)(千円)								
原材料1	¥2,000	¥2,000						
原材料2	¥2,100			¥2,100				
原材料3	¥18,000					¥18,000		
(人件費)(千円)								
人数	(13)人		(4.0)人		(5.0)人		(4.0)人	
工数	(2,340)h		(720)h		(900)h		(720)h	
月例給与	¥4,300		¥1,200		¥1,500		¥1,600	
賞与	¥1,340		¥400		¥500		¥440	
退職金	¥390		¥120		¥150		¥120	
福利厚生費	¥585		¥180		¥225		¥180	
(その他経費)(千円)								
電力費	¥1,000							¥1,000
ガス費	¥1,000							¥1,000
水道費	¥1,000							¥1,000
旅費交通費	¥500							¥500
雑費	¥500							¥500

図10.5　基準単価表からの製品原価計算（その3）

　図10.6では、いくつかの「区分」を包含する「プロセス」を定義しています。この例では、図10.3～図10.5の区分で表示していた「第1工程」「第2工程」「第3工程」をプロセスとして設定しました。「区分」＝「プロセス」となる場合もあると思いますが、「プロセス」を細分化したものを「区分」と定義し、「区分」ごとに計算された原価を「プロセス」単位で集計すればプロセス別の原価を把握することが可能になります。

　プロセスとは、処理、加工、過程、進行、経過などの意味を持つ単語です。また、加工される製品に視点を持ち、加工手順を工程と解釈する場合があります。さらに、工場の現場の作業者は、「我々の工程。我々の前工程、後工程」というふうに、加工の職場のことを工程と呼ぶことがあります。この場合は、「部門」に近い意味になります。第6章で学んだ製造間接費の部門別原価計算のように、原価の責任範囲を明確にするためには「部門」のように職場単位の「区分」を設定する方がわかりやすいですが、実際には、複数の部門にまたが

ってプロセスがあります。工程単位で考えてもいいですが、もう少し大きなくくりであるプロセスごとに原価を追跡してみると製品原価計算が容易になり、新たな気づきが得られる可能性もあります。

プロセス 区分		合計	第1工程			第2工程				第3工程		
			材料投入	加工	製造間接費 の配賦	材料投入	切削加工A	研磨加工B	製造間接費 の配賦	部品投入	組立	製造間接費 の配賦
基準数値			完成品重量	作業時間	完成品重量	完成品重量	作業時間A	作業時間B	完成品重量	完成品重量	作業時間	完成品重量
総数			400	720	400	600	360	540	600	800	720	800
基準単位			製品kg	h	製品kg	製品kg	h	h	製品kg	製品kg	h	製品kg
費目名	合計		材料費	加工費	製造間接費	材料費	加工費	加工費	製造間接費	材料費	加工費	製造間接費
基準単価	¥21,619		¥5,000	¥2,639	¥3,000	¥3,500	¥2,639	¥2,639	¥2,000	¥22,500	¥3,250	¥2,000
区分別総合原価	¥32,715		¥2,000	¥1,900	¥1,200	¥2,100	¥950	¥1,425	¥1,200	¥18,000	¥2,340	¥1,600
〈材料費〉(千円)												
原材料1	¥2,000		¥2,000									
原材料2	¥2,100					¥2,100						
原材料3	¥18,000									¥18,000		
〈人件費〉(千円)												
人数	(13) 人			(4.0) 人			(2.0) 人	(3.0) 人			(4.0) 人	
工数	(2,340) h			(720) h			(360) h	(540) h			(720) h	
月例給与	¥4,300			¥1,200			¥600	¥900			¥1,600	
賞与	¥1,340			¥400			¥200	¥300			¥440	
退職金	¥390			¥120			¥60	¥90			¥120	
福利厚生費	¥585			¥180			¥90	¥135			¥180	
〈その他経費〉(千円)												
電力費	¥1,000				¥300				¥300			¥400
ガス費	¥1,000				¥300				¥300			¥400
水道費	¥1,000				¥300				¥300			¥400
旅費交通費	¥500				¥150				¥150			¥200
雑費	¥500				¥150				¥150			¥200

図 10.6 基準単価表からの製品原価計算(その4)

図 10.6 は、第 2 工程の加工を 2 つに分けています。切削加工、研磨加工というように、複数の加工作業があるとき、それぞれの加工時間当たりの基準単価 A_1, A_2 が異なり、また、製品1、2、3によって作業時間がそれぞれに異なる場合があります(切削加工に対して B_1, B_2, B_3、研磨加工に対して C_1, C_2, C_3)。そのような場合、切削加工費 = $A_1 \times B_i$、研磨加工費 = $A_2 \times C_i$ という式で計算できます。

また、図 10.6 では、製造間接費を各プロセスに配賦して、製造間接費を含む中間製品原価を計算することができるようにしています。これは、活動基準原価計算による製造間接費の配賦(基準単価をコストドライバー・レート D とし、ドライバー消費量 F と掛け合わせて $D \times F$ で製造間接費を配賦)と同じような考え方によるものです。

必ずしもプロセスごとに中間製品が完成しなくても、プロセス別の原価を把握することには意味があります。ドイツでは、プロセス原価計算が提唱されています。共通費のみをプロセス原価として扱い、個別費とプロセス原価を合わせて製品原価を計算しています。ドイツでプロセス原価計算が話題になるきっかけは、1989 年にコントローリング誌に発表されたホルヴァソト(P. Horvah)とマイヤー(R. Mayer)の「プロセス原価計算 − 原価の透明性増大

と有効な企業戦略への新しい道」と題する論文であったといわれています。共通費は、部分プロセスごとにコスト・ドライバーを設定し、部分プロセスコストを計算した後に、主要プロセスに集約します。これは、活動基準原価計算と同じく、共通費の配賦をより正確に行うことを目的として使い始められたものだといわれています。

プロセス原価計算の手順は、図 10.7 で、下から、原価部門で活動分析と原部門レベルでの原価決定作用因分析を実施し、部分プロセスの確認を行います。それらが主要プロセスに集約され、最終的に主要原価要素の分析から、プロセス原価率が算定されるというものです[1]。

```
        主要プロセスごとのプロセス原価率の算定
                      ↑
        主要プロセスごとのコスト・ドライバーの算定
                      ↑
           主要プロセス1        主要プロセス2
           ↑  ↑  ↑              ↑      ↑
    部分プロセス1 部分プロセス2 部分プロセス3 部分プロセス4 部分プロセス5
         ↑         ↑         ↑         ↑         ↑
      原価部門1  原価部門2  原価部門3  原価部門4  原価部門5
```

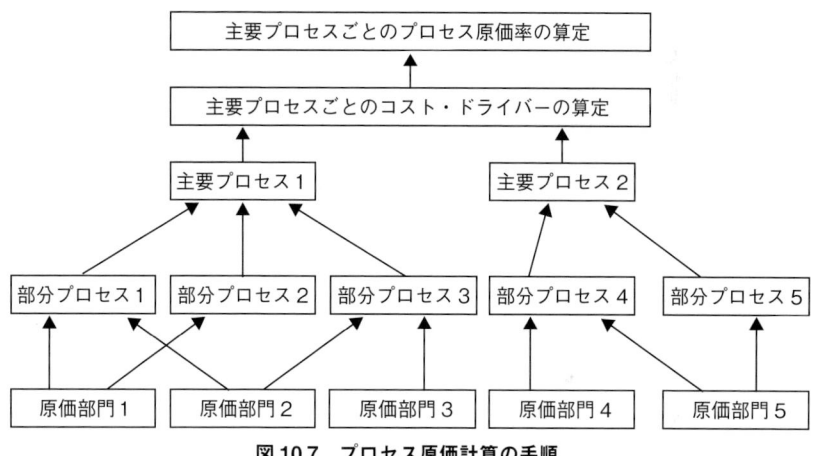

図 10.7　プロセス原価計算の手順

図 10.6 で、プロセスに注目して、区分をつくり、次に述べる (3) の①、②、③の手順を実行すれば、プロセス別の原価も知ることができます。

　　プロセスごとの基準単価＝プロセスごとの総原価
　　　　　　　　　　　　　÷プロセスごとの基準数値総数
　　プロセスごとの単位原価＝プロセスごとの基準単価
　　　　　　　　　　　　　×プロセスごとの製品1単位を生産するための
　　　　　　　　　　　　　　消費量
　　製品1単位の原価（製品単位原価）＝プロセスごとの単位原価の総和

(3) 製品原価計算システムの概要

ここで紹介する製品原価計算Excelファイルは、基本的には、次の2つの手続きで製品原価を計算します。つまり、まず、プロセス・区分（工程、活動、項目など）ごとの総原価を算定し、基準数値総数で割り算して基準単価を求め、基準単価表を作成します。次に、区分ごとに、基準単価に対する実際数量を掛けることで原価を計算し、その総和と個別原価を足し合わせて製品原価を求めます。

それらが便利に行えようにボタンをクリックして操作できるように工夫しています。このExcelファイルは、様々に拡張することが可能で、活動基準原価計算、プロセス原価計算にも対応することができます。

原価の発生を区分ごと（工程、活動、項目など）で詳細にとらえるためには、個々の直接費を計算するとともに、区分ごと（工程、活動、項目など）に間接費を計算する必要があります。実際には、区分や直接費と間接費の構成は各企業、製品ごとに異なり、本来は製品個別にコストモデルを構築する必要があります。このExcelファイルは、これらを一義的に行うために、費目別原価の消費実績から区分ごと（工程、活動、項目など）の基準単価を算出できる「基準単価の算出」ワークシートを備え、標準的な基準単価を求める一方、複数の基準単価オプション（等級別、組別など）を設定可能として、多品種の製品原価が計算できるようにしています。

図10.8が初期メニュー画面です。各ボタンをクリックすれば、それぞれの作業画面が表示されます。

ここで紹介する製品原価計算Excelファイルでは、図10.9の手順で、準備1、2を行った後、製品別原価計算を実行します。

① 準備1：初期設定

図10.8のトップメニューワークシート左の「初期設定」メニューで、「基本データ」「区分（プロセス）データ」「製品データ」「生産実績データ」「顧客データ」の各ボタンを押して、必要なデータを入力します。

「基本データ」では、年度、会社名、工場名などのデータを設置します。トップメニューワークシートの下にこれらのデータが常に表示されるようになります（図10.10）。

10.1 基準単価を用いた製品原価計算システム

```
製品原価計算・原価管理

初期設定
  基本データ
  区分(プロセス)データ
  製品データ
  生産実績データ
  顧客データ

基準単価の設定
  基準単価の算出
  材料費単価の設定
  労務費単価の設定
  すべての基準単価設定

原価計算
  原価計算
  原価計算結果の印刷
  損益分析
  原価計算結果データ
```

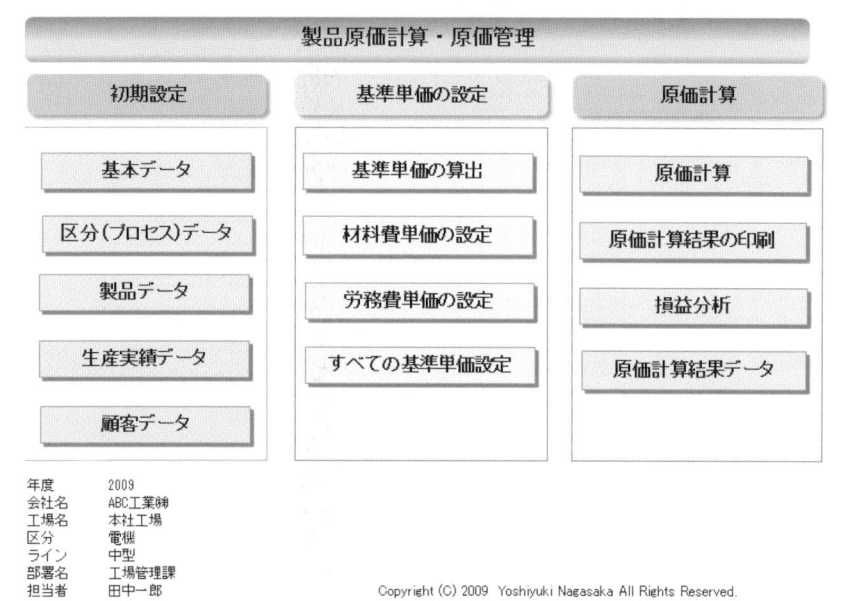

年度　　2009
会社名　ABC工業㈱
工場名　本社工場
区分　　電機
ライン　中型
部署名　工場管理課
担当者　田中一郎

Copyright (C) 2009 Yoshiyuki Nagasaka All Rights Reserved.

図 10.8　製品原価計算・原価管理システムの初期メニュー画面

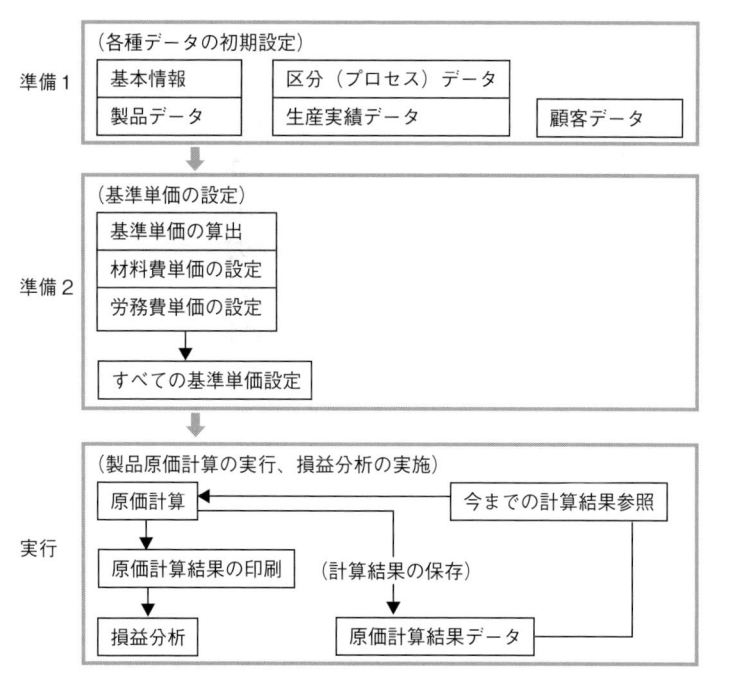

```
準備1 (各種データの初期設定)
  基本情報  区分(プロセス)データ
  製品データ  生産実績データ  顧客データ
        ↓
準備2 (基準単価の設定)
  基準単価の算出
  材料費単価の設定
  労務費単価の設定
        ↓
  すべての基準単価設定
        ↓
実行 (製品原価計算の実行、損益分析の実施)
  原価計算 ←── 今までの計算結果参照
      ↓
  原価計算結果の印刷  (計算結果の保存)
      ↓
  損益分析      原価計算結果データ
```

図 10.9　製品原価計算・原価管理システムの使用手順

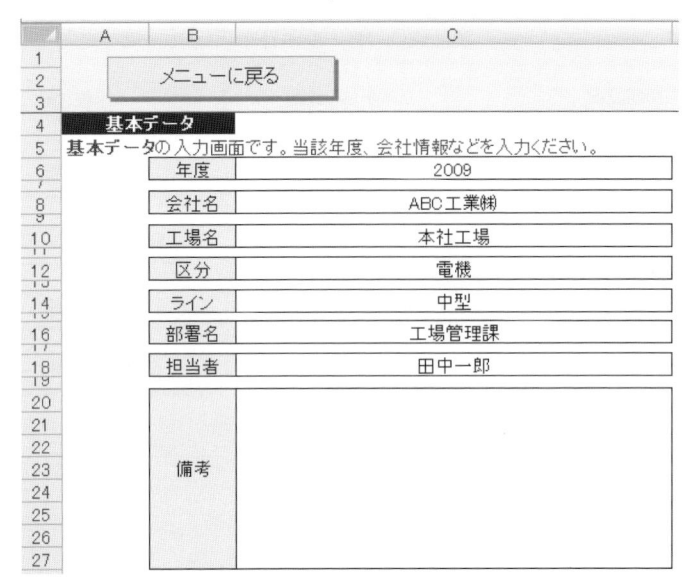

第10章 Excelによる製品原価計算システム

	A	B	C
1			
2		メニューに戻る	
3			
4		基本データ	
5		基本データの入力画面です。当該年度、会社情報などを入力ください。	
6		年度	2009
8		会社名	ABC工業㈱
10		工場名	本社工場
12		区分	電機
14		ライン	中型
16		部署名	工場管理課
18		担当者	田中一郎
20-27		備考	

図10.10 「基本データ」の入力

「区分（プロセス）データ」では、製品を完成させるために関係するプロセスや工程を区分し、各区分での基準数の名称を設定します。費目の名称、基準数の名称が、「基準単価の算出」ワークシートに反映されます。

	A	B	C	D	E
1					
2		メニューに戻る			
3					
4		区分（プロセス）データ			
5	区分、プロセスと基準数の入力画面です。				
6	ID	プロセス	区分	費目	基準数
7	1	第1工程	第1工程材料投入	第1工程材料費	第1工程完成品重量
8	2	第1工程	第1工程加工	第1工程加工費	第1工程作業時間
9	3	第2工程	第2工程材料投入	第2工程材料費	第2工程完成品重量
10	4	第2工程	第2工程加工	第2工程加工費	第2工程作業時間
11	5	第3工程	第3工程部品投入	第3工程材料費	第3工程完成品重量
12	6	第3工程	第3工程加工	第3工程加工費	第3工程作業時間
13	7	第3工程	製造間接費の配賦	製造間接費	第3工程完成品重量

図10.11 「区分（プロセス）データ」の入力

「製品データ」(図10.12) では、製品群ごとに、製品重量、標準材料費、標準作業時間、平均不良率などを入力します。原価計算の実行時に製品群の代表値として呼び出して使用することができます。

	A	B	C	D	E	F	G	H	I
1									
2	メニューに戻る								
3									
4	機種(製品群、製品グループ)別								
5	製品グループ(製品群)別基本データの入力画面です。製品原価計算のときに各製品グループの標準値として使うことができます。								
6	ID1、ID2、ID3は、必ずしも入力する必要がありませんが、IDをつけると分類しやすくなります。								
7	(機種別平均値)								
8	ID1	ID2	ID3	機種(製品群)名	品番	製品重量(kg)	標準材料費(円)	標準作業時間(秒)	平均不良率(%)
9	1	1	1	電装部品A	P100	1.2	¥12,000	1,240	3.0%
10	2	1	1	自動車部品B	P200	2.4	¥24,000	2,500	1.5%
11	2	1	2	駆動部品C	P300	0.8	¥8,000	1,000	2.5%
12	2	2	0	空調部品D	P400	1.6	¥16,000	1,800	2.0%
13	3	1	0	伝達系部品E	P500	3.4	¥35,000	3,500	3.5%

図10.12 「製品データ」の入力

「生産実績データ」(図10.13) では、期(年度、半期、月など)ごとに製造したプロセス別完成品重量や個数、総工数、機械稼働時間などを入力します。このワークシートで設定した項目と「原価計算に使用する値」の行に入力された値は「基準単価の算出」ワークシートに反映されます。

	A	B	C	D	E	F	G
1							
2	メニューに戻る						
3							
4	生産実績						
5	生産実績の入力画面です。期(年度、半期、月など)ごとに製造したプロセス別完成品重量や個数、総工数、						
6	このシートで設定した項目および"原価計算に使用する値"の行に入力された値は基準単価算出シートに反映						
7	(生産実績データ)						
8	年度	期間	第1工程完成品数量	第2工程完成品数量	第3工程完成品数量	平均勤務時間	工作機械総運転時間
9		月	kg	kg	kg	(h/人・月)	秒
10	原価計算に使用する値	1	400	1,500	1,800	180	300,000
11							
12	2009年12月	1	380	1,450	1,750	180	633,600
13	2010年1月	1	400	1,500	1,800	180	600,000

図10.13 「生産実績データ」の入力

「顧客データ」(図10.14) では、取引の多い顧客名を登録しておき、原価計算を実施するときに呼び出して使用し、原価計算結果を印刷するときに顧客名も印刷するようにします。

	A	B	C	D
1				
2		メニューに戻る		
3				
4	顧客データ			
5	顧客データの入力画面です。			
6	ID	顧客名	種別	備考
7	1	日本エレ機械(株)	電機	
8	2	先端工業(株)	自動車部品	
9	3	(株)オート製作所	機械	
10	4	田中精巧(株)	機械	

図 10.14 「顧客データ」の入力

② 準備 2：基準単価の設定

　トップメニューワークシート中央の「基準単価の設定」メニューの「基準単価の算出」「材料費単価の設定」「労務費単価の設定」ボタンを押して、作業を進めていきます。これら「基準単価の算出」「材料費単価の設定」「労務費単価の設定」の 3 つは独立していますので、どの作業から始めても大丈夫です。最終的に、準備 2 の作業は、「すべての基準単価設定」に集約されます。

　「基準単価の算出」では、標準的な基準単価の設定を行います。つまり、図10.15 のように、「基準単価の算出」ワークシートで、まず、別途に集計した費目ごとの発生金額（またはこれからの予定金額）を、各区分（工程、活動、項目）別に配分します。次に、その区分（工程、活動、項目）別に配分された金額を基準数値の総数で割って基準単価を求めます。直接材料費の場合は、基準数値が、その区分での完成品重量（kg）であったり、完成品数量（個）であったりします。直接労務費の場合は、その区分での月当たり総作業時間であったり、完成品重量（kg）である場合も考えられます。

　Excel ワークシート（図 10.15）の 8 行目の列 C～は「プロセス」、9 行目は「区分」（工程、活動、項目）で、10 行目は「基準単価を計算するための基準数値」です。ここには、「①準備 1」の図 10.11 の「区分（プロセス）データ」で設定したプロセス名称、区分名称と各区分での基準数の名称が表示されています。11 行目の「総数」は、各区分の基準数の総数として該当するものをこのワークシートの上部に現れている数値から選んで設定するか、別途求めて手入力することになります。12 行目の「単位」は、手入力する必要があります。

　Excel ワークシートの列 A（左端縦 1 列目）に費目、列 B（2 列目）に合計金額欄があります。ここには、別途集計されている前期（前月）の発生金額または当期（当月）、または、これからの予定金額を入力します。その金額（例

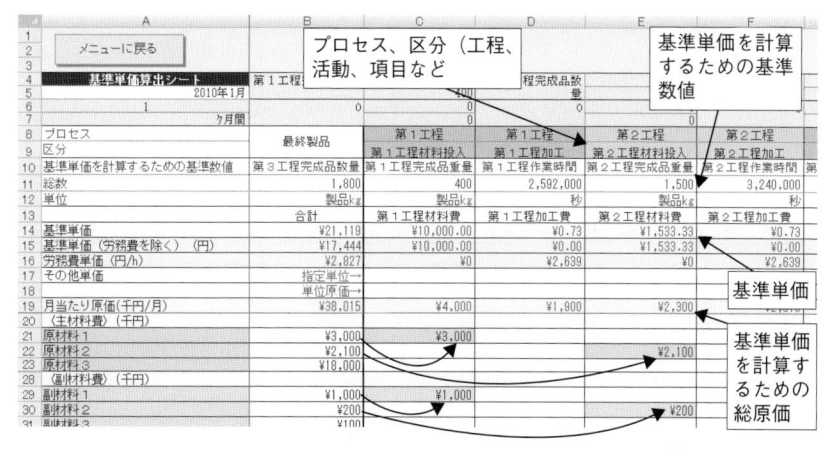

10.1 基準単価を用いた製品原価計算システム 269

図10.15 「基準単価の算出」ワークシート

えば、図 10.15 の「原材料 1」）をどこかの区分に割り振ります（図 10.15 では、全額をプロセス「第 1 工程」の区分「第 1 工程材料投入」に割り振っています。複数の区分に割り振ることもあります）。

19 行目には、区分別にその期（月）当たりの総費用が集計されます。その金額を 11 行目の基準数値総数で割って、14 行目の基準単価が求められます。

区分を詳細に分けて、直接材料費、労務費、製造間接費を別々に集計することもできますし、区分＝プロセスというようにまとめてしまい、直接費も間接費も合わせて区分ごとの総原価を求めて、1 つの基準単価で代表させて、そのプロセスの原価を求めることもできます。

「基準単価の算出」ワークシートでは、14 行目には、基準単価として、各区分の総原価を基準数値総数で割った平均値が設定されます。加えて、17 行目、18 行目には、独自に、指定基準単価を設定することもできます。

トップメニュー中央下の「すべての基準単価設定」ボタンを押して、最終的に基準単価のすべてを設定します。まず、「step1　値の初期設定」ボタンを押した後に、図 10.16 のように「基準単価の算出」ワークシートで求めた基準単価のうち、どれを標準的な基準単価とするか、ID＝1〜4 のうち 1 つを入力します。ID＝1 が「基準単価」、ID＝2 が「基準単価（ただし、労務費を除く）」、ID＝3 が「労務費基準単価（円 /h）」、ID＝4 が「その他基準単価」（設定したときのみ表示される）です。

さらに、「step2」で、図 10.17 のように基準単価に選択肢を追加設定するこ

とができます。

	A	B	C	D	E	F	G	H
1								
2	メニューに戻る				step1 値の初期設定			step
3								
4	**すべての単位原価の設定**							
5	（step1）「基準単価の算出シート」より単価を設定							→
6	まず、「step1値の初期設定」ボタンを押してから、採用する基準単価ID（1～4）を入力してください。							
7	費目名	採用する単位原価ID	ID=1 基準単価（円）	ID=2 基準単価（円）（労務費を除く）	ID=3 労務費単価（円/h）	ID=4 その他単価		
8								
9	合計	-	¥25,480.1	¥25,477.8	¥8,528			
10	第1工程材料費	1	¥10,000.00	¥10,000.00	¥0			製品kg
11								
12	第1工程加工費	1	¥0.73	¥0.00	¥2,639			秒
13								
14	第2工程材料費	1	¥1,533.33	¥1,533.33	¥0			製品kg
15								
16	第2工程加工費	1	¥0.73	¥0.00	¥2,639			秒
17								
18	第3工程材料費	1	¥10,055.56	¥10,055.56	¥0			製品kg
19								
20	第3工程加工費	1	¥0.90	¥0.00	¥3,250			秒
21								
22	製造間接費	1	¥3,888.89	¥3,888.89	¥0			製品kg
23								

図10.16　基準単価の選択

（step2）単価の選択肢を設定
step1で各費目の基準単価を決定後、追加したい選択肢を入力してください。

費目名	平均値	選択肢1	選択肢2	選択肢3	選択肢4	選択肢5	選択肢6
第1工程材料費	平均値	ポリスチレン(GP)	ポリスチレン(HI)	AS	ABS		
製品kg	¥10,000.00	¥8,000.00	¥12,000.00	¥15,000.00	¥16,000.00		
第1工程加工費	平均値	作業員1	作業員2	作業員3	作業員4	作業員5	平均
秒	¥0.73	¥0.42	¥0.57	¥0.70	¥0.73	¥0.85	¥0.66
第2工程材料費	平均値	S35C	S45C	S50C	A5052S		
製品kg	¥1,533.33	¥1,100.00	¥1,350.00	¥1,450.00	¥4,000		
第2工程加工費	平均値	作業員1	作業員2	作業員3	作業員4	作業員5	平均
秒	¥0.73	¥0.42	¥0.57	¥0.70	¥0.73	¥0.85	¥0.66
第3工程材料費	平均値	部品A	部品B	部品C	部品D		
製品kg	¥10,555.56	¥8,000.00	¥12,000.00	¥15,000.00	¥16,000.00		
第3工程加工費	平均値	作業員1	作業員2	作業員3	作業員4	作業員5	平均
秒	¥0.90	¥0.42	¥0.57	¥0.70	¥0.73	¥0.85	¥0.66
製造間接費	平均値				なし		
製品kg	¥3,888.89				¥0.00		

図10.17　基準単価の選択肢の追加設定

基準単価の選択肢を追加するために、事前に単価を計算しておく必要があります。材料費については「材料費単価の設定」、労務費については「労務費単価の設定」ボタンを押すと図 10.18、図 10.19 のようなワークシートが表示されます。このようなワークシートを各社の事情に合わせて用意し、選択肢となる単価を設定しておくといいでしょう。ここで設定した基準単価が「すべての基準単価の設定」ワークシートに反映されるように、セル間をリンクしておくと便利です。

	A	B	C	D	E	F	G	H	I	J
1										
2	メニューに戻る									
3										
4	材質別単価の設定									
5	材質データを入力し、単価を決定してください。									
6	ここで設定した材質名と材料費を"すべての原単位の設定"シートの"(step2) 単位原価平均値以外の選択肢を									
8	材料 1									
10	材料名	kg当たり単価	ポリスチレン（GP）		ポリスチレン（HI）		AS		ABS	
11			%	金額	%	金額	%	金額	%	金額
12	ポリスチレン（GP）	¥8,000	100.0	¥8,000		¥0		¥0		¥0
13	ポリスチレン（HI）	¥12,000		¥0	100.0	¥12,000		¥0		¥0
14	AS	¥15,000		¥0		¥0	100.0	¥15,000		¥0
15	ABS	¥16,000		¥0		¥0		¥0	100.0	¥16,000

図 10.18　材料費単価の設定（例）

	A	B	C	D	E	F	G
1							
2	メニューに戻る						
3							
4	労務費単価の設定						
5	平均勤務時間 (h／人・月)			180			
6							
7		作業員 1	作業員 2	作業員 3	作業員 4	作業員 5	平均
8	労務費（円／月）	¥275,000	¥368,667	¥454,333	¥475,000	¥551,667	¥424,933
9	月例給与	¥180,000	¥250,000	¥300,000	¥300,000	¥350,000	¥276,000
10	賞与	¥300,000	¥400,000	¥500,000	¥600,000	¥700,000	¥500,000
11	退職金	¥20,000	¥22,000	¥28,000	¥30,000	¥35,000	¥27,000
12	福利厚生費	¥25,000	¥30,000	¥43,000	¥45,000	¥50,000	¥38,600
13	比率	65%	87%	107%	112%	130%	100%
14	労務費(円／秒)	0.424	0.569	0.701	0.733	0.851	0.656
15	労務費(円／分)	25.46	34.14	42.07	43.98	51.08	39.35
16	労務費(円／時間)	1,528	2,048	2,524	2,639	3,065	2,361

図 10.19　労務費単価の設定（例）

以上の準備ができれば、製品原価計算が可能になります。メニューワークシートで「原価計算」ボタンをクリックすると、図 10.20 のようなワークシートが表示されますので、必要な作業を行います。

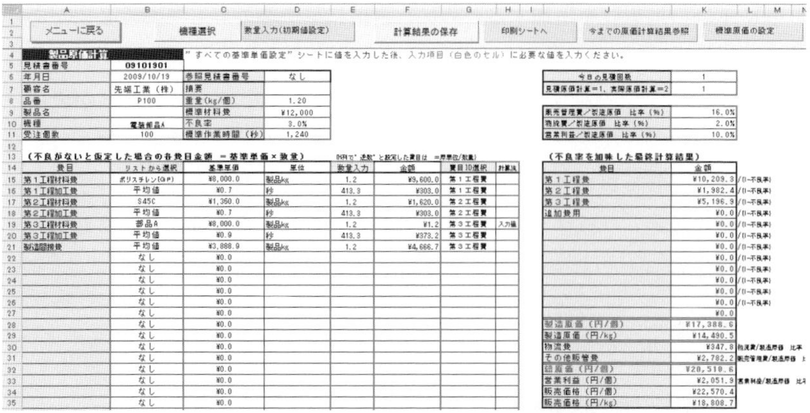

メニューに戻る	機種選択	数量入力(初期値設定)	計算結果の保存	印刷シートへ	今までの原価計算結果参照	標準原価の設定

製品原価計算　"すべての基準単価設定" シートに値を入力した後、入力項目（白色のセル）に必要な値を入力ください。

見積書番号	09101901		
年月日	2009/10/19	参照見積書番号	なし
顧客名	先端工業（株）	摘要	
品番	P100	重量(kg/個)	1.20
製品名		標準材料費	¥12,000
機種	電装部品A	不良率	3.0%
受注個数	100	標準作業時間（秒）	1,240

今日の見積回数	1
見積原価計算=1、実際原価計算=2	1

販売管理費／製造原価　比率（%）	16.0%
物流費／製造原価　比率（%）	2.0%
営業利益／製造原価　比率（%）	10.0%

（不良がないと仮定した場合の各費目金額 ＝基準単価×数量）　H列で"逓数"と設定した費目は　=原単位/数量

費目	リストから選択	基準単価	単位	数量入力	金額	費目ID選択	計算法
第1工程材料費	ポリスチレン(GP)	¥8,000.0	製品kg	1.2	¥9,600.0	第1工程費	
第1工程加工費	平均値	¥0.7	秒	413.3	¥303.0	第1工程費	
第2工程材料費	S45C	¥1,350.0	製品kg	1.2	¥1,620.0	第2工程費	
第2工程加工費	平均値	¥0.7	秒	413.3	¥303.0	第2工程費	
第3工程材料費	部品A	¥8,000.0	製品kg	1.2	¥1.2	第3工程費	入力値
第3工程加工費	平均値	¥0.9	秒	413.3	¥373.2	第3工程費	
製造間接費	平均値	¥3,888.9	製品kg	1.2	¥4,666.7	第3工程費	
	なし	¥0.0					
	なし	¥0.0					
	なし	¥0.0					
	なし	¥0.0					
	なし	¥0.0					
	なし	¥0.0					
	なし	¥0.0					
	なし	¥0.0					
	なし	¥0.0					
	なし	¥0.0					
	なし	¥0.0					
	なし	¥0.0					
	なし	¥0.0					
	なし	¥0.0					

（不良率を加味した最終計算結果）

費目	金額	
第1工程費	¥10,209.3	/(1−不良率)
第2工程費	¥1,982.4	/(1−不良率)
第3工程費	¥5,196.9	/(1−不良率)
追加費用	¥0.0	/(1−不良率)
	¥0.0	/(1−不良率)
	¥0.0	/(1−不良率)
	¥0.0	/(1−不良率)
	¥0.0	/(1−不良率)
	¥0.0	/(1−不良率)
	¥0.0	/(1−不良率)
	¥0.0	/(1−不良率)
	¥0.0	/(1−不良率)
	¥0.0	
製造原価（円/個）	¥17,388.6	
製造原価（円/kg）	¥14,490.5	
物流費	¥347.8	物流費/製造原価　比率
その他販管費	¥2,782.2	販売管理費/製造原価　上
総原価（円/個）	¥20,510.6	
営業利益（円/個）	¥2,051.9	営業利益/製造原価　比
販売価格（円/個）	¥22,570.4	
販売価格（円/kg）	¥18,808.7	

図 10.20　「原価計算」ワークシート

この製品原価計算 Excel ファイルには、見積書番号の自動設定機能、見積原価計算あるいは実績原価計算かを識別するインデックスの付与機能があり、ワークシート上部に用意された下記のボタンによっていくつかの作業が便利に行えます。

- 「機種選択」ボタン：あらかじめ登録されている機種（製品群）の値を参照できる機能です。
- 「数量入力（初期値設定）」ボタン：選択された機種（製品群）のデータにかかわる初期値が自動的に入力される機能です。
- 「計算結果の保存」ボタン：計算結果を保存し、後で活用できるようにする機能です。トップメニューワークシートの右端下の「原価計算結果データ」を押して、呼び出すことができます。また、WCT（Weight Cost Table）グラフ（製品重量－重量当たり原価の散布図）も表示できます。

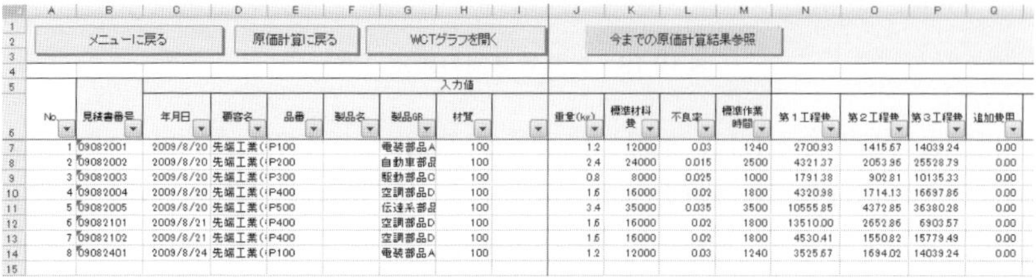

メニューに戻る	原価計算に戻る	WCTグラフを開く	今までの原価計算結果参照

No.	見積書番号	年月日	顧客名	品番	製品名	製品GR	材質		重量(kg)	標準材料費	不良率	標準作業時間	第1工程費	第2工程費	第3工程費	追加費用
		入力値														
1	09082001	2009/8/20	先端工業(	P100		電装部品A	100		1.2	12000	0.03	1240	2700.93	1415.67	14039.24	0.00
2	09082002	2009/8/20	先端工業(	P200		自動車部品	100		2.4	24000	0.015	2500	4321.37	2053.96	25528.79	0.00
3	09082003	2009/8/20	先端工業(	P300		駆動部品C	100		0.8	8000	0.025	1000	1791.38	902.81	10135.33	0.00
4	09082004	2009/8/20	先端工業(	P400		空調部品D	100		1.6	16000	0.02	1800	4320.98	1714.13	16697.86	0.00
5	09082005	2009/8/20	先端工業(	P500		伝達系部品	100		3.4	35000	0.035	3500	10555.85	4372.85	36380.28	0.00
6	09082101	2009/8/21	先端工業(	P400		空調部品D	100		1.6	16000	0.02	1800	13510.00	2652.86	6903.57	0.00
7	09082102	2009/8/21	先端工業(	P400		空調部品D	100		1.6	16000	0.02	1800	4530.41	1550.82	15779.49	0.00
8	09082401	2009/8/24	先端工業(	P100		電装部品A	100		1.2	12000	0.03	1240	3525.67	1694.02	14039.24	0.00

図 10.21　「計算結果の保存」ワークシート

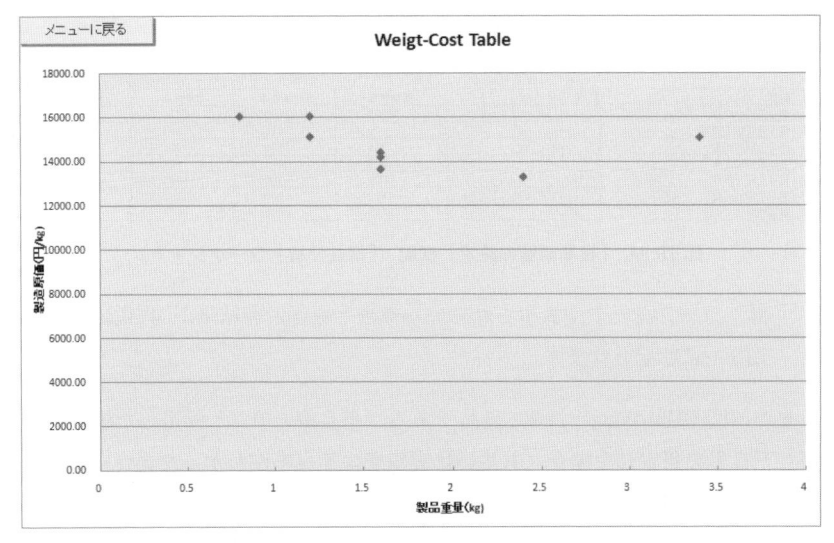

10.1 基準単価を用いた製品原価計算システム 273

図 10.22 WCT（Weight Cost Table）グラフ

- 「印刷シートへ」ボタン：原価計算結果をプリンタに印刷する機能です。

図 10.23 「印刷」ワークシート

- 「今までの計算結果参照」ボタン：すでに保存されている計算結果を参照することができる機能です。
- 「標準原価の設定」ボタン：計算した結果をその機種（製品群）の標準原価として登録する機能です（損益分析のときの標準原価として使用されます）。図 10.20 で「標準原価の設定」ボタンを押すと、現在「原価計

図10.24 「標準原価の設定」機能(「損益分析」ワークシート)

算」ワークシートで表示されている機種と原価計算結果が図10.24のセルZ13～に転記されます。

また、図10.20では、すべて良品である(不良率＝0)と仮定した場合の原価と不良率を想定した場合(あるいは実績での不良率がわかった場合)の原価を同時に表示しています。

図10.20のセルK6には、「今日の見積回数」が表示されています。手入力で設定することも可能です。セルK7には、「見積原価計算＝1、実際原価計算＝2」と1または2のどちらかを入力します。さらに、セルK8～K10には、「販売管理費／製造原価　比率(％)」「物流費／製造原価　比率(％)」「営業利益／製造原価　比率(％)」を入力します。製造原価が求められたら、それをもとにして物流費や営業利益を見積もるためのものです。これらの数値は各社の実績から事前に把握しておく必要があります。

図10.25のように、区分ごとに基準単価を選択し、数量を入力して、その掛け算から区分ごとの原価を計算していきます。

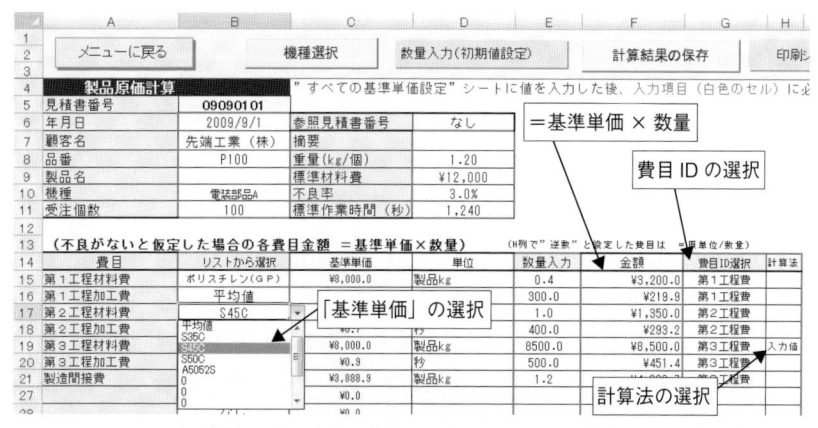

図10.25 「原価計算」ワークシートの詳細

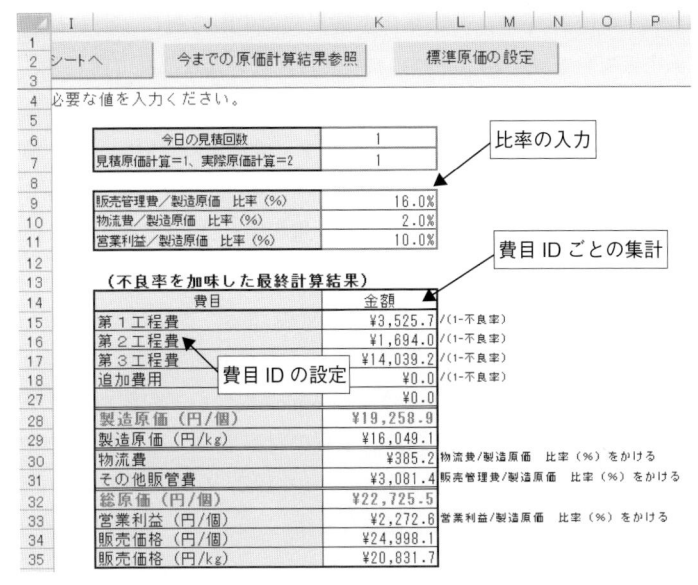

10.1 基準単価を用いた製品原価計算システム

図10.25 「原価計算」ワークシートの詳細（つづき）

図10.25のように、区分ごとに費目IDを選択します。費目IDは（不良率を加味した最終計算結果）表に設定され、最終的に集計されるものです。例えば、図10.25のように、第1工程費、第2工程費、第3工程費という費目IDを設定し、それらを集計して最終結果とするか、図10.26のように、材料費、加工費、製造間接費というような費目IDを設定するか、各社の事情によって選ぶことができます。

図10.26 「原価計算」ワークシートでの費目IDの変更

図 10.20、図 10.25 では、基準単価を選択肢の中から選び、消費数量をそれぞれに入力しています。第 3 工程の材料費は、買い入れ部品で構成されているとし、「基準単価×消費量」の計算式によらず、手入力で設定した金額がそのまま反映されるようにした例を示しています。計算法において「入力値」と選択されていることに注意ください。計算法のセルにカーソルを合わせてクリックするとメニューが現れます。ブランクを選択すれば、「基準単価×消費量」の計算式を使った結果が表示されます。

部品の構成は、通常、BOM（Bills Of Materials）と呼ばれる部品表で管理されます。製造指図書のみで管理している会社もあるかもしれません。図 10.27 は BOM の一例です。このような購入部品についての個別原価が別途集計されている場合は、図 10.20 の第 3 工程の材料費を「入力値」に設定し、その原価（図 10.20 のセル F19 など）に、図 10.27 の購入品原価合計（セル D3）をコピー、ペーストすることになります。

	A	B	C	D	E	F	G	H	I
1	BOM		111						
2	製品名	型式	作業時間(秒)	購入品原価合計					
3	コントロールモータ	CMX100	6,730	¥56,580					
4									
5	ID	ユニット部	ID2	部品名	部品型式	購入品原価	使用数料	作業時間(秒)	購入品原価小計
6	CMX110	ロータユニット部	CMX111	ロータユニット	ROTA110	¥2,400	1	300	¥2,400
7			CMX112	スピンドル軸	SPIN210	¥3,800	1	500	¥3,800
8			CMX113	ベアリング	BQA5110	¥4,300	2	300	¥8,600
9			CMX114	ベアリング押さえ	BQA5011	¥2,400	2	200	¥4,800
10			CMX115	オイルシール	SHL9010	¥310	2	100	¥620
11	CMX120	モーターケース部	CMX121	モーターケース	MCASE0101	¥5,000	1	600	¥5,000
12			CMX122	ナット	NXLOP0100	¥5	8	300	¥40
13	CMX130	ステータユニット部	CMX131	ステータユニット	SU5690-1	¥2,000	1	600	¥2,000
14			CMX132	ステータ	SU5690-1	¥1,700	1	500	¥1,700
15			CMX133	コア	CORE011	¥1,200	2	780	¥2,400
16			CMX134	コイル	COIL8001	¥1,380	2	680	¥2,760
17	CMX140	フランジ	CMX141		F-ZZ09110	¥4,800	2	920	¥9,600
18	CMX150	ブレーキ	CMX151		B-KL-9001	¥10,350	1	300	¥10,350
19	CMX160	サーモスタット部	CMX161	サーモスタット	TH-L9011	¥2,350	1	350	¥2,350
20			CMX162	チューブ	TUBE-A1900	¥80	2	300	¥160

図 10.27　BOM の一例

③ 原価管理機能の概要

トップメニューワークシートの「原価計算」メニューの「損益分析」ボタンを押すと、製品原価計算の値と当該機種（同じ製品群）の標準原価との差異が計算され、図 10.28 のようなグラフが表示されます。このワークシートで、実際原価（または見積原価）と標準原価の差異が、変動費と固定費に分けて分析できます。標準原価は、すでに図 10.24 で説明したようにあらかじめ設定しておく必要があります。

販売価格と総原価の差異から利益を検討する必要がありますが、同時に、製品ごとの限界利益を見て、生産量に変動があった場合に、固定費を吸収しても

利益が出るかどうか判断する必要があります。また、固定費と変動費の比率に注目することが大切になります。

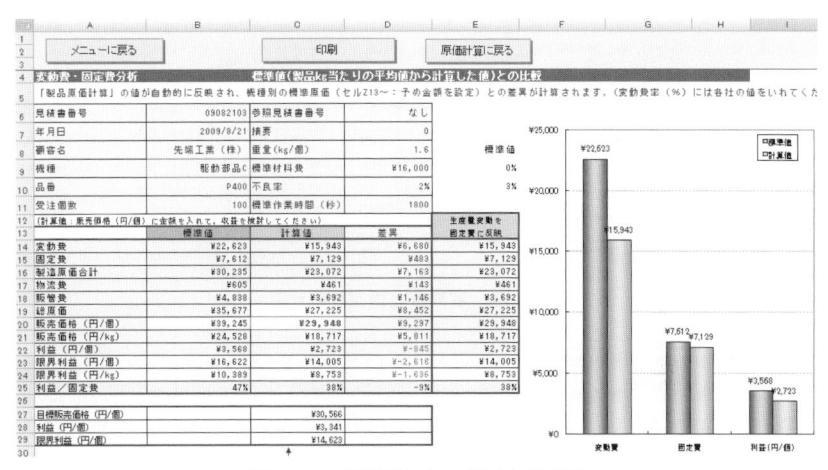

図10.28　標準原価との差異分析画面

製品別固定費が、変動費に比べて大きい場合は、生産性が良い状態とはいえません。また、変動費がかかりすぎている場合は、材料費が高騰したか、歩留が低いか、または不良率が高いことと関係しています。固定費の割に変動費が少ない場合は、歩留が高く、不良も少ないので、この場合には固定費を費やした分に見合う販売価格を達成するべきです。

固定費と変動費の比率を区分ごとに設定できるようになっています。区分ごとに変動費か固定費か、はっきり区別ができる場合は、図10.29の「損益分析」ワークシートのセルK14以下の変動費率を0％か100％に設定します。固定費と変動費が混在している場合には、別途それらの比率を計算し、設定します。

1日につくらなければならない各製品の固定費の総額が、標準値（標準固定費の1日当たり総額）に達すれば、キャパシティ一杯で、その日はそれ以上の製品は生産できないことを意味しています。このようなとき、変動費のみにスライドして利益を配分してしまえば、本来得たい利益が得られない可能性があることに注意しなければなりません（10.2節を参照ください）。

	J	K	L	M
13	費目	変動費率	変動費	固定費
14	第1工程材料費	100%	¥3,200.0	¥0.0
15	第1工程加工費	50%	¥110.0	¥110.0
16	第2工程材料費	100%	¥1,350.0	¥0.0
17	第2工程加工費	50%	¥146.6	¥146.6
18	第3工程材料費	100%	¥8,500.0	¥0.0
19	第3工程加工費	50%	¥225.7	¥225.7
20	製造間接費	0%	¥0.0	¥4,666.7

図 10.29　変動費と固定費の比率

◆例題 10.2　製品原価計算の実例

図 10.30 のように、射出成形と機械加工で生産された内製部品と別途購入する外製部品を組み立て、検査後に最終製品を出荷します。このようなプロセスで生産された製品の原価計算を行いましょう。

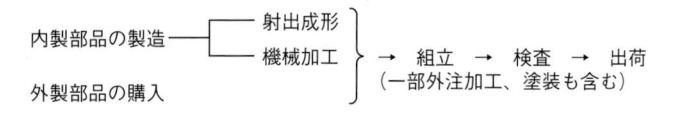

```
内製部品の製造 ─┬─ 射出成形  ┐
                └─ 機械加工  ├→ 組立 → 検査 → 出荷
外製部品の購入              ┘  （一部外注加工、塗装も含む）
```

図 10.30　生産プロセス

◇解答例

まず、製品原価計算 Excel ファイルのトップメニューワークシートから「区分（プロセス）データ」を選択し、図 10.31 のようにプロセスと区分、さらに費目と基準数を定義します。これは内製部品を生産する射出成形プロセス、機械加工プロセス、購入部品と内製部品を合わせて組立作業する組立プロセス、さらに品質チェックを行う検査プロセスを定義し、工程を区分として定義した例です。

10.1 基準単価を用いた製品原価計算システム

	A	B	C	D	E
1					
2		メニューに戻る			
3					
4			区分（プロセス）データ		
5	区分、プロセスと基準数の入力画面です。				
6	ID	プロセス	区分	費目	基準数
7	1	射出成形	射出成形材料投入	原材料費	射出成形品重量
8	2	射出成形	射出成形加工	射出成形加工費	射出成形品重量
9	3	射出成形	射出成形仕上加工	仕上加工費	仕上加工時間
10	4	射出成形	射出成形金型保管	金型保管費	射出成形品重量
11	5	射出成形	射出成形工程内物流	射出成形工程内物流費	射出成形品重量
12	6	機械加工	機械加工材料投入	材料費	機械加工品重量
13	7	機械加工	切削加工	切削加工費	切削加工時間
14	8	機械加工	キー溝加工	キー溝加工費	キー溝加工時間
15	9	機械加工	研磨加工	研磨加工費	研磨加工時間
16	10	機械加工	機械加工工程内物流	機械加工工程内物流費	機械加工品重量
17	11	組立	購入部品投入	購入部品費	組立完成品重量
18	12	組立	外注加工	外注加工費	組立完成品重量
19	13	組立	組立加工	組立加工費	組立加工時間
20	14	組立	塗装	塗装費	組立完成品重量
21	15	組立	工程内物流	工程内物流費	組立完成品重量
22	16	組立	治具保管	治具保管費	組立完成品重量
23	17	検査	検査	検査費	検査時間
24	18	検査	検査工程内物流	検査工程内物流費	組立完成品重量
25	19	検査	検査治具保管	検査治具保管費	組立完成品重量

図10.31 「区分（プロセス）データ」ワークシート

次に、「製品データ」「生産実績データ」を設定し、「基準単価の算出」を選択します。図10.32のように、区分ごとに各費用を振り分けます。この例では、例えば、「射出成形仕上加工」や「射出成形工程内物流」などでは、材料費、労務費、経費という様々な費用が発生しており、それを集計した金額を、総作業時間や総製品重量という基準数値総数で割り算して基準単価を求めています。

1つの区分でまとめて基準単価を出すことができない場合は、さらに区分を分けることでより詳細な計算が可能です。例えば、「射出成形仕上加工」を「射出成形仕上加工材料投入」と「射出成形仕上加工作業」に分けて、前者は製品重量で基準単価を計算し、後者は作業時間で基準単価を計算するということが可能です。

	A	B	C	D	E	F	G	H
1								
2	メニューに戻る							
3								
4	基準単価算出シート	射出成形完成品数量	kg	機械加工完成品数量	kg	組立完成品数量	kg	平均稼働時間
5	2019年1月		300		1,000		2,000	
6	1	0	0	0	0	0	0	0
7	か月間		0		0		0	
8	プロセス	最終製品	射出成形	射出成形	射出成形	射出成形	射出成形	機械加工
9	区分		射出成形材料投入	射出成形加工	射出成形仕上加工	射出成形金型保管	射出成形工程内物流	機械加工材料投入
10	基準単価を計算するための基準数値	組立完成品数量	射出成形品重量	射出成形品重量	仕上加工時間	射出成形品重量	射出成形品重量	機械加工品重量
11	総数	2,000	300	300	1,944,000	300	2,000	1,000
12	単位	製品kg	製品kg	製品kg	秒	製品kg	製品kg	製品kg
13		合計	原材料費	射出成形加工費	仕上加工費	金型保管費	射出成形工程内物流費	材料費
14	基準単価	¥50,548	¥13,333.33	¥13,050.00	¥1.73	¥1,050.00	¥485.00	¥1,300.00
15	基準単価（労務費を除く）（円）	¥39,525	¥13,333.33	¥8,300.00	¥1.00	¥733.33	¥295.00	¥1,300.00
16	労務費単価（円/h）	¥3,140	¥0	¥2,639	¥2,639	¥2,639	¥2,639	¥0
17	その他単価	指定単位→						
18		単位原価→						
19	月当たり原価（千円/月）	¥101,095	¥4,000	¥3,915	¥3,365	¥315	¥970	¥1,300
20	〈主材料費〉（千円）							
21	原材料1	¥3,000	¥3,000					
22	原材料2	¥1,300						¥1,300
23	原材料3	¥20,000						
28	〈副材料費〉（千円）							
29	副材料1	¥2,600	¥1,000					
30	副材料2	¥1,400			¥200			
31	副材料3	¥2,000						
42	〈外注加工費〉（千円）							
43	外注	¥5,000						
44	工場内外注	¥1,000						
48	〈人件費〉（千円）							
49	人数	(39) 人		(3.0) 人	(3.0) 人	(.2) 人	(.8) 人	
50	工数	(7,020) h		(540) h	(540) h	(36) h	(144) h	
51	月例給与	¥14,900		¥900	¥900	¥60	¥240	
52	賞与	¥4,220		¥300	¥300	¥20	¥80	
53	退職金	¥1,170		¥90	¥90	¥6	¥24	
54	福利厚生費	¥1,755		¥135	¥135	¥9	¥36	
56	〈設備費〉（千円）							
57	償却費	¥11,400		¥1,500	¥1,000		¥300	
58	修繕費	¥1,910		¥400	¥200		¥20	
59	固定金利	¥580		¥100	¥50		¥10	
60	公租公課	¥1,060		¥100	¥100		¥20	
61	保険料	¥530		¥50	¥50		¥10	
62	賃借料	¥530		¥50	¥50		¥10	

図 10.32 「基準単価の算出」ワークシート

「原価計算」ワークシート（図 10.33）で、区分ごとに、基準単価について平均値かオプションを選択し、数量を入力して、金額を決定していきます。計算法が「入力値」となっているセルは、個別費を別途 BOM データワークシートなどで計算した結果を手入力します。その最終結果が、費目 ID ごとに集計されて、右側に表示されます。これは不良率を加味した結果です。

「損益分析」ワークシート（図 10.34）では、あらかじめ設定していた標準原価との比較が表示されます。この例では、固定費は標準原価よりも低いですが、変動費は高くなっています。さらに個別に見てみると、変動費が高くなった理由は、射出成形費、機械加工費が標準原価よりも高いことであることがわかります。とくに機械加工時間が標準時間よりもかかり過ぎたことが原因であり、これについての対策を考えなければなりません。

10.1 基準単価を用いた製品原価計算システム

	A	B	C	D	E	F	G	H
1								
2	メニューに戻る		機種選択	数量入力(初期値設定)		計算結果の保存		印刷
3								
4	製品原価計算			"すべての基準単価設定"シートに値を入力した後、入力項目（白色のセル）に
5	見積書番号		09090301					
6	年月日		2009/9/3	参照見積書番号	なし			
7	顧客名		先端工業（株）	摘要				
8	品番		P100	重量(kg/個)	1.20			
9	製品名		マックスAA	標準材料費	¥12,000			
10	機種		電装部品A	不良率	3.0%			
11	受注個数		300	標準作業時間(秒)	1,240			
12								
13	(不良がないと仮定した場合の各費目金額 = 基準単価×数量)					DRMで"送数"と設定した費目は =原単位/数量		
14	費目	リストから選択	基準単価	単位	数量入力	金額	費目ID選択	計算法
15	原材料費	ポリスチレン(GP)	¥8,000.0	製品kg	0.35	¥2,800.0	射出成形費	
16	射出成形加工費	平均値	¥13,050.0	製品kg	0.35	¥4,567.5	射出成形費	
17	仕上加工費	平均値	¥1.7	秒	320.0	¥553.9	射出成形費	
18	金型保管費	平均値	¥1,050.0	製品kg	0.35	¥367.5	射出成形費	
19	射出成形工程内物流費	平均値	¥485.0	製品kg	0.35	¥169.8	射出成形費	
20	材料費	A5052S	¥4,000.0	製品kg	0.80	¥3,200.0	機械加工費	
21	切削加工費	平均値	¥6.3	秒	480.0	¥3,025.9	機械加工費	
22	キー溝加工費	平均値	¥4.7	秒	630.0	¥2,975.0	機械加工費	
23	研磨加工費	平均値	¥4.0	秒	740.0	¥2,933.0	機械加工費	
24	機械加工工程内物流費	平均値	¥2,940.0	製品kg	0.80	¥2,352.0	機械加工費	
25	購入部品費	平均値	¥10,000.0	製品kg	8500.0	¥8,500.0	購入部品費	入力値
26	外注加工費	平均値	¥3,050.0	製品kg	1.20	¥3,660.0	組立加工費	
27	組立加工費	平均値	¥1.6	秒	3650.0	¥5,768.8	組立加工費	
28	塗装費	平均値	¥4,020.0	製品kg	1.20	¥4,824.0	組立加工費	
29	工程内物流費	平均値	¥2,370.0	製品kg	1.20	¥2,844.0	組立加工費	
30	治具保管費	平均値	¥977.5	製品kg	1.20	¥1,173.0	組立加工費	
31	検査費	平均値	¥4.3	秒	65.00	¥277.9	検査費	
32	検査工程内物流費	平均値	¥1,173.8	製品kg	1.20	¥1,408.5	検査費	
33	検査治具保管費	平均値	¥641.3	製品kg	1.20	¥769.5	検査費	

今日の見積回数	1
見積原価計算=1、実際原価計算=2	2

販売管理費／製造原価 比率（%）	16.0%
物流費／製造原価 比率（%）	2.0%
営業利益／製造原価 比率（%）	10.0%

(不良率を加味した最終計算結果)

費目	金額	
射出成形費	¥8,720	/(1-不良率)
機械加工費	¥14,934	/(1-不良率)
購入部品費	¥8,763	/(1-不良率)
組立加工費	¥18,835	/(1-不良率)
検査費	¥2,532	/(1-不良率)
	¥0	/(1-不良率)
	¥0	/(1-不良率)
	¥0	/(1-不良率)
	¥0	/(1-不良率)
	¥0	/(1-不良率)
	¥0	/(1-不良率)
	¥0	
製造原価（円/個）	¥53,784	
製造原価（円/kg）	¥44,820	
物流費	¥1,076	物流費/製造原価 比率（%）をかける
その他販管費	¥8,605	販売管理費/製造原価 比率（%）をかける
総原価（円/個）	¥63,465	
営業利益（円/個）	¥6,346	営業利益/製造原価 比率（%）をかける
販売価格（円/個）	¥69,811	
販売価格（円/kg）	¥58,176	

図 10.33 「原価計算」ワークシート

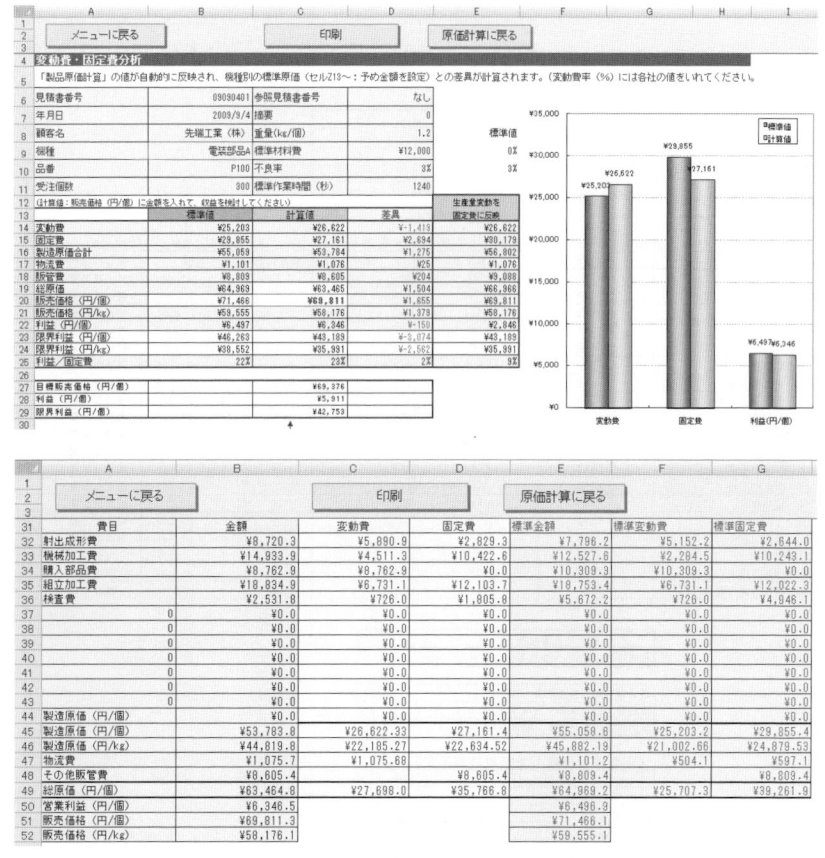

図10.34 「損益分析」ワークシート

製品原価計算を行うには、基準単価と消費量を正確に把握する必要があります。区分と基準数値の設定も適切に行わなければなりません。より詳しく区分を分けて基準単価を設定すればより正確な原価が得られますが、基準単価と消費量の把握に手間がかかります。各企業での実情に合わせて、区分の設定を行うことが大切です。

例えば、製品原価計算の第一歩として、昨年度の製造原価報告書を使い、昨年度実績での基準単価を出して、プロセス（区分）も3つ程度に設定して、見積原価を計算するところから始めてみるのもよいでしょう。さらに進めば、半期ごと、あるいは毎月の消費金額を把握し、それをもとに基準単価を決定することでより精度の高い製品原価計算を行うことが可能になります。

10.2 CVP 関係分析について

　限界利益（＝販売価格−変動費）が固定費＋販管費より大きくなければ赤字になります。変動費から予測して、どの程度の固定費＋販管費がかかるか（つまり、工場の実力）をはかり、価格交渉では限界利益を確保しなければなりません。

　数値例として、昨年実績で 10,000kg の製品を 50 人でつくったら、総工数＝（50 人 × 8h × 22 日／月 × 12 ヶ月＝）105,600h であり、1kg 当たりの平均工数は、105,600h ÷ 10,000kg = 10.56h/kg となります。この工場では、製品 1kg 当たりつくるのに 10.56h かかるということです。これに労務費単価（例えば、3,000 円／h）を掛けると 31,680 円／kg という平均的な労務費が計算されます。2kg の製品を受注する際、限界利益 ＞ 63,360 円でなければ労務費だけで赤字になると予想されます。これが、一般的な CVP 分析の考察です。

　しかしながら、製品の生産では、複数のプロセスがあり、固定費には、労務費及び経費（設備償却、電力、水道、ガス、旅費交通費、公租公課、保険、修繕など）が含まれています。各製品に対して、「平均固定費単価 × 製品 kg ＋ 平均変動費単価 × 製品 kg」で原価が計算できる場合は、図 10.35 のとおりとなります。操業度が基準操業度を下回った場合には、平均変動費単価は変わりませんが、平均固定費単価は高くなります。

　とくに、一部の製品についてのみ固定費が予定より大きくなった場合の影響に注意する必要があります。図 10.36 の例のように、ある特定の製品 10kg について変動費＝1,000 円、固定費＝1,200 円となった場合は、予定より 200 円だけ固定費が多くなります。変動費単価は 100 円／kg のままですが、固定費単価は 120 円／kg となります。例えば、加工難易度が高く、仕上げや検査工程など一部の工程のみの労務費が膨らんだ場合などです。

　キャパシティ（生産能力）は決まっています。固定費はいわばキャパシティを示す指標であるともいえます。200 円 ÷ 100 円／kg = 2kg の製品がつくれなくなるとしたら、そのつくれなくなる 2kg 分の利益をこの手間のかかった製品で確保できなければ工場としての月間利益は当初の計画よりも減少します。

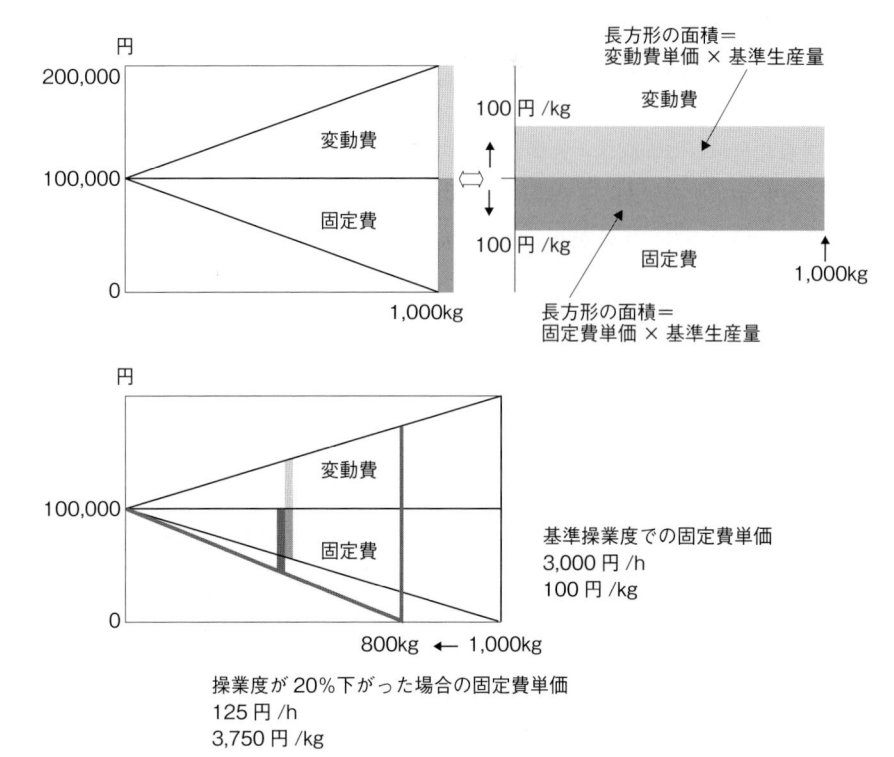

図10.35　固定費と変動費（平均単価と基準操業度の関係）

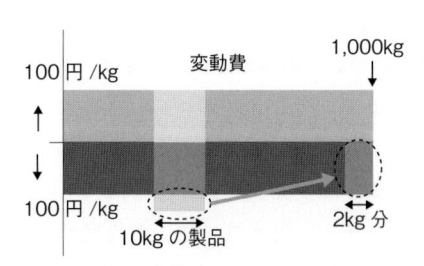

図10.36　一部製品の固定費が予定より大きくなった場合の影響

　ここで、利益／固定費の比率が重要な意味を持つことを下記の例で考えてみます（便宜上、販売費及び一般管理費は0とします）。

当初見積原価（標準原価）

　　変動費　　　　　　固定費
　　（100 円/kg × 10kg）+（100 円/kg × 10kg）= 2,000 円

市場価格 2,200 円とすると、利益 = 200 円です。

実績原価として

　　変動費　　　　　　固定費
　　100 円/kg × 10kg + 1,200 円 = 2,200 円

　もし、売価が市場価格のままなら、利益 = 0 円です。事前に、この製品は手間がかかり固定費が 1,200 円と予想できた場合、いくらの利益を確保したいでしょうか？

　当初見積原価による利益率を 10％とすると、同じ 10％の利益率を確保した場合、2,200 円× 0.1 = 220 円となり、当初見積時の利益 200 円より 20 円多くなります。市場価格 2,200 円のところを 2,220 円にすることができればよいでしょうか？　答えは No です。実は、固定費が当初見積（標準値）よりも 200 円アップしたことが原因で、2kg の標準品をつくる固定費が消費されてしまうことになります。

　固定費 200 円を費やす標準品 2kg 分の原価は

　　変動費　　　　　　固定費
　　（100 円/kg × 2kg）+（100 円/kg × 2kg）= 400 円

　利益として 400 円× 0.1 = 40 円が期待できます。

　この 40 円が確保されなければ、基準操業度一杯で標準原価ですべての製品をつくった場合に比べて利益は減ってしまいます。つまり、事前に、この製品は手間がかかり固定費が 1,200 円と予想できた場合、200 円 + 40 円 = 240 円の利益を確保し、売価を 2,240 円にすればよいわけです。

　したがって、利益/固定費の比率に注目し、標準品と同じになるようにすることが望ましいといえます。確保したい利益 x は次の式で計算できます。

　　　利益/固定費 = 200 円/1,000 円　……　標準品
　　　　　　　　 = x/1,200 円　……　固定費が膨らんだ場合
　　　　　x = 1,200 円× 0.2 = 240 円

参考文献

[1] 河野二男 著『プロセス原価計算論序説―ドイツの活動基準原価計算』税務経理協会、2005

第11章 コストマネジメントの展開

　コストマネジメントは、環境変化に対して、新技術の研究・開発から新製品ないしモデルチェンジ品の企画、設計、製造、販売促進、物流、ユーザの運用、保守、処分に至るまでの全プロセスにおいて国際的な視野のもとで、製品、ソフト及びサービスの原価管理を企業目的の達成に向けて統合的に遂行することを意味します（第2章参照）。原価計算はコストマネジメントのために必須です。

　コストマネジメントは、企業経営のそれぞれの段階で重要な役割を担います。ストラテジー（strategy）：戦略を中長期的に立案する段階、プランニング（planning）：短期的計画を立てる段階、マネジメント（management）：計画を修正しながら組織として成果が出るように実行する段階、コントロール（control）：日々の状態を統制・管理する段階など、各段階に合わせてコストマネジメントの手法を使い分ける必要があります（図11.1）。

　価格決定（第2章2.3節）、予算管理（第2章2.5節）、CVP分析（第9章）、標準原価計算（第8章）、予実（予算／実績）差異分析（第8章）、在庫管理（第1章1.2.6）についてはすでに各章で説明しました。本章では、その他のコストマネジメントの手法の概要について説明します。

第11章 コストマネジメントの展開

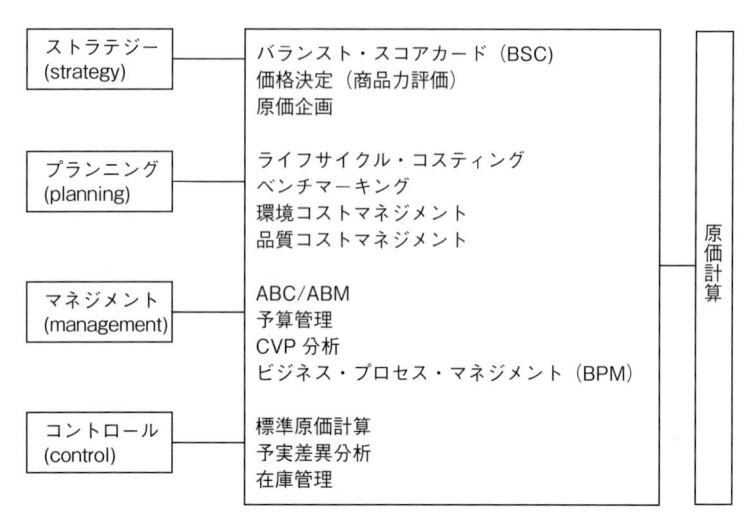

```
ストラテジー      バランスト・スコアカード（BSC）
(strategy)        価格決定（商品力評価）
                  原価企画

プランニング      ライフサイクル・コスティング      原
(planning)        ベンチマーキング                  価
                  環境コストマネジメント            計
                  品質コストマネジメント            算

マネジメント      ABC/ABM
(management)      予算管理
                  CVP分析
                  ビジネス・プロセス・マネジメント（BPM）

コントロール      標準原価計算
(control)         予実差異分析
                  在庫管理
```

図11.1　コストマネジメントの各手法

11.1　バランスト・スコアカード（BSC）

　バランスト・スコアカード（BSC：Balanced Scorecard）とは、ロバート・S・キャプラン（ハーバード・ビジネススクール教授）とデビッド・ノートン（コンサルタント会社社長）が考案した業績評価システムであり、1992年に"Harvard Business Review"誌に発表されて以来、広く知られるようになりました。

　バランスト・スコアカードは、財務的業績評価指標のみに頼るのではなく、図11.2のように、「財務」「顧客」「社内プロセス」「学習成長」といった4つの視点で多角的に業績を評価するという業績測定の新しい包括的フレームワークを提供しています。営業では顧客に関する評価指標があり、工場ではプロセス改善の指標がありますが、バランスト・スコアカードは、これらの部門指標を全社的に統合させる仕組みであるともいえます。

11.1 バランスト・スコアカード (BSC)

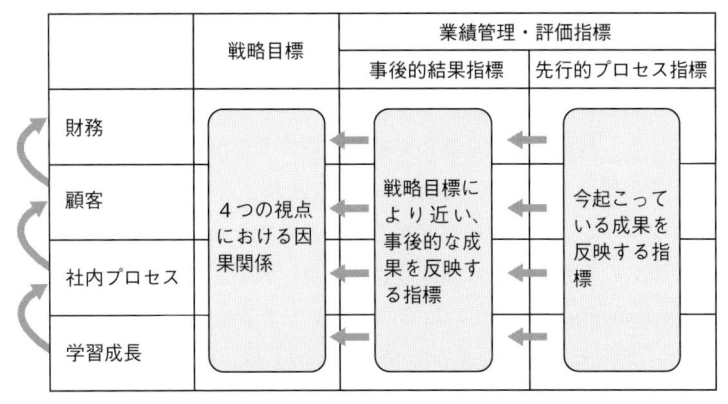

	戦略目標	業績管理・評価指標	
		事後的結果指標	先行的プロセス指標
財務	4つの視点における因果関係	戦略目標により近い、事後的な成果を反映する指標	今起こっている成果を反映する指標
顧客			
社内プロセス			
学習成長			

図11.2 バランスト・スコアカードの内容と役割

- **「財務」の視点**
  伝統的な業績評価指標を継承するものです。バランスト・スコアカードでは、財務の視点は統合指標として機能しています。「売上」「営業利益」「キャッシュ・フロー」などの会計数値は、結果として戦略の妥当性の判断基準となります。

- **「顧客」の視点**
  「顧客満足度」や「顧客ロイヤリティ」を定性的な指標として取り上げます。また、「苦情発生から解決までの期間」を指標の1つとしている例もあります。これらを良い方向に向かわせることは、結果として「財務」が良い方向に向かうことにつながります。

- **「社内プロセス」の視点**
  各部門内での管理のために使われる、「プロセスの効率性」に関する指標を取り上げます。まず「原価」が重要な指標になりますが、それ以外に「時間」「品質」などの指標が使われます。内部プロセスの効率性を向上させることが、「顧客」の視点への貢献になります。

- **「学習成長」の視点**
  従業員の学習成長に基づく革新や創造は、現代企業の経営戦略における中心課題になっています。「パラダイムや風土の改善」「人材育成に対する取り組み」は、モチベーション向上に寄与し、職場が活性化します。「改善提案件数」「新製品比率」など、学習成長や知識創造に関する整備の度合いを指標としてあげることができます。

バランスト・スコアカードにおける業績指標は、因果関係がお互いに関連付けられ、設定された目標に向かって組織を方向付けるために使われなければ、結果を出すことはできません。バランスト・スコアカードは、ビジョンを組織全体に伝達し、組織の知恵を集めて戦略を形成する役割を果たします。戦略の実行は、それを実行する人を教育し、巻き込むところから始まります。戦略は、トップマネジメントだけで立案されるのではなく、組織全体で形成されていくプロセスだからです。このように、バランスト・スコアカードは戦略実践（strategy implementation）のためのツールであるといえます。その中に組み込まれた「業績モデル（performance model）」は、戦略遂行のために必要とされる行動とその業績指標を表現したモデルです。このモデルによって、組織の行動は、透明性を持ち、コミュニケーションが容易になり、組織全体で戦略を考えることができるようになります。業績モデルは、一度で完結するわけではなく、仮説と検証の手続きを繰り返しながらより妥当性を持つようになっていきます。

　図11.3に、石油会社エリクソンモービル社（モービル）のバランスト・スコアカードの例を示します。経営方針が具体化され、具体化されたテーマに指標と定量的な目標値を設定することで、改革の目指すところが明らかになったこと、改革の進捗状況の管理が可能になったこと、社員一人ひとりの社員バランススコアカードも作成したことで全社員が目標を持って改革に取り組む風土が醸成されたことなどが成功要因としてあげられています[1]。

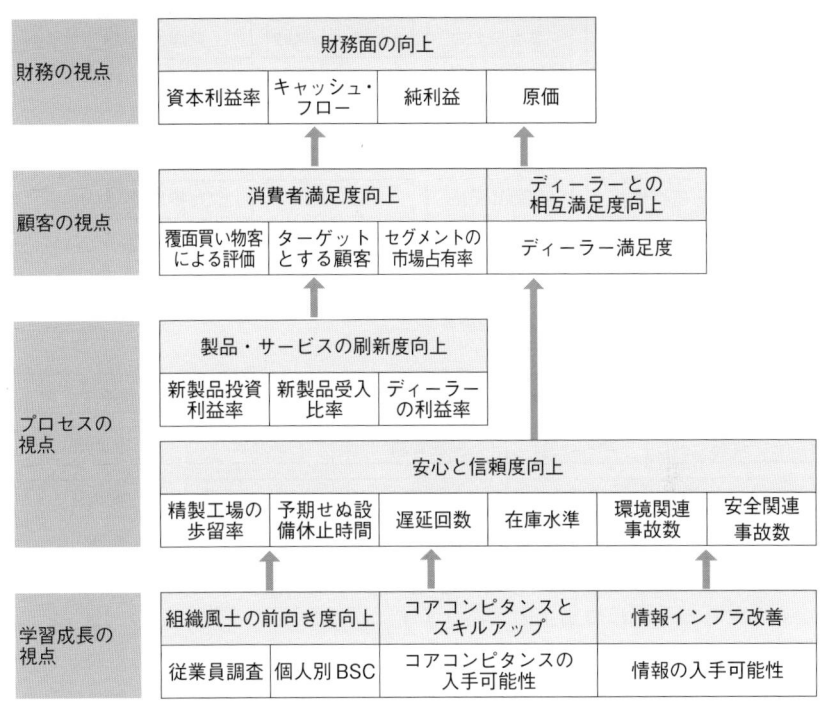

財務の視点	財務面の向上				
	資本利益率	キャッシュ・フロー	純利益	原価	
顧客の視点	消費者満足度向上			ディーラーとの相互満足度向上	
	覆面買い物客による評価	ターゲットとする顧客	セグメントの市場占有率	ディーラー満足度	
プロセスの視点	製品・サービスの刷新度向上				
	新製品投資利益率	新製品受入比率	ディーラーの利益率		
	安心と信頼度向上				
	精製工場の歩留率	予期せぬ設備休止時間	遅延回数	在庫水準	環境関連事故数	安全関連事故数
学習成長の視点	組織風土の前向き度向上		コアコンピタンスとスキルアップ		情報インフラ改善
	従業員調査	個人別BSC	コアコンピタンスの入手可能性		情報の入手可能性

※伊藤嘉博 著『バランススコアカード理論と導入』ダイヤモンド社、2001、p.67 を修正

図11.3 モービルのバランスト・スコアカード（例）

11.2 原価企画

　商品開発の定石から、戦略策定段階で商品力を正確に評価することが重要です。例えば、商品力評価について下記のような算定式が提案されています[2]。

　　商品力＝市場価値拡大力（M）×技術開発力（T）×コスト革新力（C）

　つまり、M、T、Cそれぞれに対応した分析手法に基づき、新商品の開発、設計計画を具体的に立案し実施しなければなりません。市場価値拡大力と技術開発力は商品の魅力をつくり出します。商品価値は、図11.4にあるように魅力／コストで決まります。「コスト革新力」（C）を確保するためにコストマネジメントがますます重要になっています。

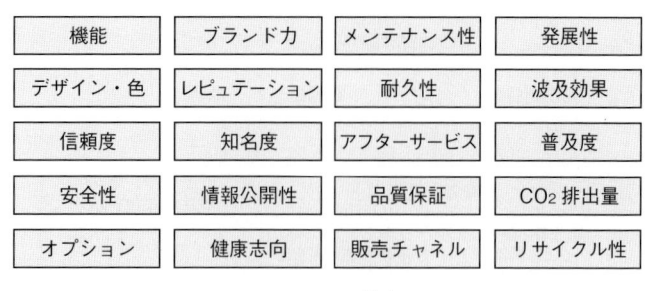

第 11 章　コストマネジメントの展開

機能	ブランド力	メンテナンス性	発展性
デザイン・色	レピュテーション	耐久性	波及効果
信頼度	知名度	アフターサービス	普及度
安全性	情報公開性	品質保証	CO_2 排出量
オプション	健康志向	販売チャネル	リサイクル性

$$商品価値 = \frac{魅力}{コスト}$$

保険料	価格	製造原価	物流費	エネルギー費
手数料	消耗品費	保管費	保障費	更新費
キャンセル料	修理費	廃棄費	営業・広告費	開発費

図 11.4　商品の価値に関係する魅力とコスト

　そのための手法に原価企画があります。原価企画という言葉は、1963 年にトヨタ自動車（株）で初めて使われ、普及しました。下流部門である製造部門ではなく、より上流部門である開発設計部門、生産技術部門、さらに、新商品企画部門へとコストダウン活動の中心をシフトさせるというのが原価企画の基本的な考え方です。

　多くの企業が 1970 年頃から原価企画を導入する試みに入ったといわれています。原価企画導入の中心となるのは、商品企画、開発、設計、生産技術部門と一部経理部門です。企画段階からのコストダウンは、1 つの部門だけで処理できるものは少なく、関係部門の協力が不可欠となります。

　製品原価が各段階でどの程度決定付けられるか、今までの調査結果をまとめると図 11.5 のようになります。業種別や生産形態別に見てもその割合はほぼ同じで、80％〜95％が開発、設計段階で決定されてしまうことがわかります。これがより上流での原価のつくり込みが大切な理由です。

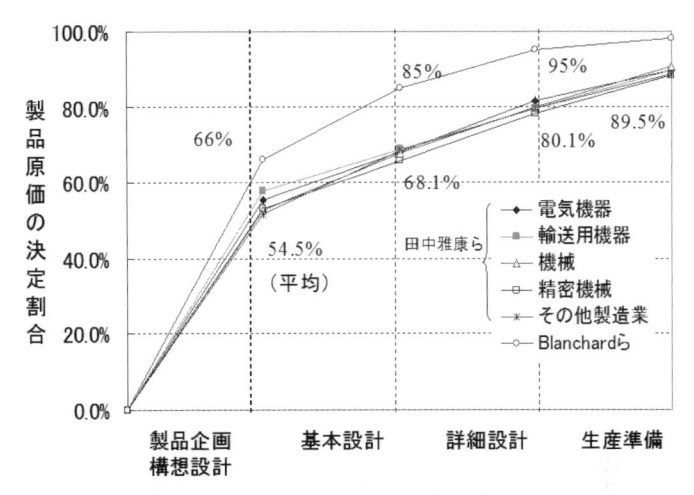

図 11.5　各段階における製品原価の決定割合

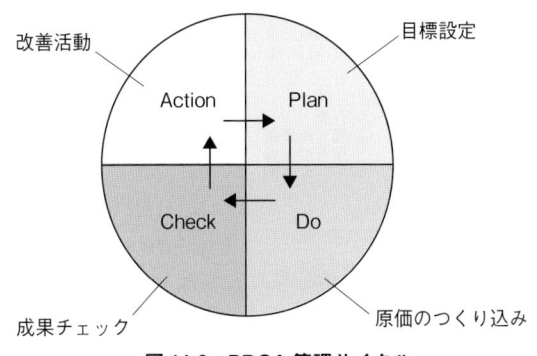

※ Blanchard ら（1991）及び田中雅康ら（1997）の研究から整理

図 11.6　PDCA 管理サイクル

　原価企画は、目標設定（Plan）、原価のつくり込み活動（Do）、成果のチェック（Check）を通して、次の改善対策（Action）へつなげるというもので、図11.6 のような PDCA サイクルを回す活動になります。原価企画の手順は、表11.1 や以下の説明のようになります。VE（Value Engineering）は、1947 年米国 GE 社の L. D. マイルズ氏によって開発され、1960 年頃わが国に導入されたといわれています。VE は、製品やサービスの「価値」を、それが果たすべき「機能」とそのためにかける「コスト」との関係で把握し、システム化された手順によって「価値」の向上をはかる手法で、原価企画活動で多用します。

表 11.1　原価企画の進め方（実務の例）

	部門	設計対象製品	開発段階	先行試作段階	量産試作段階
Plan	営業、商品企画 目標売価の設定	新製品	目標売価の設定	売価の見直し	売価の見直し
		大幅設変品			
		類似品	売価の設定		
	原価企画 目標原価の設定	新製品	製品別の材料費、加工費	ユニット別の材料費、加工費	顧客からコストダウン要請を達成できないものに関して部品別の材料費、工程別加工費
		大幅設変品	メイン部品別の材料費、工程別加工費	メイン部品別の材料費、工程別加工費	
		類似品			
Do	開発設計 製品設計 材料費の設定	新製品	構造レベルでの新技術、新方式の採用、VE提案	ユニット、部品レベルでの廃止、一体化、代替、簡素化の検討、VE提案	部品レベルでの仕様（形状、寸法、材質など）の最適化検討、VE提案
		大幅設変品			
		類似品	ユニット、部品レベルでの廃止、一体化、代替、簡素化の検討、VE提案	部品レベルでの仕様（形状、寸法、材質など）の最適化検討、VE提案	
	生産技術 工程設計 加工費の設定	新製品	工程検討、加工基本機能の検討	● 工程の廃止、統合、変更、簡素化、機械化、標準化の検討 ● 設備投資の検討	● 作業の廃止、統合、変更、簡素化、機械化、標準化の検討 ● バランスロス、干渉ロスの低減
		大幅設変品			
		類似品	工程の廃止、統合、変更、簡素化、機械化、標準化の検討	作業の廃止、統合、変更、簡素化、機械化、標準化の検討	
Check	原価企画 コストダウン成果	新製品	部品別の材料費、加工費	部品別 ー材料費 　単価x消費量 ー工程別加工費 　レートx時間	部品別 ー材料費 　単価x消費量 ー工程別加工費 　レートx時間
		大幅設変品	部品別 ー材料費 　単価x消費量 ー工程別加工費 　レートx時間		
		類似品			
生産管理・購買				大日程計画立案	内外製区分決定、発注先決定
品質管理、品質保証				品質管理基準立案	検査治具製作

① **総合経営計画**

　全社的な中長期の利益計画が立案され、各期の目標利益を製品ごとに設定します。

② **個別新製品企画**

　総合新製品計画をもとに商品企画部門が市場調査などにより、どのような新製品を開発するべきか、モデルチェンジをどのようにするかについて具体的な企画を立案します。原価企画部門はこの段階において、各構想についての原価見積を行い、損益見込について検討を行います。

③ **個別新製品基本計画**

　スタイル、機能別の構造や仕様など原価に影響を及ぼす主要因が決定され、目標原価が決定されます。目標原価は、一般に、「目標販売価格－目

標営業利益」、または「目標販売価格 × (1 − 目標売上利益率)」などで計算されます。

④ **製品設計と原価のつくり込み活動**

設計部門が、部品別目標原価をつくり込むように「試作図」を作成します。実際に、試作図によって試作品がつくられ、機能、性能評価が行われる一方、生産技術部門では、工程設計を行い、加工費の原価見積を行うとともに、購買部門では、素材や購入品の原価見積を実施します。これらの原価見積のためには、通常、コスト・テーブルと呼ばれるデータベースが用いられます。

⑤ **生産移行計画**

正式な図面が出図されると、生産技術部門では量産準備業務に入ります。生産設備の準備状態のチェックとともに最終の原価見積が行われます。生産技術部では、さらに材料歩留まり、工数などの諸標準値を設定し、工場に指示します。量産段階に移行して一定期間経過後(通常3ヶ月程度後)、新製品の実際原価を測定して原価企画の実績評価を行います。

11.3 ライフサイクル・コスティング

図11.7のように製品の開発、設計段階からライフサイクル全般にわたるコスト、すなわち研究開発から廃棄または処分を経て製品や設備の全生涯で発生するコストを製品のコストとして扱うライフサイクル・コスティング(LCC:Life-Cycle Costing)の重要性が注目されています[5]。とくに原価企画ではライフサイクル・コストは重要です。

ライフサイクル・コスティングの研究は、米国では1960年代から国防総省で、英国では1970年代から商務省で始められたといわれ、製品のライフサイクル原価を消費者や環境問題などとの関係において分析し、低減することをその目的としています。1980年代からは民間企業でも顧客満足の視点からライフサイクル・コスティングが取り上げられ、現在では、環境問題や社会との共生という視点も加わって製品のライフサイクル・コストを考慮することは必須になっています。

製品のライフサイクルにかかわる、企画、開発、設計、調達、製造、販売、

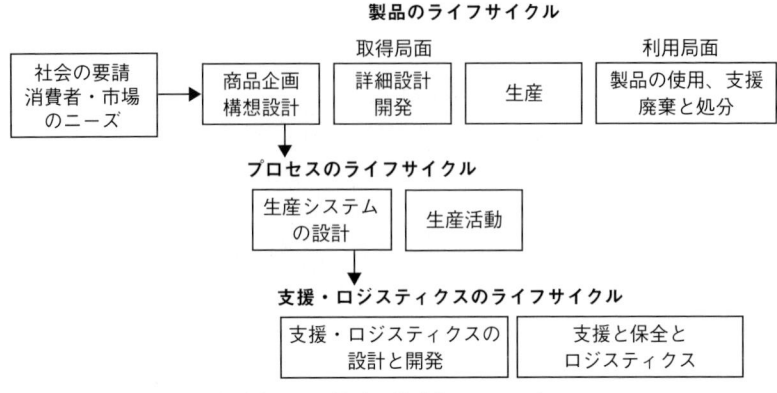

図11.7 ライフサイクル・コスト

製品のライフサイクル

社会の要請 消費者・市場のニーズ → 商品企画 構想設計

取得局面：詳細設計開発／生産

利用局面：製品の使用、支援 廃棄と処分

プロセスのライフサイクル

生産システムの設計／生産活動

支援・ロジスティクスのライフサイクル

支援・ロジスティクスの設計と開発／支援と保全とロジスティクス

図11.7　ライフサイクル・コスト

メンテナンス、廃棄、リサイクルというようなビジネス・プロセスの連鎖はバリューチェーンとも呼ばれる。図11.8のようないわゆるSCM（サプライチェーン・マネジメント）は、このバリューチェーン全体を意識し、全体最適化を目指したものです。

より上流の商品企画、開発、設計段階のコストマネジメントでSCMの最適化をも意識しなければなりません。つまり、ライフサイクル・コスティングのためには自社内の組織間のみならず部品製造協力会社、資材調達先、物流会社、販売会社などとの連携が重要になります。

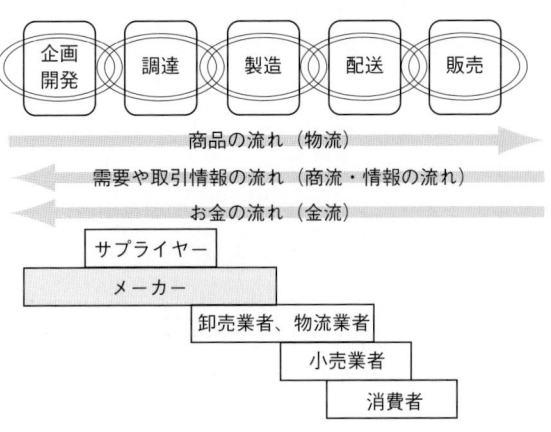

企画開発 → 調達 → 製造 → 配送 → 販売

商品の流れ（物流）
需要や取引情報の流れ（商流・情報の流れ）
お金の流れ（金流）

サプライヤー
メーカー
卸売業者、物流業者
小売業者
消費者

図11.8　SCM（サプライチェーン・マネジメント）の対象

いくつかの視点からライフサイクル・コストを考えてみると次のようになります。

① **マーケティング戦略から見たライフサイクル・コスト**

　製品を市場に投入した段階から（導入期）、成長期、成熟期、衰退期を経て市場から撤退するまでの期間をライフサイクルと定義し、当該期間に発生が見込まれるトータル・コストを考えます。つまり、個々の製品一単位ではなく、同一期間に生産される同種製品の全製造量に対する総製造原価とそれらの販売・流通などに関連して発生する諸費用さらには開発費を対象にします。このライフサイクル・コストは、企画検討中の製品が十分な収益力を有するか否かを判断するために当該期間にもたらされると期待される総収益と比較されます。

② **生産者から見たライフサイクル・コスト**

　製品の企画から設計、生産そしてロジスティクスに至る経営プロセスで発生するすべてのコスト、すなわち研究開発費、製造原価及び販売費を対象にします。従来、製品計画や価格決定のための原価計算はこの視点でのライフサイクル・コストを基礎としてきました（狭義のライフサイクル・コスト）。

　近年、このコストに加え、製品の販売後に顧客が負担するメンテナンスや保全費用をも含めたコストの低減がマーケティング戦略で重要となっています（広義のライフサイクル・コスト）。

③ **顧客から見たライフサイクル・コスト**

　製品の購入・使用・廃棄の各段階で顧客が負担するトータル・コストをも問題とします。つまり、購入後に発生する維持・保守及び処分コストなどが含まれます。製品の基本的なスペックや性能に大きな差が見られなくなった昨今、維持費や保全費の大小が製品購入時における顧客の重要な決定要因の1つになっています（第1章1.2.7のシェーバーの事例を参照してください）。

④ **社会から見たライフサイクル・コスト**

　生産者、顧客から見たライフサイクル・コストの構成費目に加え、原材料の調達から製品の生産及び流通段階、さらには製品の廃棄後に発生し、その多くは今まで地域社会が負担してきた様々な社会的コストも含まれ

ます。これらの社会コストは環境コストとも呼ばれ、資源のリサイクル、省エネルギーの推進、産業廃棄物の処理などについての負担が社会、企業、顧客にも求められます。

11.4 ベンチマーキング

　ベンチマーキングは、特定分野で最高レベルの業績をあげている企業のプロセスから「ベストプラクティス」（最高の実践方法）を探り、その状態に近づけるように改善・改革を進める経営管理手法です。そのために適切なベンチマーク（指標）を選択しなければなりませんが、原価はその中でも最も重要な指標になります。ベストプラクティスを探究し、それに向かってプロセスを変更していきます。他社や他部門を参考にすれば、これまで気づかなかった新しい方法を取り入れることができます。

　ベンチマーキングでは、まず、ベンチマーク（指標）により評価基準を数値化します。現状を数値で把握することは、具体的に悪い部分をより正確に把握できます。あるいは、悪いと思っていたことが、実はそんなに悪くないという別の発見をすることもあります。さらに、ベンチマーク（指標）に目標値を設定し、計測を続けることによって具体的な改善の進捗状況、効果を把握します。数値評価は判断に客観性を持たせ、また、メンバーに具体的な目標を与えることになります。ベンチマーキングは単なる競合分析、模倣や追従ではないことに注意しましょう。つまり、ベンチマーキングとは優れたものを「まねよう」ということではなく、あくまで、自らの強みと弱みを分析して、業界のベストプラクティスを学ぶことにより、迅速に強みを増幅し、弱みを克服する手段であるといえます。

　ベンチマーキング導入の手順は以下のとおりです。

① **適用範囲の選定**
　　どの業務にベンチマーキングを適用するかを選ぶ。自社（自部門）、他社（他部門）で入手可能なデータを把握する。この段階で自社の課題が見えてくる。

② ベンチマーキング対象相手の選定

各種データをもとに、ベンチマーキングの対象とする相手を選ぶ。対象相手は1社である必要はない。複数企業のそれぞれの優れているところを比較対象とすることもできる。この対象相手の選び方によってベンチマーキングは次のように分類される。

(a) 社内ベンチマーキング

社内の他の事業部、他のセンターなどを比較対象とするベンチマーキング。

(b) 競合企業ベンチマーキング

同業他社を比較対象とするベンチマーキング。

(c) 業務部門ベンチマーキング

他業界の同一部門を比較対象とするベンチマーキング。

(d) 包括的ベンチマーキング

業界、業務に限らず、広く比較対象を選定するベンチマーキング。技術に着目すれば、参考となりうる企業の範囲は大きくふくらむ。

③ 差の分析

選定した比較対象については処理フロー、効率などを詳細に調査する。作業フロー、レイアウト、タイムチャート、使用している機器の種類、各作業の単位当たり処理時間、作業者数、コストなど比較できるものをあげる。これと自社（自部門）データを比較することにより劣っている箇所が明確になる。

④ ベストプラクティスの作成

調査した結果をもとに、ベストプラクティスを探究する。

⑤ 目標設定

ベストプラクティスをベースに具体的な目標を設定する。例えば、納入リードタイムを現状の半分である4日に設定するなど実現が可能である目標が設定できる。

⑥ 改善計画の作成

ベストプラクティスを実現するための導入計画を作成する。

⑦ 実行と評価

計画を実行に移す。達成レベルを把握するためにベンチマークの計測を継続する。

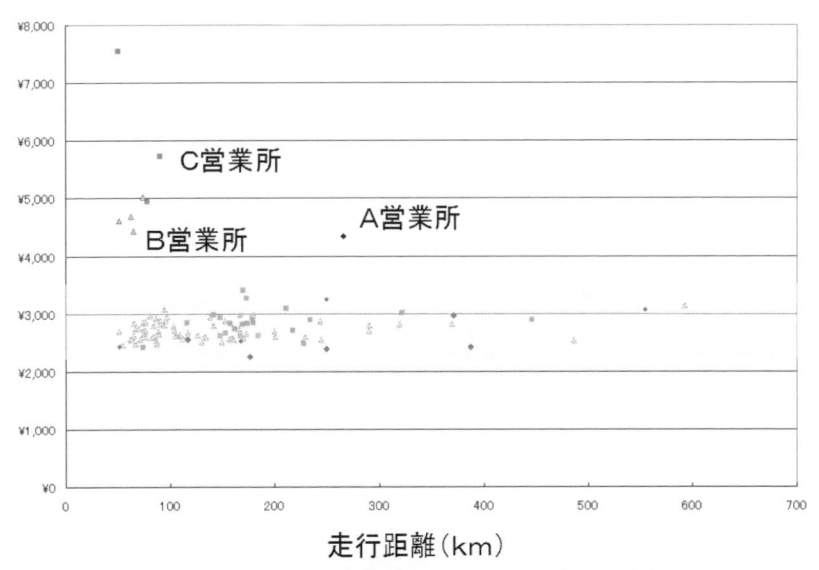

図 11.9　トラック輸送の時間当たりコスト（3 営業所比較の例）[6]

　例えば、図 11.9 は、実際の物流企業の 3 営業所でトラック輸送を行い、それらのコスト分析を行ったものです。各輸送を比較して、1 日の走行距離に依存せず、時間当たりコストがほぼ一定であることがわかります。しかし、いくつかの輸送で異常に高いコストで輸送が行われた結果が出ています。これらの輸送で何が起こっていたか原因を究明すると顧客の指定時間に到着したにもかかわらず、長い時間待たされていることがわかりました。図 11.10 は、業種別対売上高物流コスト比率を示しています。自社の数値と比較してみると業界での位置が把握できます。

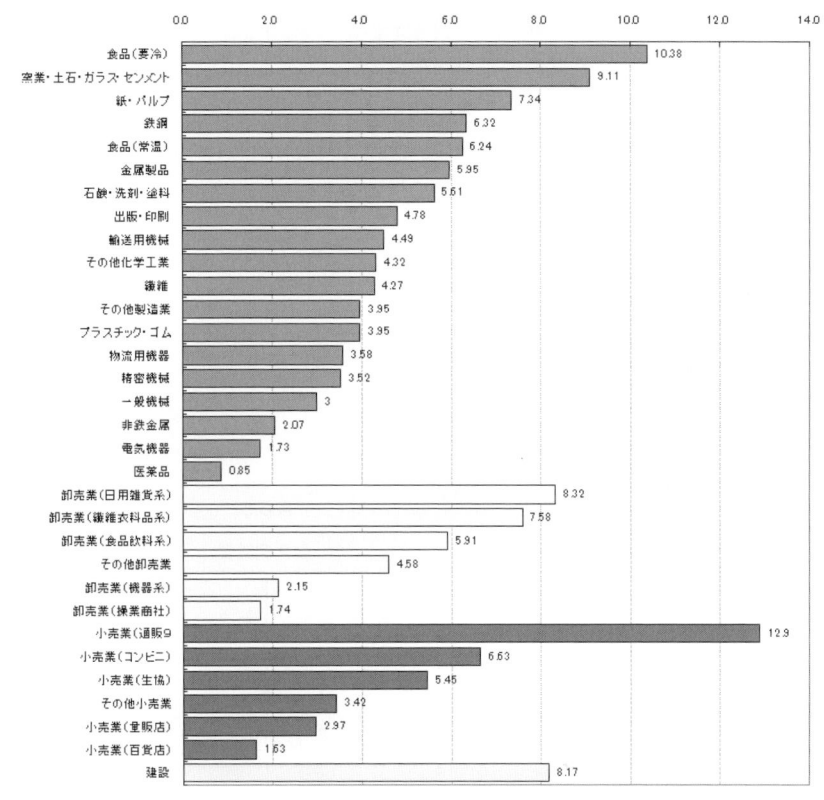

※日本ロジスティクスシステム協会（JILS）『2008年度物流コスト調査報告書』より作成
図11.10　売上高物流コスト比率％（業種小分類別）

11.5　ABC/ABM

　ABC（Activity Based Costing、活動基準原価計算）は1980年代後半にハーバード大学のKaplanとCooperによって広められた、主に製造間接費のより正確な配賦を目的とした原価計算手法です（Cooper, R., and R. S. Kaplan, 1999）。ABCには、すべての原価には発生の原因であるコスト・ドライバーがあり、そのコスト・ドライバーを把握できるという前提があります。

　ABCは、従来の伝統的な原価計算と違い、活動を基準に製造間接費を計算します。ABCにおける活動とは、「組織の中で資源を消費してアウトプットに

変換する行為や業務」と定義されています。

活動の例として、購買部門の価格交渉、発注、検収、営業部門の顧客訪問、見積もり、納品などがあげられます。従来は、原価計算のために利用できる資源が十分でなかったので、より簡便に、直接材料費や直接作業時間など、製品の操業度を基準として間接費を配賦する伝統的な原価計算が用いられました。これに対して、IT（情報技術）の発展により、持続的かつ精緻なデータ収集や情報処理能力が企業に備わり、複雑なABCでも現実的に運用できるようになりました。

図11.11のように、ABCの計算手続きは2段階によって構成されます。第1段階として、製造間接費を活動に割り当てます。原価の受け皿として活動コスト・プールが用意されます。

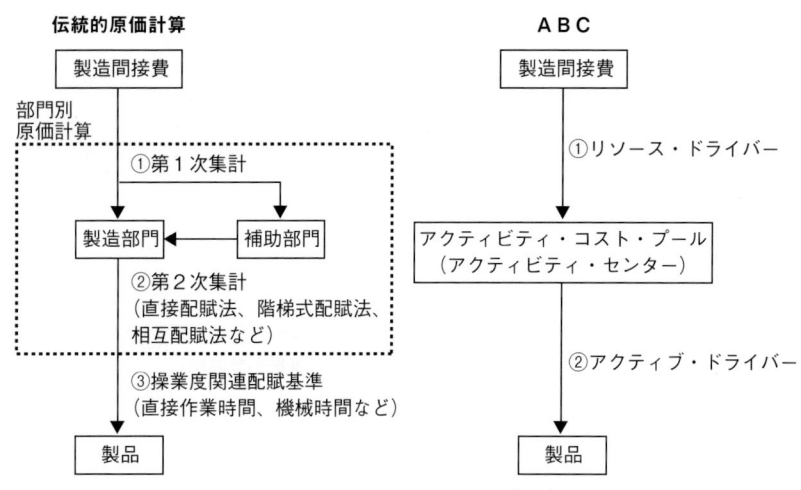

```
伝統的原価計算                          ABC

   製造間接費                        製造間接費
部門別                                   │
原価計算                                 │①リソース・ドライバー
    │①第1次集計                         ↓
    ↓                           アクティビティ・コスト・プール
 製造部門 ← 補助部門              （アクティビティ・センター）
    │②第2次集計                         │
    │（直接配賦法、階梯式配賦法、         │②アクティブ・ドライバー
    │ 相互配賦法など）                    ↓
    │③操業度関連配賦基準
    │（直接作業時間、機械時間など）
    ↓                                    
   製品                                  製品
```

※上埜　進 著『管理会計―価値創出をめざして』税務経理協会、2003、p.281を一部修正

図11.11　製造間接費の配賦法

製造間接費が1つの活動のみによって消費される場合、アクティビティ・コスト・プール（activity cost pools）を形成するために経済的資源コストを活動に割り当てることは簡単です。しかし、一般には、製造間接費が複数の活動によって消費されます。したがって、リソース・ドライバー（資源作用因）を使って、製造間接費の原価を適切な活動に割り当てることになります。

リソース・ドライバーは製造間接費を活動に集計する基準であり、製造間接

費と活動を明確に関係付けるものです。アクティビティ・センター（activity center）とは、活動別の原価を測定したいと考えている機能またはプロセスのことであり、機能別に設けられることもできるし、部門や担当部署といった企業の組織構造に近い形で設けることもできます。

アクティビティ・コスト・プールは、リソース・ドライバーによって一時的に集計される原価の集合場所のことです。ABCでは、アクティビティ・センターが用いられますが、アクティビティ・センターに性質の異なる活動があればアクティビティ・センターを細分してコスト・プールとすることができます。

ABCの第2段階として、アクティビティ・コスト・プールの中の原価を、その活動を必要としている製品やサービスなどの原価計算対象（cost objects）に割り当てます。割り当て時に使われるのがアクティブ・ドライバー（活動作用因）です。アクティブ・ドライバーもソリース・ドライバーと同様に、活動と原価計算対象との間の因果関係を確証するものでなければなりません。ここでいう原価計算対象とは、活動原価が割り当てられるオブジェクトです。したがって、原価計算対象は現場担当者や経理担当者などが望んでいるあらゆる形として存在しています。典型的には、製品となりますが、製品以外に、サービス、活動、プロジェクトなどもあります。

この脈絡で、ABCと伝統的な原価計算の計算手続きを比較したのが図11.11です。ABCも伝統的な原価計算も、原価全体を考えるという点では同じです。しかし、伝統的な原価計算では、製造間接費を総額でとらえ、間接費を発生させる間接業務の詳細に立ち入ることはありません。これに対して、ABCは間接業務の活動（アクティビティ）に焦点を当てます。製品が活動を消費し、活動が原価を引き起こすと仮定するので、活動から製品に原価が割り当てられます。製造間接費を活動に割り当て、活動から製品に割り当てるという点で、2段階の計算であるといえます。

一方、図11.12のABCモデルを見ると、縦軸に原価割当視点（cost assignment view）をとり、横軸にビジネス・プロセス視点（process view）をとって、その2軸の交わりに活動を置いています。これは、ABCを推進した米国の非営利団体CAM-Iが提唱するモデルです。伝統的原価計算が原価の部門別原価計算にとどまっているのに対して（図11.11で比較）、このモデルの縦軸の原価割当視点は、活動単位にまでブレークダウンすることにより、製造間接費と販売費及び一般管理費をより精度良く原価対象（製品別のみならず、

顧客別等原価対象の範囲が拡大している）に集計する原価計算方法を意味しています。つまり、製造間接費を精度良く製品に配賦するための方法であるといえます。

図11.12の横軸のビジネス・プロセス視点は、各企業でこれまで原価改善のため実施してきた原価管理制度を、活動別に精度良く計算することによって原価計算制度と結合するものです。ここで、ビジネス・プロセス視点のアウトプットは、業績尺度（performance measures）になります。この業績尺度は、各活動の成果である業績を適切に測定し、原価改善を進めるために有効です。そのためには、諸活動をドライブする原因となる因子（コスト・ドライバー、原価作用因）を定義し、その因子と活動原価、業績評価の関連付けが確立されることが必要です。

ABCでは、より精度の高い原価計算を可能にする原価割当視点と原価管理を目的としたビジネス・プロセス視点を活動別原価計算により統合することができるという特徴があります。つまり、ABCで重要なのは、2段階の計算過程で間接費の配賦に複数の基準を用いるので、配賦基準として活動（アクティ

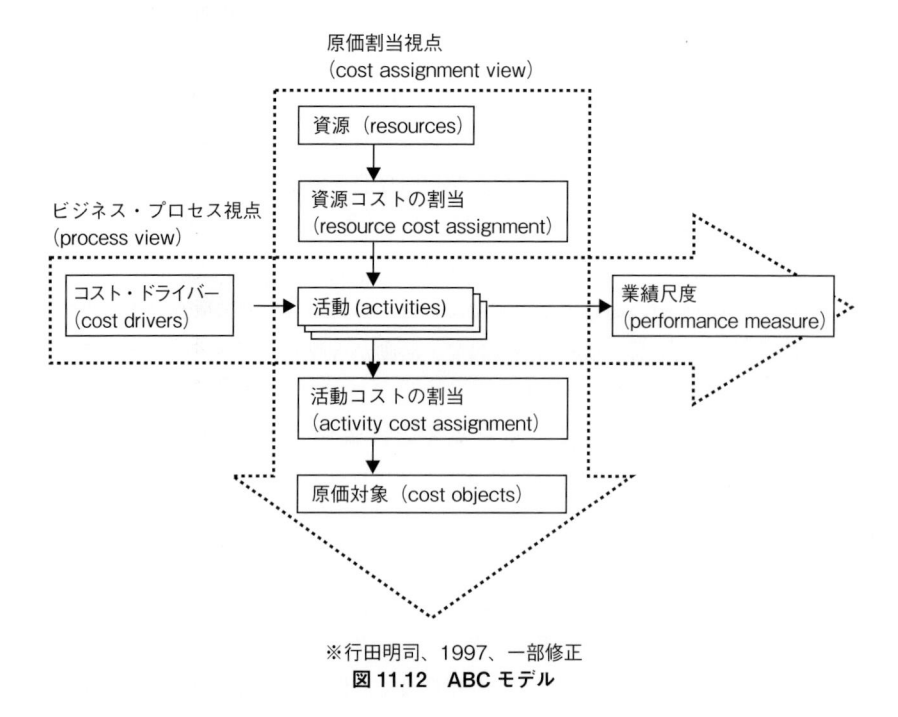

※行田明司、1997、一部修正
図11.12　ABCモデル

ビティ）のコスト・ドライバーを認識できることです。コスト・ドライバーを認識すると、原価構造の理解が進み、それを改善する可能性が広がります。つまり、ABC は管理者の注意を原価構造に喚起して、その改善につなげることができるのです。伝統的な原価計算とは違い、ABC は原価構造が所与ではありません。むしろ、意思決定の対象であるといえます。こうした狙いで、ABC が ABM（Activity Based Management）に発展していったと考えられます。

つまり、ABC は、正確な間接費の配賦を実現するだけではなく、原価発生の原因となる諸活動のコスト・ドライバーを分析することによって、企業の業務内容を根本的に革新するツールとしても利用できます。さらに、活動分析によるプロセス改善の影響のシミュレーション、セールス・ミックス、コストの管理、マーケティング及び顧客関係（収益性分析）に関連する意思決定の支援など、継続的な業務改善の支援が可能になります。これらが ABM であり、図 11.12 の横軸を具体化したものになります。

多くの企業では製造間接費が増大傾向にあり、その正確な配賦が求められ、有効な原価管理手法が切望されている状況です。ABC はその解決策として有効であるはずですが、実務への適用が必ずしも進んでいないといわれています。これにはいくつかの理由があります。その中でもとくに、計測すること自体に手間、コストがかかりすぎるために実際には運用しにくいという問題点が指摘されています。測定費用が低くなるように IT（情報技術）を駆使することが必要です。

◆例題 11.1　ABC と伝統的原価計算の比較

次のような条件がわかっているとき、製品別の製造間接費を求めましょう。伝統的原価計算（部門別原価計算による結果と部門別原価計算を行わず単一の配賦率で計算する結果を比較）と ABC（活動基準原価計算）による結果を比較しましょう。

製品１と製品２を生産しています。当月の直接作業時間と生産量は表 11.2 のとおりです。

表 11.2　直接作業時間と生産量

直接作業時間	製品1	製品2
機械加工部門	2.0h	2.5h
組立部門	1.0h	1.5h
生産量	25,000個	12,000個

部門別の当月の製造間接費発生額は、機械加工部門が 900,000 円、組立部門が 600,000 円です。伝統的原価計算では、製造間接費の配賦を直接作業時間で行うことにします。ABC（活動原価計算）に必要な活動にかかわるデータは表 11.3 のとおりです。

表 11.3　ABC（活動原価計算）に必要なデータ

活動	コスト・プール計	活動ドライバー総消費量	製品1のドライバー消費量	製品2のドライバー消費量
生産管理（時間）	¥350,000	7,000h	3,500h	3,500h
段取（回数）	¥580,000	120回	50回	70回
工程内物流（重量）	¥350,000	220kg	170kg	50kg
検査（回数）	¥220,000	700回	600回	100回

◇ **解答例**

Excel ワークシートで所与の条件を入力し、製品 1 と製品 2 の製造間接費を計算できるようにした例を図 11.13、図 11.14 に示します。

まず、伝統的原価計算では、部門別に製造間接費が把握されていますので、部門別に当月製造間接費を製品 1 と製品 2 に費やした直接作業時間総数で割り算して、セル C10、C11 に部門別の標準配賦率を求めます。次に、各製品の製造間接費について、標準配賦率に直接作業時間を掛けて求めます。

また、部門別に標準配賦率を求めず、すべての製造間接費をすべての直接作業時間で割り算したものが単一配賦率であり、セル C12 に値が求められています。部門別配賦率と単一配賦率で計算した製品 1、2 の製造間接費は微妙に異なっていることがわかります。

	A	B	C
3	(伝統的原価計算)		
4	直接作業時間	製品1	製品2
5	機械加工部門	2.0h	2.5h
6	組立部門	1.0h	1.5h
7	生産量	25,000個	12,000個
9	部門	製造間接費発生額	標準配賦率
10	機械加工部門	¥900,000	¥11.25
11	組立部門	¥600,000	¥13.95
12	合計	¥1,500,000	¥12.20
14	製品別製造間接費	製品1	製品2
15	部門別原価計算	¥36.5	¥49.1
16	単一配賦率での計算	¥36.6	¥48.8

図 11.13 伝統的原価計算

	A	B	C	D
3	(伝統的原価計算)			
4	直接作業時間	製品1	製品2	
5	機械加工部門	2.0h	2.5h	
6	組立部門	1.0h	1.5h	
7	生産量	25,000個	12,000個	
9	部門	製造間接費発生額	標準配賦率	
10	機械加工部門	¥900,000	=B10/(B5*B7+C5*C7)	
11	組立部門	¥600,000	=B11/(B6*B7+C6*C7)	
12	合計	=SUM(B10:B11)	=B12/((B5+B6)*B7+(C5+C6)*C7)	
14	製品別製造間接費	製品1	製品2	
15	部門別原価計算	=C10*B5+C11*B6	=C10*C5+C11*C6	
16	単一配賦率での計算	=C12*(B5+B6)	=C12*(C5+C6)	

図 11.14 伝統的原価計算の計算式

　一方、ABC（活動基準原価計算）では、活動ごとに製造間接費をプールし、それを活動ドライバー総数で割り算して、活動ドライバーレートを求めます。製品1、製品2のそれぞれが、各活動でどれだけの活動ドライバーを消費したかを把握して、活動ドライバーレートと掛け合わせ、その合計を製造間接費として求めます。ABCの計算と計算式は図11.15、図11.16のとおりです。

	A	B	C	D	E	F
19	(ABC、活動基準原価計算)					
20	活動	コストプール計	活動ドライバー総消費量	活動ドライバーレート	製品1のドライバー消費量	製品2のドライバー消費量
21	生産管理(時間)	¥350,000	7,000.0h	¥50	3,500.0h	3,500.0h
22	段取(回数)	¥580,000	120回	¥4,833	50回	70回
23	工程内物流(重量)	¥350,000	220.0kg	¥1,591	170.0kg	50.0kg
24	検査(回数)	¥220,000	700回	¥314	600回	100回
25	合計	¥1,500,000				
27	活動	製品1	製品2	計		
28	生産管理(時間)	¥175,000	¥175,000	¥350,000		
29	段取(回数)	¥241,667	¥338,333	¥580,000		
30	工程内物流(重量)	¥270,455	¥79,545	¥350,000		
31	検査(回数)	¥188,571	¥31,429	¥220,000		
32	合計	¥875,693	¥624,307	¥1,500,000		
33	製品別製造間接費	¥35.0	¥52.0			

図 11.15 ABC の計算

	A	B	C	D	E	F
19	(ABC、活動基準原価計算)					
20	活動	コストプール計	活動ドライバー総消費量	活動ドライバーレート	製品1のドライバー消費量	製品2のドライバー消費量
21	生産管理(時間)	¥350,000	7,000.0h	=B21/C21	3,500.0h	3,500.0h
22	段取(回数)	¥580,000	120回	=B22/C22	50回	70回
23	工程内物流(重量)	¥350,000	220.0kg	=B23/C23	170.0kg	50.0kg
24	検査(回数)	¥220,000	700回	=B24/C24	600回	100回
25	合計	=SUM(B21:B24)				
26						
27	活動	製品1	製品2	計		
28	生産管理(時間)	=$D21*E21	=$D21*F21	=SUM(B28:C28)		
29	段取(回数)	=$D22*E22	=$D22*F22	=SUM(B29:C29)		
30	工程内物流(重量)	=$D23*E23	=$D23*F23	=SUM(B30:C30)		
31	検査(回数)	=$D24*E24	=$D24*F24	=SUM(B31:C31)		
32	合計	=SUM(B28:B31)	=SUM(C28:C31)	=SUM(D28:D31)		
33	製品別製造間接費	=B32/B7	=C32/C7			

図11.16　ABCの計算式

この例では、直接作業時間を配賦基準とした伝統的原価計算とABCで求めた製造間接費は異なります。つまり、ABCでは、製品2の製造間接費が多いことが鮮明になっています。

11.6　品質コストマネジメント

　品質コストは、製品の規格に一致させるために発生する品質適合コストと、製品の規格に一致させることに失敗したために発生する品質不適合コストから構成されます。品質コストの収集及び分類には一般にPAFアプローチ（Prevention-Appraisal-Failure approach）が用いられます[10]。これによれば、品質コストは予防コスト、評価コスト、内部失敗コスト、外部失敗コストの各コストに区分され認識されます。予防コストは、製品の規格に一致しない生産を減らすための費用であり、評価コストは規格に一致しない製品を発見するための費用です。また、失敗コストは、出荷前に不良品を処理する内部失敗コストと不良品を販売してしまったことで発生する外部失敗コストに分けて考えることができます。

　PAFアプローチは、一種の投資である予防コストと評価コストを算定し、その結果として発生する失敗コストを測定して、品質と原価を管理しようとするものです。図11.17のようにトレードオフの関係にある「予防コスト＋評価コスト」と「失敗コスト」の和を最小にする経済的に最適な品質の原価を見極めることが必要です。そのときの品質水準を経済的最適品質水準と呼びます。

11.6 品質コストマネジメント

一般に、予防コストをかければかけるほど品質水準があがり、少ない失敗コストで済みます。しかし、失敗コストをゼロにするには、膨大な予防コストと評価コストを費やすことになります。製造業では不良品を市場に出さないことが至上命題になりつつある中で、品質コストをしっかり把握することはとても重要です。

予防コストの対象になるものとして、DR、FMEA、CAE、試作、試験などがあります。試作や試験をコストをかけずに手抜きでやってしまえば、生産途中ならびに製品完成後に膨大な失敗コストを発生させることになってしまいます。デザインレビュー（DR：Design Review）は、新製品などの開発設計への諸々の要求事項、機能などが漏れなく、仕様書に充足されるようにするために、組織横断的に、複数人によってチェックしてから次の開発設計段階へ進む仕組みです。

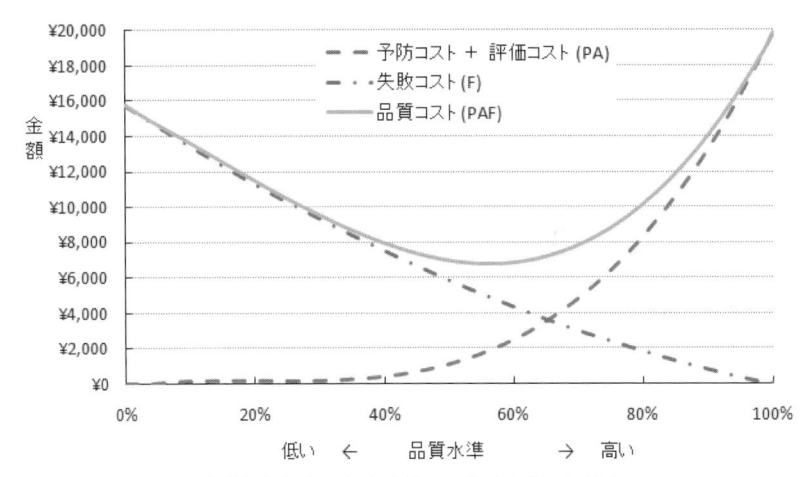

図 11.17　予防コスト＋評価コストと失敗コスト

また、FMEA（Failure Mode and Effect Analysis、故障モードとその影響の解析）は、故障・不具合の防止を目的とした、潜在的な故障・不具合の体系的な分析方法です。これらに多くの人が携わり、人件費をかければ失敗コストが少なくなります。CAE（Computer Aided Engineering、コンピュータエイデッドエンジニアリング）は、コンピュータ技術を活用して製品の設計、製造や工程設計の事前検討の支援を行うこと、またはそれを行うツールを指します。すなわち、生産プロセスでの不具合、製品機能の実現性、耐久性などを事

前にコンピュータ・シミュレーションで予測し、コストミニマムになる最適解を探ることができることから、従来の試行錯誤の方法に比べ予防コストが低く抑えられるといわれています。例えば、自動車の衝突時の破壊状態をコンピュータ・シミュレーションで検討するCAEは、実機での評価コストを大幅に低減できるので、多くの自動車会社で用いられています。

評価コストは、検査や評価にかかわるコストです。全数検査はコストがかかります。また、耐久評価を行うためにも大きなコストがかかります。検査やテスト器具、装置のメンテナンス、検査やテストで使用する材料及び消耗品、受入検査、製品監査、人件費などが該当します。

また、当初から高品質の生産を実現して顧客満足度を確保するという戦略をとる場合においても、経済的最適品質水準をもとにどのレベルまで品質コストを費やすのかについてよく把握した上で、最終的な製品目標原価の設定を行う必要があります。

図11.18のモデルで経済的最適品質水準を引き上げるためには予防コストと評価コストを引き下げることが効果的であることがわかります。失敗コストが同じで、ある品質を確保するためにかかる予防コストと評価コストが下がれば品質コストも下がり、結果として経済的最適品質水準が飛躍的に向上します。逆に、失敗コストの低減、すなわち製造後に不良が出たときに即座に低コストで対処できるようにすればするほど経済的最適品質水準は下がってしまいま

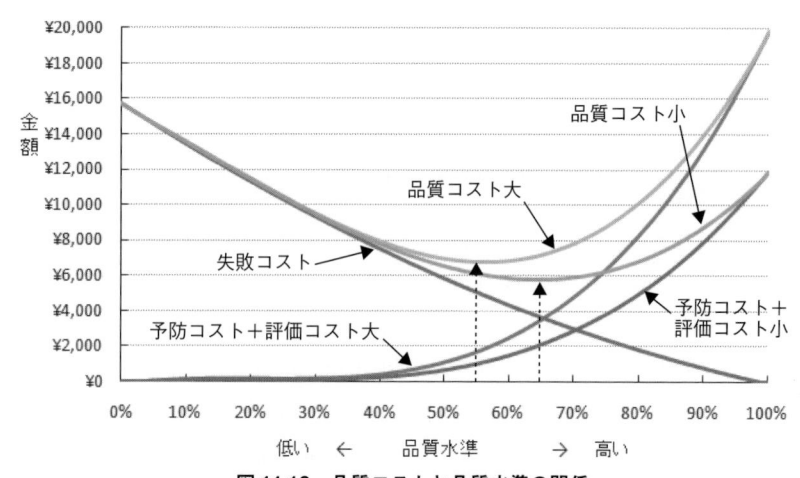

図11.18 品質コストと品質水準の関係

す。品質コストが同じでも、その内訳として予防コストと評価コストが低いと品質水準が高くなるわけです。

ライフサイクル・コストを考慮して、開発、設計段階で予防コストと評価コストを低減することが望まれます。

◆例題 11.2 品質コストの感度解析

図 11.19 のようなワークシートを作成し、現状の予防コスト＋評価コスト（PA）と失敗コスト（F）に対して、コスト低減活動を行った場合、その低減率によって経済的最適品質水準はどうなるでしょうか。経済的最適品質水準を求めて、図 11.19 のようなグラフ表示も行いましょう。

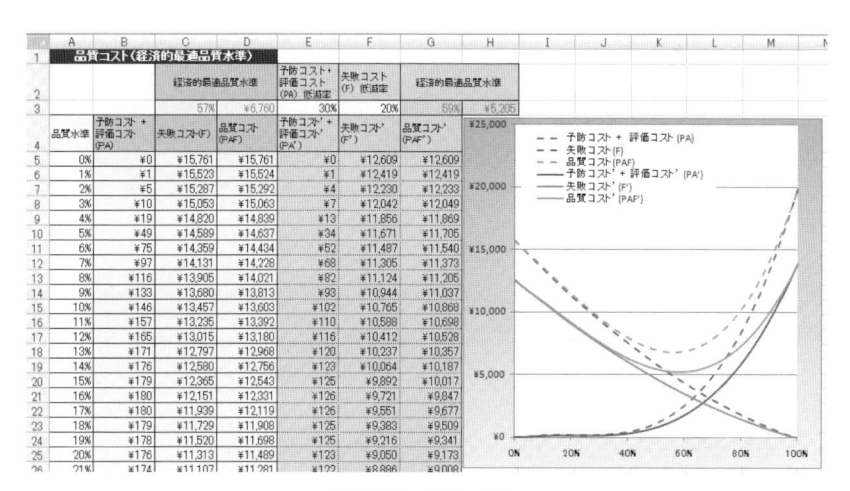

図 11.19　品質コスト

◇解答例

図 11.20 のように数式、関数をセットします。セル H3 では MIN 関数で評価コストの最小値を求め、セル G3 では、セル H3 の値と一致する配列番号（検索した範囲で何番目か）を見つけます。

	A	B	C	D	E	F	G	H
1	品質コスト(経済的最適品質水準)							
2			経済的最適品質水準		予防コスト+評価コスト(PA)低減率	失敗コスト(F)低減率	経済的最適品質水準	
3			57%	¥6,760	30%	20%	=MATCH(H3,G5:G105,0)	=MIN(G5:G105)
4	品質水準	予防コスト+評価コスト(PA)	失敗コスト(F)	品質コスト(PAF)	予防コスト'+評価コスト(PA')	失敗コスト(F')	品質コスト'(PAF')	¥25,000
5	0%	¥0	¥15,761	¥15,761	=B5*(1-E$3)	=C5*(1-F$3)	=E5+F5	
6	1%	¥1	¥15,523	¥15,524	¥1	¥12,419	¥12,419	

図11.20 品質コストの計算式

この数値例で、失敗コストのみを20％低減した場合は経済的最適品質水準が53％（そのとき品質コスト＝5,737円）となり（図11.21)、予防コスト＋評価コストのみを30％低減した場合は経済的最適品質水準が62％（そのとき品質コスト＝6,071円）となります（図11.22）。

また、失敗コストを20％低減、予防コスト＋評価コストを30％低減、同時に達成した場合は、経済的最適品質水準が58％（そのとき品質コスト＝5,205円）となります（図11.23)。この場合、現状の経済的最適品質水準が57％での品質コスト6,760円を費やせば、列Gの品質コストの値を見ていき、品質コスト6,719円となる品質水準77％まで引き上げることができます。

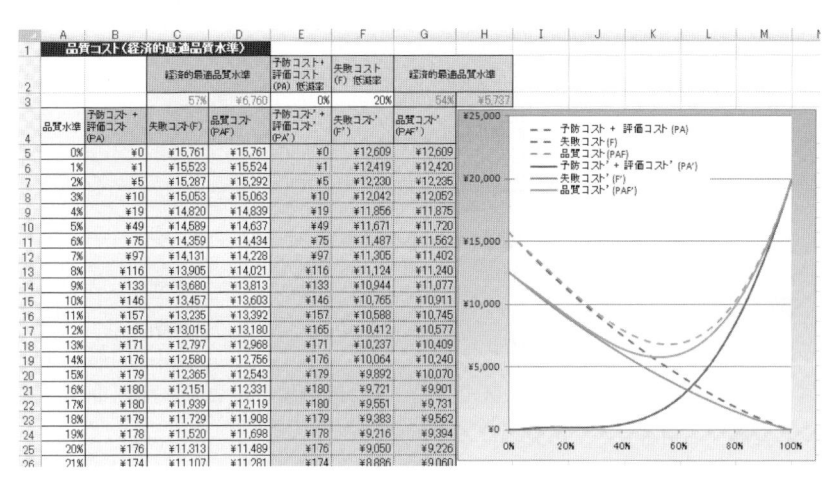

図11.21 失敗コストのみを20％低減した場合

11.6 品質コストマネジメント

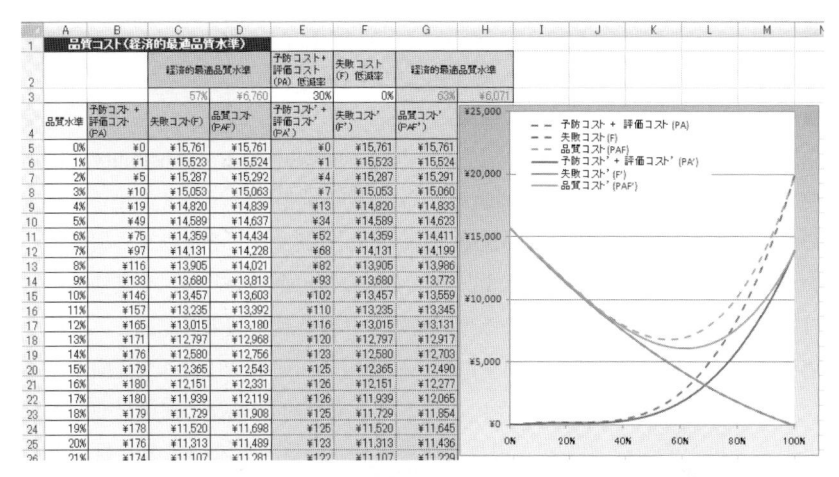

図11.22 予防コスト＋評価コストのみを30％低減した場合

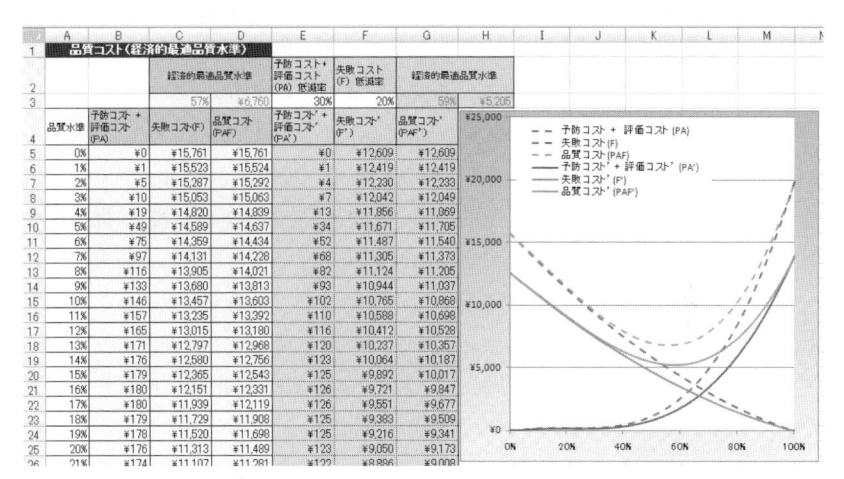

図11.23 失敗コストを20％低減、予防コスト＋評価コストを30％低減、同時に達成した場合

11.7 環境コストマネジメント

　現代企業において環境戦略とCSR（Corporate Social Responsibility）は重要なテーマとなっています。環境省から、2000年5月に『環境会計システムの導入のためのガイドライン（2000年版）』が公表され、それ以来、環境会計のガイドラインが整備されてきました。すなわち、企業などが、事業活動における環境保全のためのコストとその活動により得られた効果を認識し、可能な限り定量的（貨幣単位または物量単位）に測定し伝達する仕組みが提唱されています。環境省では、2010年度には、上場企業の約50％及び従業員500人以上の非上場企業の約30％が、環境会計を実施するようになることを目標として掲げて活動してきました。2004年度の環境省の調査によれば、調査に回答した事業者（有効回答数2,795社）のうち、環境会計をすでに導入していると回答した事業者は661社（上場企業の31.8％、非上場企業の17.2％）となっており、今後、より一層の取り組みの進展が望まれています。

　製品の一生における環境負荷を評価する手法としては、LCA（Life Cycle Assessment）があり、製造、輸送、販売、使用、廃棄、再利用まですべての段階での環境負荷を総合して評価します。また、炭素税（環境税）、排出権取引、法律や条令による直接規制による削減義務などが有効とされる一方で、カーボン・フットプリントに対する取り組みも始まっています。カーボン・フットプリントとは、資源採掘から製造、販売、廃棄に至るまで、商品のライフサイクル全般にわたって排出された温室効果ガスをCO_2排出量に換算して表したものを指し、商品パッケージなどにCO_2排出量をラベル表示して"見える化"することで、事業者の温暖化抑止への取り組みを消費者にアピールし、環境に配慮した購買行動を促すために用いられます。このラベルのことをカーボンラベルと呼びます。これは、環境に配慮した商品開発に取り組むための指標の1つになります。また、投資家へ適切な情報を提供するべきであるという企業の使命、あるいは監査の立場からも、環境問題への取り組みについて今後さらに詳細に情報開示することが求められていくでしょう

　このような背景で注目されている環境管理会計（EMA：Environmental Management Accounting）は、貨幣単位会計である従来の会計と物量単位会計を現す他の会計ツールとの中間に位置付けられた貨幣単位と物量単位の両方

を集計する複合的な会計であるということができます。定義と適用方法は確定されていませんが、企業の内部環境会計に特化した性格を持つものであるといえます。

経済産業省は、環境管理会計を中心に取りまとめた『環境管理会計手法ワークブック』を発行しています。企業が環境と経営を連携させる手法になり、環境配慮型設備投資意思決定手法、環境予算マトリックス、マテリアルフローコスト会計、環境配慮型業績評価システム、ライフサイクル・コスティングと環境配慮型原価企画の手法が解説されています。

マテリアルフローコスト会計（MFCA：Material Flow Cost Accounting）は、投入されたマテリアル（原材料類）を物量で把握し、マテリアルが企業内（プロセス間）をどのように移動するかについて、貨幣価値と物量で測定しながら追跡する手法です。環境コスト評価として投入と産出の結果を比較するとともに、ロス（廃棄コスト）を可視化できる特徴があります。廃棄物の削減と生産性向上、つまり、環境負荷の低減と企業利益の追求を同時に行うことが可能な環境管理会計手法であるといえます。

11.8　ビジネス・プロセス・マネジメント（BPM）

企業を取り巻く環境が大きく変化し、必然的に部門間の協力が不可欠となり、それをスピーディに促進させる組織横断型、ビジネス・プロセス志向のマネジメント・システムが必要になっています。つまり、従来の企業資源は縦割り組織の部門中心に配分されているため、資源供給ルートと資源消費ルートの間に不一致が生じているのです。

ビジネス・プロセスとは、「顧客価値の創出に向けて、相互依存的な多様な活動群により構成され、プロセスのインプットとアウトプットが明確に識別できるもので、管理対象のレベルにより階層性を持つものである」と考えられています。「管理連鎖」を実現するマネジメント・プロセスと「価値連鎖」を実現するビジネス・プロセスを対象とし、それらプロセス間の最適なバランスを図る、ビジネス・プロセス・マネジメント（BPM：Business Process Management）が注目されています[12]。

ビジネス・プロセス・マネジメント（BPM）とは、「従来の企業内外の壁を

破り、情報や資源を共有し、業務をくくって連結・結合させて、その流れをプロセスとしてとらえ管理しようとするもの」であるといえます。また、プロセス・マネジメントは、ビジネス・プロセスを継続的に改善する仕組みであり、そのためには、企業内で進行中のビジネス・プロセスの経過をモニタリング／分析／評価するBPMツールが必要になります。これが、Business Activity Monitoring（BAM）といわれる仕組みです。

　戦略を中核に据えるBSC（バランスト・スコアカード）に対して、BPMではプロセスを重視します。企業が環境変化に適応し、持続的に発展していくためには、経営理念、ビジョン、経営戦略を見直しつつ、コア・コンピタンスを生かしたビジネス・モデルを設計、または再編し、ビジネス・プロセスを最適化して、顧客価値を産み出し続けるというシナリオが望ましいですが、実際には、環境変化に対して、ビジネス・プロセスの改善によって適用していく、あるいはビジネス・プロセス変革によってビジネス・モデルを更新していくという企業が少なくありません。つまり、BPMが企業経営において重要な役割を担っているといえます。

　ここで、図11.24のように、BPMをBSCのフレームワークに当てはめて、いわばプロセス重視型のBSCを考えればBPMの位置付けがより明確になるでしょう。つまり、BSCでの因果関係分析（図11.25）からKPI（Key Performance Indicator、主要業績評価指標）の修正、変更、ならびにビジネス・プロセスの変更、さらには戦略マップを継続的に実施することができます。また、仮説の修正、環境変化の影響を随時、直接取り込むことが可能になります。

　BPMツールとして、様々なアプリケーションが普及しつつあります。これらのツールでは、稼働するITインフラからランタイム・データを取得し、その測定値をスループット時間、納期順守率、プロセス・コストなどといったプロセス・レベルのKPIと照らし合わせることによって定量分析を実行します。その一方で、ビジネス・プロセスをオブジェクトとして自動でモデル化し、各モデルで扱われているデータの流れなどを視覚的に示すことによって、プロセス上に無駄がないかどうかを定量的に分析することができます。

　また、ビジネス・プロセスの評価をサポートする機能として、あるKPIがあらかじめ指定した閾値を超えた場合に警告を発する機能や、特定のプロセスに異常が発見された際にドリルダウンでその原因を探ることができる機能、さ

11.8 ビジネス・プロセス・マネジメント（BPM）

図11.24　BPMの概要

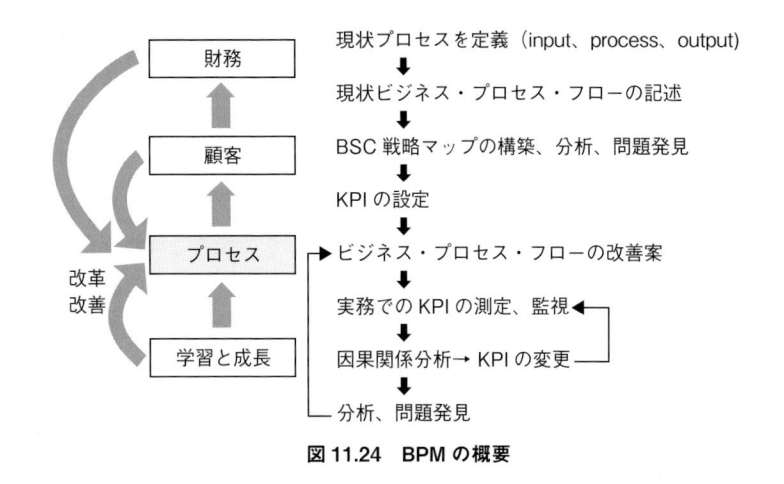

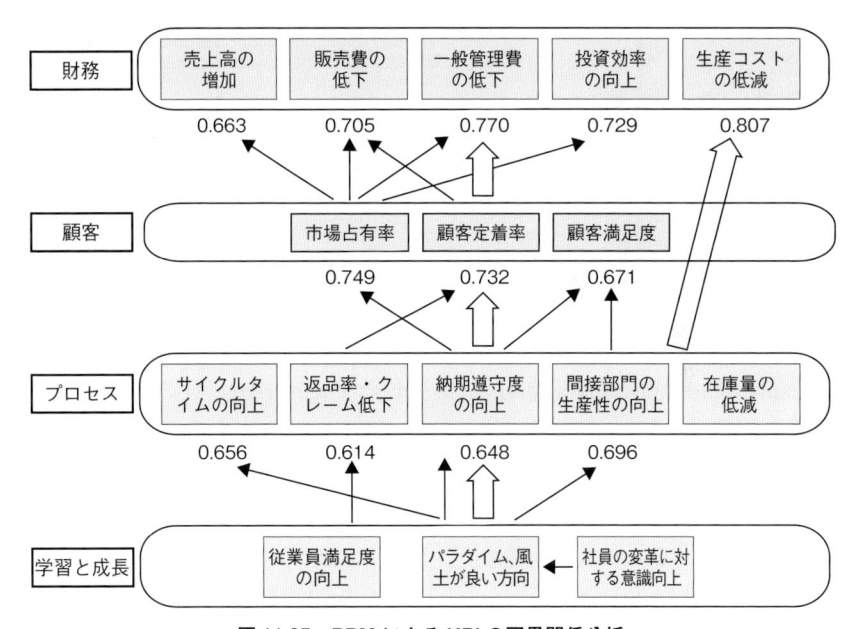

図11.25　BPMによるKPIの因果関係分析

らには、あらゆるソースからの指標を集約してROI（投資利益率）やトータル・コスト、キャッシュ・フローなどとリンクさせた状況で全社的なビジネス・プロセスのパフォーマンスを一元的に把握することが可能な機能を実装しているものがあります。

BPM は、IT を活用した業務プロセス改革手法であると同時に、内部統制強化の強力な手段としても注目されています。BPM では、ビジネス・プロセスを明確に定義することで、あいまいな業務手順が排除され、内部統制につながります。各プロセスには、5W2H（時間、場所、担当者、目的、対象データ、実施要領、数量（コスト））に関するプロパティが埋め込まれ、BPMN（Business Process Modeling Notation）などの表記法で記述されたプロセスをパソコン画面上でクリックするとそれぞれのアプリケーションが起動するようになります。つまり、プロセスを記述した後、プロセスの実行が可能になります（図 11.26）。これは、SOA（Service Oriented Architecture）と呼ばれるもので、ビジネス・プロセスの頻繁な変更にも対応可能なシステムを構築することができるわけです。

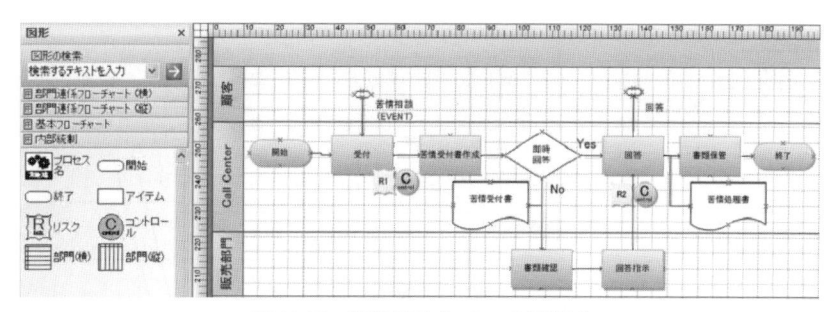

図 11.26　苦情処理プロセスの記述例

Kaplan and Anderson（2004）が提唱した Time-Driven ABC（TDABC、時間主導型 ABC）は BPM 支援のためのツールとしても有効です。TDABC は「時間」を中心に考える原価計算方法であり、また、計算手続きの簡略化によって ABC の問題点を克服し、より精度を高めようとするものです。TDABC では、個々の取引や製品に対して投入される資源の量について、製品、サービスごとの資源キャパシティ消費の単位時間（unit time）と供給している資源キャパシティ単位時間当たりコストを見積もります。コスト・ドライバー・レートは、「活動単位当たり時間×単位時間当たりコスト」として算定されます[11]。

仮説を立てて、実験し、なぜ、どのようにして効いたかはわからないが、「多分この手が効いた」と推論する推論形式を哲学者パース（Piece C. S.）は、アブダクションと定義しました。このアブダクション・アプローチを積極的

11.8 ビジネス・プロセス・マネジメント（BPM）

に駆使して、従業員がどんどん賢くなっていく中小企業は多いと思います。しかし、経理の強い管理偏重の大企業では、牢固とした会計管理が、「多分あの手が効いたのだろう」と、まずやってみてからの後追い証明は、なかなか許されません[13]（河田、2004）。H. T. ジョンソンは、量的目標とくに会計数値によって管理する「結果による管理（MBR：Management By Result）」と個々の関連性のパターン形成とディテールの重視による「手段による管理（MBM：Management By Means）を定義しました。例えば、「製造部門としてはMBMであるが、全体としてはMBRも劣らず重視している」というのがトヨタの実態に近いという指摘があります[13]。

このアブダクション・アプローチはBPMとの親和性が高く、BPMにおいて仮説検証型を繰り返しながらプロセスのレベルを上げていくことが重要です。

図11.27は、BPMシミュレーションの画面例です。モンテカルロシミュレーションで需要量を模擬的に発生し、それに対するプロセスごとの処理状態をビジュアル化して負荷量を予測します。プロセスごとの原価の見積もりだけでなく、プロセス滞留時間、ボトルネックを予測・分析できます。BPMにおけるアブダクション・アプローチ実現のためのツールの1つとして有効でしょう[14]。

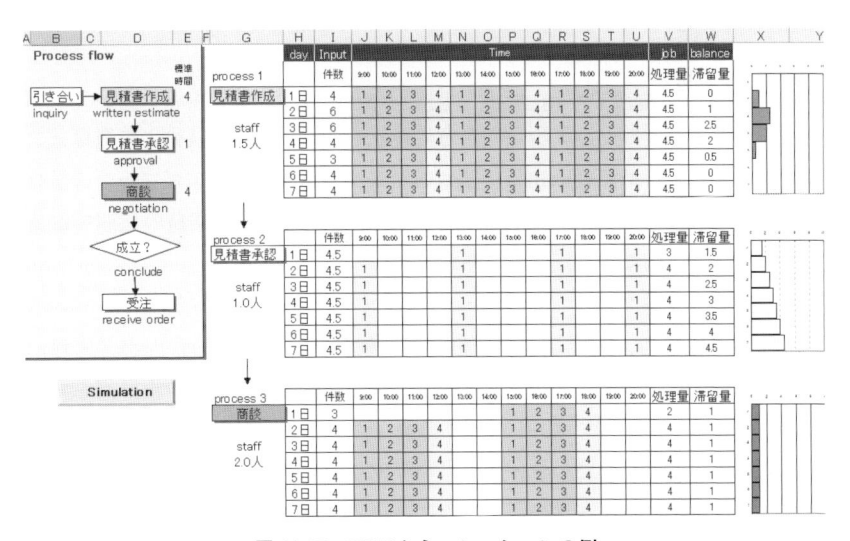

図11.27　BPMシミュレーションの例

製造業の生産準備業務のうち、とくに組立加工についてシミュレーションを行えるツールの例を図11.28に示しました。パソコン上で、工場内レイアウトの検討、バーチャルヒューマンによる作業性検討、組立手順シミュレーションなどが可能で、量産に入る前の生産準備段階で生産ライン、段取り、手順など、そして、原価の最適化を行うことが可能です。

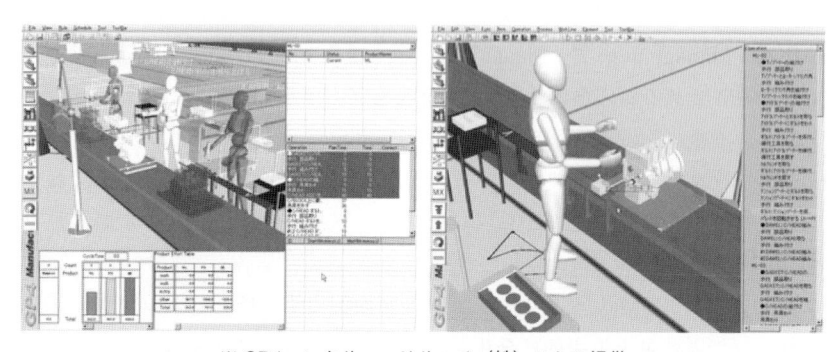

※ GP4、レクサー・リサーチ（株）からの提供
図11.28　組立シミュレーションによるコスト予測 [15]

組立プロセスを構成する活動のモデル化とそれに適合するコストモデル（コストモデルはExcelで検討することが可能）によって、レイアウト、人員配置、作業手順、マテハンの違いなどによるコストを予測し、最適なものを選択することができます。

さらに、ナレッジの収集、活用も可能であり、経験知識の集約によって社内効率の向上と品質向上の実現が図れる可能性もあります。本技術の特徴は、フロントローディングで経験知識に基づいたアブダクション・アプローチの試行錯誤を行い、KPIを抽出、量産時にそのKPIを計測して、業務の状態を改善していくことにつながる点があげられます。

実際の組立作業で電子マニュアルを導入するとともに、何が起こっているか、作業開始時刻、工程ごとの作業時間、検査データ、不適合内容、修理内容、完成時刻、出荷データなど、部品ピッキングや作業1つずつを計測して、分析している例もあります。図11.29は組立作業時間がだんだん減っていくことを可視化するとともに、熟練者でもバラツキがあることを示しています。これらを考慮し、最適な人材配置を行うことは、工場の生産性アップにつながります。ローランドディジー（株）では、このような活動で1人セル生産を可能

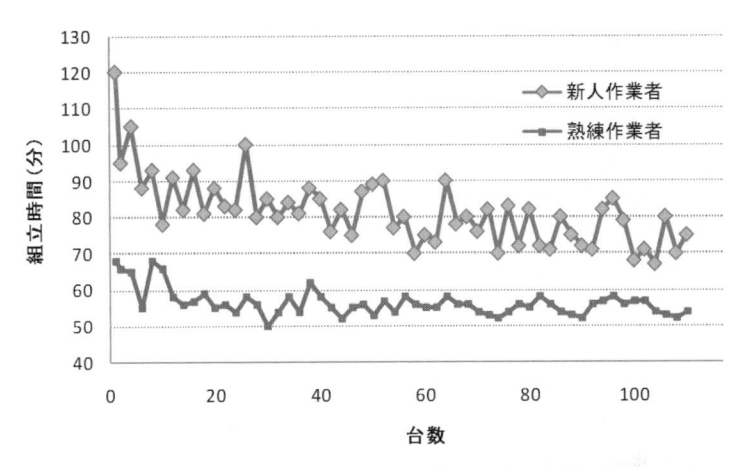

図11.29 組立作業時間の推移(学習曲線の計測の例)

にするとともに生産性を大きく向上させています。

BPMでは、プロセスごとにインプットとアウトプットを計測し、さらには、プロセス内での活動にも目を向けます。プロセスごとに原価を集計し、分析すると、利益計画が達成できないのはプロセスごとの操業度バランスがくずれていることが原因であることが見つかります。

例えば、図11.30の例は、素材製造、成形、仕上加工という3つのプロセスで生産されている場合を仮定し、各プロセスで固定費、変動費率、基準操業度が設定されています。ここで、販売価格は製品原価×1.2とします。プロセスごとの見かけ上の販売価格も表示しています。

単位	kg	個	時間	最終製品
プロセス	素材製造 プロセス1	成形 プロセス2	仕上加工 プロセス3	
固定費	¥100,000	¥200,000	¥120,000	¥420,000
変動費率	¥50	¥60	¥40	¥150
基準操業度	1,000	1,000	1,000	1,000
実際操業度	1,000	1,000	1,000	1,000
総原価	¥150,000	¥260,000	¥160,000	¥570,000
単位原価	¥150	¥260	¥160	¥570
販売価格	¥180	¥312	¥192	¥684
利益	¥30,000	¥52,000	¥32,000	¥114,000

※3つのプロセスすべてが基準操業度を達成している場合

図11.30 3つのプロセスからなる製品原価①

単位	kg	個	時間	
プロセス	素材製造 プロセス1	成形 プロセス2	仕上加工 プロセス3	最終製品
固定費	¥100,000	¥200,000	¥120,000	¥420,000
変動費率	¥50	¥60	¥40	¥125
基準操業度	1,000	1,000	1,000	1,000
実際操業度	500	1,000	1,000	1,000
総原価	¥125,000	¥260,000	¥160,000	¥545,000
単位原価	¥250	¥260	¥160	¥545
販売価格	¥300	¥312	¥192	¥654
利益	¥25,000	¥52,000	¥32,000	¥109,000

※素材製造が基準操業度を満たしていない場合

図 11.31　3つのプロセスからなる製品原価②

　図 11.30 で、3つのプロセスすべてが基準操業度を達成している場合には単位原価 570 円です。図 11.31 で、素材製造プロセスのみが基準操業度の半分しか生産していない場合（材料消費が標準品の半分で済むが成形や仕上加工は標準と同様の消費が必要である場合）は単位原価は 545 円となります。材料消費が半分である場合は、変動費率が下がり、製品原価も下がります。顧客から見ても、標準品に比べ材料が半分しか消費されていないので、価格が下がるべきであるという意識になります。販売価格を製品原価× 1.2 とし、利益が出ていれば問題がないように思われがちですが、図 11.32 にあるようにプロセス別の CVP 分析で利益を見ると、プロセス 1 の操業度（材料消費）が半分になったことにより、当初予定していた利益（すべてのプロセスで基準操業度が達成できているときの利益）よりも利益が低くなってしまいます。これを解消するには販売価格を製品原価× 1.2 以上に上げなければなりません。

　このように BPM と原価計算を組み合わせて、プロセス別に原価を分析することができれば新たな知見が得られる可能性があります。

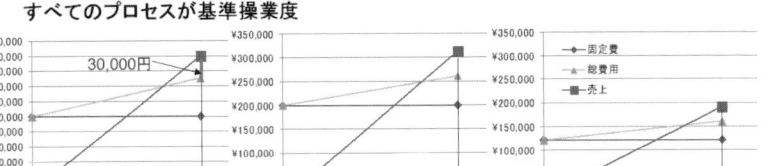

11.8 ビジネス・プロセス・マネジメント (BPM)　323

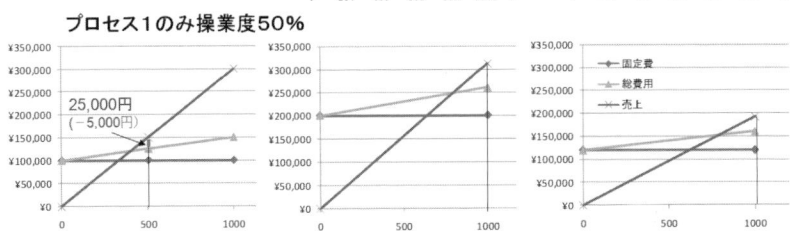

図 11.32　プロセスごとの CVP 分析

参考文献

[1] 伊藤嘉博 著『バランススコアカード理論と導入』ダイヤモンド社、2001
[2] 真田健二 著『製品革新マネジメント』日本能率協会、1998
[3] W. J. Fabrycky and B. S. Blanchard, "Life-Cycle Cost and Economic Analysis, Englewood Cliffs", N. J, Prentice-Hall, 1991, p.13
[4] 田中雅康、小柴達美、藤田敏之、佐藤幸治 著「日本の先進企業における原価企画の実態と動向の分析（第1～4回）」『企業会計』第49巻第7-10号、1997、pp.89-96、88-96、152-159、89-96
[5] 岡野憲治 著「ライフサイクル・コスティング　その展開と特質の研究」『原価計算研究』Vol.26、No.2、2002、pp.1-16
[6] 長坂悦敬、三木楯彦 著「トラック運行情報分析システムの開発」『日本物流学会誌』第10号、2002.6、pp.49-56
[7] 日本ロジスティクスシステム協会（JILS）『2008年度物流コスト調査報告書』
[8] 上埜進 著『管理会計―価値創出をめざして』税務経理協会、2003
[9] 行田明司 著『ABC/ABM 原価システム構築法』同文館、1997
[10] 梶原武久 著『品質コストの管理会計』中央経済社、2008
[11] 李健泳、小菅正伸、長坂悦敬 編『戦略的プロセス・マネジメント―理論と実践』税務経理協会、2006
[12] 李健泳、小菅正伸、長坂悦敬 著「ビジネス・プロセス・マネジメント（BPM）と原価管理」『原価計算研究』Vol.33、No.1、2009、pp.18-27
[13] 河田 信 著『トヨタシステムと管理会計―全体最適経営システムの再構築をめ

ざして』中央経済社、2004
[14] 長坂悦敬 著「ビジネス・プロセス・マネジメント（BPM）におけるアブダクション・アプローチ」『日本管理会計学会2008全国大会予稿集』2008
[15] 長坂悦敬、中村昌弘 著「ビジネス・プロセス・マネジメントとIT—生産準備業務におけるヒューマンインターフェース技術の適用」『日本情報経営学会第54回大会予稿集』2007、pp.129-132

索引

[A]
ABC 301, 305
ABC ソフトウェア 255
ABC モデル 303

[B]
BAM 316
BOM 276
BPM 315, 318
BPMN 318
B/S 42
BSC 288, 316

[C]
CAE 309
C/F 42
CSR 13, 314
CVP 関係分析 283
CVP 分析 220, 230, 232

[D]
DR 309

[E]
EMA 314
EOQ 32

[F]
FMEA 309

[I]
IE 197
IFRS 109
IF 関数（Excel） 30, 166
INDEX 関数（Excel） 160, 223
INTERCEPT 関数（Excel） 223
IRR 49

[K]
KPI 316

[L]
LCA 314
LINEST 関数（Excel） 223

[M]
MBM 319
MBR 319
MFCA 315
MINVERSE 関数（Excel） 160
MIN 関数（Excel） 30
MMULT 関数（Excel） 160

[N]
NPV 49

[P]
PAF アプローチ 308
PDCA サイクル 293
P/L 42

[R]
ROA 50
ROE 50
ROI 50, 52

[S]
SCM 296
SLOPE 関数（Excel） 223
SOA 318
SUMIF 関数（Excel） 167

[T]
TDABC 318
T 字勘定 72
T 字形 72
T フォーム 72

[V]
VE 293
Visual Basic プログラム（Excel） 118

[あ]
後入先出法 116, 172, 177
アブダプション・アプローチ 318
粗利 37
粗利益 10
異常減損 192
異常仕損 192
一般管理費 2

索引

移動平均法 ... 116
インテグレーテッド・コストマネジメント ... 61
売上価格 ... 2
売上原価 ... 44, 256
売上総利益 ... 37
営業費 ... 2, 90
営業利益 ... 76
営業利益率 ... 12
延期可能原価 ... 101

[か]

買入部品費 ... 113
回帰分析（Excel） ... 226
会計基準 ... 41
会計的利益率 ... 50, 52
会計的利益率法 ... 50
回収期間 ... 49, 52
回収期間法 ... 49
外注加工費 ... 131
階梯式配賦法 ... 151, 155
開発予算報告書 ... 65
回避可能原価 ... 101
外部失敗コスト ... 308
外部取引 ... 69
価格決定 ... 56
価格差異 ... 205
価格設定 ... 56
価額法 ... 135
貸方 ... 70
貸方差異 ... 129
過剰在庫費用 ... 27
活動基準原価計算 ... 301, 305
株式発行 ... 46
「カミソリ本体と替え刃」ビジネスモデル ... 38
借り入れ ... 47
借方 ... 70
借方差異 ... 129
環境管理会計 ... 314
環境コスト ... 298
環境コストマネジメント ... 314
還元法 ... 62
勘定科目 ... 70, 110
勘定連絡図 ... 76, 84
完成品総合原価 ... 111, 170
完成品単位原価 ... 170
間接経費 ... 131
間接工の消費賃金 ... 130
間接材料費 ... 113
間接費 ... 93
間接法 ... 126

間接労務費 ... 129
感度分析 ... 230, 311
簡便法 ... 152, 156
管理可能固定費 ... 96
管理可能費 ... 97
管理不能費 ... 97
機械運転時間法 ... 136
機会原価 ... 27, 98
機会損失額 ... 26
期間原価 ... 43, 91
期間損益計算 ... 239
企業会計原則 ... 109
期首 ... 43
期首有高 ... 45
期首仕掛品棚卸高 ... 45
期首棚卸高 ... 44
基準操業度 ... 56, 137
基準単価 ... 258, 268
基準単価表 ... 259
帰属可能費 ... 97
帰属不能費 ... 97
期待実際操業水準 ... 137
既定固定費 ... 96
機能別原価 ... 93
基本給 ... 125
期末 ... 43
期末有高 ... 45
期末仕掛品棚卸高 ... 45
期末棚卸高 ... 44
逆計算法 ... 115
キャッシュ・アウトフロー ... 48
キャッシュ・インフロー ... 48
キャッシュ・フロー計算書 ... 42
キャパシティ・コスト ... 96
給付 ... 87
給与計算期間 ... 125
給料 ... 123
業績モデル ... 290
競走志向の価格決定 ... 58
近似曲線（Excel） ... 224
勤務時間 ... 127
区分 ... 261
組 ... 181
組別総合原価計算 ... 170, 181, 182
経営準備費用 ... 96
経営能力費用 ... 96
経済的最適水準 ... 310
経済的最適品質水準 ... 308
経済的発注量 ... 32
継続記録法 ... 115
形態別原価 ... 92
経費 ... 93, 131

経費の消費高	132
結果による管理	319
決算	80
決算整理	81
原価	1, 4, 87
限界利益	283
原価加算法	57
原価管理	61, 198, 276
原価企画	62, 291, 293
原価計算	3, 272
原価計算期間	125
原価計算基準	41, 109
原価計算制度	109
原価計算法	163
原価差異	204
原価集計勘定	74
減価償却費	131
原価の分類	89
原価標準	202
原価部門	144, 145
原価法	114
原価元帳	73
原価要素勘定	74
現金支出原価	101
現金流出	48
現金流入	48
原材料費	113
現実の標準原価	203
減損	191
減損費	192
工業経営	3, 44
工業簿記	69
工場管理部門	144
工場消耗品費	113
交渉費用	103
工程	261
工程別総合原価計算	170, 185, 186, 188
ゴールシーク（Excel）	15, 24, 53
国際会計基準	109
国際財務報告基準	109
コスト	1, 4
コスト志向の価格決定	57
コスト・センター	145
コストダウン	61
コストプラス法	57
コスト・ビヘイビア	219
コストマネジメント	61, 198, 287
固定費	47, 95, 96
固定費予算額	137
固定費率	141
固定予算	139
個別原価計算	161, 162

固変分解	222
コマンドボタン（Excel）	117
コミテッド・コスト	96
今期	43
コントロール	287

[さ]

サービス業	3
財貨	87
在庫	26
在庫維持費用	27
在庫管理	26
在庫切れ費用	27
在庫費用	27
在庫費用計算表	28
採算性	48, 54
採算性分析	112, 219
最小二乗法	220
最大化問題	247
最低必要利益率	49
最適化分析ツール（Excel）	16
最適在庫費用	27
最適発注量	32
最適プロダクト・ミックス問題	247
差異分析	140, 277
財務会計	91
財務諸表	42, 80
財務諸表準則	109
材料消費価格差異	122
材料消費単価	122
材料の実際消費数量	114
材料の実際消費単価	115
材料の消費高	114
材料費	5, 93, 112
材料元帳	113, 116
差額原価	101
先入先出法	115, 172, 177
作業屑	168
作業時間差異	206
雑給	123
サプライチェーン・マネジメント	296
残高試算表	81
散布図（Excel）	224
仕入原価	2
仕入値段	2
仕掛品	45
時間主導型 ABC	318
時間法	136
次期	43
次期繰越	44, 45
資金	46
資金調達コスト	46

索引項目	ページ
資金予算	64
資産回収率	50
試算表	81
仕損	167, 191
仕損費	131, 167, 192
仕損品	167
実際在高	81
実際価格法	114
実際原価	89, 204
実際原価計算	197
実際的の生産能力水準	137
実際配賦	135, 136
実施棚卸法	115
実施費用	103
実績原価	23
実働時間	127
支払経費	132
支払賃金	125
資本コスト	46
資本コスト率	49
資本予算	64
社会コスト	298
社会的の責任	13
収益	91
従業員賞与手当	123
集計範囲	90
手段による管理	319
受注生産	161
主要業績評価指標	316
主要材料費	113
主要簿	72
準固定費	95, 96
純粋個別原価計算	165
準変動費	95, 96
商業経営	2, 44
商業簿記	69
消費	1, 74
消費額	74
消費高	74
消費賃金	125
消費賃率	126
商品有高帳	44
商品力	291
正味現在価値	49, 52
正味現在価値法	49
消耗工具器具備品費	113
仕訳	70, 81
仕訳帳	72
シングル・プラン	212
人件費	47
人材	47
人財	47
数量基準	195
数量差異	205
ストラテジー	287
生産高法	195
生産費	1, 3
精算表	81
正常減損	192
正常減損費	216
正常市価基準	195
正常仕損	192
正常仕損費	216
正常操業度	137
正常標準原価	203
製造間接費	74, 93, 111, 135, 302
製造間接費差異	206, 210
製造間接費予算額	137
製造原価	3, 90
製造原価計算準則	109
製造原価報告書	43
製造指図書	162
製造直接費	74
製造部門	144
製造命令書	162
製造予算	64
制度としての原価計算	42
製品勘定	75
製品原価	43, 91
製品原価計算	278
製品原価計算システム	256
製品別原価計算	111, 161
整理仕訳	81
責任中心点	145
前期	43
前期繰越	44, 45
線形計画法	247
線形原価関数	222
全部原価	91
全部原価計算	239, 241
戦略実践	290
総勘定元帳	72
操業度	95
操業度差異	140, 207
操業度線	56
総原価	56, 90, 94
総合原価計算	161, 169
総合予算	64
相互配賦法	151
相互法	156, 158
総資産利益率	50
総費用	27
総平均法	116
測定経費	132

素材費 113	等価係数 179
ソルバー（Excel）..............................236, 250	当期 43
損益計算書 42, 82, 243, 246	当期買入製品受入高 45
損益分岐図表 56, 230	当期仕入高 44
損益分岐点 8, 56, 59, 230	当期製品製造原価 45, 256
損益予算 64	当期総製造費用 45, 256
	等級別総合原価計算 169, 179, 180
[た]	投資 48
貸借対照表 42	投資回収率 50
貸借対照表の原則 70	投資決定 48
退職給付費用 123	投資利益率 50
他勘定振替高 45	度外視法 192
棚卸計算法 115	特殊原価概念 98
棚卸消耗費 131	特殊原価計算 42
単一記入法 212	特殊原価調査 109
単純個別原価計算 163	特殊仕訳帳 72
単純総合原価計算 169, 171, 174	特許権使用料 131
段取時間 127	取引 81
調査費用 103	取引コスト 103
調達費 27	取引コスト経済学 103
帳簿 71	
帳簿記入 74	[な]
帳簿組織 73	内部失敗コスト 308
帳簿の残高 81	内部取引 69
直課 135, 146	内部利益率 49, 52
直接経費 131	内部利益率法 49
直接原価計算 239, 243	並べ替え（Excel）..30
直接原価法 136	ナレッジマネジメント 200
直接工の消費賃金 126, 128	燃料費 113
直接材料費 113	能率差異 207
直接材料費差異 205	
直接材料費法 135	[は]
直接作業時間法 136	パーシャル・プラン 212
直接配賦法 151, 154	売価基準 195
直接費 93	配賦 23, 135, 146
直接賦課 146	配賦基準 135, 146
直接法 126	配賦差異 140
直接労務費 129	発生経費 132, 133
直接労務費差異 206	発注費用 32
直接労務費法 136	バランスト・スコアカード 288
賃金 123, 124	販管費 2
賃金支払高 125	販売価格 2, 3
賃金消費額 127	販売費 2
賃率差異 125, 129, 206	販売費及び一般管理費 2, 90
通信費 131	販売予算 64
月割経費 132, 133	販売予算書 64
積上げ法 62	非原価項目 88
データ分析（Excel）.................................226	ビジネス・プロセス 315
デザインレビュー 309	ビジネス・プロセス・マネジメント 315
手持時間 127	費消 1
伝統的原価計算 305	非度外視法 192
電力量 131	費目別原価計算 110, 112

評価コスト	308
標準原価	23, 63, 90, 197, 202, 204
標準原価カード	203
標準原価計算	197, 202, 208
非累加法	185, 188
品質コスト	308, 310
品質コストマネジメント	61, 308
品質水準	310
品質適合コスト	308
品質不適合コスト	308
賦課	135
付加原価	98
副産物	194
複式簿記	70
福利費	124
物流原価計算ソフトウェア	255
物量基準	195
物量を基準	136
部分記入法	212
部分原価	91
部門	145, 261
部門共通費	97, 146
部門個別費	97, 146
部門費集計表	149
部門費の第1次集計	148
部門費の第2次集計	150, 153
部門別原価計算	111, 143
部門別個別原価計算	164
プランニング	287
不利差異	129, 136
プロセス	261
プロセス原価計算	263
プロダクト・ミックス	21
プロダクト・ミックス問題	247, 248
粉飾決算	69
分離点	195
平均操業水準	137
平均法	171, 176
ベンチマーキング	298
変動費	47, 95, 96
変動費予算額	137
変動費率	141
変動予算	139
簿記	69
保険料	131
補助経営部門	144
補助材料費	113
補助部門	144
補助簿	72
補助元帳	72

[ま]

埋没原価	98
マクロ（Excel）	16
マクロの記録（Excel）	18
マクロの実行（Excel）	18
マクロのセキュリティ（Excel）	17
マクロの登録（Excel）	18
マテリアルフローコスト会計	315
マネジド・コスト	96
マネジメント	287
見込生産	161
見積原価	23, 90
未来原価	90
目標原価	62
目標利益法	57

[や]

有利差異	129, 136
用役	3, 4, 87
要支払額	130
予算	63
予算管理	63
予算差異	140, 207
予算実績差異	65
予算操業度	137
予定価格	122
予定価格表	114
予定価格法	122
予定原価	23, 90, 197
予定賃率	126
予定配賦	135, 136
予定配賦率	141
予防コスト	308

[ら]

来期	43
ライフサイクル・コスティング	295
ライフサイクル・コスト	39, 296, 297
リストボックス（Excel）	120
理想原価法	62
理想的標準原価	202
リニア・プログラミング	247
旅費交通費	131
理論的生産能力水準	137
累加法	185, 186
連産品	195
連立方程式法	152, 158
労務費	93, 123
ロット別個別原価計算	165

[わ]

割引率	49

〈著者略歴〉

長坂悦敬（ながさか　よしゆき）

甲南大学 経営学部 教授
1983 年　大阪大学大学院工学研究科博士前期課程修了。
1983 年〜1994 年　コマツ　生産技術研究所に勤務。
1987 年〜1989 年　University of British Columbia 客員研究員。
1992 年　博士（工学）（大阪大学第 10306 号）
1994 年 4 月〜2001 年 3 月　大阪産業大学　経営学部
2001 年 4 月〜　甲南大学　経営学部、現在　同　教授
関西設計管理研究会学術メンバー

〈主な著書〉

『戦略的プロセス・マネジメント - 理論と実践 -』（共著）
『企業価値向上の組織設計と管理会計』（一部執筆）
『原価計算の基礎　－理論と計算－』（共同執筆）（以上、税務経理協会）
『企業間の戦略管理会計』（一部執筆）（同文館出版）
『現代経営戦略の潮流と課題』（一部執筆）（中央大学出版部）
『Excel で学ぶ経営科学』（共著）（オーム社）
他著書多数

- 本書の内容に関する質問は、オーム社ホームページの「サポート」から、「お問合せ」の「書籍に関するお問合せ」をご参照いただくか、または書状にてオーム社編集局宛にお願いします。お受けできる質問は本書で紹介した内容に限らせていただきます。なお、電話での質問にはお答えできませんので、あらかじめご了承ください。
- 万一、落丁・乱丁の場合は、送料当社負担でお取替えいたします。当社販売課宛にお送りください。
- 本書の一部の複写複製を希望される場合は、本書扉裏を参照してください。

JCOPY ＜出版者著作権管理機構 委託出版物＞

Excel で学ぶ原価計算

2009 年 11 月 30 日　第 1 版第 1 刷発行
2023 年 6 月 10 日　第 1 版第 11 刷発行

著　　者　長坂悦敬
発 行 者　村上和夫
発 行 所　株式会社オーム社
　　　　　郵便番号　101-8460
　　　　　東京都千代田区神田錦町 3-1
　　　　　電話　03(3233)0641（代表）
　　　　　URL https://www.ohmsha.co.jp/

© 長坂悦敬 2009

組版　チューリング　印刷・製本　壮光舎印刷
ISBN978-4-274-06758-7　Printed in Japan